A marca FSC® é a garantia de que a madeira utilizada na fabricação do papel deste livro provém de florestas que foram gerenciadas de maneira ambientalmente correta, socialmente justa e economicamente viável, além de outras fontes de origem controlada.

JENNY NORDBERG

As meninas ocultas de Cabul

Em busca de uma resistência secreta no Afeganistão

Tradução
Denise Bottmann

COMPANHIA DAS LETRAS

Copyright © 2016 by Jenny Nordberg

Grafia atualizada segundo o Acordo Ortográfico da Língua Portuguesa de 1990, que entrou em vigor no Brasil em 2009.

Título original
The Underground Girls of Kabul: In Search of a Hidden Resistance in Afghanistan

Capa
Claudia Espínola de Carvalho

Foto da capa
© Adam Ferguson

Mapa pp. 292-3
Joe LeMonnier

Preparação
Osvaldo Tagliavini Filho

Índice remissivo
Luciano Marchiori

Revisão
Huendel Viana
Thaís Totino Richter

Dados Internacionais de Catalogação na Publicação (CIP)
(Câmara Brasileira do Livro, SP, Brasil)

Nordberg, Jenny
  As meninas ocultas de Cabul : em busca de uma resistência secreta no Afeganistão / Jenny Nordberg ; tradução Denise Bottmann. — 1ª ed. — São Paulo : Companhia das Letras, 2016.

  Título original: The Underground Girls of Kabul : In Search of a Hidden Resistance in Afghanistan.
  ISBN 978-85-359-2696-5

  1. Identidade de gênero - Afeganistão 2. Meninas - Afeganistão - Condições sociais 3. Mulheres - Afeganistão - Condições sociais 4. Papel sexual - Afeganistão I. Título.

16-00844   CDD-305.309581

Índice para catálogo sistemático:
1. Afeganistão : Feminismo : Relações de gênero :
   Sociologia : História   305.309581

[2016]
Todos os direitos desta edição reservados à
EDITORA SCHWARCZ S.A.
Rua Bandeira Paulista, 702, cj. 32
04532-002 — São Paulo — SP
Telefone: (11) 3707-3500
Fax: (11) 3707-3501
www.companhiadasletras.com.br
www.blogdacompanhia.com.br

A todas as meninas que imaginaram que poderiam correr mais rápido e subir mais alto usando calças.

Esta obra foi escrita no Afeganistão, Suécia e Estados Unidos entre 2009 e 2014. Os acontecimentos do livro ocorreram, em sua maioria, em 2010 e 2011. Contei as histórias dos personagens tal como me foram contadas, e procurei confirmar os detalhes que não presenciei ao vivo. Todos consentiram em dar entrevistas para as finalidades do livro e tiveram liberdade de decidir se ficariam anônimos ou não. Em alguns casos, os nomes ou detalhes identificadores foram excluídos ou modificados para proteger a identidade do envolvido. Nenhum dos personagens recebeu pagamento ou proposta de pagamento pela participação. Os tradutores foram remunerados pelo seu trabalho. Qualquer erro devido à tradução ou às minhas próprias limitações é de responsabilidade minha.

A narrativa é subjetiva.

Sumário

Prólogo 15

I. MENINOS

1. A mãe rebelde 21
2. A estrangeira 32
3. A escolhida 44
4. A fazedora de filhos 58
5. A política 71
6. As meninas ocultas 87
7. A desobediente 100

II. JUVENTUDE

8. A moleca 125
9. A candidata 150
10. A festa pachto 166
11. A futura noiva 178
12. A irmandade feminina 192

III. HOMENS

13. A guarda-costas 207
14. A romântica 229
15. A motorista 243
16. A guerreira 254
17. As inconformadas 270
18. A deusa... 282

Mapa — *O zoroastrismo no mundo*.......................... 292

IV. PAIS

19. A derrotada.. 297
20. A rejeitada... 318
21. A esposa 327
22. O pai 343

Epílogo — *Um dos garotos* 373

Nota da autora... 383
Agradecimentos... 387
Notas 389
Índice remissivo.. 411

Mas não uma afegã

Adoraria ser qualquer coisa neste mundo
Mas não uma mulher

Seria um papagaio
Seria uma ovelha
Seria uma corça ou
Um pardal morando numa árvore

Mas não uma afegã.

Seria uma senhora turca
Com um irmão gentil me tomando pela mão
Seria tajik
Ou seria iraniana
Ou seria árabe
Com um marido me dizendo
Que sou linda

Mas sou uma afegã.

Quando é preciso
Fico a seu lado
Quando há risco
Fico à frente
Quando há sofrimento
Tomo a mim
Quando há direitos
Fico atrás

Poder é direito e
Sou uma mulher
Sempre sozinha
Sempre um exemplo de fraqueza
Meus ombros pesam
Sob o peso das dores.

Quando quero falar
Minha língua é censurada
Minha voz causa dor
Ouvidos dementes não me toleram
Minhas mãos são inúteis
Não posso fazer nada com
Minhas pernas tolas
Ando sem
Nenhum destino.

Até quando devo aceitar o sofrer?
Quando a natureza anunciará minha libertação?
Onde fica a casa da Justiça?
Quem escreveu meu destino?

Digam a ele
Digam a ele
Digam a ele

Adoraria ser qualquer coisa na natureza
Mas não uma mulher
Não uma afegã.

Roya
Cabul, 2009*

---

* Publicado inicialmente pela ONG americana Afghan Women's Writing Project (awwproject.org) em 2010. A AWWP foi criada pela escritora e jornalista americana Masha Hamilton. A organização serve de plataforma para jovens escritoras no Afeganistão, oferecendo-lhes também treinamento.

Prólogo

A transição começa aqui.
Tiro o lenço de cabeça preto e guardo na mochila. Continuo com o cabelo preso num coque atrás da nuca. Logo estaremos no ar. Endireito as costas e me sento um pouco mais aprumada, deixando que meu corpo ocupe um espaço maior. Não penso na guerra. Penso num sorvete em Dubai.
Lotamos as cadeiras pequenas, revestidas de vinil, na sala de embarque do Aeroporto Internacional de Cabul. Meu visto expira daqui a poucas horas. Um grupo especialmente festivo de expatriados britânicos comemora, pela primeira vez em meses, o final do período que viveram atrás de arames farpados e sob vigilância armada. Três agentes humanitárias de jeans e camiseta justa conversam animadas sobre um balneário. Uma malha preta escorregou do ombro de uma delas, deixando à mostra uma parte da pele já bronzeada.
Olho aquela exposição física tão pouco habitual para mim. Nos últimos meses, mal tenho visto meu próprio corpo.
Estamos no verão de 2011, e faz mais de um ano que está em

curso o êxodo de estrangeiros saindo de Cabul. Apesar de um impulso final, o Afeganistão parece um caso perdido para muitos integrantes das forças armadas e das organizações humanitárias internacionais. Desde que o presidente Obama anunciou que os soldados americanos começariam a se retirar[1] do Afeganistão em 2014, a caravana internacional tem se apressado em partir. O aeroporto de Cabul é a primeira parada na rota da liberdade para aqueles consultores, empreiteiros e diplomatas confinados, entediados e quase levados à loucura. Os negociantes da paz e do desenvolvimento internacional procuram novas colocações, onde alguma experiência com "a construção da nação" ou com "a redução da miséria" ainda não tenha desandado. Já começam a relembrar os primeiros tempos promissores, quase dez anos atrás, quando o Talibã acabava de ser derrotado e tudo parecia possível. Quando o Afeganistão ia ser renovado e remodelado como uma democracia laica de tipo ocidental.

A luz da tarde inunda a pista do aeroporto. Consigo pegar sinal para o celular ao lado de uma janela e ligo outra vez para o número de Azita. Um estalido, e temos conexão.

Ela está atordoada depois de uma reunião com o procurador-geral e algumas outras autoridades. A imprensa também estava lá. Como política, é assim que Azita se sente à vontade. Posso vê-la sorrir enquanto descreve a cena: "Me arrumei com elegância. E fui diplomática. Todos tiraram meu retrato. A BBC, a Voz da América e a Tolo TV. Estava com o lenço turquesa — aquele que você viu outro dia. Sabe qual é. E o casaco preto".

Faz uma pausa. "E maquiagem. Muita maquiagem."

Respiro fundo. Sou a jornalista. Ela é o assunto. A regra é não mostrar emoções.

Azita nota meu silêncio e logo começa a me tranquilizar.

Em breve as coisas vão melhorar. Tem certeza. Não há motivo para preocupação.

Anunciam meu voo. Tenho de ir. Dizemos as coisas de sempre. "É só um tchau. Não um adeus. Isso. A gente se vê logo."

Enquanto me levanto, comprimida junto à janela para não perder o sinal, fico fantasiando uma volta. Podia ser a cena final de um filme. Aquele momento de impulso correndo pelo aeroporto para acabar de acertar tudo. Para terminar bem. E se eu passar mais uma tarde no escritório do coronel Hotak, ouvindo um sermão por causa do visto vencido? Um pouco de chá, um carimbo no passaporte e ele me libera.

Enquanto repasso mentalmente a cena, sei que nunca farei isso. E no que isso — meu ato final — resultaria? Entraria correndo na casa de Azita ladeada por soldados americanos? Pela Comissão dos Direitos Humanos do Afeganistão? Ou iria sozinha, com meu canivete e minhas habilidades de negociadora, impelida pela raiva e pela convicção de que basta mais um pequeno esforço para consertar o mundo?

Ao passar pelo portão de embarque, as imagens desaparecem. Como sempre. Sigo os outros e, mais uma vez, faço o que todos nós fazemos.

Entro no avião e vou embora.

I. MENINOS

1. A mãe rebelde

AZITA, ALGUNS ANOS ANTES

"Nosso irmão é na verdade uma menina."

Uma das gêmeas, de ar ansioso, faz um sinal com a cabeça assentindo a essas palavras. Então ela se vira para a irmã. Concorda. Sim, é verdade. Ela pode confirmar.

São duas meninas idênticas, de dez anos de idade, com cabelos pretos, olhos vivazes e algumas pequenas sardas. Um pouco antes, estávamos dançando ao som do meu iPod, no modo *shuffle*, enquanto esperávamos a mãe delas desligar o telefone na outra sala. Passávamos o fone de ouvido de uma para outra, mostrando nossos melhores passos. Eu não conseguia acompanhar o requebrado delas, mas alguns de meus mais inspirados acompanhamentos vocais ganharam entusiástica aprovação. De fato era boa a ressonância dada pelas paredes de cimento gelado do apartamento, no labirinto construído pelos soviéticos que abriga uma parte da pequena classe média de Cabul.

Agora estamos sentadas no sofá de bordados dourados, onde

as gêmeas montaram um serviço de chá, consistindo em canecas de vidro e garrafa térmica de pressão numa bandeja prateada. O *mehman khana* é o aposento mais luxuoso num lar afegão, que mostra a abastança e os bons costumes dos donos. Há fitas cassete com versículos do Alcorão e flores de tecido cor de pêssego numa mesa de canto, com uma rachadura remendada com fita adesiva. As gêmeas, sentadas no sofá sobre as pernas simetricamente dobradas, ficam um pouco ofendidas com minha indiferença àquela grande revelação. A gêmea número dois se inclina para a frente: "É *verdade*. Ele é nossa irmãzinha".

Sorrio e concordo de novo com a cabeça. "Certo." Claro.

Um retrato emoldurado numa mesinha lateral mostra o irmão posando de gravata e um pulôver de decote em V, junto com o pai de bigode abrindo um largo sorriso. É a única foto exposta na sala. As irmãs mais velhas falam um inglês meio trôpego, mas entusiasmado, extraído dos manuais de escola e da televisão por satélite embutida no balcão. Talvez tenhamos aqui uma barreira de linguagem.

"Certo", digo, querendo ser simpática. "Entendo. *Irmã* de vocês. Mas me conte, Benafsha, qual é sua cor favorita?"

Ela vacila entre vermelho e roxo e depois passa a pergunta para a irmã, que também dedica uma séria reflexão ao tema. As gêmeas, ambas de cardigãs alaranjados e calças verdes, parecem agir em plena sincronia na maioria das coisas. Suas cabeças ficam balançando, cheias de elastiquinhos de cabelo brilhantes, e só quando uma fala é que a chuquinha da outra fica imóvel por alguns segundos. Esses instantes são a chance para um novato conseguir diferenciá-las: o segredo é uma marquinha de nascença na bochecha de Beheshta. Benafsha significa "flor" e Beheshta significa "paraíso".

Beheshta sugere nosso próximo tema: "Quando crescer, quero ser professora".

Quando chega a vez de cada uma delas fazer uma pergunta, as duas querem saber a mesma coisa: sou casada?

Elas ficam espantadas com a minha resposta, pois — como ressaltam — sou muito velha. Sou até alguns anos *mais velha* que a mãe delas, que, aos 33 anos de idade, é esposa e mãe de quatro filhos. As gêmeas têm mais uma irmã, além do irmãozinho. Digo que a mãe delas também está no parlamento. Então ela é muitas coisas que eu não sou. Parecem gostar desse quadro.

De repente, o irmão aparece à porta.

Mehran, com seis anos, tem um rostinho redondo bronzeado, covinhas fundas, sobrancelhas que sobem e descem quando faz alguma careta e os dois dentes da frente bem separados. O cabelo é preto como o das irmãs, mas curto e espetado. Com uma camisa justa de brim vermelho e calça azul, de queixo empinado, mãos na cintura, entra com ar confiante e empolado na sala, olhando diretamente para mim e apontando uma arma de brinquedo no meu rosto. Então puxa o gatilho e exclama em saudação: *pow*. Como não caio morta nem devolvo o tiro, ele extrai um super-herói de plástico do bolso traseiro. Seu defensor tem cabelo loiro, dentes brancos refulgentes, dois cinturões de munição de atravessado no peito robusto e uma metralhadora na mão. Mehran diz alguma coisa em dari para o boneco e então ouve atentamente a resposta. Parecem concordar: o ataque foi um sucesso.

Benafsha vem toda animada para meu lado, vendo a chance de provar definitivamente seu argumento. Acena os braços para chamar a atenção do irmão: "Conte pra ela, Mehran. Conte que *você é nossa irmã*".

Os cantos da boca de Mehran descaem. Mostra a língua numa careta e sai em disparada, quase atropelando a mãe que vem entrando na sala.

Azita usa *kohl* preto nas pálpebras e um pouco de blush no

rosto. Ou talvez seja porque estava com um celular colado ao ouvido. Exclama em minha direção que agora está pronta. Pronta para me responder o que vim perguntar — como é ser uma mulher afegã aqui, depois de quase uma década na guerra americana mais prolongada e num dos maiores esforços de assistência estrangeira de toda uma geração.

Nesse dia, quando nos encontramos pela primeira vez, eu estava fazendo pesquisas para uma reportagem televisiva sobre mulheres afegãs, e fazia quatro anos que Azita era membro do parlamento bastante recente no país. Eleita para a Wolesi Jirga,[1] uma das casas legislativas criadas alguns anos depois da derrota do Talibã em 2001, ela prometera a seus eleitores rurais na província de Badghis que destinaria uma parcela maior da assistência estrangeira para aquela extensa área pobre do Afeganistão.

A câmara para a qual Azita foi eleita era maciçamente ocupada por caudilhos militares e chefes do narcotráfico,[2] e parecia paralisada devido à corrupção profundamente entranhada, mas pelo menos era uma tentativa de implantar a democracia, esperança manifestada por muitos. O país passara por muitas formas malogradas de governo no último século: monarquia absolutista, comunismo e um emirado islâmico sob o Talibã. Ou simplesmente nenhum governo nos tempos de guerra civil.

Quando alguns diplomatas e agentes humanitários estrangeiros em Cabul vieram a saber de Azita — uma parlamentar culta que, além de dari, pachto, urdu e russo, também falava inglês e parecia ser relativamente liberal —, começaram a chover convites para ela participar de eventos no exterior. Foi levada a diversos países europeus e à Universidade Yale, nos Estados Unidos, onde falou da vida sob o Talibã.

Por outro lado, não era raro que Azita convidasse estrangeiros para visitá-la em sua casa alugada em Macroyan, a fim de mostrar sua versão de uma vida normal num bairro de Cabul. Ali, a roupa lavada esvoaça em varais nas sacadas de prédios cinzentos de quatro andares, interrompidos por ocasionais trechos de grama, e de manhã cedo as mulheres se reúnem nas padarias escavadas nas paredes, enquanto os homens fazem exercícios bastante puxados de ginástica no campo de futebol. Azita orgulha-se em ser anfitriã e de se mostrar como exceção à usual imagem das mulheres afegãs no exterior — fechadas em suas casas, com pouca ligação com a sociedade, geralmente analfabetas e sob o domínio de maridos tirânicos que não lhes permitem ver a luz do dia. E, definitivamente, sem receber visitas de *farangee*, estrangeiros, como antigamente os afegãos chamavam os invasores históricos. Hoje, os estrangeiros costumam ser chamados de *amrican*, qualquer que seja a nacionalidade deles.

Azita gosta de mostrar a água corrente, a eletricidade, o aparelho de televisão no quarto, tudo pago com o dinheiro que recebe como provedora da casa. Ela sabe que isso impressiona os estrangeiros. Principalmente as estrangeiras. Com as faces brilhantes, os traços nítidos e um porte quase militar, elegante nas roupas pretas que usa da cabeça aos pés, emanando um perfume acentuado de almíscar mesclado com algo adocicado, Azita de fato parece diferente da maioria das mulheres no Afeganistão. Com 1,65 m de altura — talvez um pouco mais, com seus sapatos pontudos de salto alto e tira atrás —, chega a ser mais alta do que algumas visitantes. Estas geralmente vêm com sapatos mais práticos, como se estivessem em uma caminhada.

Sobre o tema dos avanços para as mulheres desde 2001, Azita declara pouca satisfação às visitas estrangeiras, das quais eu sou apenas a mais recente. Sim, agora veem-se mais mulheres nas ruas de Cabul e em algumas outras grandes cidades do que na época em que o Talibã estava no poder, bem como um maior número de meninas matriculadas nas escolas,[3] mas, tal como em períodos anteriores, quando se tentaram implantar reformas nesse sentido, grande parte dos avanços para as mulheres se restringe à capital e a algumas outras áreas urbanas. Muitas proibições e decretos do Talibã em relação às mulheres ainda vigoram na prática em extensas áreas desse país majoritariamente analfabeto, por força da tradição conservadora. Em muitas províncias, as burcas ainda são corriqueiras e raramente as mulheres trabalham ou saem de casa sem o marido. Os casamentos, em sua maioria, ainda são forçados;[4] mortes por honra não são incomuns[5] e qualquer envolvimento do sistema judiciário num caso de estupro[6] geralmente significa que apenas a vítima vai para a prisão, acusada de adultério ou de relações sexuais antes do casamento — a menos que, como solução imposta com bastante frequência, ela seja obrigada a se casar com seu violentador. Há mulheres que, com querosene, ateiam fogo a si mesmas, levando a si mesmas a morte, para escapar à violência doméstica,[7] e há pais que ainda usam filhas como moeda corrente informal para quitar dívidas e acertar pendengas.[8]

Azita é uma das poucas mulheres com voz própria, mas, para muitos, continua a ser um elemento provocador, pois leva uma vida diferente da maioria das afegãs e é uma ameaça aos opressores dessas mulheres. Como ela diz: "Se você vai às áreas remotas do Afeganistão, vê que *nada* mudou na vida das mulheres. Ainda são como escravas. Como animais. Vai demorar muito até que a mulher seja considerada um ser humano nesta sociedade".

Azita afasta seu lenço de cabeça verde-esmeralda, revelando um pequeno rabo de cavalo preto, e alisa o cabelo. Também abano meu lenço e deixo que escorregue pelos ombros. Ela me olha por um momento, nós duas sentadas em seu quarto. "Não quero jamais que minhas filhas sofram o que eu sofri. Tive de matar muitos de meus sonhos. Tenho quatro filhas. Isso me deixa muito feliz."

Quatro filhas. Só quatro filhas? O que se passa nesta família? Prendo o ar por um instante, esperando que Azita tome a iniciativa e me ajude a entender.

E é o que ela faz.

"Quer ver nosso álbum de família?"

Voltamos à sala de estar, e lá ela retira dois álbuns da parte de baixo de uma mesinha bamba. As crianças olham as fotos com frequência. As imagens mostram como a família de Azita se formou.

Primeiro: uma série de instantâneos na festa de noivado, no verão de 1997. O primo em primeiro grau de Azita, com quem deve se casar, é um jovem magricela. No rosto, uns chumaços esparsos ainda se esforçam para se juntar e formar uma barba completa, exigência do governo talibã naquela época. O noivo está de turbante e manto de lã marrom sobre um *peran tonban* tradicional branco, composto por uma túnica comprida e calças largas. Há cerca de uns cem convidados, nenhum sorrindo. Pelos padrões afegãos, onde as festas podem reunir mais de mil pessoas, era um grupo pequeno e inexpressivo. É um retrato da cidade encontrando a aldeia. Azita é filha de um professor da Universidade de Cabul, com educação de elite. Seu futuro marido, filho iletrado de um agricultor.

Há alguns momentos encenados. O noivo tenta pôr um pedaço de bolo rosa e amarelo na boca da noiva. Ela vira a cabeça. Aos dezenove anos, Azita é mais magra e mais séria do que agora, usando um caftã de seda azul cobalto com enchimento arredondado nos ombros. As unhas estão pintadas de vermelho vivo para combinar com o carmim dos lábios, que se destacam no rosto polvilhado de branco, que parece uma máscara. Usa o cabelo muito armado, duro de laquê. Em outra foto, o futuro marido lhe oferece uma taça de celebração, da qual deveria tomar um gole. Ela olha fixo para a câmera. A pele fosca e empoada do rosto é riscada por linhas verticais descendo dos olhos castanhos-escuros.

Algumas páginas adiante, as gêmeas aparecem com a mãe de Azita, mulher com maças do rosto altas e nariz de feitio acentuado numa face profundamente sulcada. Benafsha e Beheshta sopram beijinhos para a *bibi-jan*, que ainda mora com o marido no noroeste do Afeganistão. Logo aparece uma terceira menina nas fotos. Mehrangis, a irmã do meio, usa trancinhas e tem um rosto um pouco mais arredondado. Posa ao lado das mini-Azitas gêmeas, que de repente parecem muito crescidas em seus vestidos brancos de babados.

Azita passa para outra página: *Nowruz*, o Ano-Novo persa, em 2005. Quatro meninas com roupas de cor creme, alinhadas em escadinha. A menor usa uma tiara. É Mehran. Azita põe o dedo no retrato. Sem levantar os olhos, ela diz: "Você sabe que a caçula é uma menina, não? Nós a vestimos como menino".

Olho de relance para Mehran, que vagueava por ali enquanto conversávamos. Encarapitou-se em outra cadeira e está falando de novo com a estatueta de plástico.

"Eles comentam sobre a nossa família. Quando você não tem filhos homens, faz uma grande falta e todo mundo se compadece."

Azita dá essa explicação como algo simples.

Aqui, é obrigatório ter pelo menos um filho para manter boa posição e reputação. Uma família sem filho homem não é apenas incompleta; num país onde não impera a lei, é tida também como fraca e vulnerável. Assim, é imperioso que toda esposa logo tenha um filho — é sua finalidade absoluta na vida e, se não a cumpre, há algo de francamente errado nela aos olhos dos outros. Pode ser desqualificada como uma *dokhtar zai*, "aquela que só traz filhas".

Mesmo assim, não é um insulto tão grave quanto *sanda* ou *khoshk*, "estéril" em dari, que pode recair sobre uma mulher sem nenhuma prole. No entanto, uma mulher que não gera um filho homem numa cultura patrilinear é — aos olhos da sociedade e, muitas vezes, a seus próprios olhos — fundamentalmente defeituosa.

O índice de alfabetismo não passa de 10% na maioria das áreas,[9] e muitas verdades infundadas persistem sem ser contestadas. Entre elas está a crença habitual de que uma mulher pode *escolher* o sexo do futuro bebê simplesmente decidindo qual será. Em decorrência disso, o fato de uma mulher não ter filhos do sexo masculino é algo que não desperta muita simpatia. Ao contrário, ela é condenada pela sociedade e pelo próprio marido por não desejar um filho com a força suficiente. Também é muito frequente que as mulheres ponham a culpa em seu próprio corpo e em sua fraqueza mental por não terem filhos homens.

Numa mulher assim, aos olhos dos outros, somam-se defeitos de caráter: certamente é uma pessoa de gênio difícil e antipática, talvez até malévola. A grande maioria ignora que, na verdade, é o *pai* que define o sexo da criança, na medida em que o esperma masculino transporta os cromossomos e determina se o embrião será macho ou fêmea.

Para Azita, a falta de um filho aparecia como um obstáculo a tudo o que ela estava tentando realizar como política. Quando chegou com sua família a Cabul, em 2005, os sarcasmos e as desconfianças sobre a falta de um filho logo se estenderam inevitavelmente a suas capacidades como figura pública e parlamentar. As visitas lhe apresentavam condolências ao saber das quatro filhas, e logo ela se viu considerada uma mulher incompleta. Os colegas de parlamento, os eleitores e os próprios parentes sentiam dúvidas: como ela poderia ser confiável para fazer alguma coisa na política quando não era capaz nem mesmo de dar um filho ao marido? Sem um menino para mostrar ao fluxo constante de intermediadores da arena política visitando a casa, seu marido também passou a se sentir cada vez mais constrangido.

Assim, o casal abordou a caçula com uma proposta: "Você quer parecer um menino, se vestir como menino, fazer coisas mais divertidas como fazem os meninos, como andar de bicicleta, jogar futebol e críquete? E quer ser como seu pai?".

Ah, se queria! A proposta era maravilhosa.

Foi apenas uma questão de cortar o cabelo, comprar calças no bazar e usar uma camisa de brim com a palavra "superstar" estampada nas costas. No decorrer de uma tarde, a família deixou de ter quatro filhas e passou a ser abençoada com três meninas e um menino de cabelo espetado. A mais nova não atenderia mais por *Mahnoush*, "luar", e sim pelo nome masculino de *Mehran*. Para o mundo exterior — e sobretudo para o eleitorado de Azita em Badghis —, finalmente a família estava completa.

Alguns, claro, sabiam da verdade. Mas eles também deram suas congratulações a Azita. Um filho inventado era melhor do que filho nenhum, e as pessoas elogiaram sua solução engenhosa. Quando Azita foi visitar sua província — local mais conservador do que Cabul —, levou Mehran junto com ela. Acompanhada pelo filho de seis anos, teve uma acolhida muito mais favorável.

A mudança também agradou ao marido de Azita. As más-línguas agora parariam de comentar sobre aquele pobre infeliz sob o fardo de quatro filhas, tendo de encontrar marido para todas e vendo sua linhagem chegar ao fim. Em pachto, a segunda língua oficial do Afeganistão, existe inclusive um termo depreciativo para o homem que não tem filhos: é um *meraat*, em referência ao sistema de transmissão da herança que, como os bens imóveis, passa quase exclusivamente pela linhagem masculina. Mas, a partir do momento em que a caçula da família assumiu o papel de filho, tornou-se fonte de orgulho para o pai. A nova condição de Mehran também trouxe mais liberdade às irmãs, pois, escoltadas pelo irmãozinho, podem sair de casa, brincar no parquinho e até ir à quadra seguinte.

Havia mais um motivo para a transição. Azita comenta, rindo baixinho, inclinando-se um pouco mais para revelar seu pequeno ato de rebeldia: "Eu queria mostrar à minha caçula como é a vida no outro lado".

Essa vida inclui coisas como empinar pipa, correr a toda, se esbaldar de rir, ficar pulando porque é gostoso, trepar em árvores, sentir a emoção de se pendurar lá em cima. E conversar com outros meninos, sentar com o pai e os amigos dele, andar no banco da frente do carro, observar as pessoas na rua. Olhar nos olhos. Falar sem medo e ser ouvido, e raramente ter de responder por que está na rua sozinho, com roupas confortáveis que permitem qualquer tipo de movimento. Tudo inconcebível para uma menina afegã.

Mas o que vai acontecer quando chegar a puberdade?

"Você quer dizer, quando ele crescer?", pergunta Azita, as mãos desenhando um corpo feminino no ar. "Não vai ter problema. Transformamos em menina outra vez."

2. A estrangeira

CAROL

Há um pequeno restaurante apreciado pelas raras senhoras de Cabul que almoçam fora de casa em que variações locais de *quiche lorraine* e delicados canapés são servidos enquanto a guerra grassa invisível nas províncias. A casa amarela com um jardinzinho fica discretamente localizada numa viela estreita atrás de um ministério do governo, ladeada por obstáculos suficientes para deixar o local aceitável para diplomatas e profissionais liberais dos organismos humanitários internacionais. Como em muitos outros lugares, a energia cai a cada meia hora, mais ou menos, mas os clientes logo se acostumam e continuam conversando no escuro, até que a transmissão dos geradores volta a acender as pequenas lâmpadas — e sempre mantendo a calma quando, vez por outra, uns bichinhos passam correndo pelo chão, entre os pés da clientela. Eu tinha vindo até aqui para conhecer a *grande dame* dos expatriados de Cabul, na esperança de que ela lançasse alguma luz sobre um assunto que parecia ser mais um dos inúmeros mistérios do Afeganistão.

Até então, eu havia encontrado muita resistência.

Depois da minha primeira visita à família de Azita, vasculhei a internet e os arquivos dos jornais, imaginando que tinha deixado passar algo fundamental quando fiz minha lição de casa sobre o país. Mas não encontrei mais nada sobre outras meninas que se vestiam de meninos no Afeganistão. Azita seria apenas uma mulher excepcionalmente criativa? Ou será que, segundo meus palpites, outras famílias afegãs transformavam suas filhas em filhos, como uma dupla maneira de acatar e desafiar uma sociedade de extrema rigidez?

Também consultei os especialistas. Havia muitos à escolha.

Meninas e mulheres tinham se tornado uma das diversas causas prementes para os organismos de auxílio internacional depois da queda do Talibã, com inúmeros especialistas sobre o tema das mulheres afegãs entrando e saindo do país num rodízio incessante de viagens de curta permanência, vindos de Washington, DC, e de várias capitais europeias. Como muitos dos países que faziam as doações exigiam projetos de desenvolvimento — desde a agricultura até a política — para avaliar especificamente como melhorar a vida das afegãs,[1] Cabul se transformara num centro repleto de "especialistas em questões de gênero", que incluíam muitos agentes humanitários, sociólogos, consultores e pesquisadores estrangeiros com formação em tudo, desde solução de conflitos a teorias feministas.

Depois de passarem anos observando — mas em larga medida ignorando — o tratamento cruel que o Talibã dispensava às mulheres, formou-se um consenso entre os estrangeiros sobre a necessidade urgente de apresentar mais de perto uma versão ocidental de igualdade às mulheres afegãs. Ao que parecia, em todos os hotéis chiques de Cabul estava em curso uma "oficina sobre gêneros", com americanas e europeias de túnicas bordadas e bijuterias locais apresentando seminários e dando palestras em torno de palavras como "capacitação" e "conscientização". Por todo o país, desenvolviam-se centenas de projetos assistenciais díspares, cujos objetivos, formulados com eufemismos, consistiam em esclarecer os afegãos sobre temas como "conceitos atuais de gênero" e "diálogo entre os gêneros".

Mas os altos funcionários das Nações Unidas e os especialistas que consultei, tanto dos governos quanto das organizações humanitárias internacionais, deram a mesma resposta: os afegãos não vestiam as filhas como meninos para enfrentar a segregação social. Por que fariam isso? E acrescentaram: se existissem mais garotas como Mehran, eles, como especialistas profundamente versados nos problemas das mulheres afegãs, com certeza teriam notícia disso. Antropólogos, psicólogos e historiadores também teriam notado, pois uma coisa dessas parecia contrariar o conhecimento corrente da cultura do Afeganistão, onde as roupas seguem estritamente o gênero. Existiriam livros a respeito, haveria pesquisas feitas. Portanto, tal prática — se era realmente uma prática e não uma mera excentricidade — não *devia* existir. A separação entre os gêneros no Afeganistão é uma das mais rigorosas do mundo, como me repetiam constantemente, o que tornava uma ação como essa inconcebível. Perigosa, até.

Todavia, as indagações persistentes entre afegãos forneciam outra imagem, embora meio indistinta. Meu intérprete comentou de passagem que tinha ouvido falar de uma prima distante que se vestia como menino, mas nunca entendeu nem pensou muito a respeito. Outros afegãos de vez em quando citavam algum comentário sobre tais meninas, mas me aconselhavam sistematicamente a não tocar no assunto. Para um estrangeiro, nunca foi uma boa ideia ficar fuçando em questões pessoais e tradições familiares.

Finalmente, um diplomata afegão contou uma experiência

em primeira mão, lembrando um amigo do time de futebol de seu bairro durante a era talibã na década de 1990. Um dia, o amigo simplesmente desapareceu e vários colegas de time foram procurá-lo em sua casa. O pai saiu à porta e disse que, infelizmente, o amiguinho deles não ia voltar mais. Tinha voltado a ser uma menina. Os garotos do time, na faixa dos doze anos, ficaram atônitos ali na calçada.

No entanto, isso era uma *anomalia*, garantiu-me o diplomata. A causa de tais iniciativas tão bárbaras e desesperadas só podia ser atribuída aos horrores do regime talibã. De fato, um filme afegão de 2003, *Osama*, contava a história de uma menina que se disfarçava de menino durante o domínio talibã. Mas era ficção, claro. Além disso, declarou o diplomata, agora eram tempos novos e esclarecidos no Afeganistão.

Seriam mesmo?

Para um repórter, era intrigante aquele agressivo rechaço de especialistas estrangeiros e de afegãos. E se isso apontasse para algo maior, para além da família de Azita, algo que poderia levantar questões sobre nossas outras lacunas em nossos dez anos tentando entender o Afeganistão e sua cultura?

Minha esperança era que Carol le Duc pudesse trazer alguma contribuição ao tema. Com sua cabeleira ruiva e o *shalwars* de seda carregado de joias, Carol jamais parecia repetir as mesmas teses confiantes e batidas sobre os afegãos ou as necessidades do país em termos de um entendimento básico dos valores ocidentais. "Eu nunca me diria uma feminista", comentou ela, por exemplo, na primeira vez em que nos encontramos. "Não, não, deixo isso para os outros."

Pelo contrário, Carol é daquelas pessoas que evitam o grupo dos expatriados, preferindo o convívio com as famílias afegãs amigas há muitos anos, quando era menor o número de estrangeiros com permissão para entrar no país sob o domínio talibã. Muitos creem que ela é a pessoa com melhor memória institucional em Cabul, e é famosa por ter sido uma das poucas mulheres a negociar com os talibãs quando estes estavam no poder.

Carol chegou a essas bandas do mundo em 1989, depois de um divórcio. Podia muito bem ter voltado à Inglaterra para passar o resto da vida em meio ao conforto. Mas preferiu ficar. "Detesto viajar e ficar passando pelos lugares. Gosto de conhecer as pessoas. De me aprofundar", disse-me. "E percebi que era uma mulher totalmente livre aos 49 anos." Nos quase vinte anos que está no Afeganistão e no Paquistão, ela tem trabalhado para organizações não governamentais e como consultora de ministérios governamentais. Formada em antropologia em Oxford, está envolvida em muitos estudos sobre mulheres, crianças e política no Afeganistão.

Na firme crença de que um chá perfumado com sementes moídas de cardamomo, servido em xícaras de fina porcelana branca, torna qualquer calamidade um pouco mais suportável — e Cabul tem tido sua boa dose —, ela mora com discreto luxo numa casa de pedras cor de pêssego cercada por um jardim bem cuidado, com dois pavões, "porque são bonitos de olhar". No inverno, sua lareira é um achado precioso em Cabul: funciona de fato. No verão, suas espaçosas cadeiras de vime, sob um ventilador de teto girando devagar, permitem tolerar um pouco melhor o calor de agosto. Todos os motoristas dos serviços de táxi para estrangeiros residentes conhecem sua casa murada numa rua lamacenta de Cabul como "a Casa Carol", e os locais falam dela com um apreço e um respeito reservados àqueles que vieram para fazer parte de sua própria história, algo que é muito anterior a essa última guerra mais recente.

Às vezes, porém, Cabul se torna um pouco pesada até mesmo para Carol, e ela pega um voo até seu "chalé no campo" em Peshawar, uma cidade violenta no Paquistão, outrora sob controle britânico, onde o rei afegão costumava passar o verão. Hoje, Peshawar é tido como um dos lugares mais perigosos do mundo. A cidade vive tão infestada de extremistas islâmicos que raros são os ocidentais que visitam voluntariamente o lugar — e, quando o fazem, é com proteção militar. Mas para Carol, acostumada a caminhar a pé por Cabul com absoluto desdém pelo que os estrangeiros chamam de "segurança", recusando a manter a cabeleira cor de fogo sob um lenço de cabeça, a vida em Peshawar é apenas um pouco mais complicada. O aeroporto, claro, é uma "enorme balbúrdia", como ela diz, onde, em vez de um balcão de recepção, sempre aparece um "sr. Agente Secreto" para abordá-la, supondo que é uma americana. A cada vez, Carol sente grande prazer em declarar que é *britânica*. E nada mais.

"E agora você quer o chá branco especial, ou vamos de tinto especial?", pergunta-me ela no restaurante, depois de ouvir minhas dúvidas. A um sinal de cabeça de Carol, o garçom verte o vinho tinto ilegal de um bule bojudo azul.

Para Carol, faz pleno sentido que uma menina afegã seja criada como menino: "Como mulher, por que você *não iria* querer passar para o outro lado, num país como o Afeganistão?!", exclama ela. De fato, a ideia até lhe agrada; vibra a corda do seu espírito dissidente.

Embora nunca tenha notado a prática entre crianças, ela recorda uma viagem a campo, muitos anos atrás, com uma pequena equipe de ajudantes humanitários até a província de Ghazni, um bastião do Talibã. Os integrantes de uma aldeia tribal viviam rigorosamente separados conforme o sexo, e quando Carol foi convidada a um chá nos recintos das mulheres, ficou surpresa ao ver um homem morando entre elas. As mulheres o chamavam de "Tio", e ele parecia ter um status especial na aldeia. As mulheres lhe serviram o chá e o tratavam com muito respeito. Ele tinha uma aparência rústica, mas com um rosto levemente mais macio do que os outros homens. Foi preciso algum tempo, e também alguns úteis murmúrios, até Carol entender que Tio, na verdade, era uma mulher adulta de turbante e roupas masculinas.

Ali no pequeno vilarejo, Tio fazia a intermediação entre homens e mulheres, servindo como elemento masculino honorário que podia levar e trazer mensagens e escoltar outras mulheres, quando precisavam viajar, sem representar nenhuma ameaça a elas, pois ela mesma era mulher.

Assim como a filha Mehran de Azita, Tio foi criada como menino, segundo contaram a Carol. Pelo visto, foi obra do mulá local. Tio era a sétima filha de uma família sem filhos homens. Como guia espiritual da aldeia, o mulá tinha ficado com pena dos pais. Assim, poucas horas após o nascimento, ele designou a bebê como filho do casal. Deu-lhe nome de menino e prontamente mandou os pais irem anunciar este que agora era o filho deles. A proclamação oficial do mulá sobre o nascimento de um menino foi aceita com gratidão pelos pais — elevava o status deles e os libertava do inevitável escárnio da aldeia.

Mas por que, atingindo a puberdade, Tio acabou não retomando seu sexo de nascença? Como conseguiu escapar ao casamento? E gostava desse arranjo? Carol franze a testa diante das minhas perguntas; não sabe. Tio não tinha marido nem filhos, mas certamente gozava de um status mais elevado do que as mulheres. Era "uma figura intermediária".

Na opinião de Carol, é plenamente compreensível que, pelo visto, ninguém tenha documentado nenhum caso histórico ou contemporâneo de outros "Tios" ou meninas se passando por meninos. Mesmo que tenham existido, poucos documentos sobreviveram às várias guerras e à sucessão de regimes em Cabul. Além disso, os afegãos não gostam muito de ser indagados sobre suas famílias: na melhor das hipóteses, veem com desconfiança as autoridades e as instituições do Estado.

A coisa mais próxima de um arquivo nacional afegão, de fato, está a cargo de uma americana que reside há muito tempo em Cabul, e que também consultei: a expatriada Nancy Duprée, a espirituosa historiadora, agora octogenária, conhecida afetuosamente por muitos como a "avó do Afeganistão". Célebre por publicar nos anos 1970 vários guias de viagem sobre as partes mais remotas do país,² ela documentou a história e a cultura afegãs junto com seu falecido marido, o arqueólogo Louis Duprée. Apesar disso, Nancy nunca tinha visto nem ouvido falar de meninas se passando por meninos e não se lembrava de nenhuma documentação sobre o assunto em todos os seus anos no Afeganistão, desde a época do último rei do país, que foi deposto em 1973.³ Mas não se sentiu "nem um pouco surpresa" com o caso que lhe contei, sobre a menininha criada como garoto. Tal como a posição de Carol a respeito, Nancy via sentido nisso: "A segregação requer criatividade", disse-me ela.

Nancy também mostrou uma fotografia antiga, entregue a seus cuidados pela ex-realeza afegã. No instantâneo preto e branco, já amarelado, dos primeiros anos do século XX, a guarda do harém do cã Habibullah⁴ é formada por mulheres vestidas de homem. O harém não podia ser supervisionado por homens, pois eles constituíam uma ameaça potencial à castidade das mulheres e à linhagem do sangue real. Essas mulheres vestidas de homem resolviam o dilema, indicando que tais soluções também podem ter sido adotadas historicamente nos mais altos escalões da sociedade afegã.

Mas o que se passa na vida apartada das famílias afegãs pode nunca ter sido muito aberto à investigação de estrangeiros, sugere Carol. E muito menos durante essa última avalanche de forasteiros querendo mudar o Afeganistão. Como algum velho morador lamentando o fim do espírito local do bairro, Carol descreve o que se tornou Cabul nos últimos anos: uma fortaleza de concreto cinzento, de onde os afegãos comuns foram expulsos de sua própria cidade[5] devido à inflação econômica da guerra e à disparada nos aluguéis, que apenas alguns estrangeiros remunerados por organismos internacionais têm condições de pagar. Criaram um lugar onde o medo e os boatos que movem a comunicação dos expatriados circulam numa espiral fechada.

"A maioria dos estrangeiros em Cabul leva uma vida muito parecida com a das mulheres afegãs mais enclausuradas que eles estão tentando libertar", comenta Carol em tom de ironia.

O Afeganistão tem uma cultura de códigos e costumes milenares, transmitidos de geração para geração. A história de suas mulheres tem sido registrada de modo muito esparso. A história de muitos países é, com frequência, a história de suas guerras, raras vezes lideradas por alguma rainha ocasional. A maior parte da pesquisa sociológica no Afeganistão foi feita por estrangeiros — homens, em sua esmagadora maioria — que raramente tiveram acesso a mulheres e tomaram conhecimento apenas daquilo que lhes foi dito por pais, irmãos e maridos afegãos.

No Afeganistão, não existe nenhuma entidade de proteção à criança, nenhum departamento confiável que guarde as estatísticas, nenhuma universidade de pesquisa estabelecida. Ninguém sabe com certeza nem mesmo o número de pessoas que *vivem* no Afeganistão — os grandes organismos de assistência dão números que vão de 23 milhões a 29 milhões de habitantes.[6]

O primeiro e único recenseamento no Afeganistão foi feito em 1979, e as tentativas posteriores de contar realmente o número de afegãos são controversas e eivadas de dificuldades. Três décadas de guerra constante e o deslocamento de grandes massas de refugiados impossibilitam um cálculo preciso. A tarefa fica ainda mais problemática devido à complexa formação étnica dos afegãos e ao debate em andamento sobre a localização exata da fronteira com o Paquistão.

Os que tentam ser diplomáticos costumam dizer que o Afeganistão é formado por uma série de minorias, herança visível dos diversos conquistadores que, ao longo da história, chegaram aqui vindos de diferentes direções. A minoria mais numerosa, que numa estimativa aproximada corresponde a 40% da população, é o grupo pachto majoritariamente islâmico sunita, que se considera em larga medida etnia afegã. Dominam o sul e o leste. A segunda principal minoria é composta pelos tadjiques, mais fortes no centro e no norte do país. A população hazara é tida por muitos como ancestral dos mongóis, e foi impiedosamente perseguida na era talibã, como seguidora da corrente islâmica xiita. Concentrando-se basicamente no norte, há também afegãos uzbeques, turcomanos e quirguizes. O país ainda conta com nômades kuchis. Apesar da constante formação e dissolução de alianças entre os grupos étnicos, são frequentes as desconfianças mútuas entre as etnias. Essa é mais uma razão para a escassez de informações voluntárias sobre, por exemplo, o número de nascimentos numa determinada área ou dentro de um grupo, e ainda mais sobre o sexo das crianças.

Segundo Carol, também é possível que o Ocidente seja mais obcecado pelos papéis de gênero das crianças do que os afegãos. Embora a sociedade afegã se baseie estritamente na separação entre os sexos, aqui a questão de gênero na infância, em certo sentido, pesa *menos* do que no Ocidente. Carol diz: "Aqui, as pessoas são movidas por algo muito mais básico — a sexualidade. Antes da puberdade, tudo é apenas uma preparação para a *procriação*. Essa é a principal finalidade da vida aqui".

E, para apenas começarmos a entender o Afeganistão, talvez seja necessário deixar de lado aquilo que, no Ocidente, pensamos ser a ordem das coisas. Onde uma longa linhagem de organização tribal é muito mais poderosa do que qualquer forma de governo, onde a linguagem é poesia e poucos sabem ler ou escrever — mas é comum que um iletrado conheça de cor a obra de poetas pachtos e persas e saiba falar mais de uma língua —,[7] os parâmetros para o conhecimento e as verdades estabelecidas se manifestam de uma maneira que os estrangeiros não reconhecem facilmente. Nas palavras de Carol, numa nação de poetas e contadores de histórias, "o que importa são as fantasias compartilhadas".

Por isso, para descobrir alguma coisa no Afeganistão, é necessário olhar as estruturas informais. Por exemplo, quem mais conhece as mulheres afegãs não são os estrangeiros nem os homens afegãos, mas sim outras mulheres afegãs — e os médicos, professores e parteiras que presenciam ao vivo o desespero em ter filhos do sexo masculino e o que as mulheres farão para consegui-lo. E nenhum segredo será exposto de imediato, avisa Carol: "Você precisa ouvir o que eles nunca dizem".

Como que realçando um efeito dramático, o gerador do restaurante sofre uma terceira interrupção e estamos outra vez no escuro. Respiro fundo. Na escuridão, o perfume intenso de tangerina e cassis fica mais acentuado e então pergunto sobre aquela nuvem aromática em que ambas estamos imersas. A pergunta lhe agrada muito.

"Ah, sim. Tem esse homem em Peshawar... Ele mexe com óleos e essências. Contou-me que fornecem para um perfumista francês que faz alguma coisa bem famosa com esse aqui. Isso é só conversa, claro, mas é agradável, não?"

Concordo com a cabeça, e não consigo dizer a Carol que seu fornecedor está falando a verdade. É um perfume que conheço muito bem. Quando se reacendem as luzes, sorrio. Eu também sou uma mulher totalmente livre e, assim como Carol decidiu fazer certa vez, tenho tempo de me aprofundar.

Mas será que eu conseguiria ao menos escrever sobre a família de Azita, para começar? Nós duas voltamos várias vezes à mesma conversa, ao longo de alguns meses.

"Você me falou que tem quatro filhas", foi como puxei o assunto com ela na primeira vez. "Também me falou do filho da família..."

Era uma brecha para retirar tudo e me dizer para nunca mais voltar. Quase torci para que ela assim o fizesse. Somente mais tarde entendi que ela já havia se decidido.

"Penso que devemos mostrar a realidade."

"Mas este é seu segredo. Tem certeza?"

"Penso que sim. Poderia ser interessante para as pessoas. Esta é a realidade do Afeganistão."

Com isso, fui convidada a voltar à sua casa. E a conhecer sua família.

3. A escolhida

AZITA

Às cinco da manhã, ela se obriga a levantar da forração de travesseiros compridos e volumosos no chão da sala de jantar, que também serve de quarto de dormir.

Antes de começar a chamar as filhas para o dia, Azita passa por um carrossel de imagens na mente, procurando relembrar cinco bons minutos do dia anterior que lhe animem o espírito com bons pensamentos. Por exemplo, falou sem ser interrompida por algum colega parlamentar. Ou talvez uma das meninas lhe tenha mostrado uma nova pintura, que estava realmente muito bem-feita.

Só então ela atravessa o corredor e vai acordar as quatro filhas, dormindo em seus beliches com suas colchas azuis de Ursinho Pooh. Normalmente segue-se uma pequena batalha entre Mehrangis e Mehran por causa do banheiro. As gêmeas tomam iogurte e comem pão *naan* que sobrou do dia anterior. Mehran provavelmente vai recusar o desjejum, mas aceita um pãozinho, alguns biscoitos açucarados ou uma laranja.

As três meninas mais velhas vestem roupas pretas batendo abaixo do joelho e lenços de cabeça brancos sobre o rabo de cavalo preto e brilhante. A mais nova usa calça, camisa branca e gravatinha vermelha. As quatro pegam mochilas de náilon grandes, todas iguais. A de Mehran é grande demais para ela, mas orgulha-se de usá-la, tal como fazem as irmãs mais velhas. O pai vai acompanhar as filhas até o ônibus escolar, segurando pela mão apenas Mehran.

Restam a Azita quinze minutos para se aprontar. Mas ela é rápida. Nesse intervalo, transforma-se. No momento em que sair de casa, estará defendendo a honra não só do marido e da família, mas também de sua província e de seu país. Sua aparência desempenha um papel importante nisso. Precisa se vestir cuidadosamente: mais para distrair do que para atrair a atenção.

No Afeganistão, a reputação é mais do que simbólica; é um bem difícil de restaurar caso tenha sofrido algum dano. Muito parecida com uma pontuação de crédito, ela precisa ser constantemente preservada e também, se possível, melhorada, forçando homens e mulheres a seguir um conjunto de regras sociais estritas. Ao escolher cada detalhe de suas roupas, Azita leva em consideração os princípios fundamentais da cultura de honra do Afeganistão, onde a pureza de uma mulher está sempre associada à reputação de sua família. O Talibã não ocupa mais o poder em Cabul,[1] mas o código de indumentária para as mulheres ainda é muito conservador. Carol le Duc me esclareceu o sistema punitivo informal, mas muito real: "Uma mulher que atrai atenção imprópria sobre si é inevitavelmente uma *prostituta*".

Para uma mulher, ser comparada a uma prostituta por se vestir da maneira errada ou por ser vista falando com um homem que não é seu marido pode trazer graves consequências: os vizinhos comentarão; os pais poderão ficar devastados; a vergonha recairá sobre os parentes e poderá manchar a reputação e a posição deles na sociedade. Para uma mulher que atua na política, esse jogo é ainda mais complicado, porque a política, por sua própria natureza, exige algum grau de visibilidade.

Aos olhos dos conservadores, se uma afegã precisa mesmo trabalhar, deveria ser no máximo professora numa turma só de meninas. Qualquer profissão em que uma mulher interaja com homens ou possa ser observada por outros homens é mais problemática, pois pode manchar a reputação de sua família. As mulheres que trabalham com estrangeiros, com seus costumes diferentes, são ainda mais suspeitas. Ao ocupar assento na assembleia nacional, sob as vistas inclementes do olhar público, Azita desperta reações em vários níveis.

Seu uniforme de trabalho consiste numa *abaya* preta até os pés, em estilo iraniano, com um lenço preto fino na cabeça, para emanar autoridade e dignidade. Ela quer mostrar um senso de refinamento, além de um profundo conservadorismo. Quando se move, nenhum contorno de seu corpo deve ser evidenciado. A veste preta traz uma discreta orla dourada; qualquer outra cor adicional está fora de questão. Em outro universo, em outra vida, a cor favorita de Azita seria o vermelho vivo — mas é uma cor impossível no Afeganistão. A cor de fogo é tida como explicitamente sexual, para atrair os olhares masculinos. É para quem quer ser extravagante e admirada. A roupa de cor viva foi taxativamente proibida pelo Talibã, mas mesmo assim seria inconcebível, potencialmente até arriscada, na cultura conservadora do Afeganistão. Nenhuma mulher respeitável de Cabul usa vermelho fora de casa, e Azita não tem nenhuma roupa vermelha.

Ela leva alguns segundos para delinear os olhos com *kohl* preto e passar pó de arroz bege. Geralmente há câmeras no parlamento, e agora ela sabe que uma pele fosca sai melhor nas fotografias. Ao sair de casa, põe óculos escuros com armação de enfeites dourados. Um amigo comprou para ela em Dubai. Azita se permite mais alguns efeitos especiais: dois anéis árabes de ouro rosado e uma bolsa imitando grife. O ouro é não tanto um enfeite, mas uma demonstração de valor, indicando o status da mulher como boa esposa e mãe. Aquele que tem uma esposa boa, respeitável e fértil irá honrá-la com peças de ouro, para que todos vejam. Foi Azita mesma quem comprou seus anéis, mas isso ninguém precisa saber.

Depois que Azita se acomoda no banco de trás, o carro logo é absorvido na densa rede matinal de veículos e para-choques amassados. O percurso habitual de quinze minutos até a assembleia nacional em Karte Seh leva pelo menos uma hora no período da manhã. Os Toyota Corolla brancos enfrentam vastos buracos no calçamento, passando por labirintos de obstáculos e por trechos de terra batida. Ainda faltam alguns meses para a primavera, ou para o começo da *estação de combate*, como dizem aqui — quando o Talibã e "insurgentes" passam para batalhas mais agressivas. O solo duro e gelado ainda não está coberto de pó, e os vendedores ainda estão cortando e abrindo as romãs vermelhas de Kandahar nas bancas das calçadas.

O motorista de Azita evita se aproximar demais dos veículos da polícia afegã, caminhonetes verdes Ford Ranger lotadas de policiais de uniforme azul, com seus rifles de assalto apontando para todas as direções. A polícia afegã é um dos alvos prediletos dos homens-bomba e dos explosivos improvisados conhecidos como IED.[2] O índice de policiais mortos que patrulham Cabul é o dobro do de militares, dos quais é mais difícil se aproximar. Aos olhos dos insurgentes, ambos são considerados traidores, trabalhando para o governo de respaldo estrangeiro. O começo da manhã — quando a convicção do martírio e a perspectiva das virgens à espera no paraíso ainda estão frescas[3] — é o momento favorito de ataque dos homens-bomba, visto que o trânsito intenso promete a recompensa de um grande número de mortos.

Azita adota o argumento afegão habitual: quando chegar sua hora, chegou. Deus decide quando será. Ela não pode passar todo seu percurso diário até o trabalho pensando se o momento é este ou não. Azita e o motorista já escaparam de explosões antes, por uma questão de segundos. Todos os dias, ela corre riscos pelo simples fato de pôr o pé fora de casa. Recebe cerca de duas ameaças de morte anônimas por semana, em casa ou no escritório, advertindo-a para abandonar o parlamento. Ou mais. Para evitar as ameaças e a inconveniência, costuma comprar novos cartões SIM para o celular, com outro número, mas as ligações continuam. Suas transgressões são claras: é uma mulher que se atreve a servir no parlamento e é um símbolo importante de um governo controvertido, apoiado pelo Ocidente. As ameaças se tornaram rotina. Às vezes ela discute com o anônimo na linha, argumentando que o Alcorão não protege o assassinato. E o anônimo é sempre um homem. "Sabemos que você não se importa com a sua vida, mas pense em seus filhos", disseram certa vez. Naquela ocasião, a ameaça veio acompanhada pelo som de disparos. A única vez que Azita tentou notificar a polícia sobre as ameaças, recebeu o conselho de "não se preocupar". Afinal de contas, acrescentaram, não há muito o que possam fazer.

Houve atentados diretos à sua vida: um ano antes, dois homens de moto tentaram atirar uma granada caseira no pátio de sua casa em Badghis. Explodiu contra a parte externa do muro de pedra. Quando Azita saiu correndo da cozinha, viu as filhas escondidas num canto do pequeno jardim.

Políticos mais abastados andam de carro blindado, cercados de seguranças armados com rádios de ondas curtas. Os políticos com investimentos no comércio de papoula, ilegal mas ainda próspero — o Afeganistão é o maior produtor mundial de ópio —,[4] geralmente dispõem também de um carro de escolta, para diminuir a chance de êxito em caso de tentativa de sequestro. Azita não pode se permitir muito além do Toyota Corolla com motorista, que anda com um frasquinho de vidro preso ao painel — água santa de Meca. Isso o ajuda a manter a concentração; nem sequer os veículos que fazem alguma súbita curva em U ou que estão vindo na contramão para cima dele merecem um toque de sua buzina.

Azita contratou um guarda-costas no começo do mandato, pois vários colegas lhe disseram que pareceria impróprio chegar sempre desacompanhada de alguém do sexo masculino. Mas o guarda-costas tinha a tendência de cair no sono logo que se sentava, então ela o despediu. Como todos os outros membros do parlamento, Azita recebeu uma arma para proteção pessoal. Sem nenhuma intenção de usá-la um dia, ela a escondeu em algum lugar do apartamento. Volta e meia lembra a si mesma que precisa achar onde está a arma, antes que as crianças a encontrem.

No carro, ela pega o celular e tenta acessar o site da CNN na telinha, mas não consegue grande coisa com as conexões afegãs irregulares.

Então ela olha pela janela, para os comerciantes empurrando suas carroças devagar até o mercado e as motos com pelo menos duas pessoas, geralmente três ou até quatro, que se protegem do ar bege empoeirado de Cabul com lenços enrolados no rosto. Senhoras afegãs aos pares, usando sandálias com meias, de mãos dadas, saltam sobre as valas de esgoto a céu aberto. Nada é realmente muito branco por aqui, e poucas coisas parecem frescas, exceto os Land Rover novos em folha, importados por estrangeiros e afegãos ricos. Em pouco tempo, a maioria das coisas adquire um tom cáqui ou pardo. O cáqui e o cinza-cimento são as cores primárias de Cabul, cuja monotonia é interrompida apenas pelas casas financiadas pela papoula, que são pintadas de um vermelho leitoso, de rosa-vivo ou até de verde, com relances de cortinas com borlas em tom pastel — a narcoarquitetura enganosamente alegre de Cabul.

A clorofila é escassa por aqui: a maioria das árvores morreu por causa da poluição ou foi usada como lenha pelos indigentes. Às vezes, uma mancha de vermelho-fosco também transparece no cinzento de Cabul, num mural antigo ou em alguma outra lembrança da Guerra Fria — daqueles que tentaram controlar a capital antes do Talibã e dos americanos.

Para Azita, "a época russa", como ela diz, não foi a luta brutal e prolongada descrita pelas memórias de língua inglesa daquilo que os afegãos chamam de "a guerra soviética" dos anos 1980. Para ela, foi o pano de fundo de uma infância bastante encantada.

Seu pai fazia parte de um clã grande, mas não rico, e era tido como o primeiro homem de Badghis a concluir a pós-graduação em Cabul. Trazia essa distinção quando voltou à sua província para se casar. Ele havia conhecido Siddiqua, a mãe de Azita, quando ela tinha apenas doze anos. Segundo a lenda familiar, apaixonou-se por ela à primeira vista. Esperaram sete anos para se casar, e em 1977 tiveram o primeiro rebento, uma filha muito amada e desejada. Deram-lhe o nome derivado do termo persa *azar*, fogo. Logo depois de comemorar o primeiro aniversário de Azita, a família voltou a Cabul para lá construir a vida, chegando bem na época da Revolução de Saur, quando os comunistas do Partido Democrático Popular do Afeganistão tomaram o governo do país.[5]

Com apoio ideológico e financeiro de Moscou,[6] o novo governo anunciou reformas drásticas, começando a substituir a lei religiosa por um sistema mais laico,[7] promovendo o ateísmo de Estado e tentando estabelecer à força uma sociedade mais moderna. Todos os setores econômicos e todas as instituições oficiais seriam inspecionados, desde a agricultura e o sistema jurídico até a saúde pública e — de modo muito controverso — o direito de família.

Os russos não eram os primeiros a tentar implantar a igualdade de gênero no Afeganistão, e não seriam os últimos.

O cã Amanullah tentou assegurar direitos às mulheres nos anos 1920,[8] junto com sua rainha Soraia, famosa por tirar o véu em público.[9] O casal real também começou a promover a educação das meninas, proibiu a venda de garotas para casar e impôs restrições à poligamia. A reação foi intensa. Para muitos afegãos, sobretudo para a maioria que não morava em Cabul, as reformas pareciam uma afronta. Os homens tribais perderiam suas rendas futuras se não pudessem mais negociar ou vender as filhas como esposas. Em 1929, sob a ameaça de um golpe de Estado, o rei foi obrigado a abdicar.

Três décadas depois, o xá Mohammad Zahir tomou outra iniciativa, mais cautelosa, para a educação e emancipação das mulheres, propondo conceder-lhes igualdade de direitos na Constituição de 1964,[10] bem como o direito de voto. Afegãs de famílias privilegiadas foram enviadas ao exterior para seus estudos universitários, voltando depois ao país para se tornar acadêmicas e profissionais liberais.

Arline Lederman, uma profissional liberal americana que lecionou na Universidade de Cabul no começo dos anos 1970, relembra "uma época emocionante", quando as mulheres afegãs de elite eram mais sofisticadas do que a maioria de suas equivalentes liberais americanas. Mulheres da família real de Cabul, usando capas de chuva, óculos escuros, luvas e lenços Hermès, "podiam passar por amigas de Jackie Kennedy num dia de outono em Boston", comentou ela.

Esses avanços de um pequeno grupo de mulheres de elite foram importantes, mas eram exclusivos de Cabul e algumas outras áreas urbanas. No restante do país, o papel das mulheres continuava praticamente estagnado.

No entanto, quando as reformas da época comunista se estenderam em larga escala nos anos 1980, não se restringiram à pequena elite de Cabul. Nessa nova era, mulheres e meninas não viveriam mais apartadas — receberiam ensino obrigatório,[11] escolheriam livremente seus maridos, seriam participantes ativas numa nova sociedade. Quando o grande contingente militar soviético chegou para dar sustentação ao frágil governo comunista de Cabul, milhares de funcionários do governo russo também chegaram à cidade para ajudar a implementar os planos idealizados de Moscou para um novo Afeganistão.

Agrônomos, engenheiros, funcionários de organismos humanitários, professores e arquitetos começaram a montar projetos de assistência internacional em grande escala, segundo a linha especializada dos soviéticos. Os programas tinham como meta alcançar todo o país, e em pouco tempo. O governo soviético, que se orgulhava de ter construído uma sociedade superior e ideal em seu país, de início não deu muito peso às referências históricas ou aos fracassos dos outros que o haviam precedido.

Um dos objetivos claramente estabelecidos era dar educação a um maior número de mulheres e introduzi-las na força de trabalho. A ideia era sensata: somente ganhando efetivo poder econômico as mulheres teriam chance de ganhar direitos plenos e corrigir os desequilíbrios. Mas a execução acabaria se revelando tão equivocada quanto nas tentativas anteriores, com um entendimento apenas lento e tardio da economia patriarcal profundamente arraigada no campo.

Em Cabul, porém, algumas afegãs foram nomeadas para ministérios e assentos no parlamento. Outras foram trabalhar como médicas e jornalistas, advogadas e membros da polícia e do Exército. Formaram-se associações e sindicatos, às vezes com mulheres nos cargos de direção. Na capital, a segregação em restaurantes e no transporte público foi proibida.

Nesse ambiente progressista, a família de Azita se assentou

numa vida de classe média alta, em que o pai dava aulas de história e geografia na universidade, e mais tarde investiu numa pequena loja de bairro, vendendo artigos de papelaria, nozes, frutas secas e outros produtos domésticos. Quando percebeu que a filha tinha facilidade para línguas, comprou-lhe um pequeno aparelho de televisão, e assim ela podia assistir aos noticiários oficiais transmitidos em russo e traduzir trechos para seus pais. Quando essa habilidade de Azita chegou ao conhecimento dos professores, foi apontada como menina especialmente dotada.

Com isso, fora escolhida para uma finalidade especial.

Como em qualquer longo processo de invasão e construção nacional, os soviéticos queriam treinar a geração seguinte de dirigentes afegãos e assegurar sua lealdade a Moscou. A pequena Azita, de raciocínio rápido e vontade de estudar, foi transferida para uma escola mais exigente, com professores estrangeiros e o russo como língua oficial. Ela e os outros alunos escolhidos a dedo subiriam nas instituições de elite do novo sistema — as incubadoras do futuro grupo de poder do Afeganistão. Esse ensino seria coroado com um ou dois anos de estudos superiores nas melhores universidades de Moscou ou Leningrado.

Azita recorda essa época sendo "como a Europa" em Cabul, quando podia tomar um bonde elétrico até a escola, conduzido por uma motorneira. O uniforme feminino da escola era um vestido marrom, um avental branco e sapatos marrons com meias três-quartos brancas. Na cabeça, as meninas usavam apenas uma boina de veludo marrom.

Para o deleite de seus professores russos, a adolescente Azita também gostava de esportes e se tornou capitã do time de vôlei feminino. Ela pensava em levar adiante o legado acadêmico do pai e lhe dar ainda mais orgulho de sua primogênita. Não fazia mal que não tivesse nascido menino — esse país recém-reformado, promovendo as mulheres, estava a seu lado. Seria médica. Se não conseguisse — o que era improvável —, imaginava-se como apresentadora de notícias, inspirada pelas mulheres modernas e sem véu que via na televisão. Azita era a encarnação do plano soviético para um novo Afeganistão.

Mas a tradição ainda dominava nas províncias, onde o manifesto político determinando a igualdade entre os sexos contrariava frontalmente grande parte da tradição pachto sobre a herança e a propriedade. As tentativas rápidas de reformar a sociedade e a cultura[12] foram recebidas com grande resistência e fúria contra o governo, por lançar mais uma vez decretos proibindo o casamento de crianças e o comércio lucrativo de meninas e mulheres, e por determinar que nenhuma mulher poderia ser vendida como esposa nem ser submetida a um casamento contra sua vontade. Mais uma vez, os homens tribais viam o risco de perder dinheiro e influência. Se as mulheres recebessem instrução e fossem trabalhar fora de casa, iriam "desonrar" a família por serem vistas em público e poderiam desenvolver outras ideias, ainda mais subversivas. E quem iria cuidar dos filhos se as mulheres assumissem as tarefas dos homens? A sociedade certamente desmoronaria. E o pior de tudo, havia a proposta de um outro decreto permitindo que as mulheres pedissem o divórcio com mais facilidade. Era evidente que a influência estrangeira trazia a decadência e destruía as tradições afegãs. Muitos mulás declararam que as reformas feriam o islamismo.

Enquanto isso, organizava-se no país a resistência armada à ocupação soviética. Parcelas da oposição dos *mujahidin* à ocupação soviética tinham encontrado um aliado nos vizinhos pachtos no Paquistão, ansiosos em exercer influência no Afeganistão. As reformas instituídas pelos soviéticos se mostraram um bom pretexto para arregimentar novos seguidores: a educação e os direitos das mulheres eram noções abomináveis, venenos perniciosos que pretendiam destruir o próprio alicerce da cultura e do modo de vida do Afeganistão.

O poder sempre esteve nas mãos daqueles que controlam as origens da vida controlando o corpo das mulheres. A antiga expressão afegã *zan, zar waa, zamin* sintetiza a constante ameaça à propriedade pessoal dos homens, que sempre foi a principal razão para tomar em armas: mulheres, dinheiro, terra. Nessa ordem.

A resistência contra os soviéticos foi alavancada pelo generoso auxílio logístico e financeiro do exterior: o presidente americano Jimmy Carter havia declarado que a invasão soviética do Afeganistão constituía "a maior ameaça à paz desde a Segunda Guerra Mundial".[13] Como a luta contra o comunismo era uma batalha entre o bem e o mal, os fundamentalistas islâmicos eram excelentes parceiros nessa missão, já que eles também tinham claras noções do bem e do mal, ainda que numa perspectiva levemente diferente.

E assim as conquistas das mulheres no Afeganistão mais uma vez contribuíram diretamente para a guerra, visto que seu destino estava entrelaçado com aquele barril de pólvora de tensão entre reformadores e conservadores linhas-duras, entre estrangeiros e afegãos, entre centros urbanos e zonas rurais.

No entanto, o mundo exterior parecia não perceber a controvérsia central das mulheres afegãs. Em vez disso, as potências estrangeiras pareciam concordar que havia problemas muito maiores com o Afeganistão do que essa questão tão periférica, que teria de ser revista em algum outro momento, quando os homens parassem de lutar. A ameaça do comunismo — e a necessidade de detê-lo — garantia que as armas e os dólares americanos continuassem a afluir em grandes quantidades para a oposição soviética, tanto de moderados quanto de extremistas.

A família de Azita continuou em Cabul por algum tempo, entre a violência e as lutas de poder que se seguiram à retirada final das forças soviéticas, quando os grupos de *mujahidin* combatiam pelo controle da capital. Quando a violência fechou as escolas e muitas áreas da cidade, criou-se uma rotina para que a jovem, então com dezessete anos, pudesse sair de vez em quando com o pai. Azita sempre levava no bolso uma agenda com os números de telefone dos parentes e um pouco de dinheiro em cédulas escondidas num dos sapatos, caso um ataque separasse os dois.

Na primavera de 1992, Cabul irrompeu em plena guerra civil.[14] Azita aos poucos conseguiu se disciplinar para não entrar em pânico quando um primeiro estouro desencadeava uma série de explosões, ou quando, como muitas crianças e jovens em Cabul naquela época,[15] via cadáveres e corpos estraçalhados nas ruas. Suas lembranças daquele tempo giram basicamente em torno de ondas de choque, edifícios vibrando e os incêndios que se seguiam: "Começava em todas as partes. Disparos, bombardeios, estouros, matanças. Em todas as partes, havia alguma coisa. Um dia, tivemos quinze ou dezesseis explosões de morteiros em nosso bairro. A casa ficou estremecendo o tempo inteiro".

Seu pai, Mourtaza, decidiu que deviam ir embora. A família tinha aumentado, com mais três filhas e um filho além de Azita, e ele não conseguiu encontrar uma maneira de levá-los para o Paquistão. Assim, retornaram numa difícil viagem para a remota província natal de Badghis. O apartamento em Cabul foi lacrado e a loja, abandonada. Iriam saqueá-la, mas não havia nada que pudessem fazer para impedir — todo mundo que eles conheciam também estava em fuga. Depois de colocar tudo o que conseguiram dentro de um pequeno carro, partiram como refugiados dentro de seu próprio país. Quando o veículo se tornou alvo de atiradores, a família o largou na estrada, continuando por dezoito dias de ônibus e a pé, dormindo em mesquitas e tentando evitar os rebeldes e bandoleiros ao longo do caminho. São dias dos quais Azita não consegue mais se lembrar; sua memória os enterrou em algum lugar.

Quando chegaram ao que então lhes pareceu algo próximo de uma civilização — a cidade de Herat, no oeste do Afeganistão —, souberam que sobreviveriam, pois a guerra ainda não chegara nas cercanias de Badghis. Sua mocidade terminaria ali, e ela só voltaria a Cabul depois de muitos anos.

Azita lembra que sentiu raiva da guerra e que não conseguira pegar nenhum de seus livros na pequena biblioteca que seu pai guardava em casa.

"Você tinha algum favorito?", pergunto-lhe no carro, enquanto ela descreve seus últimos dias em Cabul.

"Claro. *Love Story*."

"Ah, eu também li." Eu havia encontrado o romance na casa da minha avó, entre os livros de minha mãe. "Você lembra a citação no final? 'Amar é nunca ter que pedir perdão'?"

"Lembro, lembro." Azita sorri e seus olhos vagueiam por um momento. "Para mim, foi difícil entender, mas chorei muito no final, quando ela morreu. Chorei muito. Quando cresci, entendi o sentido exato. Vi o filme também, várias vezes."

"Já se apaixonou alguma vez?"

Ela olha para mim, mantendo um instante de silêncio antes de falar.

"Amo meu marido, Jenny."

4. A fazedora de filhos

DRA. FAREIBA

Os que chegam aqui são os que têm sorte.
Na maioria das vezes, a promessa de uma vida nova chega de carro. As suspensões ruins dos automóveis e as estradas esburacadas fazem as mulheres em gravidez adiantada em suas burcas azul-celeste balançarem no banco traseiro dos Toyota Corolla surrados. A placa no portão mostra uma metralhadora com uma linha cruzando por cima: proibido armas. A regra será desrespeitada, como em quase todas as outras partes do Afeganistão. Os guardas, que examinam o interior de cada veículo no sopé do monte, fazem um sinal com a cabeça para abrirem as portas de aço. Lá dentro fica um hospital de dois andares, onde alguns médicos trabalham em turnos para a única clínica médica de uma área de 32 mil habitantes, em larga medida controlada pelo Talibã. Alguns pacientes são nômades; a maioria provém de famílias rurais pobres.
Aqui, na ala da maternidade, nascem em média 166 afegãos por mês, segundo registros do hospital. Ele fica no centro de um

planalto silencioso na província de Wardak, a cerca de uma hora de carro de Cabul. Silencioso quer dizer num bom dia, porque a alguns quilômetros a norte do hospital fica uma base militar americana — alvo principal para ataques de morteiros dos insurgentes, como é chamada toda e qualquer resistência aos soldados estrangeiros. Esses combatentes insurgentes miram o inimigo estrangeiro de vários ângulos, e o hospital fica entre eles e o alvo. Quando disparados, os morteiros arqueiam pelo céu, passando por cima do pequeno hospital, e frequentemente caem logo adiante da área. Às vezes, porém, caem antes e atingem o hospital.

Câmeras térmicas em aviões não tripulados zunem no ar, tentando localizar os morteiros ainda em solo, muitas vezes montados em pilhas improvisadas de paus e pedras, ligados a cronômetros e baterias. Se o drone localiza algo de interesse, um helicóptero de ataque armado de morteiros, metralhadoras e mísseis pode ser despachado em um ataque preventivo.

Independentemente de quem quer matar quem lá fora, grande parte do trabalho dentro da clínica gira freneticamente em torno da vida. Ninguém pergunta aos pacientes a que família ou clã pertencem, ou quem estavam combatendo do outro lado dos portões. Toda criança esfarrapada, de olhos encovados, recebe cuidados; toda grávida é atendida. Os homens esperam lá fora, sentados em fileira nos bancos, apoiando as costas em um muro de pedra amarela, tendo ao fundo a paisagem de montanhas nevadas, enquanto o destino de suas famílias é decidido no hospital. Em sua maioria, vestem o traje típico do aldeão, com túnica e calça de algodão branco e turbante xadrez, com sandália aberta ou chinelo de plástico mesmo no auge do inverno mais rigoroso.

Lá dentro, mãos tisnadas de sol e pintadas de hena erguem camadas e camadas de burcas, *hijabs* e xales. Muitas vezes, as mãos parecem mais velhas do que o rosto, com suas faces macias e sem rugas ao redor dos olhos. Algumas futuras mães mal acabam de entrar na adolescência. A cada duas ou três horas, chega ao fim a luta de uma mulher para ter um filho, dentro de uma sala azulejada de branco, com três mesas ginecológicas revestidas de sacos plásticos brancos. Um bebê do sexo masculino é triunfo, sucesso. Um bebê do sexo feminino é humilhação, fracasso. Ele é *bacha*, que significa criança. Menino. Ela é a "outra": uma *dokhtar*. Uma filha.

A mulher que volta para casa com um filho pode ser recebida com uma comemoração, a cerimônia do *nashrah*, com músicas e orações. Há comida e bebida em abundância. A nova mãe ganhará presentes: uma dúzia de galinhas ou uma cabra para celebrar sua proeza. Pode até ganhar alguns quilos de manteiga para ajudar a amamentação, para que seu menino cresça forte e saudável. Passa para um status mais elevado entre as mulheres. Quem pode dar à luz filhos é uma mulher invejável, de sucesso; representa boa sorte e boa esposa.

Se nasce uma menina, não é raro que a mãe deixe a sala de parto aos prantos. Voltará para a aldeia com a cabeça baixa de vergonha, e lá poderá ser ridicularizada pelos parentes e vizinhos. Podem recusar-lhe comida por vários dias. Podem espancá-la e relegá-la ao relento, para dormir com os animais, como castigo por trazer mais um fardo para a família. E se a mãe da recém-nascida já tem várias filhas, o marido pode ser objeto de zombarias como um fracote a quem a natureza se recusa a ajudar, um *mada posht*. Tradução: "aquele cuja mulher só dá à luz meninas".

Uma das crianças chega com a promessa de propriedade e um mundo à sua espera. A outra nasce com um único bem, que precisa ser rigorosamente contido e controlado: a capacidade de algum dia dar à luz seus próprios filhos. Ela, assim como sua mãe antes dela, chegou àquele que a ONU chama de pior lugar do mundo para nascer.[1] E o lugar mais perigoso para ser mulher.[2]

"Somos pachtos. *Precisamos do filho.*"

Dra. Fareiba frisa cada palavra num inglês tosco e estropiado. Não devia ser tão difícil, mesmo para um estrangeiro, entender esse fato básico de seu país. Como ocorre com muitas mulheres daqui, seu rosto batido pelo tempo não revela um número exato de anos e ela tampouco diz sua idade. Mas fala de bom grado sobre qualquer outra coisa, em frases curtas e categóricas, com um dos cantos da boca sempre virado para cima, aparentando um sorriso. Por uma porta ao fundo, ela me fez entrar no hospital simples e desguarnecido, cheirando a desinfetante, para me explicar essa necessidade de se ter filhos homens, depois de me arrancar a promessa de que eu não tentaria falar com nenhum dos maridos lá fora, pois isso os alertaria da presença de uma estrangeira e colocaria o hospital em risco.

As pacientes da dra. Fareiba têm muitos aspectos em comum com a maioria das afegãs, com uma vida muito distante da de Azita e de outras em Cabul. São as mulheres invisíveis, agora e apenas temporariamente fora das vistas dos maridos. Para algumas, é a única vez que podem ter contato com pessoas fora da família. A maioria é iletrada e muito tímida, mesmo na frente de outras mulheres. Algumas ficam de mãos dadas entre si e, na primeira vez, hesitam em subir no leito de exames, onde a médica apalpará cuidadosamente o ventre volumoso.

Dra. Fareiba é conhecida por sua boa reputação. É saudada com respeito quando passa pelos corredores em seu uniforme de trabalho — um casaco de couro bordô e uma saia de veludo até os pés. Dá uma espiada em todos os aposentos, onde as mulheres amamentam os recém-nascidos sob grossos cobertores de lã sintética, ou formam filas ao longo das paredes para ver a ginecologista. Algumas sorriem, outras escondem o rosto. As crianças, que vieram com a mãe, não sorriem. Muitas das roupas de cores vivas que ganharam e estão usando são grandes ou pequenas demais para elas. Nenhuma tem nada remotamente parecido com um casaco, e também usam sandálias nos pés sujos de terra e poeira. Apenas uma garotinha está com botas de borracha vermelhas. Parece ter uns seis anos, com um emaranhado fosco de cabelos castanhos. Seus olhos cinza-claros acompanham em silêncio os movimentos das irmãs mais novas, que ficaram a seu encargo enquanto a mãe é examinada por uma das médicas.

Dra. Fareiba faz algumas perguntas a cada paciente, sorri e então se vira para me dar um resumo prosaico. Cada resumo encerra uma história de vida.

"O marido a deixou depois que três dos bebês morreram. Agora está casada com o sobrinho, como segunda esposa. Tem 25 anos e está grávida outra vez."

"Dezessete anos. Primeira gravidez. Casada com o tio mais velho."

"Vinte e um. Três crianças. O marido é um homem importante, com muitas esposas."

O pré-natal é gratuito no hospital. As médicas insistem que as pacientes esperem pelo menos três meses entre uma gravidez e outra, para ter mais chance de não perder a criança. Aqui, o fato de usarem alguma forma de contracepção tem menos a ver com a ideologia ou um marido conservador e mais com as condições práticas da vida. Pode ser que, na hora de pegar uma nova receita ou receber mais uma injeção, as estradas de uma aldeia pequena estejam bloqueadas por excesso de neve, por temporais ou deslizamentos de terra na primavera. Ou, muito simplesmente, pode não haver carro ou gasolina para o carro ou alguém para dirigir. Isso também contribui para que 18 mil afegãs morram por ano devido a complicações do parto: cerca de cinquenta mulheres por dia, ou uma a cada meia hora.[3]

Em outra sala, três mulheres da mesma aldeia estão em diferentes graus de gravidez com complicações, mas não se justificaria o custo de uma viagem de carro apenas para uma delas, ou mesmo para duas. Assim, as duas primeiras tiveram de esperar que a terceira entrasse em trabalho de parto. Só então as três foram transportadas a toda velocidade que o carro permitia. Apesar dos esforços em reduzir o índice de mortalidade das mães, o Afeganistão ainda é um dos piores países do mundo para se dar à luz, empatando com as nações africanas mais pobres e dilaceradas pela guerra.[4] Mas as chances de sobrevivência nesta clínica, no meio de um campo de batalha, são melhores do que o parto em casa.

"Ela tem quarenta anos", diz a dra. Fareiba sobre uma paciente em uma sala pós-parto. Faltam-lhe vários dentes da frente e usa vários braceletes nos braços. "Aborto. Mas ela tem dez filhas vivas. Todas meninas. Então continua tentando um filho."

Quando uma nova esposa é abençoada com dois ou três filhos homens no começo, não será pressionada a ter muito mais depois disso. Se vierem algumas meninas, tudo bem. Mas diante de uma sucessão apenas de "menina, menina, menina", nas palavras da médica, a maioria das mulheres vai continuar tentando um filho. É uma explicação sintética da questão demográfica: quatro ou cinco crianças é um número plenamente aceitável para a maioria dos pais no Afeganistão — mas somente se esse número incluir mais meninos. A expectativa de vida de uma mulher no país é de 44 anos,[5] e ela passa grande parte do tempo grávida. Muitos casais sabem como controlar a concepção, se quiserem, mas a pressão de ter outro filho muitas vezes supera qualquer preocupação pela sobrevivência da mulher.

Dra. Fareiba examina sob o cobertor de uma nova mãe, deitada na cama e virada para a parede. Está em silêncio desde o momento do parto. A médica ergue a trouxinha ao lado dela e se vira para a enfermeira que a segue de perto. Trocam acenos de cabeça: sim, é uma menina.

Nasceu algumas horas atrás e ainda não tem nome. Já está com os olhos pintados de *kohl*, "como amuleto da sorte" e para protegê-la do mau-olhado. O bebê pisca um pouco e a boquinha suspira algumas vezes. É perfeita, até os dedinhos minúsculos tentando agarrar. Mas, para muitos no Afeganistão, ela é *naqis-ul-aql*, "estúpida de nascença", pois uma mulher equivale a um animal sem inteligência, devido à fraqueza do cérebro. Se ela sobreviver, provavelmente passará fome, porque nutrir uma menina é secundário em comparação a nutrir um filho na família, que receberá alimentos mais nutritivos e em maior quantidade. Se em sua família houver a chance de enviar as crianças à escola, os irmãos terão prioridade. Escolherão o marido para ela, muitas vezes antes de alcançar a puberdade. Quando adulta, raríssimas decisões da vida serão suas.

Olhando a respeitada dra. Fareiba, porém, é difícil imaginar que ela permitiria que um homem comandasse algum aspecto de sua vida. Ela própria desafiou a tradição trabalhando sob quase todas as formas de governo nos últimos vinte anos, e mesmo sob governo nenhum, visto que sempre houve necessidade de médicas. Dra. Fareiba trouxe à luz "cerca de uns mil bebês", segundo seus cálculos.

"Mas por que apenas os filhos contam? O que é que as mulheres não podem fazer?", pergunto eu.

Dra. Fareiba joga as mãos ao ar num gesto de frustração. Já explicou isso: não é uma questão de capacidade. É que homens e mulheres têm papéis diferentes e tarefas diferentes. É como está organizada a sociedade e como funciona. É porque sempre foi assim.

E tampouco a pressão por filhos é perpetuada só pelos homens. As mulheres também precisam de filhos, diz a dra. Fareiba, usando a si mesma como exemplo. Seus três filhos não são apenas seus maiores motivos de orgulho; são essenciais para a sobrevivência de sua família. Quem mais, senão um filho, protegerá e cuidará dos pais, se chegarem à velhice? E se a família precisar fugir de mais uma guerra? E no caso de uma disputa ou um conflito violento com outra família? Não existe assistência social, o atendimento público à saúde é mínimo e o império da lei praticamente inexiste no Afeganistão. Há apenas desemprego, pobreza e guerra constante. Nesse meio, o número de filhos homens equivale à força da família, em termos financeiros e sociais. São uma apólice de seguro. Um plano de aposentadoria. Uma caderneta de poupança. Os filhos da dra. Fareiba vão sustentar e assegurar não somente a vida dela, mas a longevidade e o legado da família.

Dra. Fareiba também tem uma filha. Mas vai se casar com um homem escolhido pelos pais e irá morar com a família do marido. A propriedade de uma jovem afegã é literalmente transferida de um homem — o pai — para outro homem, que se torna o marido. Ele assume o comando da vida dela, até os mais ínfimos detalhes, se assim quiser. Dra. Fareiba talvez nem volte a ver a filha, se o futuro genro e a família decidirem se mudar para longe. Por outro lado, quando seus filhos se casarem, trarão as esposas para a casa dela, e lá iniciarão novas famílias. Auspiciosamente nascerão mais filhos e a família vai aumentar e se fortalecer.

"A filha nunca é nossa", diz a dra. Fareiba num tom muito pragmático. "Mas o filho sempre ficará conosco."

É assim que as coisas sempre funcionaram neste país, onde a lei tribal e a tradição patrilinear rigorosa têm oferecido historicamente um grau de estabilidade maior do que a maioria dos governos. No Afeganistão, não há nada muito certo além do céu acima e da morte ao final. Entre os dois está a família.

Dra. Fareiba para por aí.

Mas o sistema patriarcal, com a ideia de que as mulheres devem se subordinar aos homens e que os filhos são mais valiosos do que as filhas, nunca foi de fato uma ordem "natural" ou dada por Deus, que teria existido desde sempre. Ele pode ser rastreado até acontecimentos históricos de lavra inteiramente humana.

Quando a americana Gerda Lerner realizou seus estudos pioneiros da história das mulheres, nos anos 1980, suas pesquisas trouxeram evidências e apresentaram explicações sobre a origem da formação do patriarcado.[6] Foi apenas com o surgimento da agricultura, quando os seres humanos deixaram de ser caçadores e coletores e se tornaram pastores e agricultores, entre os anos 3 mil e mil a.C., que as noções de bens e propriedade privada geraram também a necessidade de controlar a reprodução. Isso significava especificamente o útero das mulheres, visto que as mulheres com prole maior ganhavam vantagem. Tanto a prole, que podia ser usada como mão de obra, quanto as mulheres, que geravam a prole, se tornaram recursos que podiam ser comprados e vendidos para criar alianças e, assim, aumentar a propriedade pessoal. A terra e o capital eram transmitidos exclusivamente por uma linha sucessória masculina, criando a absoluta necessidade de filhos para preservar a riqueza e construir legados. Muitas sociedades nasceram dessa versão inicial do sistema patriarcal, que ainda existe nos países mais conservadores do mundo e apresenta resquícios visíveis na maioria das outras sociedades.

Além das explicações históricas de Gerda Lerner sobre as origens do patriarcado, podemos aprofundar um pouco mais nossa compreensão da cultura da honra e da posição das mulheres no Afeganistão examinando as lutas das mulheres nas sociedades ocidentais até poucas gerações atrás. Aqui cabe também a estratégia testada e aprovada de um jornalista: seguir o dinheiro e observar como seus detentores usarão todos os argumentos possíveis e imaginários para não compartilhá-lo.

Mas de que maneira alguém como a dra. Fareiba veio a surgir nesse ambiente, onde a maior parte das afegãs — e, aliás, dos afegãos — vive sob uma versão muito próxima do patriarcado original?

Na realidade, quase todas as verdades sobre o Afeganistão podem ser facilmente desmentidas e quase todas as regras podem ser contornadas — quando é conveniente. Sempre existiram pais com espírito mais liberal que incentivavam suas filhas a se lançar ao mundo exterior. Dra. Fareiba é uma dessas filhas, nascida numa família pachto abastada, que lhe permitiu concluir boa parte de seus estudos durante o período comunista. Seu pai — também médico —, os quatro irmãos e as sete irmãs se formaram na universidade. A família podia arcar com os custos e não via nenhuma razão para fazer distinção entre a educação dos filhos e a das filhas. O marido da dra. Fareiba também é médico, escolhido cuidadosamente pelos pais dela, pois permitiria que a esposa trabalhasse.

Ainda assim, ela precisa respeitar as regras da vida aqui, mesmo as que considera frustrantes, e me atalha quando pergunto sobre o sistema de herança pela linha masculina e os casamentos arranjados. "Esta é nossa sociedade. Nossa cultura."

É típico. Mesmo quando um afegão pode declarar em caráter reservado que algo é ilógico, ilegal, tolo ou francamente errado, ao mesmo tempo pode defender por que aquilo deve ser acatado: a sociedade exige; a sociedade não está pronta para aceitar qualquer mudança. Esse é o significado do dar de ombros frustrado, da explicação "gostaria que fosse diferente, mas...".

A punição por ir "contra a sociedade" é a "boataria" e, com isso, a ameaça de perder a boa reputação e a honra da família. Se houver muita boataria, a vida fica complicada e perigosa. A desaprovação dos vizinhos, dos amigos e até dos próprios parentes pode criar obstáculos quase intransponíveis para que um homem faça coisas básicas: conseguir emprego, desposar uma filha de boa família, obter empréstimo para construir uma casa maior. Num lugar onde o Estado praticamente não existe e raras instituições funcionam, a reputação é uma das poucas moedas legítimas, e preservá-la deve sempre ser prioridade. Com a consequência de que é preciso ter filhos homens a qualquer custo.

"Eles me chamam de fazedora de filhos", diz a dra. Fareiba quando sentamos mais tarde para um chá, pegando e desembrulhando alguns caramelos empoeirados de uma travessa de vidro. Ela coloca um deles na boca, atrás dos dentes da frente, assim adoçando o chá ao tomá-lo, como fazem muitos afegãos.

Fazer filhos homens é uma especialidade, a qual ela diz dividir com alguns outros médicos afegãos, que são conhecidos por oferecer como um serviço à parte. Custa um pouco a mais. Dra. Fareiba sabe muito bem que o esperma masculino determina o sexo do embrião, mas ainda acredita que "mudar as condições" dentro do corpo da mulher pode tornar o ambiente mais ou menos favorável ao esperma "certo" — o que traz a combinação cromossômica masculina. O homem, porém, não precisa de nenhum tratamento especial. Seu corpo já está completo e pronto para produzir filhos.

Dra. Fareiba faz uma referência à sua irmã, que é formada na universidade e cujo marido é engenheiro. Mas o casal era motivo de compaixão, pois não tinha nenhum filho, apenas quatro filhas. Assim, ela veio consultar a dra. Fareiba.

"Ela me perguntou: 'Por que você não tem meninas e sim meninos? Qual é o problema comigo?'. E tratei deles um ano atrás e, graças a Deus, agora ela tem um filho."

Dra. Fareiba abre um sorriso radiante. O sobrinho, agora com sete meses, foi concebido depois que sua mãe foi submetida a um regime especial receitado pela dra. Fareiba, com determinados alimentos, poções caseiras e posições sexuais. Ela gosta de dizer à irmã: "Fiz ele para você".

Esses métodos testados e aprovados de gerar filhos lhe foram transmitidos pelas mulheres da família ao longo de gerações, aprimorados graças à experiência e às trocas de sugestões com colegas de medicina.

"Alimentos quentes fazem meninos", explica a dra. Fareiba, citando os vários peixes, chá preto e frutas secas que receita às mulheres que precisam de filhos. Iogurte, melão e chá verde, por outro lado, são alimentos "frios" e mais propícios para a concepção de meninas. Cremes e pós também podem ajudar. Dra. Fareiba faz a maioria deles em casa e vende para outros médicos. Suas pacientes recebem instruções de inserir as poções na vagina, para ajudar aqueles espermas que carregam o cromossomo Y, que determina o sexo masculino.

A medicina convencional reconhece que o esperma masculino nada mais rápido e cansa mais cedo, enquanto o esperma com o cromossomo feminino é mais lento, mas tem mais resistência e sobrevive mais tempo dentro do útero.

Dra. Fareiba também recomenda às pacientes que fiquem deitadas na horizontal depois da relação sexual, para dar vantagem ao precioso esperma masculino, sem que a gravidade prejudique as coisas. No entanto, segundo a medicina convencional, só existe uma maneira de garantir a concepção de um sexo específico: remover o óvulo e examinar previamente o esperma antes de implantar o embrião fertilizado no útero da mulher. Quando digo isso à dra. Fareiba, ela apenas sorri. Ela tem um altíssimo índice de êxito e sua ciência é antiga. "Diga-me: em que *você* acredita?", ela pergunta.

Não esquecerei essa sua pergunta. No Afeganistão, como Carol sugeriu de início, acreditar é mais importante do que qualquer outra coisa, e o *mythos* vale tanto quanto o *logos*.

Mas mesmo a dra. Fareiba admite que às vezes é preciso reconhecer o insucesso. Depois de ela e outros especialistas terem feito tudo o que podiam, os pais acabam recorrendo a outras soluções.

Sim, ela diz, podem existir outras meninas como Mehran, que se passam por meninos. Simplesmente porque todo mundo sabe que um filho inventado é melhor do que nenhum filho. Dra. Fareiba abaixa a voz ao falar de um certo tipo de família. Como médica, ela tem assistido diversos partos em que o bebê de sexo feminino é anunciado como filho. A criança então é levada para a aldeia, onde, presume-se, é criada como menino enquanto a mentira se sustentar ou enquanto a comunidade aceitar, sabendo que se trata meramente de um menino honorário. Dra. Fareiba e colegas também aprenderam a não fazer perguntas demais quando aparece um garoto no pronto-socorro do hospital e o médico de plantão faz uma descoberta surpreendente ao examiná-lo. Todos se conduzem como se nada fosse, num acordo tácito com os pais.

Os direitos das crianças são um conceito desconhecido no Afeganistão. Se os pais querem que uma menina pareça um menino, segundo a dra. Fareiba, está no direito deles fazer com que isso aconteça. Essa condição temporária vai se corrigir mais tarde. As crianças, como comentou Carol le Duc, têm um caminho predeterminado na vida. Para as meninas, significa casar e ter filhos. Para os meninos, significa sustentar a família.

Dra. Fareiba crê que não existe qualquer documentação a respeito, pois são, como ela diz, condições privadas de cada família. E tampouco mostra disposição em indicar alguém que possa saber mais sobre o assunto. A criação de um filho desses é decisão dos pais, e a escolha deles deve ser respeitada. E que importância tem isso, afinal? Essas meninas estão ocultas, e é exatamente esta a questão. Para todos os de fora, são apenas *bachas*.

5. A política

AZITA

Era temporário, disseram-lhe.

Como irmã mais velha, Azita começou imediatamente a trabalhar quando chegou à casa dos avós em Badghis, em 1995. Para lavar roupa, antes era preciso acender a lenha e cuidar do fogo. Então tinha de trazer água fresca, carregando dois baldes pesados numa longa caminhada. Preparava-se a lixívia caseira misturando cinzas em água salgada. A lixívia removia o encardido dos panos — e a pele das mãos. A aluna de uma escola de elite em Cabul se viu numa província que, até hoje, é uma das mais rurais e atrasadas do país.[1] Perto do Irã e fazendo divisa com o Turcomenistão, Badghis tem esse nome devido aos ventos fortes que vêm das montanhas e sopram pelos desertos e pelos bosques dispersos de pistacheiros. Os habitantes são, na maioria, agricultores. Poucos sabem ler ou escrever.

Sem escolas para frequentar, não havia muito o que fazer, e os pais de Azita insistiam que, quando terminasse a guerra, voltariam à capital e retomariam a vida normal. Azita se formaria em medicina e iria para o exterior. Tudo de acordo com os planos.

Mas, aos poucos, as perspectivas da jovem de dezoito anos ficaram mais sombrias. Badghis é dominada por tribos tadjiques e tem apenas uma minoria pachto,[2] e o Talibã estava cercando a área, lutando ferozmente para obter o controle total da província. Em casa, onde Azita passava a maior parte do tempo, as janelas ficavam cobertas, para que nenhum passante pudesse ver sua sombra. Quando saía de casa, sempre acompanhada de alguém do sexo masculino, ela via o mundo pela tela cerrada de uma burca, que dificultava a respiração e a deixava desorientada se fizesse algum movimento rápido de cabeça. Levou uma semana treinando o uso da burca em casa, até ter mais domínio ao puxar o pano justo no rosto de uma maneira que conseguisse se orientar entre o pouco que via ao caminhar. Aprendeu a andar mais devagar, certificando-se de que seus tornozelos não aparecessem.

Se os chefes locais de Badghis em tempo de paz não tinham adotado uma visão muito liberal das mulheres — e tampouco os caudilhos que se seguiram —, o Talibã, que por fim veio a controlar a maior parte do Afeganistão, nutria um ódio especial por metade da população.

Em seu livro *Taliban*, o autor paquistanês Ahmed Rashid fornece uma descrição dos combatentes do Talibã:[3] muitos eram jovens órfãos, basicamente entre catorze e 24 anos de idade, instruídos numa versão extremista do islã por mulás iletrados no Paquistão, e não tinham nenhum senso de sua própria história. Eram afegãos que haviam crescido em campos de refugiados e conheciam muito pouco sobre uma sociedade regular e as formas de conduzi-la, tendo aprendido que as mulheres eram uma distração desnecessária e, quando muito, tentadora. Por essa razão, não era preciso incluí-las na tomada de decisões e em outras questões importantes. O comando talibã também defendia a abstinência sexual e sustentava que o contato entre homens e mulheres em sociedade devia ser evitado, pois isso servia apenas para enfraquecer os combatentes.

Controlar e diminuir as mulheres se tornou um símbolo distorcido da masculinidade na cultura de guerra do Talibã, onde os homens eram cada vez mais segregados das mulheres e não tinham família própria. As políticas do Talibã em relação às mulheres eram tão brutais que um aiatolá iraniano chegou a protestar declarando que elas difamavam o islamismo. E, mais uma vez, o papel e o tratamento das mulheres se tornaram um conflito crucial, tanto no sentido monetário quanto no sentido ideológico, na medida em que o governo do Afeganistão passou a ficar cada vez mais isolado do resto do mundo. Quando as potências ocidentais criticavam a concepção do Talibã sobre as mulheres, isso confirmava ao próprio Talibã que era correto segregar os sexos, visto que qualquer opinião, invenção ou ideia ocidental era decididamente não islâmica. Tal qualificação excluía, claro, os armamentos avançados e outras prerrogativas exclusivas do comando masculino.

Para acabar com o tédio daquilo que era quase uma forma de prisão domiciliar em Badghis, Azita tomou para si o ensino das irmãs mais novas. Com o tempo, outras meninas do bairro vieram com discrição se juntar a elas. Oficialmente, reuniam-se apenas para ler e reler o Alcorão inúmeras vezes, mas Azita dava aulas de matemática, geografia e línguas. Livros representavam um risco — tanto andar com eles quanto tê-los em casa —, e assim as aulas de Azita consistiam basicamente em suas lembranças da escola em Cabul.

Mais ou menos na mesma época, Azita começou a se calar na presença do pai, Mourtaza. Sempre tinham sido confidentes. Sentavam juntos e falavam sobre política, história, literatura. Mas, quando a guerra se intensificou e o Talibã começou a dominar gradualmente Badghis, Mourtaza mudou. Tornou-se irritadiço. À noite ficava agitado e dormia pouco. As crianças tentavam se desviar dele durante o dia, o que era difícil naquela casa pequena, quando as meninas não podiam se arriscar lá fora. Azita não entendia por que o pai parecia ter se desinteressado de suas conversas, e ficava triste por ele não lhe dar mais a atenção costumeira.

Depois de dois anos de permanência da família em Badghis, Mourtaza recebeu uma proposta de casamento para a filha mais velha. Vinha de um de seus sobrinhos e foi transmitida por sua cunhada viúva. No Afeganistão, o casamento entre primos em primeiro grau é usual e incentivado, como maneira de manter a propriedade e outros bens dentro da família. Mais importante, considera-se que esses casamentos fortalecem os laços familiares, por evitarem a diluição com sangue vindo de fora.

Desde que a família se estabelecera em Badghis, Azita vinha sendo visada como esposa, tanto por parentes quanto por filhos de famílias totalmente desconhecidas. Não pensou muito no assunto; a seu ver, as pessoas não tinham como saber que ela simplesmente não estava disponível no mercado de noivas de Badghis. Pelo menos por ora. Seguia outro caminho — considerava que, em Badghis, estava apenas num intervalo do resto de sua vida. Várias colegas em Cabul tinham alimentado fantasias proibidas com casamentos feitos por amor e bodas próprias de um conto de fadas. Mas Azita, durante os anos de adolescência, nem se lembrava da questão. Podia ser acusada, se tanto, de orgulho e de pura ambição. Com seu futuro próximo em jogo, não havia tempo para rapazes. Nunca tinha sequer visto os pretendentes em Badghis — eram recebidos por seus pais, que tinham uma resposta pronta para todos os que vinham pedir a mão da filha: "Ela vai continuar com os estudos, e não queremos desperdiçar seus talentos". E muito menos um lavrador analfabeto como seu primo — para Azita, era quase óbvio demais.

Ela não estava preparada para a conversa que entreouviu numa noite. Mourtaza estava mais uma vez irritado. Tinha se iludido achando que Cabul voltaria ao normal em breve, disse à esposa. Assim, ele ficava numa posição insustentável. Não conseguiria manter a família apenas com o filho de dez anos. Se Azita fosse menino, seria diferente, disse o pai. A família seria mais forte e mais respeitada. As irmãs mais novas de Azita apenas complicavam a situação, deixando Mourtaza fraco, com uma família fraca, exposto a ameaças de forasteiros e poucas perspectivas de algum rendimento futuro.

Azita tinha vivido dezenove anos julgando que o pai não se incomodava por ela ter nascido menina. Mas foram suas palavras seguintes que a deixaram atônita. Ele mudara de opinião sobre a proposta inicial do primo de Azita. Mourtaza ia aceitar. Azita devia se casar.

Seus joelhos vacilaram e ela se afundou no chão.

Isso resolveria os problemas, continuou Mourtaza. Casar a filha com um parente vincularia outro homem adulto à família e poderiam atravessar esses tempos difíceis. Garantiria a segurança de Azita e também das irmãs mais novas: se a mais velha se casasse, isso ao menos mostraria sua decisão em relação às outras; mostraria que ele tinha um plano para as filhas. E disse à esposa que ela havia de concordar que era melhor ter um casamento seguro de Azita com um homem que conheciam do que arriscar o futuro da família.

Mas a mãe de Azita, Siddiqua, nem de longe concordava. Implorou ao marido que mudasse de ideia. Chegou a levantar a voz a ele. Não ia ser um bom casamento, disse ela. O que seria da filha se se casasse numa família iletrada da aldeia? A discussão se converteu em briga, e Mourtaza ameaçou abandonar Siddiqua se ela não o apoiasse. Manteve-se firme em sua decisão e exigiu que a esposa avisasse Azita. É assim que se deve fazer, disse-lhe Mourtaza: é tarefa da mãe contar à filha que vai se casar e quem foi o escolhido pelos pais.

Quando Siddiqua foi falar com a filha no dia seguinte, começou pedindo perdão. Perdera a batalha, disse ela. Chorou enquanto avisava a Azita que logo ela iria se casar. Depois de mais de vinte anos com Mourtaza, ela não podia ir contra ele e precisava manter a família unida. Siddiqua curvou a cabeça em sinal de pesar diante da filha, pedindo que honrasse a decisão dos pais.

"Este é seu destino", disse ela à filha. "Precisa aceitá-lo."

Azita se rebelou o quanto pôde. Chorou. Gritou. Calou-se. Recusou-se a comer durante dias. Vivia num delírio entre o sono e uma vaga consciência, devido ao jejum e ao esgotamento total. Algumas coisas eram sonho, outras eram realidade; ela não conseguia distinguir. Não havia muito que pudesse fazer — se tentasse fugir, muito provavelmente iriam capturá-la, espancá-la e prendê-la tão logo saísse de casa. Sabia que a fuga não era opção. Desobedecer aos pais atrairia vergonha a toda a família e o pai cairia em desgraça.

Precisava de pelo menos mais dez anos, disse ela à mãe, tentando negociar. A situação no Afeganistão ia mudar. Poderia ir para a universidade, como haviam planejado. Daria orgulho aos pais e teria uma carreira de sucesso extraordinário.

"Farei o que vocês quiserem. Só me deem mais tempo", implorou à mãe.

"Sinto muito, minha menina", respondeu Siddiqua. "Não há nada que eu possa fazer. Acabou."

Mais tarde, Azita achou que talvez tivesse sido ingênua. Imaginara apenas muito vagamente que algum dia se casaria, e com um homem que tivesse os mesmos objetivos que ela, com a concordância dos pais. Seria alguém instruído, como ela, e os dois trabalhariam. Talvez um docente universitário, como o pai. Alguém a quem respeitasse intelectualmente, que por sua vez apoiaria suas ambições. Mas um primo iletrado, que nunca mais tinha visto desde a primeira infância?

Poucos meses depois, Azita saiu da casa dos pais com o marido. Foi conduzida num burrico para a casa da sogra numa aldeia distante. Como preço da noiva, o pai de Azita recebeu um pequeno lote de terra e mil dólares americanos.

Hoje, ao sair do carro de manhã, com óculos escuros e acenos de cabeça aos seguranças, Azita representa a lei na República Islâmica do Afeganistão. Hoje, como em qualquer outro dia, os anciãos tribais de sua província virão lhe pedir favores. Líderes de facções políticas tentarão angariar seu voto. Empresários procurarão negociar seu apoio.

Ela recebe todos eles num anexo do parlamento, presidindo reuniões na ponta de uma longa mesa de mogno. As reuniões raramente têm hora marcada e não seguem nenhuma pauta fixa; apenas se sucedem ao longo do dia de Azita. E sempre há outro grupo de homens esperando do lado de fora. Ela recebe 2 mil dólares por mês para ocupar seu assento na Câmara do Congresso Nacional, incumbida de criar e homologar as leis para serem aprovadas pelos membros do governo.

O visitante só chega à escada do prédio amarelo depois de passar por quatro postos de fiscalização, em trechos bloqueados com sacos de areia; o último posto é ladeado por dois jipes de guerra Humvees americanos, com a cabeça dos atiradores à mostra no alto do veículo. Os guardas podem ser locais, mas este governo, assim como o próprio Estado, é apoiado por 130 mil soldados de 48 países,[4] embora a maioria seja de americanos. Eles ficam posicionados à distância, um pouco além das montanhas, acima dos muros grossos que cercam o conjunto, com uma bandeira afegã isolada adejando no alto de um mastro.

O governo foi criado seguindo a cartilha padrão da "construção do Estado"[5] pelos países ocidentais após a remoção de um regime. Em novembro de 2001, uma conferência perto de Bonn — a ex-capital da antiga Alemanha Ocidental — reuniu algumas dezenas de afegãos selecionados entre os que haviam se alinhado com os americanos para formarem o primeiro governo nacional desde a invasão soviética de 1979 e elaborarem uma nova constituição. Foi, em grande medida, uma reunião de vencedores, sobretudo daqueles afegãos representando a Aliança do Norte, organização político-militar que ajudara as forças especiais dos Estados Unidos a derrubar o Talibã. Os líderes de várias tribos pachtos importantes, tidos pelos estrangeiros como próximos do Talibã, não foram convidados. Naquela época, o planejamento e a construção de um país novo não incluíam soluções de compromisso.

Por volta da mesma época, políticos americanos e europeus começaram a descrever a libertação das mulheres como mais uma razão para a guerra no Afeganistão,[6] quase equivalente ao combate ao terrorismo. No novo país a ser criado, metade da população receberia concessões até então inimagináveis: depois de anos proibidas de espiar o mundo de qualquer janela,[7] as afegãs poderiam sair de casa sem precisar da escolta de um parente do sexo masculino. Também teriam representação no governo, com a cota mínima obrigatória de 25% dos assentos para as mulheres,[8] naquela época ultrapassando o Reino Unido, com 22%, e os Estados Unidos, com 17%.

Um Ministério dos Assuntos da Mulher foi criado, e a nova Constituição estabeleceu, tal como faz o Alcorão,[9] que homens e mulheres são iguais.[10] Os países ocidentais também começaram logo a impulsionar um dos países mais pobres do mundo e torná-lo um novo Estado próspero, com a ajuda de uma injeção maciça de verbas e tecnologias estrangeiras. Quando Azita ingressou como a 249ª integrante da Câmara de Cabul em 2005, ela personificava o novo projeto americano para o Afeganistão.

Hoje ela inicia a primeira reunião dando a palavra a três homens de Badghis. Vieram vê-la para defender um irmão, condenado a dezesseis anos de prisão por tráfico de drogas. Ele é inocente, dizem a Azita.

Ela assente. Pode ver os documentos do tribunal? Os homens lhe estendem. Também entregam outro documento, que redigiram de antemão, afirmando que um membro do parlamento sabe que o irmão deles é inocente e deve ser solto imediatamente. Poderia fazer a gentileza de assinar, para poderem levar ao governador da província e libertarem o irmão?

Não é assim que funciona, explica Azita. O que o tribunal decidiu, ela não pode mudar. Ela é uma parlamentar, não uma juíza. Os homens ficam transtornados: "Mas você é nossa representante. Tem este poder. Deveria fazer isso por nós!".

Azita faz uma proposta: vai ajudá-los a recorrer da ação junto ao Supremo Tribunal em Cabul. "É o máximo que posso fazer. Vou pedir a eles que examinem novamente o caso. Vou pedir isso a eles e também dizer que vocês são meus aldeões."

Não há outro caminho, assegura-lhes ela enquanto expõe com paciência a estrutura básica do sistema judiciário, falando ora em pachto, ora em dari, para que todos os presentes entendam. Outro homem de Badghis se manifesta, dando um novo detalhe sobre a questão: o indivíduo preso foi condenado não só por tráfico de drogas, mas também por ajudar o Talibã a fazer uma bomba para pôr na estrada.

Com isso, Azita fica impaciente: "O lanche está pronto?", pergunta a uma funcionária que entrou para limpar a mesa no meio da reunião. Assegura aos visitantes que irá consultar um advogado sobre a possibilidade de um recurso. Então convida-os a ficar e comer com ela.

À tarde, participa de uma das longas e por vezes caóticas sessões diárias da assembleia no edifício principal, que ainda cheira a tinta e carpintaria nova. Dentro do recinto escassamente iluminado, onde os homens formam a maioria esmagadora, as sessões são frequentemente interrompidas por detalhes de procedimentos, tais como a tradução entre as duas línguas oficiais e o fato de muitos representantes não saberem ler, sendo necessário que os documentos sejam lidos em voz alta para eles. E há também as constantes quedas de energia, quando tudo fica no escuro até que os geradores de reserva sejam ligados.

Não é frequente que o presidente da câmara dê a palavra a Azita. Quando o faz, outros protestam ou simplesmente a interrompem. Quando ela propõe algo, costuma ser ignorada, e depois ouve um projeto semelhante sendo discutido por outros parlamentares.

Suas 62 colegas de parlamento, espalhadas em pequenos grupos por toda a assembleia, dificilmente podem ser consideradas uma irmandade. Não defendem nenhuma causa comum em relação aos direitos das mulheres.[11] Algumas atuam explicitamente como ocupantes recrutadas por caudilhos ricos e poderosos, procurando fortalecer sua própria influência. Salvo algumas exceções notáveis, as mulheres no parlamento costumam ficar em silêncio. Em seus quase cinco anos de casa, até o momento, elas têm visto a homologação de leis que discriminam claramente as mulheres,[12] e, tal como os parlamentares homens, não fizeram objeções quando foi concedida a anistia por crimes de guerra.[13]

Azita se vê como uma política pragmática, tentando utilizar com prudência o pouco capital e espaço de manobra de que dispõe, pois representa uma província distante e não possui fortuna pessoal. Para a campanha que a trouxe até aqui, um apoiador lhe emprestou duzentos dólares para registrar a candidatura. O medo de não conseguir devolver o dinheiro a acompanhou durante toda a campanha. Com pouca experiência de campanha, ela fez o que pôde para que seu nome chegasse aos locais de sua província que eram perigosos demais para visitar pessoalmente — onde o Talibã ou caudilhos locais detinham o controle. Azita crê que seu domínio da língua pachto a ajudou a se eleger, visto que alguns dos anciãos tribais votaram nela. Tem a esperança de que pelo menos algumas mulheres da província também tenham votado, com a permissão dos pais ou maridos.

Agora, depois de ter sido interrompida e até ridicularizada por se atrever a discursar no Ministério da Educação, num outro dia em que eu estava na plateia, ela fica estoicamente sentada na cadeira que lhe é designada, apenas fitando o espaço. Em seu raciocínio, é melhor estar ali dentro, onde pelo menos tem um voto, do que ficar gritando sobre os direitos das mulheres lá fora, atrás das barricadas, onde apenas a imprensa estrangeira e alguns outros a ouviriam.

Como Carol le Duc, Azita jamais se definiria como feminista. É uma palavra inflamatória demais, além de ser associada aos estrangeiros. Seu tipo de resistência é levemente diferente. Por exemplo, nunca perde uma oportunidade de estar diante das câmeras. Os repórteres e jornalistas da imprensa afegã, jovens e cheios de entusiasmo, muitos deles operando com dinheiro dos organismos internacionais, com frequência pedem a Azita que comente as negociações parlamentares, e ela sempre aceita. Prefere ser entrevistada ao ar livre, pois o plenário geralmente desanda em reclamações e resmungos ao ver uma câmera de vídeo, ainda que as fotos sejam permitidas. Azita nunca confronta os colegas que argumentam que as mulheres não deveriam aparecer na televisão, mas, para ela, este é o aspecto central. Se uma moça ou um rapaz em algum lugar no Afeganistão vê uma mulher na televisão, e ainda por cima uma política eleita, isso tem algum valor. Mostra-lhes que, ao menos, ela existe. Que ela é uma possibilidade concreta.

Azita é muito atenta a seus maneirismos, na televisão e ao vivo, tendo clara consciência de que sua aparência e sua vida pessoal são examinadas meticulosamente. O que ela diz de fato, ou a maneira como negocia, não tem tanta importância. Rir alto, deixar o lenço escorregar, soltar algum comentário improvisado — tudo isso seria inadequado a um político sério. Aqui, o pessoal é sempre político. Ela monitora e estuda suas colegas, adaptando constantemente sua conduta às perguntas e solicitações tácitas: *O que ela está vestindo? Fala alto demais? Mexe demais as mãos ao falar? Anda com passo demasiado confiante? É boa mãe e esposa? Quantos filhos tem? Parece uma muçulmana modesta e devota? Reza? Quantas vezes por dia?*

A República Islâmica do Afeganistão é, de modo geral, descrita como uma sociedade muçulmana rigorosa. Quaisquer que sejam as convicções pessoais, a *aparência* de qualquer coisa que não seja uma grande devoção pode prejudicar a reputação e representar grande perigo. Para complicar ainda mais as coisas numa sociedade largamente iletrada, os afegãos divergem muito sobre o que é precisamente "um bom muçulmano". A maior autoridade religiosa do país, o Conselho Nacional de Clérigos Islâmicos, ou Ulemá,[14] consiste em 3 mil integrantes de todo o país, sendo que a maioria deles tem uma formação *mujahid* dos anos 1980. O conselho é conhecido por pregar o que se ajuste às alianças e finalidades políticas variáveis de seus integrantes, denunciando a presença de estrangeiros e emitindo decretos severos para limitar o papel das mulheres na sociedade.

Louis Duprée descreveu essa contradição em seu trabalho sobre o Afeganistão: "O islã, em essência, não é uma religião retrógrada, antiprogressista e antimoderna, embora muitos de seus intérpretes, seu componente humano e ativo, possam ser retrógrados e antiprogressistas".[15] Eis a maldição clássica da religião organizada: quando sua *interpretação* é sequestrada por seres mortais como meio para controlar os outros.

Para Azita, a fé é e deveria ser pessoal: "Vou à mesquita. Vou à oração geral das sextas-feiras. Acredito que, quando rezo, Deus ouve, e que se você ajuda os outros, Deus te amará mais. Às vezes, por trabalho, vou às embaixadas, onde as pessoas fumam e bebem. Eu não faço isso. Mas não diria nada de negativo sobre as pessoas que o fazem. Acredito que todos podem ter suas próprias ideias, suas próprias crenças. Assim, esta é a minha versão".

Quando Azita volta para casa no final do dia, já há vários solicitantes enfileirados do lado de fora do prédio, onde não há guardas nem outros dispositivos de segurança. Um precisa de emprego. Outro lhe pede para intermediar um conflito de família. Todos esperam uma refeição e um lugar para dormir à noite em seu apartamento de dois dormitórios. Nas palavras de Azita: "Como parlamentar, você é pensão, restaurante, hospital e banco".

Os eleitores regularmente pedem dinheiro emprestado. Azita não tem economias, mas recusar sem tentar ao menos oferecer uma pequena contribuição para a viagem, por exemplo, poderia parecer hostil. Porém, não seria tão ruim quanto negar pouso a alguém que precisasse de um lugar para dormir. Isso simplesmente não se faz. Haveria o risco de que a pessoa voltasse a Badghis dizendo que Azita é uma representante indolente e arrogante, que não se preocupa com seu povo.

Ela logo aprendeu o seguinte sobre sua atividade: "O trabalho de uma política mulher é muito diferente do de um político homem. Você é política durante o dia e, quando chega à porta de casa, precisa ser também boa mãe e boa dona de casa. Tenho que cuidar de meus filhos, fazer as tarefas de casa, cozinhar para eles, preparar o jantar e limpar. E então preciso receber meus hóspedes e ser uma boa anfitriã".

Ela se anima enquanto faz o jantar para dez pessoas, na maioria dos dias da semana: "Eu me comparo a outras senhoras políticas no mundo. Todas nós temos de trabalhar muito e ignorar aqueles que dizem que não devíamos estar aqui".

Lá pela meia-noite, Azita finalmente está sozinha outra vez, no mesmo canto do quarto onde começou o dia. Somente agora ela fica de jeans, uma túnica larga e um pequeno rabo de cavalo. Passa creme Pond's no rosto para remover o pó de arroz, agora misturado com poeira e óleo do queimador a gás do fogão. Sem maquiagem, o rosto fica mais jovem e mais suave.

Os convidados do jantar consistiam em oito homens do Paquistão e seus respectivos filhos, alguns agora dormindo no chão do outro aposento. Os hóspedes receberam as devidas honras, tanto com as generosas porções de carne servidas quanto com a hospitalidade que lhes foi demonstrada pelos homens da casa: Mehran, com os pés descalços e um *peran tonban* fulgindo de branco, e seu pai ao lado, com uma roupa idêntica. Afogueada com a atenção recebida e conversando animadamente com o grupo de homens, Mehran também conseguiu acompanhar uma luta no ringue pela televisão no canto. Todos riam juntos enquanto Azita continuava a servir travessas cheias de arroz e ensopado que vinham da cozinha.

"Depois de cinco ou dez minutos, eles costumavam perguntar sobre meu filho, e a discussão inteira era sobre por que não tenho filho homem. E diziam: 'Lamentamos muito por você. Por que não tenta ter um filho da próxima vez?'. E quero parar com essa conversa dentro da minha casa. Eles pensam que você é mais fraca se não tem um filho homem. Então agora eu lhes dou essa imagem."

"Então todos eles se enganam? Ninguém mais sabe?"

A família e a parentela sabem. Alguns vizinhos também podem ter alguma ideia. Mas ninguém comenta.

"E se alguém indagar diretamente se Mehran é menino ou menina?", pergunto.

"Aí não minto. Mas isso quase nunca acontece."

Mas e se um círculo maior ficar sabendo? Seria uma vergonha para ela? Há algum risco para Mehran da parte de extremistas religiosos? Ou simplesmente de alguns daqueles inúmeros que pregam como as pessoas devem viver de acordo com o islã?

Nada disso se aplica, segundo Azita. Talvez porque a absoluta necessidade de um filho homem prevaleça sobre todas as outras coisas, uma menina disfarçada no Afeganistão, ou qualquer outro segredo coletivo, vive sob a mesma política que os homossexuais nas Forças Armadas americanas costumavam viver: "Não pergunte, não conte".

O Afeganistão tem muitas outras preocupações. Uma menina que cresce vestida de menino não é uma afronta — na verdade, apenas confirma a ordem estabelecida, na qual os homens têm todos os privilégios. E, como disse Carol le Duc: "Se todos participam da fraude, em algum momento deixa de ser fraude".

Tal como Carol le Duc e dra. Fareiba haviam comentado, Azita sugere delicadamente que eu talvez esteja mais enredada em questões de gênero do que ela ou qualquer outro afegão. Afinal, como diz ela, estamos falando apenas de uma criança. Por que é tão importante patentear seu sexo feminino, sobretudo quando isso marca a menina como criança mais fraca, mais reprimida, de menor valor? Pelo contrário, como Harry Potter ao vestir seu manto da invisibilidade, Mehran de calças e cabelo curto pode circular em liberdade. Uma menina sempre se destaca — é um alvo, ao qual se aplicam regras e regulamentações especiais.

Aqui tampouco se aplica aquela ideia ocidental de "seja você mesmo". Em seu expediente de dezoito horas por dia, Azita também desempenha um papel, encobrindo o que julga ser sua personalidade própria.

"Agora, na maior parte do tempo, sou uma política. Não Azita."

"Como é esta outra?"

Ela revira os olhos. "A outra é mais divertida. É feliz e tem mais tempo para viver à sua própria maneira. Não à maneira que os outros querem. As pessoas não olham para ela o tempo inteiro. É uma mãe melhor. No Afeganistão, você precisa matar tudo dentro de você e se adaptar à sociedade. É a única forma de sobreviver."

"Você acha que Mehran teria se tornado menino se você não fosse política?"

"Sinceramente? Não."

"Mas você não fica preocupada com Mehran? Não pensa no que isso é para ela e no que irá acontecer com ela?"

"Penso nisso todos os dias. Todos os dias eu me pergunto se está certo."

6. As meninas ocultas

É uma aritmética simples: se for apanhada, ninguém come. E todos os dias ela teme ser descoberta.

Tudo o que lhe mandam fazer, Niima faz com grande rapidez. Sobe para pegar as ofertas da mercearia na última prateleira lá de cima. Enfia-se por baixo da pilha de caixas de laranjas paquistanesas importadas para tirar pacotes de chá. Com o corpo miúdo e flexível, espreme-se entre sacos abarrotados de farinha atrás do balcão. Tenta nunca olhar diretamente para os fregueses. Se eles a olharem nos olhos, imagina ela, verão que não é um menino de verdade.

Com dez anos de idade, cabelo curto e túnica cinzenta, Niima desempenha seu papel à perfeição. Mas a voz suave a denuncia. É por isso que ela quase nunca fala quando é Abdul Mateen, como é mais conhecida fora das paredes de barro de sua casa num dos bairros mais pobres de Cabul, onde o esgoto a céu aberto corre ao longo das casas de blocos de concreto. Niima vai à escola de manhã, durante duas horas, usando vestido e lenço de cabeça. Então volta para casa, troca de roupa e vai trabalhar como auxiliar de loja numa pequena mercearia perto de onde mora. Num dia normal, ela traz para casa o equivalente a 1,30 dólar. É o que sustenta sua família pachto com a mãe e oito irmãs.

Niima se faz de menino exclusivamente para a sobrevivência da família. Não há nada de voluntário nisso, e sua atuação dificilmente encerra algum elemento de liberdade.

Na casa de Niima, as sandálias e os sapatos do lado de fora estão separados do interior por uma cortina fina e puída. Sua mãe conta que o pai é um pedreiro desempregado, que passa muito tempo fora e gasta em drogas a maior parte do dinheiro que consegue.

A ideia de converter Niima em menino foi do merceeiro, que é amigo da família, e agora já faz alguns anos que ela está nesse papel de meio período.

"Ele nos aconselhou a fazer isso. E disse que ela pode trazer pão para nossa casa", explica a mãe.

Niima nunca poderia trabalhar na mercearia como menina, e tampouco sua mãe, mesmo que ela quisesse. É uma impossibilidade para uma mulher pachto, segundo as regras da família. "Na nossa tradição, as mulheres não trabalham assim."

Os parentes ficariam constrangidos. E o marido nunca aceitaria.

Niima não mostra nenhum entusiasmo em ser menino. Para ela, é um trabalho pesado, com poucos lados positivos. Preferiria se apresentar como menina. Em casa, gosta de usar as roupas das irmãs. Todos os dias, reclama com a mãe: "Não fico à vontade com os meninos na mercearia".

A mãe consola a filha, dizendo que serão só mais alguns anos e depois ela pode voltar a ser menina outra vez. A sobrevivência da família no futuro já está traçada. Quando Niima já estiver crescida demais para trabalhar na loja, a irmã mais nova ocupará seu lugar. E depois a outra irmã, e assim sucessivamente.

* * *

A precoce transição de Shubnum para se tornar menina já teve início. Com oito anos, ainda está usando um *peran tonban*, mas agora pode deixar o cabelo crescer. Isso só deveria acontecer aos treze anos, mas seu jeito, suas risadinhas e os longos cílios adejantes impediram que continuasse por mais tempo como menino. Quando a descobriram na escola masculina que frequentava com o irmão mais velho, os professores não objetaram. Mas Shubnum tinha de aguentar muitas provocações na turma depois que os outros perceberam que ela era menina.

Quando vou visitar sua mãe, Nahid, no apartamento de dois quartos perto da Universidade de Cabul, Jack Bauer, o protagonista da série *24 Horas*, está torturando um muçulmano suspeito de terrorismo com choques elétricos de uma lâmpada quebrada na televisão cheia de interferência. Shubnum e o irmão assistem com atenção. A irmã mais velha, com lenço na cabeça e um sorriso tímido, fica num canto, olhando para as próprias mãos durante a maior parte do tempo.

Nahid tem um filho homem, mas as circunstâncias determinaram a necessidade de mais um. Quando seu marido violento, num casamento de dezessete anos, mandou que ela se cobrisse totalmente e ficasse em casa, Nahid preferiu se separar e ficar sem nada. Seu pai fez um acordo muito incomum e dispendioso com o marido no momento da separação. Ele ficaria com o dinheiro da família em troca das crianças. Normalmente, os maridos têm direito absoluto sobre as crianças,[1] e é por isso que o índice de divórcios no Afeganistão é próximo de zero. Com o apoio da família, Nahid se mudou para outra parte da cidade e recomeçou a vida. Encontrou emprego e apartamento. Mas, como mãe solteira de três crianças — coisa quase inédita em Cabul —, ela precisava equilibrar a família com mais um filho, a fim de se sentirem em maior segurança.

Como divorciada, Nahid era vista como mulher fácil e disponível, sujeita a ameaças e abordagens violentas dos homens, e também como alvo de condenações diretas e indiretas de outras mulheres. Como mãe de dois filhos, no entanto, é vista como mulher ligeiramente mais respeitável.

O expediente teria funcionado bem se Shubnum não fosse tão relutante e tão cabalmente feminina. Chorava toda vez que precisava ir ao barbeiro para cortar o cabelo. Depois puxava com força o cabelo curto para crescer mais depressa e, em casa, experimentava obsessivamente as roupas das irmãs mais velhas.

Por fim, Nahid desistiu. Põe a culpa em si mesma — talvez não tenha apresentado a ideia de ser menino com encanto suficiente para atrair Shubnum.

Quando pergunto que gênero prefere, ela não tem a menor hesitação. "Menina", responde com um grande sorriso e um meneio de cabeça. Olha para a televisão, onde está passando uma intensa apresentação de *bhangra*, a dança indiana. "Assim posso usar joias e dançar."

Seu desejo se realizará. Em suas futuras bodas, se não antes.

Aos poucos, comecei a cavar as camadas secretas de Cabul, procurando mais meninas como Mehran. Shubnum e Niima estão entre as primeiras que encontro. Consigo localizá-las graças à densa rede de rumores de Cabul, onde é raro receber logo informações de primeira mão, e isso só ocorre em encontros ao vivo.

Oficialmente, elas não existem, mas, num grau além da elite de Cabul com educação estrangeira, muitos afegãos de fato relembram um ex-vizinho, um parente, um colega ou alguém da grande parentela que tem uma filha criada como menino. De início, raramente há nomes, e menos ainda algo que seja indicação de endereço. Mas a profusão de conhecimentos humanos que há num sistema de rigoroso controle social serve de catálogo telefônico, arquivo e mapa.

Com o auxílio de Omar e Setareh, a dupla de jovens tradutores afegãos com poucos medos e muitos expedientes práticos, gradualmente vou elaborando cadeias de referências, confidências e apresentações que, ao longo do tempo, começam a provar que realmente existem mais garotas vivendo como meninos em Cabul e nas redondezas. Muito mais.

Uma mora "ao lado da terceira casa onde cortaram a árvore". Outra parece que mora "no primeiro andar da casa sem janelas vizinha ao bazar". Ou "do outro lado do campo de refugiados, logo subindo a estrada, atrás do portão azul com arame farpado". Há uma em determinada escola secundária; outra parece que mora em determinado bairro. Sabe-se que a filha de fulano joga futebol num campo e ajuda o pai na alfaiataria.

Em nossas buscas, volta e meia nos confundimos e às vezes ficamos completamente perdidos, circulando durante horas por ruelas e bairros que nunca têm placas. Mas quando por fim chegamos à família certa e perguntamos discretamente se o filho pode ser talvez uma *menina*, então os sempre educados e hospitaleiros afegãos costumam convidar para um chá, quer morem em mansões elegantes, quer morem em casas de barro e lona. Depois de longas apresentações, sempre com uma dose de requintada diplomacia de Omar ou Setareh, frequentes perguntas sobre a Suécia e a minha família — em especial sobre meu pai —, e muitas xícaras de chá, temos permissão de conhecer e falar com o filho inventado da família.

Setareh e eu logo começamos a apostar qual de nós duas vai localizar mais depressa as características usuais das meninas disfarçadas. Algumas se entregam pelos traços mais suaves. Ou pela ocasional risadinha. Outras são exibidas, forçando um pouco demais a atitude de garoto e as demonstrações agressivas. Mas, na maioria das vezes, reconhecemos o olhar firme e desafiador, como se partilhássemos um segredo. De vez em quando um menino nos dá um sorriso matreiro, na rua ou na escola, apenas para confirmar mais tarde, em particular ou com os pais, que de fato é uma menina, diferente do grupo em que circula.

Ainda que nenhuma delas tenha escolhido voluntariamente se passar por menino, a maioria diz que gosta dessa condição emprestada. Tudo depende do que têm de *fazer* com isso. Para cada uma, a questão se resume a privilégio ou fardo. Aquelas que, como Mehran, pertencem a famílias de classe média ou alta geralmente são símbolos de prestígio e honra para a família, e crescem podendo se manifestar na escola e se entregar a brincadeiras violentas ao ar livre no bairro.

Outras, de família pobre, se esfalfam em trabalhos infantis forçados, como com frequência ocorre com os verdadeiros meninos na mesma condição social. "Pode ser um lugar horrível para ser mulher. Mas também não é especialmente bom para um homem", comenta Carol le Duc. Entre as crianças do comércio de rua, vendendo chicletes, engraxando sapatos, trabalhando como flanelinhas nas ruas, há garotos e também meninas disfarçadas. Todos fazem parte das áreas vulneráveis de Cabul e, para os passantes, são na maioria simplesmente invisíveis.

Até descubro que existe um nome para essas crianças que não estão efetivamente aqui. O coloquialismo para a criança que não é filho nem filha é *bacha posh*. Junto com um tradutor, adotei essa grafia no alfabeto romano, pois não existe nenhuma referência escrita. Numa tradução literal, significa "vestido como menino", em dari. Em pachto, esse terceiro tipo de criança também se chama *alakaana*. O termo existe e é conhecido, o que indica que tais crianças não são incomuns. E tampouco é um fenômeno novo.

Às vezes, em nossa busca de uma *bacha posh*, erramos totalmente, abordando a família errada ou chegando à casa errada no bairro errado. E às vezes encontramos algo bem diferente do que procurávamos.

Não há energia elétrica na casa do prédio construído para os veteranos inválidos de guerra, perto do aeroporto de Cabul. O sol se pôs várias horas atrás, e num dos pequenos cômodos escuros da família, Esmaeel, com doze anos de idade, foi apresentado como "o único filho" entre a prole de dez. Esmaeel tem cabelos escuros, sobrancelhas grossas e até um buço negro acima do lábio. Não há nada de feminino nele, e me sinto confusa e impaciente. Talvez tenhamos apenas recebido informações erradas sobre essa família.

Mas seria falta de educação sair agora, já que fomos convidados para entrar, e assim sentamos para tomar chá, enquanto a mãe de Esmaeel conta sua história. Ela anda devagar, apoiada numa muleta feita em casa, enrolada em pedaços de pano. Tem apenas uma perna. Perdeu a outra numa explosão de bomba em 1985. Seus dez filhos, com idades variando de um a vinte anos, estão reunidos em volta dela no tapete fino que cobre o chão de cimento. A mais velha cresceu sob o Talibã e, como muitas meninas dessa idade, não sabe ler nem escrever. É muito mais insegura do que as irmãs mais novas, que frequentam a escola desde 2002 e falam animadas em ser médicas ou advogadas quando crescerem.

Mas a mãe manda se calarem. Só quer falar sobre Esmaeel. É o mais inteligente de todos, e qualquer dinheirinho que a família consegue poupar se destina ao seu curso universitário. As meninas terão de esperar a vez, se sobrar alguma coisa. Esmaeel é sua "luz", diz a mãe. "Não quero fazer diferença entre minha meninada, mas sei que Esmaeel alcançará uma posição elevada na sociedade."

Esmaeel chegou à família por intervenção divina, explica ela.

Quando nasceu sua sexta filha, a mãe desesperada decidiu que a criança devia ser apresentada ao mundo como filho. Contou a todo mundo que sua nova menininha era, de fato, seu primeiro filho. O garotinho inventado, enquanto bebê, não tinha nenhuma finalidade prática para a família. Mas tinha uma finalidade *mágica*. Amigos e vizinhos tinham dito à mãe que, se convertesse sua menina em menino, isso lhe traria boa sorte. Boa sorte, nesse caso, era um filho *de verdade*. O artifício já havia ajudado muitas famílias: por manifestação visual, quando uma mulher olha diariamente a imagem de uma criança do sexo masculino, seu corpo acabará por conceber um filho.

Com isso, finalmente entendi. Esmaeel não é uma menina disfarçada de menino — ele *é* de fato o único filho da família. A mãe demonstrava enorme prazer em contar sua história de dar à luz um filho, depois de vestir uma filha como menino durante dois anos. A sexta filha, que tinha sido uma *bacha posh*, morreu logo após seu terceiro aniversário, mas havia atendido a uma finalidade maior.

Tentando entender esse novo motivo a mais para converter uma menina em menino, mudo de posição no chão. O aposento fica em silêncio, indicando que entramos mais uma vez num campo onde meu tipo de lógica ou ciência deixa de ter validade.

"Certo. Mas como você sabe que isso funciona…"

A mãe de Esmaeel me interrompe com um gesto rápido na direção do filho:

"Olhe para ele. Poderá ver por si mesma."

"Claro." Essa é uma das maneiras mais usuais de gerar um filho, confirma a dra. Fareiba quando a localizo em Cabul, alguns dias depois. Certamente não é tão infalível como seus conselhos e orientações, mas é um método muito usado nas aldeias de todo o

Afeganistão, onde não têm acesso ao nível de qualificação da dra. Fareiba.

Nesse dia, ela está em plena forma, ministrando uma oficina de trabalho numa pensão decadente no bairro de Shar-e-Naw para dezenas de agentes de saúde afegãos vindos das províncias distantes do país.

O tema principal da agenda é a amamentação: surgiu um problema nas províncias onde os organismos humanitários andaram distribuindo leite em pó. As destinatárias iniciais do leite em pó, as mulheres mais pobres, revendem o produto nos mercados, e assim as mulheres com um pouco mais de recursos o compram, considerando sinal de riqueza não dar o peito. Num esforço de corrigir uma iniciativa humanitária que deu errado, dra. Fareiba e colegas estão querendo reverter a tendência e convencer as mulheres a tentar amamentar os recém-nascidos pelo menos durante alguns meses.

A primavera começou cedo em Cabul, e as participantes se retiraram para uma sala dos fundos, com dois sofás rechonchudos e um ventilador de plástico no chão revolvendo o ar. Os agentes de saúde do sexo masculino estão comendo em outro lugar. Dra. Fareiba nos convida para o lanche, onde oito médicas e parteiras afegãs de oito províncias diferentes passam de uma a outra pratos de vidro com fatias de melancia. Quando me sento com Setareh, todas querem nos oferecer os melhores pedaços. Previsivelmente, é a mais velha que nos serve e oferece uma pilha inteira. Mas há uma coisa que me interessa mais do que a melancia: quero saber se as *bacha posh* existem em todo o Afeganistão, inclusive em suas províncias.

Após uma cuidadosa introdução ao tema, a cargo de Setareh, e uns cutucões da dra. Fareiba, as mulheres contam uma sucessão de histórias sobre meninas recém-nascidas que, ao nascer, são anunciadas como meninos em suas aldeias.

As famílias podem ser ricas, pobres, educadas, iletradas, pachtos, tadjiques, hazaras ou turcomanas — não faz diferença, me dizem elas. A única coisa que une as meninas é a *necessidade* da família de ter um filho. Essas mulheres conhecem meninas que vivem como meninos porque a família precisava de mais uma fonte de renda por meio do trabalho da criança, ou porque o caminho até a escola era perigoso e andar disfarçada de menino dava mais segurança, ou porque a família não tinha filhos e precisava se apresentar à aldeia como família completa. Muitas vezes, como vimos em Cabul, é uma soma de fatores. Uma família pobre pode precisar de um filho por razões diferentes das de uma família rica, mas não há nenhuma razão étnica ou geográfica que as distinga. Todas são afegãs, vivendo numa sociedade que exige filhos praticamente a qualquer custo.

E para a maioria delas, dizem os agentes de saúde, ter uma *bacha posh* na família é uma prática aceita e incontroversa, desde que a menina volte a ser mulher antes de entrar na puberdade, quando deve se casar e ter sua própria prole. Demorar demais para essa reconversão pode trazer consequências para a reputação da menina. Uma garota na adolescência não deve ficar, em hipótese nenhuma, perto de um garoto adolescente, mesmo disfarçada. Poderia por engano tocar nele — ou então ser tocada por ele —, e assim seria vista como menina fácil e impura por aqueles que conhecem seu segredo. Estragaria suas chances de se casar e seria uma proposta maculada. A reputação da família inteira ficaria manchada.

Quantas crianças *bacha posh* existem no Afeganistão?

Ninguém sabe. São minoria, mas "não é incomum" vê-las nas aldeias de todo o país. Geralmente há uma ou duas por escola. Muitas vezes uma como ajudante em uma pequena mercearia. E todos os agentes de saúde já viram alguma *bacha posh* nas clínicas, acompanhando uma mãe ou irmã, ou como paciente que acaba revelando ter um sexo de nascença diferente do que se presumia. Todos eles já presenciaram isso e concordam que todas as famílias que têm apenas filhas vão pensar em converter uma delas em menino. Na opinião deles, é vantajoso sobretudo para a menina viver alguns anos como menino, antes que se inicie sua outra vida de dificuldades e de criação de sua própria progênie.

Uma das médicas, esta de Helmand, está no quarto mês de gravidez. Já tem quatro filhos. As outras brincam que ela tem a ficha limpa. Agora gostaria de ter uma menina. O marido concorda com esse desejo. É a primeira vez que ouço alguém dizer que realmente quer uma filha. As outras mulheres dão parabéns à médica. Adoram meninas, dizem elas. Mas também são mulheres e realistas. Têm profundo conhecimento pessoal das dificuldades de trazer mais uma menina a um país como este. Aqui, o futuro de uma filha depende do pai. Uma parteira de Wardak expõe claramente: "Só é bom ter uma menina com um homem bom. Com um homem ruim, você não quer ter meninas, pois vão sofrer, como a mãe".

Por exemplo, se um marido maltrata a esposa, muito provavelmente irá maltratar as filhas também, diz ela. É aí que você, sendo mulher, reza fervorosamente para que toda a sua prole seja só de filhos. Em sua linha de trabalho, uma das coisas mais difíceis de presenciar é quando uma mulher maltratada dá à luz mais uma menina. Sabem que ela será criada num lar violento. Nove entre dez mulheres afegãs sofrem algum tipo de violência doméstica, segundo levantamentos da ONU e de vários organismos de direitos humanos.[2]

Em países vizinhos como a Índia, onde também se dá grande preferência aos filhos em detrimento das filhas, o equipamento mais requisitado por médicos e pacientes é o aparelho de ultrassom. Segundo Mara Hvistendahl, em *Unnatural Selection: Choosing Boys over Girls, and the Consequences of a World Full of Men*

[Seleção não natural: Escolhendo meninos em vez de meninas e as consequências de um mundo cheio de homens], 160 milhões de fetos femininos já foram abortados na Ásia,[3] desequilibrando as proporções demográficas pelas próximas gerações e criando problemas agudos para sociedades com poucas mulheres. Embora existam exames de ultrassom e abortos secretos em fase adiantada disponíveis em Cabul para aqueles que têm recursos, a maioria das áreas rurais do Afeganistão ainda não chegou lá. Por ora, as mulheres dessas áreas só podem recorrer às receitas antigas e pouco tecnológicas da dra. Fareiba, quando não querem trazer ao mundo um número excessivo de filhas.

Para levar adiante tal missão, todos os agentes de saúde também conhecem pelo menos um exemplo de fazer filhos *por magia* em suas províncias natais. Confirmam que a razão principal para criar uma *bacha posh* pode muito bem ser a de conceber um filho de verdade. A jovem parteira de Wardak, usando um lenço alaranjado vivo, conta que sua prima se vestiu como menino durante nove anos, até que a mãe finalmente teve um filho. É frequente que a filha fique como menino somente até o nascimento de um filho de verdade: então ele substituirá a *bacha posh* como objeto de orgulho dos pais.

Essa via mística de assegurar filhos encontra paralelo no conceito *new age* da "força do pensamento positivo", usado com tanto êxito por atletas e vendedores. *Visualize, acredite e acontecerá.* A versão afegã é uma forma de oração que não se enquadra muito bem em nenhuma das práticas religiosas de que tenho notícia no Afeganistão. É pura magia, explicam as mulheres. "Mas Deus está envolvido de alguma maneira?", pergunto eu, quando se referem a uma intervenção divina.

Elas se entreolham. Magia é *magia*. E não existe outro Deus senão Alá.

Segue-se um silêncio incômodo. Nas últimas semanas, ocorreram passeatas devido aos rumores constantes de que cooperantes humanitários haviam tentado converter muçulmanos ao cristianismo.

Dra. Fareiba me faz um aceno com a cabeça, querendo dizer "passe adiante". Pode ter concordado até agora em revelar alguns de seus segredos, mas religião é um assunto que é melhor não discutir com estrangeiros.

7. A desobediente

MEHRAN E AZITA

Ergam os braços! Estendam os braços! Encostem nos pés! Façam uma onda! Nadem no ar! Em círculo! Outra vez! Agora a saudação! Saúdem e honrem o país!

A ginástica matinal tem características do método Montessori e, ao mesmo tempo, de disciplina militar. Cerca de cem crianças pequenas se empenham seriamente em manter a sincronia num campo recém-descongelado, com tufos de grama brotando na lama seca.

A diretora levou cerca de vinte minutos para pôr a criançada em formação e fazer a chamada. Quando ela chama um nome, os meninos erguem o braço bem alto e respondem com um sonoro *bale*, e as meninas respondem numa versão mais branda, naquela multidão de crianças entre seis e dez anos de idade.

O garoto na frente de cada fila em forma de S mantém a ordem, e Mehran está logo atrás de um desses do segundo ano, com camisa e gravata. Depois da ginástica desengonçada, os dois amigos adotam a mesma pose — mãos nos bolsos, quadris para a frente, pernas abertas, olhar entediado. Atrás deles, meninos de calças e meninas de vestidos sem mangas — mas sem lenço de cabeça — formam fila. A cor do uniforme é verde, e cada aluno usa tons diferentes, visto que as mães vestem as crianças com qualquer tecido verde que encontrem à venda. A barriga de Mehran não cabe na cintura da calça, e o botão da frente, acima do zíper, foi substituído por um incômodo alfinete de gancho. Usa sandálias sem meias e guarda num dos bolsos um biscoito que sobrou do café da manhã.

Os alunos, em sua maioria, são de famílias da recente classe de profissionais liberais de Cabul. Muitos pais são instruídos e deixam as crianças na escola a caminho do serviço no governo ou em organizações internacionais. A escola particular oferece curso de inglês, com professoras com segundo grau completo. Algumas chegam a ter diploma de pedagogia.

Quando a diretora chama um voluntário para cantar na frente dos colegas, Mehran olha fixo para o vazio. Uma menina se adianta humildemente e fica diante da multidão de alunos, com a cabeça baixa e as mãos cruzadas na frente. Mehran, ainda com as mãos nos bolsos, se inclina para o amigo e cochicha alguma coisa, indicando a menina com um gesto de cabeça. O amigo abre um sorriso concordando e ambos dão umas risadinhas, até serem chamados a cantar juntos o hino nacional. Seguem-se alguns versículos do Alcorão, e depois a diretora faz sua recomendação do dia para as crianças: "Escovem os dentes, cortem as unhas e nunca mintam".

Os alunos mais velhos são dispensados primeiro; lentamente, vão entrando no edifício de pedra de dois andares e sobem as escadas, onde uma servente de idade pôs um balde vermelho de água e uma barra de sabão marrom sob os cartazes de aviões de combate russos e de uma linha aérea iraniana de voos para passageiros. A velha lava as mãos de cada criança jogando água de um jarro de plástico vermelho e os manda para suas classes. A professora de Mehran anuncia que, em homenagem às visitas estrangeiras do dia, vai começar com a aula de inglês — que será dada sem livros e inteiramente em dari.

Quando Mehran chegou aqui pela primeira vez, no jardim de infância, veio como Mahnoush, usando maria-chiquinha e um vestido cor de pistache. Quando a escola fechou durante um intervalo, ela saiu e nunca mais voltou. Então apareceu Mehran, de cabelo curto e gravata, que começou o primeiro ano com as outras crianças. Não houve muitas outras mudanças. Alguns professores ficaram surpresos, mas ninguém comentou nada. Quando o professor de Alcorão mandou que Mehran cobrisse a cabeça em sua aula, um boné de beisebol resolveu o problema. As outras crianças, aparentemente, não prestaram muita atenção. A alta rotatividade de alunos na escola ajudou, bem como a política de turmas mistas em sala de aula e no recreio.

A srta. Momand, que começou a dar aulas depois da transformação de Mehran, lembra que ficou espantada quando levaram um menino para a sala das meninas, para o horário da sesta da tarde. Ajudando Mehran a tirar a roupa, ficou claro que era uma menina. A srta. Momand ficou tão surpresa que chamou Azita e perguntou por que havia mandado a criança para a escola vestida daquela maneira. Azita simplesmente explicou que tinha apenas filhas e que Mehran fazia o papel de filho da família. Foi o suficiente para a srta. Momand, que entendeu perfeitamente. Ela mesma tivera uma amiga na escola que era filha única e havia assumido o papel de filho.

Aos olhos da professora, Mehran parece ter se adaptado bem ao novo papel. Talvez até demais. Aproveita todas as ocasiões para dizer aos que estão ao seu redor que é menino. Recusa-se a atividades como costurar e brincar de boneca; prefere correr, andar de bicicleta e jogar futebol. Segundo a srta. Momand, Mehran se converteu plenamente em menino, e não se diferencia dos garotos nem na aparência nem pelo comportamento. Todos os professores aceitam e ajudam a proteger seu segredo, deixando-a trocar de roupa numa sala separada, quando necessário.

"Então tudo isso é normal para vocês? Comum, até?", pergunto à srta. Momand.

"Não exatamente. Mas não é um problema."

As regras são claras: vestidos para as meninas, calças para os meninos. Não há nenhum outro caso de travestimento na escola. Mas não cabe a ela envolver-se num assunto de família, explica a srta. Momand. A escola deve ajudar a perpetuar o gênero que for decidido pelos pais. Mesmo quando é mentira. A escola tem mais coisas com que se preocupar, como por exemplo a quantidade de guardas armados necessária para o portão da frente. A professora manifesta uma certa solidariedade com Azita: "A mãe de Mehran está no parlamento. É uma boa mulher. Nós fazemos o que é preciso".

"Nós mulheres ou nós afegãos?"

"Os dois."

Quanto ao aproveitamento escolar, Mehran é "inteligente, mas um pouco preguiçosa", diz a professora. Sorri facilmente, e com a mesma facilidade faz cara feia e brava quando não a entendem logo ou não concordam com ela. Poucos anos depois de abandonar a identidade de Mahnoush, a personalidade de Mehran se tornou mais espalhafatosa. Passa o recreio borboleteando pelas partidas de futebol dos meninos e por outras atividades ao ar livre, dependendo de onde está o centro de ação naquele momento. E, enquanto a maioria dos outros alunos prefere amigos da mesma idade, Mehran gosta de prender a atenção dos garotos mais velhos, muitas vezes tentando impressioná-los e ganhar alguma atenção com atitudes antipáticas. Grita, bate, empurra. Em geral é ignorada, mas às vezes precisam apartá-la de alguma briga com um menino mais velho. Segundo os professores, Mehran tem plena clareza de que é menina. Mas sempre se apresenta como menino aos recém-chegados. Como foi menina por vários anos antes de ser remodelada como menino, Mehran não teria muita margem de confusão nesse aspecto.

Sigmund Freud afirmava que as crianças não têm sequer noção das diferenças genitais até os quatro ou cinco de idade. Porém, nos anos 1980, a dra. Eleanor Galenson e dr. Herman Roiphe provaram que a compreensão infantil da identidade sexual começa muito antes.[1] Segundo suas descobertas, uma criança pode ter noção de seu sexo de nascença já desde os quinze meses.

No entanto, no Afeganistão, há certo interesse em manter as crianças na ignorância, ou pelo menos em borrar as linhas de distinção entre meninos e meninas. Muitos pais, deliberadamente, não explicam os detalhes das diferenças anatômicas a fim de manter "pura" a mente das crianças — sobretudo a das meninas pequenas — pelo maior tempo possível antes do casamento.

Isso condiz com uma história que minha mãe me contou uma vez: aos dez anos, numa versão mais conservadora da Suécia na década de 1950, ela anunciou à mãe que, quando crescesse, pretendia ser menino. Minha mãe tinha apenas uma irmã e uma noção muito vaga das diferenças entre homens e mulheres, nunca tendo visto seu pai ou nenhum outro homem sem roupas. Minha avó zombou e chamou a filha de tonta, mas não explicou por que o plano era inexequível.

Na escola de Mehran, em princípio, as crianças nunca veem o outro sexo nu; é absolutamente proibido. A diretora me diz ter certeza de que, nesta fase, para a maioria dos alunos, o que distingue meninos e meninas é algo totalmente exterior: calças versus saias.

Isso, e o entendimento de que aqueles de calças sempre vêm em primeiro lugar.

Em 7 de fevereiro de 1999, Azita sabia que falhara, mas estava cansada demais para falar ou mostrar qualquer reação. Acabava de dar à luz — duas vezes. Estava na casinha gelada da sogra, cujo isolamento se resumia à palha seca misturada no barro das paredes. A primeira das gêmeas nascera depois de quase três dias e três noites de trabalho de parto prematuro, com oito meses. Pesava apenas 1,2 quilo e mal respirava. Dez minutos depois, seu rostinho tinha se arroxeado e não mostrava muitos sinais de vida enquanto sua irmã chegava. Azita também estava inconsciente. As mulheres que haviam ajudado no parto não lavaram as bebês. Simplesmente embrulharam as duas e entregaram à mãe — era mais do que evidente a todos ali presentes que as crianças não iam sobreviver.

Quando a sogra começou a chorar, Azita sabia que não era pelo receio de que as netinhas não sobrevivessem. A velha estava desapontada. "Por que estamos recebendo mais meninas na família?", exclamou ela, segundo Azita. "O que vou dizer aos vizinhos? E aos moradores da aldeia?"

Azita não sentia nada. No ano anterior, havia atravessado a soleira de seu novo e primitivo lar como propriedade de uma família rural pobre, trazendo apenas uma coisa de valor: um útero. O marido já tivera uma esposa cujo útero era a razão pela qual Azita fora trazida como esposa número dois. A primeira esposa dera à luz uma filha, mas a segunda criança — um filho — morrera. Depois disso, sofreu apenas abortos espontâneos. Foi isso que levou a sogra a procurar para o filho uma segunda esposa nova e saudável. Azita trazia a promessa de um futuro melhor para a família num pequeno vilarejo rural, situado na vertente de um monte e ainda mais isolado do mundo do que Qala-e-Naw, a capital da província de Badghis. Na época, só se chegava lá a cavalo, de burrico ou a pé.

A família de dez pessoas, com dois irmãos casados, suas três esposas e todas as crianças, era dirigida pela sogra de Azita. Estendia seu poder até os mais ínfimos detalhes da vida das noras. Decidia a distribuição das tarefas entre elas; o que comiam e quando comiam; quem falava e qual o tema da conversa. Também cuidava das chaves da despensa. A obediência a suas normas determinava a diferença entre comer e passar fome.

De início, quando chegou, Azita recebeu várias tarefas. Logo aprendeu a lidar com as vacas — uma para a ordenha e três para a lavoura —, os dez carneiros e a criação de galinhas. Com a disposição de uma irmã mais velha e como pessoa criada de maneira muito diferente, Azita logo começou a apresentar opiniões e ideias sobre a forma de fazer as coisas na família. Sugeriu que lavassem as mãos antes de comer, que cortassem as unhas e que se ajudassem mutuamente com as crianças. Defendeu que todos se juntassem e trouxessem muito mais água para casa, a fim de combater a falta de higiene e as doenças. Propôs também que homens e mulheres compartilhassem as refeições — ideia radical numa casa que separava rigorosamente os dois sexos, exceto à noite, quando se esperava que o marido dormisse com uma das esposas. Manter mais contato dentro da família era bom, dizia Azita, e era assim que tinha sido criada.

Nenhuma de suas ideias foi bem recebida.

Um elemento particular de provocação era a quantidade de roupas que Azita trouxera da casa de sua família. As mulheres da casa da aldeia tinham apenas dois vestidos — um reservado exclusivamente para ocasiões especiais, como casamentos, e outro para uso cotidiano, que só era lavado depois de dez dias de uso, pois a água era muito escassa. Avisaram a Azita que, se quisesse usar roupas limpas com mais frequência, ela que fosse buscar sua própria água no poço distante.

Em seguida, Azita objetou contra o sistema da sogra para controlar as esposas, usando sua bengala a qualquer sinal de insubordinação. A primeira esposa era espancada com maior frequência, pois cometia mais erros. Aquilo enfurecia Azita, e ela se manifestou contra tal prática. O protesto desandou em berreiro, e certo dia, por fim, Azita interveio para proteger a primeira esposa de seu marido, arrancando a bengala e quebrando-a em dois. Furiosa, ela ameaçou a sogra: "Vou lhe bater de volta. Não tenho medo do Talibã e não tenho nenhum medo de você".

E acrescentou: o islã não defende o espancamento das esposas. E tampouco as mulheres deviam bater em outras. A velha ficou encarando as noras em silêncio, fervendo de raiva, depois deu meia-volta e saiu. Comandando por tanto tempo as mulheres da família, ela não tinha a menor intenção de renunciar. A obediência muda das esposas era não só esperada como também constituía a norma e o pré-requisito para a vida ali funcionar. Como Azita tomara a iniciativa de defender a primeira esposa, tímida e iletrada, as coisas corriam o risco de sair do controle. Assim, a sogra levou a questão a seus filhos, que concordaram que algo precisava ser feito. Concluíram que, visto que Azita era da cidade, qualquer mal que contraíra lá teria de ser erradicado. Ainda havia tempo para recalibrar e converter a recém-chegada numa esposa normal, removendo quaisquer ideias que sua criação decadente em Cabul lhe tivesse instilado.

Iriam arrancá-las à força.

O primeiro golpe foi uma surpresa para Azita. Ela nunca tinha visto o pai bater na mãe, e raras vezes recebera alguma palmada na infância. Agora, seu marido usava uma vara de madeira ou um fio de metal, quando havia, para surras preventivas sistemáticas, sem qualquer causa específica, apenas para garantir que não haveria nenhuma discussão com sua mãe. Às vezes usava os punhos.

"No corpo. No rosto. Eu tentava detê-lo. Dizia para parar. Às vezes não."

"E sexualmente?"

Ela se cala por um momento.

"No Afeganistão, não se chama estupro quando o marido obriga a mulher a ter relação sexual com ele", diz Azita. "Se disséssemos isso, seríamos tidas como idiotas."

O corpo da esposa está sempre disponível para o marido, não só para procriação, mas também para recreação, visto que a sexualidade masculina é tida como coisa boa e necessária. O raciocínio é que, se a esposa não se submete, o marido pode se sentir frustrado e ir procurar em outro lugar, o que então colocaria em risco o alicerce da família e, com isso, da sociedade como um todo. Até muito recentemente, países majoritariamente cristãos também não consideravam ilegal o sexo forçado dentro do casamento,[2] pois um dos objetivos originais do próprio casamento era legalizar o sexo. Nos Estados Unidos, o estupro conjugal só foi criminalizado em todos os estados em 1993; no Reino Unido, em 1991.

Ainda no começo do casamento, e depois que se iniciara o espancamento físico, Azita engravidou, para alívio geral. Com isso, dava o primeiro passo para atender à sua finalidade. Na expectativa de um filho, a família a deixou em paz com o avanço da gravidez. "Olhem só — está tão gorda e saudável. Certamente vai ter um menino", diziam eles.

Azita ficou grata com aquela aparência de paz. Ela também rezava por um filho.

O nascimento das gêmeas não foi apenas uma decepção: era como se Azita tivesse escarnecido da família. Seu cunhado também só tivera meninas; era como se houvesse uma maldição familiar. O único consolo era que talvez as gêmeas prematuras não vivessem muito.

A princípio, nem mesmo Azita sentia qualquer amor pelas filhas. O que moveu sua luta pelas pequeninas foi outra emoção: a piedade. A médica que viera da cidade não deu congratulações quando examinou as gêmeas alguns dias depois. Ainda eram poucas as chances de sobrevivência, concluiu ela. Virou-se para Azita e disse apenas "sinto muito".

Azita aceitou o prognóstico da médica, mas, não tendo como amamentar, ainda suplicou à sogra um pouco de leite de uma das vacas. Depois de se prontificar a pagar pelo leite, o qual a sogra alegava que podia ter sido vendido com lucro, Azita pôde então alimentar as filhas de colherinha. Aos poucos, a condição física das meninas melhorou. Passados dois meses, elas já sorriam um pouco, e foi aí que Azita começou a amá-las. Tornaram-se sua razão de viver naqueles primeiros anos de casamento.

Quando seu irmão mais novo, a pedido dos pais, veio ver como ela estava, Azita tentou se mostrar otimista e lhe garantiu que as coisas não eram tão ruins. Queria que ele levasse boas notícias, para que ela não parecesse derrotada. No entanto, quando seu pai, Mourtaza, veio visitá-la, o verniz rompeu. Contou-lhe como odiava sua vida. E como ele não demonstrou nenhuma reação, a fúria de Azita chegou a um ponto que nunca antes ousara lhe mostrar. Quando ele ia saindo, ela foi atrás e gritou da porta: "*Muito obrigada!* Por sua causa, estou sofrendo todos os dias. Você me falou para me educar. Eu me eduquei e agora sou tratada pior do que um burro ou uma vaca. Você me fez isso".

Mourtaza olhou a filha em silêncio. Então disse: "Verdade. Eu lhe fiz isso. Sinto muito, muito mesmo".

Foi a única vez que Azita viu o pai chorar.

Em Cabul, nos dias de hoje, quando Mehran volta da escola para casa, no final da tarde, seu lanche especial já está preparado no balcão da cozinha: duas laranjas num prato, com uma faquinha para descascar. Ela ataca as laranjas num frenesi, e então, com as mãos ainda pegajosas, sobe para o colo da mãe. O objetivo é convencê-la a ceder o laptop para que as irmãs possam ver um filme. As irmãs sorriem ao pedirem com gentileza, enquanto Mehran insiste e fala alto. Está com um band-aid na orelha direita, depois de uma tentativa fracassada de furar o lóbulo com uma agulha, inspirando-se no herói Salman Khan, dos filmes de ação de Bollywood, que usa um brinco de um lado só.

"Ele agora é bem menino mesmo", murmura Azita, tentando aquietar Mehran, enquanto fala ao telefone. "Outro dia, cheguei em casa e ele estava tentando desmontar meu computador, dizendo que estava procurando os jogos lá dentro." Ela ri. "Mehran não é como as meninas. É a minha desobediente."

Azita acaricia o braço da filha enquanto fala alternadamente em dois celulares e três línguas. "Vou tentar", diz numa das linhas. "Vou ligar para o diretor e conversar com ele." O filho de uma colega foi expulso da escola e ela está pedindo que Azita mova alguns pauzinhos. Há certas coisas que ela não faz — por exemplo, sugerir jovens solteiras como esposas para seus eleitores ou seus filhos. Ela nunca diz "não" diretamente, mas sempre explica que talvez não seja a pessoa mais adequada para ajudar em certas tarefas.

As filhas de Azita passam esta tarde como muitas outras — com tédio e frustração entre as paredes amarelas do apartamento, assistindo a programas da televisão indiana ou a seus favoritos Hannah Montana e Harry Potter no DVD. Vão aumentando o volume, bem como o nível das briguinhas, à medida que as horas passam lentas. Mehran precisa fazer a tarefa de casa e, enquanto não terminar, as meninas não podem sair. Quando as gêmeas encontram um CD tadjique pirata de música pop, debaixo da mesa da mãe, e começam a dançar, Azita fica incomodada. Os vizinhos podem ouvir, e a família de uma parlamentar não pode incorrer na suspeita de ouvir coisas daquele tipo.

Azita gosta de dançar, mas não faz isso com frequência. Dançar recai na mesma categoria de poesia para uma mulher — equivale a sonhar, o que pode inspirar pensamentos sobre temas proibidos como amor e desejo. Qualquer mulher que leia, escreva ou cite poemas pode estar abrigando ideias estranhas sobre amor e romantismo, e assim é uma prostituta em potencial. Uma vez, quando Azita postou um poema em sua página do Facebook, prontamente recebeu comentários sugerindo que ela era uma pessoa de costumes impróprios.

O sol já começou a se pôr, mas Azita resolve deixar que as meninas passem uma hora lá fora brincando, desde que fiquem dentro de seu campo de visão pela janela. As quatro meninas quase caem umas por cima das outras, na correria de pôr as sandálias, descer as escadas aos trambolhões e chegar ao pátio. Já há uma turminha da vizinhança, com dois meninos mais velhos e um grupo de crianças menores, todos com roupas coloridas estampadas com personagens de desenho animado. Não há nenhuma menina da idade de Benafsha e Beheshta. Raramente as garotas têm permissão de sair, mesmo em bairros menos conservadores, e as gêmeas de Azita, com dez anos, poderão passar no máximo mais três anos sem cobrir a cabeça com um lenço. O pai delas deixou claro que preferiria que já estivessem usando lenços.

Na grama, alguns meninos brincam com uma bola de futebol velha, e quando o sorveteiro aparece de bicicleta com seu carrinho, com o alto-falante tocando uma musiquinha monótona, a cena é momentaneamente pacífica.

Benafsha e Beheshta me garantem que não invejam Mehran. Por que iriam querer jogar futebol e ficar sujas como Mehran? Gritar, berrar, brigar com os meninos? Mehran pode ser a irmãzinha muito mimada que manda na família com seu gênio forte, mas não trocariam de lugar com ela. Com sua identidade de menino, ela se tornou a criança mais mimada da família. Ou talvez, como caçula, sempre tenha sido. As gêmeas só sabem que é muito mais difícil conseguir dinheiro do pai, que parece dar a Mehran tudo o que ela pede. Para as gêmeas, o pai parece ouvir com mais atenção o que Mehran diz e rir um pouco mais alto de suas brincadeiras.

Já para Mehrangis, a filha do meio com oito anos de idade, Mehran está definitivamente em melhor posição. Mehrangis não está incluída na camaradagem risonha das gêmeas, uma sempre apoiando a outra, e recebe menos atenção devido à sua aparência. Ela conta uma proposta que fez recentemente aos pais: "Eles dizem que sou meio gordinha demais, então falei para a minha mãe que talvez fosse melhor me transformarem também em menino, já que não sou bonita".

Mas os pais não atenderam à sua vontade de se passar por menino. Mehrangis, na verdade, tinha sido a escolha inicial do pai para ser *bacha posh*, mas, como é mais velha e teria de voltar ao gênero feminino mais cedo, decidiram que não. Mehran duraria mais tempo como filho. Mehrangis encolhe os ombros ao contar a história: não coube a ela, e é assim que as coisas são. Ela sabe que não é considerada bonita ou esperta como as irmãs mais velhas. Mas, como Mehran passa por menino, pelo menos ninguém diz que ela é gorda ou pouco bonita.

Para Mehran, não há a menor necessidade de se mostrar bem-comportada, agradável ou simpática. Não há nenhuma expectativa de que se mostre graciosa ou tenha um sorriso encantador. Quando tiro fotos das meninas, ou quando tiram fotos entre si com minha máquina, Benafsha e Beheshta adotam poses bem ensaiadas, fazendo biquinho e batendo os cílios com ar coquete, às vezes uma apontando para a outra e dando os braços enquanto executam alguns passos de dança ao estilo Bollywood. Às vezes, Mehrangis tenta imitá-las, o que em geral lhe traz apenas deboche. Mehran segue na direção exatamente oposta: cara brava, encarando a câmera, mãos na cintura. Quando sorri, é um sorriso escancarado, mostrando o grande espaço entre os dois dentes da frente. Às vezes mal consegue ajeitar a roupa, principalmente depois de passar algumas horas brincando lá fora. E, depois do pai, é quem mais come na família.

Benafsha me puxa pela manga. Quer dizer alguma coisa, mas temos de nos afastar dos outros. Chegamos mais perto da cerca de arame ao lado da rua, e ela fala rápido, abaixando o rosto e a voz.

"Duas amigas minhas a chamam de menina. Sabem que tenho uma irmã e não um irmão." E não só: "Ela briga muito. Os meninos, os mais velhos da vizinhança, dizem: 'Você é menina'. Ela responde: 'Não, eu sou menino'. Mas eles sabem".

As gêmeas se esforçam ao máximo para consolar Mehran quando isso acontece, diz Benafsha. Mas às vezes ela fica nervosa demais e então não sabem o que fazer. Sem dúvida, Mehran irrita as gêmeas de vez em quando, mas elas ficam mais transtornadas quando outras crianças fazem fofocas sobre a irmã.

"Antes ela era calma", diz Benafsha. "Agora é malcriada e briguenta. Agora chora muito. Quando vamos dormir, eu pergunto: 'Por que você está chorando?'. Ela responde: 'Porque dizem que sou menina'."

Felizmente, segundo Benafsha, tudo isso vai acabar logo. Daqui a alguns anos, Mehran terá de voltar a ser menina. Todos sabem disso — a mãe já falou várias vezes. Em algum momento, qualquer eventual privilégio atual de Mehran vai acabar.

Sem saber bem o que dizer, olho para o prédio. Três das janelas estão repletas de rostos cobertos por lenços, sorrindo e acenando para nós. As meninas são crescidas demais — muito perto da puberdade — para poderem ficar aqui fora.

* * *

Quando chegava uma tempestade das montanhas até o pequeno vilarejo em Badghis, Azita costumava imaginar que as nuvens vinham de Cabul. Quando criança, a mãe a repreendia por correr na chuva e adoecer. Naqueles primeiros anos de casamento, ela ficava à porta da casa na aldeia, com os olhos fechados, e deixava a chuva escorrer pelo rosto. Imaginava-se indo até os portões fechados no fim do pátio. Abria-os e saía andando.

Levaria anos até começar a sonhar novamente com um grande futuro, mas com o tempo ela conseguiu permissão para fazer outras coisas além de cuidar das filhas. Ensinando as vizinhas a preparar os pratos exóticos que aprendera a fazer em Cabul, ela ganhou fama como a dama do purê de batata. Baseando-se em seus estudos preparatórios para a faculdade de medicina em Cabul, Azita também começou a atender moradores de Badghis para pequenos problemas de saúde. Como voluntária do Crescente Vermelho, aplicava vacinas nas crianças e diagnosticava as doenças mais comuns. Os aldeões pagavam como podiam — muitas vezes nada, mas às vezes algumas cebolas ou tomates, ou até mesmo um frango. Geralmente Azita usava esses produtos para negociar com a sogra, em troca de leite fresco para as filhas, ordenhado da vaca da família. Também ensinava os rudimentos de leitura e escrita em dari para qualquer menina da vizinhança que aparecesse, a pretexto de lerem o Alcorão.

Quando os Estados Unidos, o Reino Unido, a França e a Austrália se lançaram ao ataque no Afeganistão, em 7 de outubro de 2001,[3] foi um recado direto a Azita avisando que seu mundo poderia se abrir novamente. À medida que o governo do Talibã se desmoronava, ela começava seu próprio ataque ao marido, a fim de convencê-lo a deixarem a aldeia e se mudarem para a capital da província de Badghis. Em Qala-e-Naw, ela poderia trabalhar, agora que o Talibã não estava mais no poder, e a família poderia viver melhor com essa fonte de renda. O marido já tinha investido numa pequena banca de rua, vendendo chicletes e cartões telefônicos, mas os lucros não eram suficientes para sustentá-los. Se pudesse trabalhar, argumentou Azita, ele não precisaria mais cultivar o pequeno terreno da família. Ela sabia que haveria outras maneiras de ganhar dinheiro, agora que podia sair de casa.

Finalmente ele concordou em deixarem a casa de sua mãe, sob a condição de que Azita sustentasse a família. Mudaram-se para uma casa emprestada, dividindo com outra família. No começo, a comida era escassa. Benafsha e Beheshta ainda lembram o luxo de experimentar pela primeira vez biscoitos numa padaria, aonde o avô as levou a passeio, como presente.

Azita logo engatilhou dois empregos: de dia dava aulas numa escola de nível médio, e de noite dava ainda mais aulas para aquelas meninas que continuaram analfabetas durante os anos de guerra e do regime talibã. Agora, Azita já tinha três filhas, que iam junto com ela ou ficavam com as vizinhas enquanto trabalhava.

Mas as verdadeiras oportunidades, percebeu ela, estavam com os estrangeiros.

Decidiu-se a aprender inglês — decorando vinte palavras por dia — e, em poucos meses, conseguiu um terceiro serviço como tradutora para um organismo humanitário alemão. Pagavam-lhe mais do que jamais recebera na vida: 180 dólares por mês. Era o suficiente para transformar totalmente a vida da família. Quase da noite para o dia, subiram vários degraus na escala social. Como uma das poucas mulheres instruídas em sua província, para Azita foi muito boa a chegada de estrangeiros e verbas numa economia em tempo de guerra. Logo podia até acenar ao marido a perspectiva de terem casa própria. Também estava decidida a que o casamento deles desse certo — uma vez fora do domínio da sogra, os dois realmente se davam melhor.

Como quarta iniciativa, Azita estendeu seus cuidados médicos na parte da noite.

Ainda havia muito pouco atendimento à saúde, e embora Azita raramente pudesse cobrar alguma coisa dos pacientes, aos poucos foi criando renome na província, onde as pessoas vinham de longe para que ela aplicasse uma vacina ou examinasse seus filhos. Também fazia seminários de cuidados preventivos, nos quais ensinava coisas simples, como os benefícios de lavar as mãos e limpar os vegetais antes de comê-los. Gradualmente ela construiu sua posição na comunidade e, para a reunião de emergência de 2002 da Loya Jirga,[4] por determinação da ONU, quando se discutiria um governo de transição após o Talibã, Azita foi eleita como um dos representantes da província de Badghis.

A reunião de Cabul, à qual Azita compareceu levando à cintura a filha Mehrangis, então com sete meses de idade, era uma amostra da vida que um dia ela imaginara que teria. Mais de 2 mil delegados de todo o Afeganistão ficaram reunidos por várias semanas, e Azita estava rodeada por pessoas com projetos semelhantes aos seus. A ideia de ajudar a construir uma nova sociedade — onde as filhas não teriam seus sonhos esmagados pela guerra e por regimes autoritários — parecia talvez não tanto uma vocação, mas uma responsabilidade que devia assumir. O sonho de infância de ser médica significaria voltar para a escola, e como agora ela tinha família para sustentar, precisava trabalhar em tempo integral. Com o ingresso das mulheres na política afegã, havia a promessa de uma área de atuação em que Azita poderia reviver aquele velho sonho de criar algum impacto, de se tornar uma líder.

Três anos depois, tendo se formado numa escola de ensino em Badghis enquanto trabalhava como tradutora num escritório da ONU, um amigo se prontificou a lhe emprestar os duzentos dólares necessários para registrar sua candidatura ao parlamento nas primeiras eleições nacionais. Aos 28 anos e agora mãe de quatro crianças, Azita concluiu que era um valor que não conseguiria pagar se perdesse. Simplesmente precisava vencer.

Em meio a uma sucessão interminável de construções de cimento, sacos de areia de proteção e nuvens de poeira de Cabul, o desejo de beleza pode se tornar acachapante. Para quem faz a viagem de cinco horas passando pela infame base aérea de Bagram, onde afegãos foram torturados até a morte pelas Forças Armadas americanas,[5] por diversas áreas controladas pelo Talibã e por uma estrada de terra onde pequenas bombas caseiras volta e meia interrompem o trânsito, dizem que aqui se abre um mundo de conto de fadas.

Nessa sexta-feira, foi para lá que Azita mandou o marido e as filhas para fazerem um piquenique. Enquanto estiverem fora, ela vai descansar. Enquanto acena para a família pela janela do terceiro andar, Azita vê que Mehran está sentada na frente, ao lado do pai. As meninas mais velhas, transbordando de entusiasmo, dividem o banco de trás, enquanto longas filas de carros saem da cidade, logo de manhã cedo. Sexta-feira é dia de oração, mas é também o dia de folga que as famílias podem aproveitar juntas. Ir para um "piquenique" é um programa muito apreciado pelos afegãos menos conservadores, e para alguns até para beber clandestinamente, longe dos vizinhos e dos mexericos em Cabul. O álcool é proibido, mas a regra é livremente desrespeitada, como muitos outros decretos culturais e religiosos no Afeganistão.

Nossa caravana matinal também inclui um chefe dos bombeiros local, velho amigo do marido de Azita. Seu carro é escoltado por dois caminhões de bombeiros portando Kalashnikovs.

Nosso destino de chegada fica na província de Kapisa, antigo bastião *mujahidin*, onde a paisagem verde definhada, prestes a explodir em pleno verão, é interrompida por morros e grandes formações de pedra. O rigor dos invernos dá maior resistência aos galhos nodosos das árvores centenárias, que reinam nas trilhas quase invisíveis entre o capim alto que levam aos campos onde crianças pastoreiam carneiros. Do outro lado de um morro, há plantações de ervilhas e pepinos, onde o solo denso e escuro é alimentado por um rio. Junto a ele, as pessoas de Cabul que vieram fazer piquenique sentam-se em grupos na grama. Algumas mulheres tiraram o lenço da cabeça e riem alto.

Os jovens bombeiros, fumando sem parar, descarregam dos caminhões uma grande lona plástica, dois pesados tapetes orientais e várias cestas e baldes. Transportam tudo isso, mais armas e cintos de munição, saltando de pedra em pedra pelos belos riachinhos. Mehran, vestida de branco como o pai, tropeça e cai de joelhos na água, de onde o pai a puxa e a coloca de cavalinho nos ombros. Ela vai ali triunfante, olhando do alto a procissão que traz na rabeira as irmãs escorregando nas sandálias e se esforçando para acompanhar o ritmo.

Os bombeiros atuam como desbravadores. Depois de uma caminhada de meia hora, eles se acomodam na árvore ideal e estendem debaixo dela grandes folhas de plástico. Nesse rito tradicional de primavera, a árvore logo começa a vibrar e montes de frutinhas brancas e vermelhas caem na folha de plástico, sustentada por dois deles. Um terceiro bombeiro, que subiu no alto da árvore e entrelaçou as pernas num galho grosso, solta uma risada alta e satisfeita quando lhe pedem para dar mais uma sacudida. E cai uma nova chuva de amoras, que passam do plástico para as cestas. Nossa caravana retoma a caminhada, e a colheita é levada até um córrego, que guarda outro pequeno segredo. Foi feita uma cavidade no chão, cercada de pedras, permitindo que a água do riacho passe por ali. Os homens esvaziam os cestos naquele reservatório que parece uma banheira, cheio de água límpida e gelada, e todos se agacham em volta para apanhar os frutos de cor púrpura escura com as mãos em concha, devorando-os aos punhados. Depois de todos terem comido até se fartar, tapetes feitos à mão são estendidos na grama. Para a rotina digestiva prescrita, vários dos devoradores de amoras deixam a posição em que estavam, sentados com as pernas cruzadas, e adotam a plena posição horizontal, enquanto circulam grandes vasilhas gotejantes de iogurte.

O marido de Azita, casado com ela há treze anos, abre um largo sorriso e vira o rosto para o sol. Querendo atenção, Mehran sobe nele, mas é cuidadosamente afastada de sua barriga, já muito cheia. Para ele, é raro sair de Cabul e mostrar às filhas muito mais coisas além do apartamento, onde todos passam a maior parte do tempo.

Ele me conta que se casou com Azita porque era sua prima, mas também porque a amava. Mas principalmente, explica ele, fez um favor ao tio e à sua família. Do contrário, Azita poderia ter sido obrigada a se casar com um estranho em tempo de guerra.

"Foi por isso que eu entrei. Toda a família concordaria que era o melhor."

"Mas você já tinha uma esposa?"

"Já. Mas Azita é a filha do meu tio. Desde que perdi meu pai, ele se tornou como um pai para mim. Quando disse que não queria perdê-la para outra família, eu quis ajudar."

Ele olha para Mehran, cujos traços fisionômicos são muito parecidos com os seus, principalmente quando ela enruga a testa ou franze as sobrancelhas. Sorrindo, ele concorda que Mehran é mais mimada que as outras filhas. Mas é a mais nova, e por isso precisa de um pouco mais de amor — devemos levar isso em conta também. É assim em todas as famílias. E Mehran vai voltar a ser menina; quanto a isso, certamente não há nenhuma dúvida. Dez ou doze anos pode ser uma boa idade. Ou um pouco depois, dependendo da aparência que ela tiver. O pai não tem tanta certeza: "É a primeira vez que fizemos isso. Vamos ver o que vai acontecer".

Ele não prevê nenhum problema para Mehran nem crê que esse tempo como menino criará dificuldades mais tarde. Melhor não planejar nem pensar muito sobre o futuro. Depois de uma história tumultuada e várias guerras, ele aprendeu que tentar prever o futuro muitas vezes só traz decepções. "Isso é o necessário hoje, e quanto ao amanhã eu não sei. Ela sabe que é uma menina, e quando crescer também vai entender melhor a diferença."

O artifício funcionou tão bem que ele mesmo quase se deixa enganar. "Para ser sincero, penso nele como menino. Quando olho, vejo-o como meu único filho."

Espera plenamente que Mehran cresça e, quando for moça, se case e tenha seus próprios filhos. Qualquer outra coisa seria estranha. "Esta é a vida no Afeganistão. Esperemos que ele tenha sorte. Talvez seja ainda mais fácil para ele, já que agora é menino."

Durante a refeição de kebab, Mehran ocupa o lugar de honra entre o pai e o chefe dos bombeiros. Ela fez amizade com vários bombeiros, cada qual deixando que ela segure sua metralhadora com mão incerta. Se os bombeiros fazem alguma ideia de seu verdadeiro gênero, são educados demais para dizer. Com muita polidez, também desviam os olhos quando as outras três meninas aparecem perto deles, e todos se esforçam em manter distância, para evitar qualquer contato físico. Nenhuma das outras meninas recebe convite para segurar as armas. Depois de ingerir uma grande quantidade de comida, o chefe dos bombeiros pega um cigarro enrolado à mão, de aroma adocicado, e o acende. Oferece-o a seu círculo de acompanhantes, que pousam as armas no colo e aceitam de bom grado. Com isso, a viagem de volta a Cabul será um pouco menos monótona.

No caminho para casa, Mehran adormece no ombro do pai, depois que a tarefa de dirigir é transferida para um bombeiro de pálpebras caídas. Mehran ainda tem alguns anos pela frente, antes que comece a vida de mulher afegã. Por ora, ela está no lado do privilégio.

II. JUVENTUDE

Saiba então que o corpo é mera vestimenta.
Procure não o manto, mas quem o usa.
Rumi, poeta persa do século XIII

8. A moleca

ZAHRA

De pé em cima de uma mesa, ela era um animal em exibição. Ouviam-se gritos e risadas. Ela estava com o corpo paralisado e não conseguia se mexer. Quando as lágrimas corriam pelo seu rosto, ela não erguia as mãos para enxugá-las. O fato de chorar atiçava ainda mais os outros. "*Olhe, olhe.*" E olhavam ainda mais. Alguns batiam palmas de entusiasmo. Por fim, ela enterrou o rosto nas mãos, gemendo, para abafar o som.

Esta se tornaria uma de suas primeiras lembranças vívidas, e mais tarde ela descreveria: "Deixei o mundo no escuro. Achei que, se não pudesse ver o mundo, o mundo não poderia me ver".

Chegar ao jardim de infância em Peshawar com uniforme de menino foi um erro. A mãe lhe entregara a roupa, e Zahra conseguiu por alguns dias, antes que as outras crianças descobrissem. As mais velhas começaram a atormentá-la: ela não era menino de verdade; por que então queria parecer um? Uma delas foi contar para a professora, que não gostou de saber da encenação. Os pais de Zahra foram chamados à escola e ouviram em silêncio um sermão sobre a importância da disciplina e da obediência infantil desde muito novos. Era esta a missão da escola e do jardim de infância, e não devia ser desdenhada. Os pais precisariam arranjar o devido uniforme feminino para a filha, antes que pudesse voltar.

Em casa, Zahra chorou e tentou se esquivar da saia azul e da blusa branca. Quando retornou à escola, teve de subir numa mesa para servir de exemplo para os outros.

"Esta é uma menina", anunciou a professora. "Olhem. É assim que é uma menina. Estão vendo? Ela nunca foi um menino. Agora *todos* vocês vão lembrar."

Quase dez anos depois, de pé à porta do apartamento de sua família em Cabul, Zahra está com as roupas que ela mesma escolheu: um paletó preto de corte reto, camisa abotoada e calças escuras. Parece um rapaz elegante, no limite muito sutil entre os gêneros, com o rosto redondo, lábios cheios, cílios longos e os cabelos pretos lustrosos num corte ao estilo Tom Cruise, repartidos do lado. Recebe-nos sem sorrir. E tampouco desvia o olhar, impulso entranhado na maioria das garotas afegãs. É destemida, olhando-me direto nos olhos, com uma das mãos na cintura. E por que não? Seu aspecto externo é o do sexo dominante; o meu, não.

Seguindo mais uma série de rumores e apresentações, cheguei a Zahra, de quinze anos, e à sua família. São de Andkhoy, na província de Faryab, no norte do país. Lá, segundo vários negociantes de tapetes em Cabul, é usual vestir meninas como meninos para trabalhar como tecelões na produção de tapetes. Mas Zahra nunca foi uma *bacha posh* trabalhando duro. Pelo contrário, os pais dizem que a filha simplesmente sempre *quis* ser menino. Não tiveram nada a ver com isso. E, tal como aconteceu com muitos casos de *bacha posh* que encontrei até agora, essa não é bem a verdade.

Zahra está numa idade perigosa.

Uma menina afegã que não é mais criança, mas ainda não se tornou mulher, deve ser imediatamente protegida e resguardada para garantir sua reputação e virgindade para o futuro casamento. Por mais atlética, ativa e animada que tenha sido a disposição de uma *bacha posh*, a puberdade — ou de preferência um pouco antes, de acordo com a dra. Fareiba — é a época em que a encenação necessariamente se encerra para a maioria das garotas. É quando devem voltar ao que eram. Do contrário, uma *bacha posh* pode ficar "um pouco esquisita de cabeça" — nas palavras da dra. Fareiba —, se se apresentar como outra coisa entrando na puberdade, quando a segregação por sexos ganha pleno efeito. Por essa razão, ao continuar vestida como homem aos quinze anos, Zahra está entrando lentamente num território muito mais complicado do que uma *bacha posh* mais nova. Em sua idade, as meninas geralmente aprendem a concentrar a atenção para se tornarem moças adequadas, tímidas e muito caladas.

Mas falta a Zahra a maioria dos traços femininos tradicionais, e ela fala por si mesma imediatamente. Vive como menino até onde recua sua memória e não tem nenhuma intenção de mudar. Nunca quis se tornar uma mulher afegã. São cidadãs de segunda classe, me explica, sempre controladas e comandadas pelos homens. Então por que iria querer ser uma delas?

"As pessoas dizem palavras ofensivas às meninas; gritam para elas nas ruas", diz Zahra. "Quando vejo isso, não quero ser menina. Quando sou menino, não falam comigo dessa maneira."

Zahra prefere poder trabalhar, se sustentar e tomar suas próprias decisões, sem estar sob a tutela de um marido, depois da do pai, como dita a cultura afegã para as mulheres. Outras adolescentes de Cabul dizem coisas parecidas como uma espécie de fantasia de brincadeira, pois, na cultura afegã, desafiar os pais não chega a ser uma alternativa. Mas Zahra fala sério e diz que o caminho habitual para as mulheres afegãs é inconcebível para ela. Não quer família e tampouco quer ter filhos. "Quero ser menino, menino e menino para sempre."

Não há nenhuma outra *bacha posh* em sua escola, mas ela chegou a essa conclusão por conta própria, por observações da vizinhança e da própria família. Em sua casa, onze pessoas dividem três quartos, e Zahra dorme com as irmãs. Como em muitos lares afegãos, os momentos de privacidade se resumem, no máximo, ao banheiro. Há sempre algum dos oito irmãos batendo à porta para entrar, ou simplesmente batendo na porta ao passar.

Com a permissão dos pais de Zahra, minha tradutora Setareh e eu começamos a passear algumas tardes com Zahra pelo bairro onde mora em Cabul, depois do horário da escola. Seu modo de andar é exagerado e desajeitado, como se tivesse algo entre as pernas. Com os ombros altos e tensos, os polegares enfiados nos bolsos, ela anda com passadas largas e pés separados, com seus trajes favoritos que consistem numa camisa xadrez com capuz, muito larga, jeans e chinelo de dedo. Fica de cabeça abaixada, com o rosto perto do peito, e só ergue os olhos quando alguém a chama pelo nome. Sabe que sua força reside na aparência externa, e seu andar é uma boa maneira de se mostrar como um típico adolescente com certo ar agressivo.

Com essa pequena encenação, Zahra constitui uma provocação e uma contestação à ordem de toda a sua sociedade.

A moda sempre foi uma forma de transmitir classe, sexo e poder. No Afeganistão, sexo e poder são a mesma coisa. Um par de calças, um corte de cabelo, o andar certo, e uma garota adolescente tem acesso a tudo o que não deveria ter. Assim como o Talibã controlava rigorosamente a aparência de homens e mulheres durante seu domínio — quando as mulheres só podiam aparecer em público cobertas da cabeça aos pés —, um código de regras específicas sobre a indumentária tem sido usado ao longo da história por aqueles que querem assegurar a preservação da ordem patriarcal.

O rei Jaime I da Inglaterra, durante seu reinado nas primeiras décadas do século XVII, condenou o uso de roupas masculinas pelas mulheres para garantir que não tivessem nenhuma vantagem indevida.[1] A França implantou uma lei em 1800 estipulando que as mulheres não deviam usar calças; a lei foi revogada formalmente apenas em 2013.[2] O Talibã proibia explicitamente que as mulheres usassem roupas masculinas e também que as meninas se vestissem como meninos, o que pode indicar que existiam transgressões suficientes do tipo de Zahra, e *bacha posh* em quantidades tais, para que o governo considerasse necessário banir a prática. Hoje, não existe nenhum decreto oficial fazendo menção a meninas vestidas como meninos.

As proibições de vestuário da época do Talibã também desapareceram, mas os códigos de indumentária para mulheres a partir da puberdade ainda estão sujeitos a um rigoroso controle social, com muitos voluntários garantindo sua vigência. A mulher deve indicar claramente seu gênero por meio da roupa, mas há limites fluidos para estabelecer *quão* mulher ela pode ser.

Um dia, um adolescente de bicicleta passa por nós bem em frente à casa de Zahra, estalando os lábios e dizendo algo em dari. Setareh vira o rosto no impulso de gritar de volta, mas se refreia, abaixando os olhos como boa moça. Mas a reação de Zahra é rápida. Primeiro, berra alguns palavrões ao ciclista. Então se vira para Setareh e pede muitas desculpas pelo comportamento do rapaz. Nenhuma das duas quer traduzir o insulto original, mas logo descubro que a frase ofensiva era "consigo ver as formas do seu corpo", seguida de alguma especulação sobre a espécie de mulher que seria Setareh. Quando ela se move, não se nota nenhuma forma feminina, e as calças largas ao estilo punjabi, a túnica e o lenço de cabeça, verde-escuros, recobrem tudo, exceto as mãos e o rosto. Mas o corte da túnica tem um levíssimo acinturado, e o conjunto, que não é incomum para uma moça na casa dos vinte anos na Cabul atual, é menos conservador do que um manto todo preto. Além disso, aos olhos do ciclista, é uma mulher sozinha na companhia de alguém estrangeiro e de um rapazinho — em outras palavras, ambos são companhia suspeita e talvez imprópria.

Olho minhas calças largas pretas e meu casaco preto pelos joelhos. "Então eu sou o quê? Não sou outra mulher?"

Zahra e Setareh me olham e concordam: "Você é apenas uma estrangeira. Ninguém se importa. São as mulheres afegãs que eles molestam. Mesmo os meninos pequenos são como a polícia religiosa, especializada em dizer às mulheres o que devem vestir".

Como mulher estrangeira e não muçulmana, sou por definição uma espécie diferente. Portanto, em certo sentido sou neutra, o que pode ser bom nessas circunstâncias. Mas minhas roupas ainda têm importância e estou cuidadosamente vestida para atrair o mínimo de atenção sobre mim. Uns dias antes do episódio na rua, Setareh deu um trato geral em mim. Depois de me observar em nossas várias excursões por Cabul, por fim resolveu fazer alguns comentários. Minhas roupas simplesmente não eram soltas, largas ou escuras o suficiente. As mangas eram um pouco curtas demais, mostrando uma leve faixa do pulso, e o tecido delicado da minha túnica tendia a aderir nas minhas coxas quando eu andava. Além disso, sandálias e pés nus? Todo mundo ficava olhando meus pés brancos.

Dez minutos mais tarde, depois de examinarmos minuciosamente meu parco guarda-roupa, tudo o que era considerado sensual fora removido e eu me transformara numa bolha preta. "Eu teria de parecer quase afegã?", perguntei. Não propriamente, e Setareh riu: "Você nunca vai parecer afegã".

Embora a nova aparência seja muito melhor, ainda é decididamente estrangeira, explicou ela. Os tecidos que uso parecem caros demais: as afegãs usam poliéster brilhante, importado do Paquistão. Meu casaco preto está bom, mas o corte é moderno demais e não é de linhas retas como deveria. O pior são as calças: feitas de microfibra respirável, parecem *esportivas*. Desde quando uma afegã respeitável pratica esportes? Isso é coisa de homem.

Mesmo que eu me escondesse por baixo de uma burca, alertou Setareh, minha linguagem corporal me denunciaria como qualquer outra coisa, menos uma afegã. "Você acena com as mãos quando fala. Soa agressiva. Como se exigisse alguma coisa. Põe as mãos na cintura, como se desafiasse as pessoas. Para uma mulher, parece muito rude fazer isso. Você anda depressa e não olha para baixo. Olha direto no rosto dos outros quando bem entende."

Ela sorriu outra vez — pois o que vinha a seguir era quase óbvio demais: a mochila preta em que às vezes carrego minha câmera é tão ruim quanto minha bolsa cáqui a tiracolo. São indicadores muito ocidentais — como se eu estivesse indo escalar uma montanha. Não, explicou Setareh: uma mulher moderna de Cabul procura ter uma aparência cosmopolita, como naquelas propagandas de Dubai, Paquistão ou Irã. Passa maquiagem, anda com uma bolsa de mão, elegante e feminina, e usa saltos altos — mas não tão altos que fiquem atolados nos dias de chuva, quando a poeira de Cabul se transforma instantaneamente em lama, ou que a impeçam de saltar por cima dos esgotos, mas delicados o suficiente para ser femininos. A praticidade nas roupas é para pessoas grosseiras. E para os homens.

Mas a questão não é ter boa aparência ou me assemelhar a uma afegã. Para dar certo, precisamos nos misturar e passar despercebidas ao máximo, mas ainda como mulheres. Mostrar respeito. Para os afegãos, é quase um esporte localizar os estrangeiros que andam de barba aparada e a indumentária aldeã tradicional, que caminham em grupos de dois ou três em táxis comuns, enquanto capricham ao máximo na aparência nativa. São denunciados pelos óculos escuros caros e dispendiosas botas de caminhada. Segundo Setareh, o pior problema é se esforçar demais.

Todas as suas amigas dedicam um bom tempo adaptando e tentando ampliar o código da indumentária feminina, em que devem parecer mulheres, mas, ao mesmo tempo, não a ponto de parecer que querem chamar a atenção dos homens.

Esconder o corpo é uma questão exclusiva de sexualidade — a qual não existe oficialmente, a não ser no casamento para fins de reprodução. É por isso que o mais leve deslizar da roupa pode enviar um sinal provocador. Quando a maior parte do corpo fica encoberta, a consequência é que tudo se torne mais sexualizado. Num meio em que nunca se discute sobre sexo, em que há uma rigorosa separação entre homens e mulheres, por ironia, e talvez infelizmente, o sexo ocupa a cabeça de todo mundo o tempo inteiro. Partes do corpo, tecidos e gestos que em outros lugares jamais pareceriam sexuais ficam carregados de sensualidade. Essa contradição frustrante significa que todos devem ficar num estado de extrema atenção.

Como mulher, você precisa encolher o corpo e toda a energia que o cerca — na fala, no movimento e no olhar. Deve-se sempre evitar tocar em público uma pessoa do sexo oposto, seja por engano ou num gesto amigável. Na semana anterior, um diplomata sueco havia repelido bruscamente minha tentativa de pegar em seu braço. Essa frívola afeição entre estrangeiros do sexo oposto seria mal interpretada e emitiria sinais errados. Por outro lado, é frequente ver amigos afegãos do sexo masculino de mãos dadas em Cabul, muitas vezes segurando a correia de uma arma na outra.

Aqui, a responsabilidade pelo comportamento masculino — na verdade pela própria civilização — repousa inteiramente nas *mulheres* e na maneira como elas se vestem e se conduzem. Presume-se que os impulsos animais dos homens são insopitáveis e incontroláveis. E, como os homens são selvagens brutos e irracionais, as mulheres precisam esconder o corpo para evitar o assalto. Em inúmeras sociedades, uma mulher respeitável, em graus variados, deve se cobrir. Se não se cobre, está se oferecendo ao ataque. Qualquer mulher que se mete em "problemas" por chamar demasiada atenção masculina só poderá culpar a si mesma.

Em suma, é a velha e surrada tentativa de desqualificar a vítima de um estupro — ela estava usando algo provocativo? Se sim, ela é responsável, pelo menos em parte, por ter sido atacada. A ideia de que os homens são selvagens que nunca conseguem se controlar sempre foi um grande insulto ao sexo masculino, na medida em que supõe que eles não possuem intelecto ativo que possa, a qualquer momento, dominar impulsos muito agressivos.

O Alcorão, tal como o Antigo Testamento, traz passagens aconselhando o recato dos trajes tanto para os homens quanto para as mulheres.[3] Mas o que constitui exatamente uma mulher recatada, pura e piedosa não vem definido com clareza no Alcorão, e varia muito de acordo com seus inúmeros intérpretes. O uso do véu é anterior ao islamismo[4] e, originalmente, era um privilégio reservado às mulheres da nobreza, simbolizando a pertença sexual exclusiva a um único homem. Setareh, como a maioria das mulheres aqui, cobre a cabeça, mas, quando atravessa a fronteira e vai visitar seus parentes no Paquistão, é mais importante que o lenço cubra também o peito. Ao norte, as mulheres se embrulham em grandes xales, os xadores, às vezes até com uma camada adicional de tecido sob a burca. Em Cabul, as jovens deixam que o lenço escorregue, e Setareh, sempre que estamos a sós, sacode e solta seus cabelos longos e brilhantes, passando os dedos entre os fios como que para lhes dar vida, num gesto de alívio e prazer. Zahra, por seu lado, teria raspado a cabeça, se a mãe não a tivesse proibido.

Quando passamos por uma banquinha de frutas e legumes em nosso passeio pelo bairro de Zahra, oferecendo à venda laranjas, cenouras e maçãs cobertas de pó, ela comenta orgulhosa que foi aqui o local de uma briga no ano passado onde ela ocupou o centro da cena. Vinha andando com uma de suas irmãs mais novas, quando ouviram um som sibilado atrás delas; alguém estava tentando chamar a atenção da mais nova: "*Psssiu... Psssiu...*". A irmã abaixou a cabeça e apertou o passo, mas Zahra não ia deixar o insulto passar em branco. Virou-se e gritou para o rapaz.

"Que vergonha — *vergonha, estou dizendo* —, você quase tem barba e fica flertando com uma criança."

De início, o adolescente ficou surpreso e recuou alguns passos. Mas então pegou uma pedra e atirou em Zahra. Ela se desviou e a pedra bateu num carro atrás dela. Furiosa, Zahra partiu para o ataque. Deu-lhe um chute no estômago e tentou esmurrar a cara do rapaz. Ele caiu no chão, mas conseguiu atirar outra pedra. Esta bateu no espelho lateral do carro estacionado. Quando dois policiais do estacionamento chegaram correndo, Zahra explicou a situação. Os olhos faiscavam de raiva e seu coração estava em chamas quando falou: o rapaz fora inconveniente com sua irmã, que tinha apenas doze anos.

Os policiais concordaram e também ficaram indignados depois de lançarem um rápido olhar à irmã mais nova de Zahra — ela estava vestida apropriadamente de preto, com um lenço bem preso com grampos no cabelo. Não caberia nenhuma suspeita de que ela tivesse provocado a conduta do rapaz. Chegando a essa conclusão, começaram a bater nele. Um comerciante local se juntou a eles. Depois de alguns socos e pontapés, arrastaram o jovem para a delegacia local. Passaria a noite na cadeia.

Olho para Setareh em busca de esclarecimento, e ela complementa o que Zahra contou: "É papel do irmão mais velho proteger a honra das irmãs mais novas. Um irmão deve enfrentar os que são rudes com elas".

O irmão mais velho, neste caso, era Zahra. Em sua opinião, as meninas não deviam ter nenhum contato com meninos antes de noivarem ou se casarem. O maior medo de um irmão é o de que sua irmã se apaixone por algum garoto de sua própria escolha. Essa paixão seria desastrosa para a família. A irmã ficaria maculada e não conseguiria mais se casar.

Não se deve confiar em rapazes, diz Zahra. Podem fazer promessas às mocinhas, e depois simplesmente retirar tais promessas quando a menina já se manchou e passou vergonha por ter falado com um garoto, e assim se torna suspeita de não ter mais uma mente pura.

Pergunto a Zahra, para me certificar se entendi direito: "Então as meninas não devem fazer amizade com meninos antes de se casarem?".

Ela acena a cabeça em negativa. Absolutamente.

"Mas você convive com meninos?"

"Só com os meus vizinhos."

Embora Zahra faça o papel de garoto superprotetor das irmãs, ela não compartilha nenhuma lealdade com outros garotos. Não é um deles, e despreza a maneira como tratam as meninas.

Há uma visível dualidade na forma como ela se enxerga e como separa suas diferentes personalidades pelas tarefas e pelas características físicas. "Quando estou erguendo um tapete pesado, meus vizinhos dizem que sou forte. Então me sinto um menino. Quando limpo a casa, eu me sinto uma menina. Porque sei que é o que as meninas fazem."

Zahra é quem mais circula na família. Faz todos os serviços de rua, vai ao alfaiate e ao mercado. Enche os pesados bujões de gás e leva para casa. Seu lado masculino é físico: "Meninos são mais fortes do que meninas. Podem fazer qualquer coisa e são livres. Quando eu era criança, todo mundo me batia e eu chorava. Mas agora, se alguém tenta me bater, eu revido. E quando estou jogando futebol e faço alguma coisa errada, eles gritam comigo. Então grito de volta".

"Por que você acha que se sente os dois?"

"Minha mãe sempre me diz que sou menina. Mas os vizinhos me chamam de menino. Me sinto os dois. As pessoas me veem como os dois. Me sinto feliz em ser os dois. Se minha mãe não tivesse contado a ninguém, ninguém saberia. Digo que sou Naweed para os que não me conhecem."

O nome significa "boa-nova".

"Como você quer que a gente te chame?"

Ela dá de ombros. Seria falta de educação pedir alguma coisa às visitas.

Zahra tem uma ideia muito clara da diferença entre meninos e meninas. Acima de tudo, explica ela, a maneira como vivem. "Meninas se arrumam. Usam maquiagem. Meninos são mais simples. Gosto disso. Detesto o cabelo comprido que as meninas têm. Eu não teria paciência de escovar, de limpar… E meninas falam demais. Fofocam, entende? Homens falam, mas não tanto quanto as mulheres. As mulheres estão sempre entre quatro paredes e falam. Falam, falam. É o que elas fazem. Porque não têm liberdade. Não podem sair e fazer coisas. Então só ficam falando."

Depois de uma pausa, ela acrescenta: "Detesto o lenço. Detesto usá-lo. E as túnicas compridas. E o sutiã. Me recuso a usar". Novamente enrubesce um pouco, e o cabelo cai nos olhos quando vira a cabeça de lado.

"Meninas gostam de ter casas bonitas, para colorir por dentro e por fora", continua ela. "Os meninos não se importam com casas ou em discutir como decorá-las. Os homens, de todo modo, saem de casa e vão trabalhar. Há coisas que as mulheres gostam de fazer: cozinhar, limpar, se embelezar. Ir a casamentos. Moda. Homens não se interessam por nada disso."

Os homens, por outro lado, gostam de carros de corrida, de sair com os amigos e de luta. Zahra descreve o exemplo máximo de homem como um personagem atual de televisão muito querido em Cabul: Jack Bauer em *24 horas*. Para ela e os outros meninos do bairro, o herói de ação americano simboliza um verdadeiro afegão. Um autêntico guerreiro. É o que aparece no desfecho de todos os episódios: quando o herói foi espancado quase até a morte, ele se reergue e protege sua honra. Tal como um afegão, segundo Zahra, ele nunca teme a morte. E nunca para de lutar.

Tento uma jogada: "Então os meninos são melhores do que as meninas?".

Zahra sacode a cabeça. De jeito nenhum.

"As meninas são mais inteligentes do que os meninos, porque trabalham mais em casa e sabem fazer mais coisas. Os homens são talhados para outros tipos de trabalho. São inteligentes, também, mas sabem fazer menos coisas. Todo o trabalho que os meninos podem fazer, as mulheres podem também. Sei disso, porque faço. O trabalho que as mulheres fazem, os homens não podem fazer."

O irmão mais velho conservador transformado numa garota progressista tem uma lógica que aperfeiçoou a si mesma: "Entende, *mulheres podem ser homens também*. Como eu".

Difícil contestar isso.

Aproximamo-nos de um campinho de areia, onde alguns rapazes estão reunidos em torno de uma moto de três rodas para alugar. Zahra quer dar uma volta. Vai até o encarregado e lhe põe algumas moedas na mão. Montada na moto, ela começa a nos contornar em alta velocidade. Abre um grande sorriso ao sentir o vento no rosto. Quando passa por nós, o cabelo espalhado em todas as direções, põe-se de pé na moto, para se mostrar. Quando tiro uma foto, um menino da vizinhança grita para Setareh: "Diga a ela para não achar que é menino. Ela é menina".

Descendo da moto, Zahra diz que o garoto é amigo dela e não precisamos nos preocupar. Ele conhece seu segredo, mas trata-a como um colega menino. "Se alguém me bate, ele me protege."

"Você já foi agredida?"

"Acontece."

Na realidade, a liberdade de movimento de Zahra ficou mais limitada nos últimos anos. Vem se sentindo cada vez mais isolada. As meninas começaram a se afastar dela, e os meninos gostam de contestá-la. Não está mais inteiramente a salvo nem em seu próprio bairro, onde sua aparência começou a desagradar um maior número de pessoas. O que antes era liberdade com disfarce agora é uma leve provocação aos que sabem. E ultimamente mais gente parece saber. Zahra desconfia que há um dedo de sua mãe nisso — a família costumava proteger seu segredo, mas, nesses últimos anos, sua mãe vem lançando mão de pressões, súplicas e exigências para que Zahra se mostre mais feminina. É hora de se tornar menina e desenvolver a mulher dentro de si, diz a mãe. Mas Zahra ainda resiste. Suas pequenas liberdades se restringiram, mas, a seu ver, ainda é melhor do que ser mulher. A ideia de repetir a vida da mãe, com marido e uma longa fileira de filhos, lhe parece horrível e absurda.

Ao sentarmos sob uma árvore num parque, Zahra de repente fica quieta quando seu professor de pachto passa e lhe lança um olhar demorado. As professoras na escola de Zahra nunca comentaram sua aparência. Veem quando ela põe o lenço de cabeça, parte obrigatória do uniforme, ao entrar na escola, apenas para arrancá-lo no instante em que sai da aula. Mas, pouco tempo antes, o professor de pachto lhe disse que o que ela está fazendo é errado, que é uma vergonha que não tenha aparência feminina e não ande com a cabeça coberta o tempo todo.

Tal como acontece com muitas questões sociais e regras sobre como as pessoas devem conduzir suas vidas, os mulás no Afeganistão têm diferentes posições se Deus tem algo a dizer sobre as *bacha posh*. Não é crime se vestir como o outro sexo, mas talvez possa ser visto como pecado. Segundo um *hadith* islâmico, o profeta Maomé "condenou aqueles homens que parecem mulheres e aquelas mulheres que parecem homens e determinou 'expulsá-los dos lares'".[5]

Moisés teria dito algo semelhante em Deuteronômio 22,5: "A mulher não deverá usar um artigo masculino, e nem o homem se vestirá com roupas de mulher, pois quem assim age é abominável a Iahweh teu Deus". Apesar disso, os estudiosos das religiões não são unânimes na interpretação dessas duas passagens, que poderiam ser uma condenação ao travestimento. De fato, Deus e os profetas talvez não vissem nenhum problema real com esse uso de roupas trocadas. É importante notar também que esses textos falam em "homens" e "mulheres" — não em meninos e meninas.

Mas, no Afeganistão, qualquer um pode invocar o islamismo a qualquer hora para qualquer finalidade. Qualquer que seja o tema, a pessoa pode citar um *hadith* convenientemente vago, que representaria os milhares de episódios e opiniões em vida do profeta Maomé (muitas vezes contraditórios), ou relembrar algo que algum mulá disse alguma vez. Tais declarações — geralmente enunciadas com absoluta certeza — do que é e do que não é islâmico são prodigamente distribuídas por afegãos novos e velhos, por aqueles que têm título universitário ou por aqueles que usam as impressões digitais como assinatura. As referências constantes à religião levam muitos afegãos a crer que qualquer nova regra que lhes vem imposta é de fato obrigatória para ser "um bom muçulmano".

O problema no Afeganistão é que, tão logo alguém afirme algo invocando Deus, o profeta Maomé, o Alcorão ou qualquer coisa islâmica, quem questionar sua declaração também estará potencialmente questionando Deus. E aí a pessoa pode se tornar suspeita ou vir a ser acusada de blasfêmia. Para evitar esse possível perigo, inúmeras interpretações contraditórias e por vezes ambíguas do islã passam incontestes no país. O Alcorão pode ser lido de muitas maneiras,[6] mesmo pelos que sabem ler, e há milhares de *hadiths* usados para expressar diferentes regras. Assim, o campo de interpretação da lei islâmica e sua contextualização é imenso, segundo os estudiosos.

Como não existe um clero estritamente organizado, o próprio título de mulá pode ser usado por qualquer um tido como portador de algumas credenciais religiosas.[7] O mulá pode ser um camponês analfabeto que opera como líder religioso na aldeia. Considerando que pode ser o mulá quem declara que uma menina recém-nascida é um filho, a fim de ajudar uma família sem filhos homens, alguns líderes religiosos não só aceitam a *bacha posh*, mas também incentivam e protegem quando julgam necessário.

Zahra não conhece nenhuma regra islâmica específica sobre a questão do vestuário, nem alguma interpretação a respeito. Mas é muçulmana praticante que faz suas orações, e disse a seu professor de pachto o que pensava: "É meu corpo e você devia me deixar em paz".

Enquanto o professor murmurava alguma coisa e ia embora, várias garotas da escola ficaram assombradas que Zahra tivesse retrucado sobre uma questão religiosa. Depois disso, alguns pais recomendaram que suas filhas mantivessem distância dela.

Mesmo assim, Zahra tem certa popularidade por uma razão: para muitas garotas da escola, que é só de meninas, ela é a coisa mais próxima de um garoto da mesma idade com quem podem conversar. Às vezes, deixam que Zahra represente o artista de cinema de seus sonhos, beliscando suas bochechas, dizendo de brincadeira, uma à outra, que é "um garoto tão bonito". Às vezes, alguma menina mais animadinha quer avançar com a encenação, pedindo que Zahra pegue sua mão e anuncie que estão noivos.

Zahra não gosta dessas brincadeiras, mas participa, para não afastar ainda mais as colegas.

Outro dia, quando estávamos para sair do carro, Zahra nos cumprimenta de bicicleta. Sorrindo e acenando, vem até o carro e abre a porta do meu lado. Quando ela se inclina, instintivamente faço o mesmo e lhe dou três beijinhos no rosto, numa saudação afegã clássica, até que percebo meu erro. A saudação é usada basicamente entre pessoas do mesmo sexo. Há três meninos atrás de outro carro, olhando para nós. Peço desculpas a Zahra, que é muito gentil: não tem problema. Eu tinha me esquecido totalmente da rotina que havíamos treinado quase à perfeição no último encontro: um aperto de mão firme, seguido pelo *high five* americano no qual Zahra sempre parece ter mais prática do que eu.

Em casa, a mãe de Zahra, Asma, preparou um almoço estupendo. Ela e Samir, pai de Zahra, querem nos agradecer pelo interesse na filha. Asma passou dois dias cozinhando para essa ocasião, e na mesa há uma grande travessa de arroz frito com fatias de cenoura e cebola, nacos de carne e uvas-passas e ervas aromáticas secas, vindas de Andkhoy, dentro do arroz, ao estilo uzbeque. O *quorma* é luxuoso: uma galinha inteira cozida em molho de tomate. Os *manto* são pasteizinhos cuidadosamente dobrados, recheados com picadinho de carne, cozidos a vapor com cebolas. Há também uma grande travessa de tomates, cebolas e pepinos picados, envolvidos numa densa maionese. Todos os pratos são preparados com o óleo vegetal caro, usado apenas em ocasiões especiais, no qual vem marcado "EUA" e "fortalecido com vitamina A". É um dos produtos do Programa Mundial de Alimentos vendidos às claras num dos mercados, considerado melhor do que as versões paquistanesas. A sobremesa já está preparada e posta na mesa: *firiny*, uma versão cremosa de pudim de arroz com uma camada trêmula de gelatina verde brilhante por cima. Há latinhas de Pepsi ao lado de laranjas desidratando e bananas-passas. As frutas são iguarias raras, vindas do Paquistão.

Samir, muito alegre, ainda usando seu velho uniforme cáqui de voo, foi dispensado algum tempo atrás de sua função de piloto de helicópteros para a Força Aérea afegã. Balança numa das pernas a caçula de um ano e dois meses. A bebê usa um macacãozinho vermelho e tem pouco cabelo; se não avisassem o sexo, nenhum observador saberia com certeza. O uso de azul para meninos e rosa para meninas foi uma jogada de marketing, inventada nos Estados Unidos na década de 1940.[8] Antes disso, todas as crianças costumavam usar branco, com rendas e babados. O rosa, na verdade, era tido como cor forte, masculina, antes de se tornar símbolo do bebê do sexo feminino.

Um menino de três anos tenta subir na outra perna do pai, mas é gentilmente repelido. As outras crianças andam em volta da mesa; são novas demais para sentar com os adultos e crescidas demais para ganhar colo. Mesmo assim, Samir dá grande atenção a todas. Irradia entusiasmo ao falar da prole. "Sou tão feliz por ter família grande! O sonho de todos os pais é que os filhos lhes deem netos. Se não têm filhos, é um problema e tanto. Tive sorte."

Samir sorri para Asma. Com nove filhos, ela fica acima da média nacional das mulheres afegãs com seis filhos ou filhas sobreviventes. Zahra, aos quinze, é a terceira, com quatro irmãs e quatro irmãos.

Asma e Samir são primos em primeiro grau e tiveram um casamento arranjado. De acordo com Samir: "Foi escolha de nossos pais. E escolha de Asma".

Asma protesta enfática: "*Neee neeee!* Foi você que veio à minha casa umas cem vezes e falou que queria se casar comigo".

Samir dá uma risadinha. "*Você* queria casar *comigo* — ainda tenho suas cartas de amor." Ele se vira para mim: Asma o considerava irresistível; é tão difícil assim de imaginar? "Vou lhe mostrar uma foto de minha juventude, e você verá que eu era bem bonitão."

Ele se corrige. Também tiveram sorte na decisão que os pais tomaram. A maioria dos casamentos não é como o deles. Já a família grande foi obra de Asma. "Culpa sua", brinca ele com a esposa, sorrindo. "Você quer mais um?"

Ela lhe devolve o sorriso. Já há quatro filhos homens na família e seu trabalho está mais do que terminado. "Eu lhe falei que a fábrica fechou. Pus uma tranca nela!" A caçula não foi planejada. Asma foi ao médico examinar uma dor de garganta e só então soube que estava com três meses de gravidez.

Samir estoura numa risada quando relembra a surpresa dela, e então pega uma garfada de arroz no prato. Outra criança seria difícil. Quase nem cabem mais no apartamento e não teriam como se mudar para outro lugar. Alugaram este de um parente mais abastado, quando voltaram de Peshawar depois do período do Talibã. O tempo que passaram no Paquistão não foi ruim — a família tinha um pequeno comércio de tapetes. Mas, naqueles anos, Samir não podia voar, o que era quase insuportável para ele. Nunca foi um comerciante de tapetes, como os parentes.

Asma está preocupada com a filha *bacha posh* crescida: "No começo, eu só tinha duas filhas e, quando Zahra quis usar roupas de menino, fiquei contente. Gostei, pois não tínhamos meninos naquela época". E hesita antes de retomar: "Agora, realmente não sabemos".

Samir concorda que é hora de Zahra mudar: "Falei mil vezes a ela que precisa se cobrir com mantos compridos e deixar o cabelo crescer. Mas ela diz que é sua escolha. Agora é até mais alta do que as irmãs mais velhas. Ela se recusa. Talvez tenha algo de mim nela". Ele diz isso com um sentimento de orgulho paterno.

Asma não se diverte com a condescendência do marido em relação à aparência de Zahra, e agora está ansiosa para convencer Samir de que algo já não está mais certo nisso tudo.

Contei a ela que conhecemos muitas meninas como Zahra, embora, até o momento, todas fossem mais novas do que ela. "Mas como é no Ocidente?", pergunta Asma, pedindo-me que explique quais são as regras universais para a aparência que as mulheres devem ter. "Se você está andando na rua em seu país e vê uma garota de cabelo curto, parecendo um menino, você acha isso vergonhoso?"

Peso minhas palavras com cuidado, notando que Zahra ouve com muita atenção.

"É muito comum que as meninas usem calças e cabelo curto, e não é considerado vergonhoso."

Asma não se dá por satisfeita. "Mas o que *você* pensa?"

"Conheci muitas meninas que vivem como meninos aqui", respondo, tentando devolver a questão para ela. "É uma escolha dentro de cada família. Mas não sei se isso é bom para as meninas, ou se é um problema. Pode ser as duas coisas, talvez?"

Mas Asma não está interessada nas consequências psicológicas. Está mais preocupada com as sociais. "Talvez possa ser uma vergonha na cultura afegã, agora que Zahra está mais crescida." Ela faz uma pausa. É uma coisa em que Asma tem pensado muito ultimamente. Mas não existe manual para isso; Zahra certamente ainda não parece uma mulher. Por alguma razão, não se desenvolveu com a mesma rapidez das irmãs, embora seja fisicamente normal, como explica Asma: "Ela tem o que outras meninas têm".

Zahra olha atônita para a mãe. "Por que você está contando para elas? É assunto pessoal!"

Asma revira os olhos. É verdade que ela é mulher; que vergonha haveria nisso?

"A meu ver, está bem razoável", prossegue Asma, quase para si mesma. "Não raspou o cabelo nem nada disso. Usa calças e cabelo curto. Mas não é muito masculina. Zahra é alguma coisa... no meio, penso eu."

Samir apenas abana a cabeça. Ele realmente não aprova a escolha das roupas e o corte de cabelo de Zahra, mas, como passa o dia fora, é difícil controlar. Hoje sua filha está com seu traje usual de calça e camiseta solta. O pai parece não se importar. Mas, com um olho em Asma, ele diz que Zahra não respeita a mãe como deveria. E não deixam mais que ela saia à noite. Samir sempre considerou um privilégio ter um garoto a mais, embora Zahra agora esteja um pouco mais crescida. Ainda há vantagens, acrescenta ele, e tanto para sua própria proteção quanto para a proteção de Zahra, que pode ajudar em serviços de rua e em outras tarefas mais pesadas.

Suas opiniões sobre casamento e família se estendem a todas as filhas, inclusive Zahra: todos os afegãos devem se casar e ter filhos. É o curso natural da vida. Vai acontecer, mais cedo ou mais tarde. Mas admite que, nesse momento, pode se confundir com a aparência dela. "Fico o tempo todo me lembrando que, na verdade, é minha filha. Mas ela se assumiu tanto como menino que às vezes me esqueço."

Samir ri outra vez. Sua filha é apenas um pouco rebelde, assim como ele. Zahra sorri de cabeça baixa, olhando seu prato de *manto*.

Mais tarde, Asma traz um retrato seu, uma jovem esposa maquiada e encantadora. Séria diante da câmera, usa um vestido azul-claro, com uma pequenina Zahra a seu lado no sofá. Na foto, Zahra tem apenas dois anos de idade, com jeans e um coletinho justo de brim, de cabelo cortado curto — tudo escolhido por ela, exclama Asma. Como Zahra não tinha irmãos mais velhos na época, as roupas devem ter sido compradas para ela. Comento que, pelo que sei, toda *bacha posh* resulta do desejo dos pais de ter um filho homem na família.

Quando Asma revela a história de sua gravidez, a verdade vem lentamente à tona. Depois de ter Zahra, ela perdeu o bebê seguinte, já em fase adiantada da gravidez. Era um menino. No outro ano, teve um parto prematuro, um filho que também morreu. Depois de ter três filhas que sobreviveram e dois filhos que morreram, Asma foi ficando cada vez mais desesperada. "Por favor, por favor, Deus, me dê um filho", rezava ela. Precisava de boa sorte para ajudar nas orações. Os parentes insistiam que ela engravidasse outra vez, e eram suas primas que estavam cuidando de Zahra — uma delas tinha sido *bacha posh* para assegurar que o próximo parto da mãe trouxesse à luz um filho.

Os parentes de Asma recomendaram que ela tentasse a mesma tática. "Que mal faria?", pensou. Tinha dado certo para outros. Também era mais fácil vestir Zahra como menino, pois assim poderia andar com as primas. Se, além disso, houvesse benefícios mágicos, seria um ganho adicional. Então, antes de fazer dois anos, Zahra se converteu no filho da família.

Ao fazer seis anos, ela mesma tentava cortar o cabelo — ou melhor, raspar a cabeça — e não queria brincar com outras meninas. A prima mais velha de Zahra, que tinha sido *bacha posh*, mudou-se para a Europa, onde agora mora com o marido e três crianças. Ela avisou Asma de que seu retorno à situação de mulher tinha sido muito difícil. Mas Asma deu à luz quatro filhos vivos depois de Zahra, e assim, para ela, é indiscutível o poder mágico de uma *bacha posh*.

Há outras indicações empíricas de vantagens na família. Converter meninas em meninos é uma prática que resulta em muitos filhos ao longo das gerações, segundo a mãe encanecida de Samir, que um dia apareceu no apartamento da família. A família tem uma longa história de mulheres fortes que assumiram o papel de homens, tanto na aparência quanto nas tarefas. Para a avó, não há nenhum problema que Zahra continue como *bacha posh* até se casar. A trisavó de Zahra também se vestia como menino e viveu como rapaz por muitos anos.

A trisavó cavalgava como a famosa guerreira Malalai de Maiwand, uma equivalente afegã de Joana d'Arc que ajudou a expulsar o Exército britânico do Afeganistão nos anos 1880.[9] A ancestral de Zahra ocupou o prestigioso cargo masculino de inspetor de terras durante o reinado de Habibullah, quando as guardas da foto de Nancy Duprée também se vestiam como homens. Casou-se aos 38 anos e teve quatro filhos e filhas. Naquela época, tinha voltado a usar roupas femininas, depois de continuar como homem por mais tempo do que o usual. Mas certamente não lhe fez mal nenhum viver como garoto por alguns anos, disse a avó de Zahra.

Encontrar marido adequado para uma *bacha posh* também nunca foi problema, até onde ela sabe. Viver como homem por mais algum tempo não é nada incomum na família; haverá muito tempo para se casar depois. Os afegãos de linhagem uzbeque são pessoas independentes e liberais, que não se importam com o que os outros pensam a respeito deles, diz a avó. Ela dá apoio ao filho por não impor rigorosamente a transição de Zahra neste momento, e não entende por que Asma cria tanto alvoroço em torno disso. Zahra vai acabar se casando, como todo mundo. Tem certeza disso.

Para a avó, há algo de especificamente afegão na figura da *bacha posh*: "É uma tradição muito antiga. Meninas afegãs se vestiam como meninos desde o tempo do arco e flecha, quando nem existiam armas".

Nunca leu isso num livro, mas todo mundo já ouviu falar de casos de meninas que cresceram como meninos e depois, como mulheres, levaram uma vida de rara bravura. E, acrescenta ela, não foi apenas a destemida Malalai que expulsou os invasores. Outras guerreiras afegãs vieram antes e depois dela; a avó ouviu suas histórias muitas vezes em sua meninice.

Segundo ela, sempre foram utilizados vários expedientes para gerar filhos homens. "Nossas mães nos contavam das *bacha posh* e então contávamos a nossas próprias famílias", diz. "Foi antes mesmo que o islã chegasse ao Afeganistão. Sempre soubemos disso."

"Antes do islã" seria algum momento antes do século VII, ou seja, mais de 1400 anos atrás.[10] O islamismo é apenas a última religião a dominar o Afeganistão, onde as escavações de Louis Duprée revelaram assentamentos de 35 mil anos, e onde as explorações modernas de gás e petróleo constantemente descobrem sinais de civilizações antigas. Conforme os conquistadores chegavam pelas montanhas, vindos de várias direções, traziam novas práticas, crenças e religiões. Algumas eram eliminadas pelas subsequentes, outras permanecem até hoje. O Afeganistão, tido pelos antropólogos como um dos pontos de encontro históricos originais entre o Oriente e o Ocidente, na verdade tem visto e muitas vezes tolerado a presença da maioria das religiões conhecidas, recebendo um afluxo de praticantes de credos como o budismo, o hinduísmo, o judaísmo e o cristianismo. Mesmo com a chegada e o domínio do islamismo, até os anos 1980 havia outras religiões ainda praticadas em liberdade por minorias em Cabul.

No entanto, durante as décadas de guerra e a cada onda de refugiados, os afegãos mais instruídos geralmente foram os primeiros a sair, e, a cada grupo de aldeões migrando para as áreas urbanas, insinuaram-se elementos mais conservadores na sociedade, trazendo de províncias remotas regras mais estritas e costumes tribais abrangentes.

Por fim, entendo que a avó de Zahra está tentando me conduzir para a mesma direção do seminário de agentes de saúde da dra. Fareiba, sem dizer com todas as letras. Elas falam de uma época totalmente diferente. A senhora idosa simplesmente não pode me dizer com franqueza. Crenças e práticas para gerar filhos, que vêm de uma época anterior ao islamismo, ainda estão muito vivas num dos países muçulmanos mais conservadores do mundo. Significa que os rastros das *bacha posh* afegãs podem remontar a um tempo muito anterior ao Talibã ou mesmo à trisavó de Zahra.

9. A candidata

AZITA

Ela se olha no espelho, experimentando algumas expressões do rosto. Cenho fechado e mandíbulas cerradas: *resoluta*. Lábios comprimidos: *séria, prudente*. O lenço de seda, liso e escorregadio, precisa de outra presilha; continua deslizando pela testa coberta de base.

Hoje vão tirar seu retrato.

A sala de estar de Azita se converteu na sede de campanha da "Leoa de Badghis" — nome que recebeu de seus apoiadores na eleição anterior e que agora adotou para seus cartazes na campanha de reeleição de 2010. O apelido é uma referência não muito sutil ao lendário Ahmad Shah Massoud, "o Leão de Panjshir",[1] um combatente *mujahid* que lutou contra os soviéticos. Mais tarde, ele também se levantou contra o domínio do Talibã com a Aliança do Norte, antes de ser assassinado.

Quando Azita sai do banheiro, as filhas lhe pedem um cachorrinho: acabaram de ver um num desenho animado. Ela responde que não sabe bem o que os vizinhos achariam — ter cachorro em casa é uma coisa ocidental. Aqui, os cães são selvagens. Mas promete que vai pensar a respeito, desde que saiam todas agora e vão brincar no quarto. Já começou uma pequena discussão entre Mehran e uma das irmãs, para ver quem vai usar o laptop de Azita. Quando Mehran dá um tapa na cara da irmã, ela lhe devolve uma ameaça: "Se você fizer isso outra vez", diz Mehrangis, olhando para o fotógrafo e depois de novo para Mehran, "não vou mais te chamar de irmão".

Com isso, Mehran se afasta enquanto a mãe solta um suspiro. Azita dá um sorriso de desculpas ao fotógrafo e a seu assistente, que estão montando na sala um holofote sobre um tripé de metal, parecido com os de teatro. O marido de Azita, vestido de branco, se esforça em ser bom anfitrião, servindo chá e depois lutando para deslocar um grande ventilador de plástico no chão, de um lado para o outro. Todos os presentes recebem algumas lufadas de ar direto no rosto.

"Ele é meu dono de casa", diz Azita de brincadeira ao jovem fotógrafo. Ele lhe devolve um olhar inexpressivo.

Ela posa junto à parede de cimento pintada de amarelo e o fotógrafo dispara a câmera algumas vezes. Leva apenas alguns segundos, e logo ele termina e carrega as imagens em seu laptop. A maioria saiu fora de foco ou com excesso de exposição, deixando o rosto de Azita aplainado. Mas não tem problema: desde que o lenço esteja no lugar e não haja nenhum sinal de alegria no rosto, funciona. Na melhor foto, ela aparece sugerindo um sorriso, mas é descartada: uma mulher sorrindo parece frívola e leviana.

Azita escolhe uma foto em que está com um manto tadjique bordado à mão e outra em que aparece com um casaco turcomano de listras vermelhas. Ela precisa pensar em todos os aspectos da complexa colcha de retalhos étnica de sua província, mantendo ao mesmo tempo sua linhagem aimaq pelo lado paterno, que é uma tribo persa sunita com um dialeto hazara. A linhagem é sempre determinada pela etnia paterna, mas, como minoria ignorada e perseguida ao longo da história, os aimaqs tradicionalmente foram agregados aos tadjiques na província natal de Azita. Essa determinação é favorável a ela, pois os tadjiques formaram uma aliança com muitos pachtos em Badghis. Para Azita, a etnicidade é, acima de tudo, um alerta de guerra e de lutas internas no Afeganistão. Assim, para todos os que perguntam a que etnia ela pertence, Azita costuma responder que é *afegã*.

A chamada em seus cartazes é "Estou lutando para melhorar *sua* vida". A mensagem vem ampliada nos cassetes que pretende distribuir: "Não quero poder e não quero embolsar dinheiro. Quero apenas representar você e levar seus problemas a nosso governo central. Quero apresentar sua voz em Cabul".

É um prosseguimento de sua primeira campanha. O que faltava em Badghis ela tentou trazer de Cabul. Isso significa — no sentido mais básico — quase tudo. A vida em Badghis é muito semelhante ao que era quando Azita morava lá na adolescência. À exceção dos poucos povoados de Badghis que dispõem de poços, a maioria dos moradores coleta água de chuva e neve num buraco, como suprimento de água potável. No verão, percorrem longas distâncias para buscar água, e querem que os caminhões de água do governo cheguem até eles. Azita agora é responsável pela vinda de alguns caminhões até Badghis. E fez a intermediação entre os que querem tirar sua sobrevivência da exploração das florestas de pistache e aqueles que continuam a derrubá-las para ter lenha e aquecimento em casa.

Azita procura divulgar que opera com um orçamento de campanha de apenas 40 mil dólares e não provém de uma família rica, mas que está concorrendo como candidata independente e não está atrelada a muita gente. Os concorrentes, que são mais ricos, contam com o apoio de vários empresários poderosos de

Badghis, mas Azita conseguiu apenas alguns plantadores de pistache a seu favor. Também aceitou material de escritório e pequenas contribuições financeiras de um fornecedor das Forças Armadas afegãs em Herat e de uma empresa farmacêutica afegã, sendo que os dois também apoiam os outros candidatos. Grande parte das contribuições para sua campanha é usada para alimentar diariamente algumas centenas de pessoas em sua casa em Qala-e-Naw. A hospitalidade, que inclui boa comida, é tão importante na campanha quanto sua mensagem política.

O fotógrafo sugere que pode dar um trato numa das imagens. Explica que é um recurso especial, que tem dado certo com alguns dos outros candidatos com quem trabalha. Ele carrega uma foto de um palanque vazio, com montes de microfones de imprensa. Daria para fazer um Photoshop e incluí-la ali, para parecer importante. E ele faria isso de graça. Azita mostra-se indecisa — ela dispõe de uma enorme quantidade de imagens autênticas diante de microfones. Mas por que não? Se os outros fizeram também... Ela decide que precisa de toda a ajuda que conseguir.

Depois de pagar ao fotógrafo cem dólares em dinheiro — como em muitos outros países com instabilidade, o dólar americano é a moeda usada na maioria das transações —, Azita traz mais chá e biscoitos, preparando-se para a próxima visita. O escritório da ONU tinha ligado mais cedo, naquele mesmo dia: o departamento de gênero lhe ofereceu treinamento para a campanha. Não é a primeira vez que entram em contato com Azita, mas todas as visitas marcadas foram canceladas nesses cinco anos de Azita no parlamento. Ela conhece melhor do que ninguém a rotatividade da ONU: toda vez que ligam, é uma nova funcionária ao telefone, dizendo que quer "ajudar", prontificando-se a ensinar os princípios básicos do sistema parlamentar, a importância da participação feminina no processo eleitoral e formas de adquirir mais autoconfiança para concorrer.

Algumas horas depois, a funcionária ainda não tinha chegado, vem outro telefonema. A ONU está "bloqueada" e seu pessoal está sob rigoroso toque de recolher, depois de um tiroteio em outra parte de Cabul. Nenhum "internacional" está autorizado a sair do complexo fortificado enquanto vigorar a situação da "Cidade Branca". Mas uma assistente, funcionária local, poderá vir no dia seguinte, avisa a pessoa ao telefone.

"Porque não faz mal se atingirem afegãos", murmura Azita ao desligar, mostrando um relance de raiva em relação a pessoas que geralmente recebe bem. "Todos dizem que querem ajudar as políticas mulheres, mas nunca dizem como. E nunca voltam a ligar."

Ou melhor, ela acha que há pouco acompanhamento.

Numa época, Azita imaginava que teria mais poder e talvez fosse reconhecida como verdadeira participante no cenário político em Cabul. Mas Badghis, com sua minoria pachto, nunca foi de grande interesse para o cenário nacional. A verdade é que ela representa uma província pequena e não dispõe de fortuna pessoal nem de linhagem poderosa, que são os dois ingredientes mais importantes para conseguir as coisas em Cabul. E é mulher — uma provocação para muitos colegas parlamentares, que prefeririam que ela não estivesse ali. Mesmo assim, às vezes ela sonha em ser ministra do Interior.

De fato é uma ministra que comanda o Ministério dos Assuntos da Mulher, que muitas delegações estrangeiras pedem para visitar. Mas os envolvidos na política afegã dão pouca atenção a ele. O Ministério do Interior, por sua vez, é o que tem como objetivo manter a unidade do país, na medida em que controla a segurança para o governo, além das forças policiais nacionais e o departamento contra o narcotráfico. O problema com qualquer homem — e é sempre um homem — que ocupe o ministério, segundo Azita, é que inevitavelmente ele deve favores a alguém. O Talibã pode não estar explicitamente representado na alta liderança do Afeganistão, mas, oficiosamente, muitos políticos mantêm ligações com o Talibã e também com o crime organizado, por meio de suas transações empresariais. Combinando esquemas lucrativos, muitos políticos do parlamento e autoridades conhecidas conseguem recursos e vistos para uma ida a Dubai ou à Europa, em férias ou por períodos mais permanentes. Muitos políticos consideram um privilégio necessário e uma medida sensata de segurança.

Azita fica frustrada que os estrangeiros a chamem para discutir "questões femininas", mas quando se trata de outros temas importantes tanto para os homens quanto para as mulheres, tal como a efetiva condução do Estado, nem os afegãos, nem os estrangeiros mostram grande interesse por suas opiniões.

"Os estrangeiros pensam que estão ajudando as mulheres no Afeganistão, mas há tanta corrupção", diz ela de repente. "Todo esse dinheiro entrando, mas ainda sofremos. Eles pensam que a questão se resume à burca. Eu me disponho a usar duas burcas se meu governo puder oferecer segurança e legalidade. Por mim, tudo bem. Se é esta a única liberdade a que tenho de renunciar, eu me disponho."

O telefonema seguinte é uma ameaça, mas não a usual ameaça de morte. O anônimo adverte que, se Azita não desistir da candidatura, ele vai anunciar a todo mundo em Badghis que ela é comunista. Azita desliga e faz uma discagem rápida para seu pai, dando-lhe o número do celular do anônimo, que aparece no visor.

Ser comparado ou chamado de comunista no Afeganistão é um insulto tão grave quanto foi — e talvez ainda seja — na política americana. O rótulo "comunista" até hoje é entendido como "traidor", por causa da guerra que matou 1 milhão de afegãos.[2] Hoje, também ganhou mais algumas acepções: "comunista" é uma ofensa que indica que a pessoa não é muçulmana como deveria, e sim uma figura suspeita, ocidentalizada, que toma vinho e não reza direito. Um político deve evitar o rótulo de comunista ou boatos de ter simpatias comunistas, mesmo que haja diversos ex--comunistas afegãos notórios no parlamento atual. Têm um legado tão grande que outras ligações poderosas conseguem esvaziar o rótulo de ex-comunistas.

Essa acepção pejorativa corrente tem suas contradições, claro. Nas ocasionais reclamações raivosas contra os americanos — "os novos ocupantes" —, afegãos de Cabul às vezes falam em termos saudosos da era soviética, quando, dizem, havia ordem, melhorias de infraestrutura e programas sociais que pareciam funcionar melhor do que os implantados pelos *amrican*, nos quais se incluem todos os países estrangeiros que formam a coalizão. Sim, os russos também podiam ser ocupantes, mas os cabulis costumam considerá-los um mal menor, em comparação à destruição e ao caos que vieram com as lutas *mujahidin*. Esse relutante elogio, porém, raramente é conferido ao regime que se seguiu com o governo do Talibã, que parece ter sido quase unanimemente detestado pelos moradores da capital.

Ao telefone, o pai de Azita lhe assegura que vai descobrir quem é o anônimo que ligou e evitará que se instale qualquer boato. Ele assumiu o papel de conselheiro e coordenador informal de campanha, o que é bom para ele mesmo. Agrada-lhe esse papel oficioso que tomou para si, como porta-voz local de Azita, e ter uma filha no parlamento aumenta sua reputação como velho experiente, capaz de dar conselhos e resolver conflitos.

Foi Mourtaza quem convenceu o marido de Azita a deixá-la concorrer outra vez. De início, ele estava relutante. Queixara-se ao sogro que a vida em Cabul era desgastante e que o fluxo contínuo de visitas se tornara esgotante. Preferiria voltar a Badghis e lá sustentar sua própria família, em vez de se sentir como um empregado da esposa poderosa em Cabul. Mas, por fim, ele cedeu aos argumentos do sogro de que o padrão de vida dele e de Azita em Cabul e as oportunidades educacionais para as filhas ultrapassavam de longe o que a província oferecia.

Azita é grata ao apoio do pai. Considera sua maneira de compensar o casamento imposto. É um homem severo, diz ela, e raramente demonstra qualquer sentimento em relação à filha, mas Azita espera que ele sinta orgulho. Felizmente, agora as pessoas não podem reclamar que a filha de Mourtaza é imperfeita, pois Mehran representa o neto que toda família precisa ter.

Azita não comenta, mas está muito preocupada com o risco de não ser reeleita. Sente receio não só por causa das campanhas maiores e mais caras dos concorrentes, ou das boatarias que, como sabe, logo se iniciarão. Ela receia o próprio sistema: as cédulas de votação já foram impressas, e seu nome saiu borrado em cima do número de outro candidato, o que vai acrescentar mais uma dificuldade para seus eleitores, na maioria analfabetos. E está especialmente nervosa com a contagem dos votos: vai levar dias para que as urnas cheguem a Cabul, passando por muitas mãos pelo caminho. Mas *precisa* ganhar sem falta — para que sua vida não retroceda outra vez.

"Pensei em morrer. Mas nunca pensei em me divorciar", diz Azita sobre os anos mais difíceis na aldeia. "Se eu me separasse de meu marido, perderia as crianças, e elas não teriam nenhum direito. Não sou de desistir."

Nos anos do Talibã, se ela deixasse o marido, poderia ser presa junto com seus pais. Mas em vez disso, em três ocasiões diferentes, seu pai recorreu a uma espécie de aconselhamento familiar prestado por homens mais velhos. Realizou-se de acordo com o costume tribal, em que Azita só podia apresentar suas queixas por intermédio do pai, ficando do outro lado da porta enquanto os homens conduziam as negociações. A cada vez, Azita expôs as violências do marido e da sogra. E a cada vez, o marido prometeu aos anciãos e ao pai dela que iria melhorar.

Azita tampouco podia ocultar das filhas as brigas com o marido durante os anos que viveram na aldeia; todas presenciaram muito mais do que ela gostaria. Mas haviam se passado quase cinco anos desde que a família se mudara para Cabul, e segundo ela, com essa mudança, houve também uma alteração na dinâmica do casal: desde então o marido nunca mais encostou nela. Azita não se considera muito clemente — apenas que é preciso perdoar para que a vida dê certo: "A família do meu marido é muito pobre. Não veem uma mulher como um indivíduo. Ele estava sob o controle da mãe. Não tinha como entender", explica.

Então sua condição de parlamentar o colocou em outros trilhos? O maior poder e a condição mais elevada de uma mulher também podem diminuir a violência doméstica?

Ela ri da minha sugestão teórica. Talvez. Mas prefere uma interpretação mais profunda para sua convicção de que o marido realmente mudou e se tornou uma pessoa melhor: ele entendeu que estava errado. Vários fatores contribuíram, pensa Azita. Em Cabul, ele subiu de status como marido dela. Com as filhas crescendo num ambiente mais urbano, aprendendo a ler e a escrever, ele quis passar uma imagem de si mesmo como homem mais moderno. Azita sempre teve a esperança de que ela e o marido, com o passar do tempo, teriam mais afinidade e poderiam se tornar companheiros, em vez de adversários. Ela prefere não se deter nas hipóteses do que acontecerá, caso não se reeleja. Mas admite que tem várias razões para querer continuar no parlamento. A oportunidade de fazer algo que afete o país é apenas uma delas.

Azita olha de relance para o marido, que está hipnotizado diante de uma luta na TV a cabo. "Alguns lhe dizem para tomar uma terceira esposa."

A caçula da família é importante no frágil castelo de cartas de Azita. Com Mehran desempenhando o papel de filho, o marido parou de insistir numa nova gravidez e, pelo menos da boca para fora, de pensar em tomar outra esposa. O profeta Maomé tinha várias mulheres; no Afeganistão, o homem pode ter até quatro esposas,[3] ao passo que a mulher pode ter apenas um marido. Para um afegão, ter várias esposas é sinal de riqueza e prestígio; é alguém que se pode permitir multiplicar as chances de uma descendência masculina. Muitos colegas homens de Azita no parlamento, principalmente aqueles com medidas de segurança extravagantes e muitas armas, têm mais de uma esposa. Em sua própria família, já é bastante duro serem duas esposas.

No primeiro ano de Azita no parlamento, a primeira esposa — como Azita sempre se refere a ela — ficou morando com eles em Cabul, com sua filha. No apartamento pequeno da família e sendo Azita a provedora da família com elevado status oficial, muitas das regras foram estabelecidas por ela, e a relação entre ambas se deteriorou, passando de uma amizade inicial para brigas ruidosas. Por fim, a primeira esposa acabou voltando para Badghis. Agora, o marido de Azita vai a Badghis uma vez a cada dois meses para ficar com a primeira esposa e a filha. É uma situação um pouco embaraçosa para ele, pois podem recair suspeitas de que abandonou uma das esposas. Muitas vezes ele reclama com Azita, dizendo que todos deveriam logo voltar a se unir como família. Mas por enquanto, com Mehran, Azita exerce alguma influência como mãe do único filho da casa. Assim como na política, ela é pragmática em casa: "Aqui estamos lutando pelos direitos humanos e pela democracia. Mas não posso mudar meu marido".

* * *

Uma noite, quando Azita está um pouco mais tranquila e a ponto de começar seu ritual noturno de passar creme no rosto, começo a indagar sobre Mehran. Falo sobre Zahra e o quanto ela parece resistir a seu gênero de nascença. O que o tempo fará com Mehran quando ela crescer? "Quando você vai mudar o gênero dela?", pergunto. "E se *não der certo*?"

"Não acho que vai ser um problema", responde Azita. "Não creio que a sociedade lhe trará problemas. Já vi isso muitas vezes e tenho muita experiência por isso. Essas meninas são garotas normais quando retornam. Não vi nenhum mau exemplo."

"Como pode não ser difícil para ela quando, mais tarde, tiver de ficar mais limitada, como mulher? Como você pode ter tanta certeza?"

Azita se inclina para a frente, sorrindo. "Posso lhe contar uma coisa, com franqueza? Durante alguns anos, eu também fui menino."

Claro. Eu devia ter adivinhado.

No caso de Azita, foi uma questão prática. Durante sua infância em Cabul, por vários anos ela foi a filha mais velha numa família só de meninas, antes de nascer um irmãozinho. O movimento estava aumentando na lojinha da família e o pai precisava de ajuda na parte da tarde. Quem mais confiável do que alguém da família?

Mas teria de ser um menino.

Os pais de Azita a consultaram para ver se ela aceitaria. Já a chamavam de "a pequena gerente" em casa e perguntaram se assumiria mais algumas tarefas. Como iria negar? Da maneira como a garota de dez anos via a questão, essa era a oportunidade de ser ao mesmo tempo "o melhor filho e a melhor filha" dos pais. Pôs calça, camisa e tênis e foi trabalhar.

Seu grande orgulho eram suas duas longas tranças negras, mas, depois de cortadas, ela não sentiu falta. O novo cabelo curto ficava praticamente oculto sob um boné de beisebol, que usava na parte da tarde. Ela punha o boné com a aba virada para trás; parecia mais legal, lembrava os personagens dos filmes ocidentais que tinha visto. Ela ficou como auxiliar da loja, pegando as mercadorias e atendendo aos fregueses. Não lhe deram nenhum nome; Mourtaza se referia a ela simplesmente como *bacha*, seu garoto, dando-lhe ordens na frente dos clientes. A loja ficava aberta até à uma hora da manhã, pois a maioria das pessoas fazia as compras de noite. Entre os produtos mais vendidos estavam os iogurtes feitos pela mãe em casa, pães, massas, queijos e chás importados.

Azita gosta de pensar que seu período na loja formou seu caráter. Na escola, haviam lhe dito que era bonita e talvez um pouco orgulhosa demais, mas o trabalho lhe ensinou resistência. Já escolhida como capitã do time de vôlei feminino da escola, Azita era alta e forte, o que ia bem tanto na loja quanto nas rodinhas de meninos que frequentava na rua.

Gostava de se sentir menos fiscalizada; não era preciso ficar observando o tempo todo como se vestia ou falava. Era relaxante não ser definida pelo corpo. Embora houvesse algum progresso para as mulheres urbanas durante "a época russa", as meninas ainda precisavam dar muita atenção a suas roupas e atitudes em público, visto que os códigos sociais continuavam os mesmos.

Acima de tudo, disfarçar-se de menino dava *acesso* a Azita. Ela podia se aproximar de qualquer situação e de qualquer grupo de homens e garotos sem ser objeto de escrutínio ou de avaliação sobre seu comportamento. Suas roupas, seu modo de ser, nada era obstáculo. Parecia que ela cabia com mais naturalidade em qualquer parte da sociedade e era sempre bem recebida. Ela se sentia especial e não precisava evitar ninguém. Meninas e mulheres na rua se afastavam, abrindo caminho para ela. Era um lugar magicamente elevado.

Certa vez, ela viu um menino de sua idade, de uns treze anos, rondando a loja e, de repente, enfiando um biscoito por baixo da camisa. Como guardião masculino da loja, Azita teve uma reação instintiva: lançou-se sobre ele, agarrou-o pelo braço e o arrastou para fora da loja, até a rua. Ainda segurando com força o braço do garoto, ela lhe deu um soco no estômago. Ele se dobrou e caiu de joelhos. Pelo canto do olho, Azita viu um grupo de garotos correndo em sua direção, e percebeu que devia se retirar rapidamente. Inclinou-se para o menino e cochichou: "Sou menina. Mas acho que sou mais forte do que você. E vou te bater ainda mais se você voltar". Em seguida, ela o soltou e correu de volta para a loja, sentindo uma adrenalina que jamais esqueceria. Depois disso, ela viu o garoto algumas vezes, sempre de bicicleta, mas ele não tentou entrar na loja de novo.

Seu período no outro lado chegou ao fim quando o pai a dispensou num começo de tarde, quando ela estava com quase catorze anos. Azita começara a crescer depressa; em poucos meses, as roupas aumentaram dois números, e chegou o dia em que se queixou de dor no estômago. Temerosa demais para perguntar à mãe, no dia seguinte soube por uma colega o que tinha acontecido. Seus pais não disseram nada, mas ficou evidente que sabiam do fato que a convertia em mulher em idade fértil. O pai deixou claro que ela não podia mais trabalhar na loja e que não era mais uma boa ideia ficar andando fora de casa.

Azita protestou contra a decisão do pai, mas estava resolvido. Para incentivar a filha a ter uma noção positiva da feminilidade, ele comprou e lhe trouxe um vestido comprido azul-vivo. Azita lembra que parecia uma "espécie de vestido de conto de fadas, lindo, caro, encantador". Ela caiu duas vezes quando o tecido pesado se enrolou em suas pernas longas, mas logo aprendeu a dar passos menores. De todo modo, quando andava, não ia muito longe, pois agora passava as tardes praticamente confinada dentro de casa, como as outras meninas afegãs respeitáveis. O torneio improvisado de vôlei que combinara com alguns amigos aconteceu sem ela. Nos serões, ficava à janela vendo as outras crianças jogarem. Não voltaria a usar seu boné de beisebol, nem a calça jeans.

"Você já quis ter nascido menino?", pergunto, enquanto nos sentamos em um canto no chão, com o silêncio de uma densa noite lá fora interrompido apenas de vez em quando por rajadas distantes de tiros.

"Nunca. São os homens que criam todos os nossos conflitos aqui."

Mas de uma coisa Azita tem certeza: sem dúvida gostaria de passar algum tempo como um deles. Segundo ela, seus anos de menino têm ajudado ao longo de toda a sua vida. Deram-lhe mais energia. Deram-lhe força. Por quase cinco anos, pôde sentar e conversar abertamente com os homens. "Não tinha medo deles", comenta. E desde aquela época nunca se atemorizou muito com eles. Aqueles breves anos estão entre os melhores de sua lembrança. "Eu vivi a experiência deles também, então nunca fico constrangida ao falar com eles. Agora nenhum homem vai ignorar meu poder. Ninguém vai ignorar meu talento."

"Você está dizendo que esta é uma experiência que você quer que Mehran tenha?"

"Sim. Uma experiência."

"Ou será algo mais parecido com um experimento?"

Seu olhar se move algumas vezes de um lado para o outro, e então ela acena devagar a cabeça, concordando.

"Não discordo de você. Vou preparar minha filha com muito cuidado para voltar a ser menina. Fui menino em meio período, e ela é menino em tempo integral. É diferente. Eu sei."

Sua voz se enfraquece levemente.

"É preciso fazer isso ou não? Não sei. Não sei lhe dizer. Faz mais de um ano que estamos fazendo, e o falatório parou. A maioria das pessoas acredita que tenho um filho. Então agora, pelo menos para mim, melhorou. Estou dando à minha caçula uma amostra da vida inteira, sabe? Vi como ela mudou. Está muito mais ativa agora, muito mais viva. Não tem medo de nada. E agora meus convidados respeitam minha família e meu marido."

"Então o que você sabe que as outras mulheres afegãs não sabem?"

Essa é fácil. "Meus eleitores na maioria são homens. A sociedade é dominada por homens. Todos os líderes são homens. E tenho de falar e me comunicar com eles. Claro, eu falo com mulheres também, em reuniões e nas famílias. Mas todas as decisões ainda estão nas mãos dos homens. Dos mais velhos. Com os conselhos masculinos, *shura*, nas aldeias. Então tenho de falar mais com eles. Mesmo quando quero falar com mulheres, preciso passar pelos homens, para ter autorização. E conheço a linguagem deles: sei como abordá-los e como fazer com que me ouçam. Mesmo quando faço discursos para os eleitores, sei que tenho de falar a linguagem dos homens mesmo quando falo sobre mulheres, para que digam a suas esposas para votarem em mim."

A linguagem dos homens, explica Azita, é calma, direta e intransigente. Poucas palavras, nunca muitas explicações. Tudo o que ela diz precisa emanar autoridade e, de preferência, ser isento de emoção. A comunicação feminina, por seu lado, é cheia de nuances e detalhes. Ela descobriu que isso pode confundir os homens.

"E se Mehran chegasse para você amanhã e dissesse que queria ser menina?"

Azita ergue os olhos para o teto num *inshallah* mudo: seja o que Deus quiser.

"Eu não a obriguei. Perguntamos a ela se queria ser menino,

e ela respondeu: 'Uau, vamos lá!'. Mas se ela dissesse 'Quero ser menina outra vez', eu aceitaria."

Para Azita, a *bacha posh* indica não tanto uma preferência por filhos, e sim um sintoma das deficiências de sua sociedade. Mas, tal como na política, ela trata com a realidade que lhe coube. E às vezes, diz Azita, você precisa pensar em soluções temporárias, enquanto tenta mudar aos poucos algo maior. Ela fica indignada com o fato de que, aqui, dê-se preferência a filhos do sexo masculino. Mas, no Afeganistão, Azita tem um longo caminho pela frente, antes de poder defender de maneira convincente o argumento de que as meninas têm o mesmo valor. Ela acredita que sua decisão quanto a Mehran também é, ao fim e ao cabo, profundamente subversiva, visto que algum dia transformará a filha num outro tipo de mulher — uma mulher capaz de alavancar ainda mais o avanço da sociedade. Parece uma versão levemente idealizada da realidade, mas seu melhor argumento consiste em sua própria jornada, voltando de Badghis para Cabul.

Azita tem plena consciência de que outros podem discordar de suas escolhas maternas. Ao mesmo tempo desafia: "Sim, sei que isso não é normal para você. E sei que é muito difícil para você entender por que uma mãe está fazendo essas coisas para sua filha mais nova. Mas quero lhe dizer: estão acontecendo algumas coisas no Afeganistão que realmente não são imagináveis para você, como ocidental".

10. A festa pachto

No outro lado da cidade, num bairro mais abastado, uma mulher de ar majestoso com um vestido verde-esmeralda em estilo punjabi, os braços cheios de pulseiras de ouro, concorda integralmente. Ser *bacha posh* não deveria ser visto senão como uma proveitosa forma de educação, que fortalece o caráter.

Sakina fez o *hajj* — peregrinação a Meca — e descreve a viagem com orgulho, enquanto as filhas trazem pratos de vidro com fatias de maçã e de melão doce e maduro. Cortinas vermelhas escuras com grandes borlas conferem um tom róseo a tudo, enquanto estamos sentadas em luxuosos tapetes, reclinadas em almofadas de brocado ao longo das paredes. Sakina é filha de um general pachto de uma das províncias orientais, e não tem nenhuma queixa por ter sido criada como o filho da família, atendendo pelo nome de Najibullah.

Sakina insiste que muitos pais afegãos consideram a *bacha posh* uma boa formação de vida para as filhas, além de seus benefícios mágicos. Foi a essa função que ela serviu: seu pai tinha uma esposa que só gerava meninas. Tomou outra esposa, mas a desafortunada sequência de meninas continuou. Um vizinho viu o drama da família e recomendou à esposa número dois, então grávida de Sakina, que apresentasse o bebê como menino no dia em que nascesse. E veio a boa sorte — de fato, o filho seguinte da família foi um irmãozinho.

Mesmo assim, os pais mantiveram Sakina como Najibullah durante muitos anos.

Seu pai, o general, ensinou-a a montar e atirar — para ele, não havia nada que o jovem Najibullah fosse fraco ou frágil demais para aprender.

A mudança veio numa grande festa nas terras da família, em seu aniversário de doze anos. A comemoração não era pelo aniversário, mas por se tornar mulher. Sua menstruação ainda não viera, mas os pais queriam garantir que ela retomasse seu gênero a tempo de entrar na puberdade. Todos os parentes tinham sido convidados. Numa mesa no jardim, havia os pratos de comida e biscoitos de confeitaria, entre um grande bolo de tom pastel. Era um dia de festa e comilança. Um cordeiro foi abatido e imolado em sacrifício no fogo, e havia danças. Removeram a tornozeleira que Sakina usava — igual à de seu irmão menor — e lhe prepararam um vestido. Ela foi encaminhada aos aposentos da mãe, para fazer a transição, e então apareceu diante dos convidados com um vestido amarelo. Disseram para desfilar por ali, para que todos pudessem dar uma boa olhada nela. Aplaudiram e elogiaram.

"Você ficou feliz em se tornar mulher?"

Sakina, agora na casa dos quarenta anos, pondera por um instante. Não ficou *in*feliz. O termo correto seria *confusa*.

"Por mim, tudo bem. Era uma decisão dos meus pais. Quando me tornei menina, deixei de sair de casa. Foi *isso* que me deixou triste. Ficava dentro de casa. Aos dezesseis anos eu me casei, de modo que passei realmente apenas três anos como menina antes de me tornar esposa."

Ela ri ao lembrar: "Eu não era especialista nas coisas de mulher, como cozinhar e limpar. Mas a família do meu marido me ensinou".

Seu pai não se adaptou com a mesma rapidez. "Eu era o filho dele; é assim que ele sempre me viu. Para ele, ainda sou o menino." Ainda falam de política e de guerra, e Sakina até conversa sobre dinheiro e finanças. É o tipo de conversa, diz ela, que raramente tem com o marido e nunca com a mãe. Sakina não se prolonga muito sobre as dificuldades de se tornar mulher; não tinha escolha. Como mãe, tem se mostrado ótima, ressalta ela, com sete filhos, entre meninos e meninas. O marido mantém relações de negócio lucrativas com os americanos, e assim a família leva uma vida confortável. Sakina repete que se considera afortunada, acenando com a cabeça para as quatro filhas que espiam pela porta.

Um alegre desfile de cores e trajes revestidos de vidrilhos e lantejoulas toma conta da sala. As calças largas e túnicas lisas compridas das meninas vão do vermelho ao roxo e ao lilás, e há um som tilintando enquanto circulam pelo aposento. Essas roupas são apenas para uso caseiro. Usam *kohl* nas pálpebras para realçar os traços perfeitos, com nariz reto, cílios incrivelmente longos e as maçãs do rosto elegantes e salientes. Os familiares de Sakina moraram como refugiados no Paquistão durante muitos anos, na época do domínio do Talibã no Afeganistão, e lá as meninas adquiriram alguns truques de beleza. Sabem que a aparência é um trunfo valioso para a hora em que os pais forem negociar bons maridos para elas. As garotas parecem entusiasmadas; as visitas de estrangeiros são raras e espaçadas, e quase sempre para o pai. Quase em coro, convidam Setareh e a mim para ficarmos para o chá da tarde, com sua programação adolescente: fofoca e embelezamento.

Uma garota de brincos grandes e sobrancelhas grossas pega minha mão esquerda, que não uso para escrever, e pousa em seu joelho. Mergulha um pincelzinho fino em hena e desenha delicados arabescos florais ao longo de cada dedo, subindo rapidamente para minha mão e depois para o antebraço. As meninas têm mais ou menos a idade de Zahra, mas, enquanto Zahra prefere conversar sobre lutas de boxe e filmes de artes marciais, aqui os temas são muito diferentes.

Setareh e eu logo percebemos que a única entrevista em curso diz respeito a nós. Chegam mais algumas garotas da vizinhança para a festa, somando oito ao todo. Disparam perguntas a mim.

Que idade eu tenho? Mais de trinta, certo? Que creme uso no rosto? Quantos filhos tenho? Nenhum mesmo, sério? Oferecem suas condolências e estalam os lábios à minha falta de sorte. A família de meu marido deve ficar muito nervosa — sou casada, claro, não? Não? Mais uma vez, expressam pesar: uma grande vergonha que ninguém me queira. Elas entendem — sabem que isso acontece com algumas garotas. Geralmente as muito feias ou pobres. A preocupação delas se estende a meus pais: devem se sentir infelizes, e até envergonhados, por terem uma filha solteirona. E os parentes, extremamente constrangidos, não?

Por ora, tento explicar que nem sempre é uma grande desgraça ser solteira, mas Setareh sente necessidade de intervir e usar um pouco de liberdade na tradução. Diz às meninas que, em sua opinião, é de fato um pouco trágico para minha família. Essa concessão desperta simpatia e solidariedade em todas elas.

Quando Sakina sai da sala, as perguntas ficam mais picantes. No Ocidente, ando na rua quase nua? Já "tive relações" com *mil homens*? O professor de Alcorão delas sugeriu discretamente que toda mulher ocidental atinge facilmente essa quantidade. Setareh também parece aliviada quando nego o fato com alguma veemência.

Bem na hora em que me preparo para dar um número real,

entra um James Dean jovem e magrelo, de jeans de cintura baixa e camiseta de manga curta, abrindo-nos um sorriso antes de se afundar num canto da sala. É a filha caçula de Sakina, com o andar e o requebrado de um aspirante a astro do rock. Tem catorze anos e é quase idêntica à irmã mais velha, que também viveu como menino até poucos anos atrás. Ela pediu aos pais que a deixassem continuar como menino por mais algum tempo. Há filhos na família, mas a mãe quer incutir alguma força nas meninas, criando--as inicialmente como garotos. Esta é a razão oficial. Mas um pouco de magia para ter filhos homens também não faz mal, comentou Sakina com orgulho.

Pergunto à caçula de jeans se algum dia ela vai se casar. Dá de ombros. É provável. Não parece incomodada com a perspectiva — se está, aqui não é o lugar para mostrar. Suas primas agora já estão noivas ou casadas. É uma das melhores alunas da escola e, se dependesse dela, gostaria de se formar em pediatria. Mas isso está nas mãos de Deus. Ou melhor, nas mãos do futuro marido. Explica educadamente que tem esperanças de que ele a deixe trabalhar.

Seus traços são extremamente parecidos com os da irmã, mas esta, três anos mais velha e agora já convertida em mulher, é nitidamente feminina, com uma argola na narina, uma trança comprida descendo pelas costas e um vestido punjabi vermelho. Seu futuro marido já foi escolhido: um rapaz que ela nunca viu e sobre o qual não sabe quase nada.

Quando Sakina volta à sala, admite que estão "um pouco atrasados" em relação à caçula. O pai e os irmãos já começaram a pedir que ela use um lenço de cabeça com mais frequência. E está começando a adquirir corpo de mulher, de modo que agora não lhe resta muito tempo. Mas, desde que retome seu gênero antes da puberdade, não haverá nenhum problema. Seguirá uma longa tradição de garotas da família que se tornaram excelentes esposas e mães. Como bônus, terá passado seus primeiros anos de adolescência cultivando um tipo de feminilidade afirmativa e confiante.

O jovem astro do rock no canto ouve a mãe, mas não diz nada. Apenas fita as mãos pousadas no colo. Ásperas, não mostram nenhuma pintura em hena, e as unhas estão roídas até o sabugo.

Quando insisto com Setareh para nos esbaldarmos com um verdadeiro almoço entre uma visita e outra às várias famílias, logo somos lembradas que mulheres não fazem isso nessa parte residencial de Cabul. Ficamos com a única opção — um lugarzinho embutido no muro, com kebabs grelhando no carvão incandescente ao sol — e tentamos adotar um ar confiante ao entrar e enfrentar os olhares da clientela exclusivamente masculina. Um garçom nervoso nos conduz aos fundos do restaurante, para uma saleta que também serve de despensa. Ao nos afundarmos num sofá de couro bastante surrado e coberto de plástico, surpreendemo-nos ao ver que já há outras duas mulheres ali, sentadas junto à parede em frente. Parecem estar na faixa dos vinte anos, e uma delas abaixa imediatamente o rosto antes que nossos olhos possam se cruzar. A outra, coberta com um lenço preto enrolado de maneira bem conservadora e preso com alfinetes em torno do rosto, devolve diretamente meu olhar.

Reconheço aquela mirada firme.

Mas Setareh tem opiniões decididas sobre meu hábito de puxar conversa com desconhecidos, e assim estudo por mais algum tempo as opções de kebab em dari no meu cardápio ensebado. Quando ergo outra vez os olhos, a moça está sorrindo para mim.

"Você é americana, não?", pergunta ela. "Gosto de praticar o inglês quando encontro estrangeiros."

"Na verdade, sou sueca", respondo, devolvendo o sorriso. "Mas, se você quiser, podemos praticar juntas."

Setareh toca de leve em minha mão, num sinal de advertência. Meu lado tagarela americano é o que menos lhe agrada. Já me avisou várias vezes que é descortês e potencialmente perigoso. Mas continuo, contando a nossas companheiras de almoço que estamos trabalhando num pequeno projeto, entrando em contato com garotas que são criadas como meninos. Na verdade, até agora entrevistamos algumas dezenas. A jovem tímida olha assombrada para a amiga. Setareh quase se engasga. A jovem de aparência conservadora apenas ri.

"Sim. Sim. Sou uma delas. Eu era menino."

"Tive mesmo essa impressão."

Trocamos um largo sorriso.

Seu apelido é Spoz, e é a caçula de seis irmãs na família. Têm apenas um irmão, o terceiro da prole. Antes de nascer, a família precisava de alguma mágica, e depois que ele nasceu, precisava de um amiguinho para brincar. Assim, as três irmãs mais novas fazem rodízio, cada uma desempenhando o papel de menino nos primeiros dez anos de vida. Spoz diz que se divertiu muito sob o Talibã, passeando lá fora e jogando futebol, com o cabelo curto. Aprendeu a enfrentar os garotos nos esportes, nas brigas e nas conversas. Logo antes do décimo aniversário, voltou a ser menina. Agora está com dezenove anos, e enxerga muitas oportunidades com seus estudos na Universidade de Cabul.

Isso faz dela uma moça bastante incomum, uma entre poucos milhares de universitárias em todo o país.[1] Muitos pais não permitem que as filhas estudem além dos dez ou doze anos. As razões mais invocadas são fatores econômicos e de segurança, mas alguns também dizem apenas que não é "necessário" educar uma garota que, de qualquer maneira, vai se casar. Educação demais pode diminuir os atrativos de uma garota para ser esposa, pois pode ter planos de trabalhar ou simplesmente ter muitas opiniões.

Mas o pai de Spoz, assim como o pai de Azita havia feito com a filha, ensinou-a a alimentar grandes sonhos para si: "Fico feliz que Deus me fez menina, e assim posso ser mãe. Em meu coração, ainda sou um menino, mas fui eu que agora escolhi usar roupas de mulher. O importante é ser *bacha posh* na cabeça, para saber que você pode fazer qualquer coisa".

Agora que é mulher, ela não gostaria de morar em nenhum outro lugar do mundo, diz. Por quê? As mulheres no Ocidente "têm relações" com milhares de homens, e isso é errado, segundo ela — uma mulher deve ficar apenas com um homem.

Setareh se sente mortificada outra vez, e eu me apresso em dizer que isso não me parece ser verdade no local de onde venho, nem, aliás, na maioria dos outros lugares. A virtuosa *bacha posh* me interrompe, com um elogio tranquilizador à minha produção toda de preto, elaborada por Setareh: "Não, não. Posso ver que você é diferente pela maneira como se veste".

Ela quer ser engenheira, e comenta que sua profunda fé fortaleceu seu entendimento dos direitos das mulheres. Mas a criação como *bacha posh* não leva necessariamente a posições liberais sobre todas as questões de gênero. Spoz é apenas um exemplo de como uma jovem afegã que é muito religiosa, oriunda de uma família conservadora, pode ter uma sólida noção dos direitos das mulheres e, ao mesmo tempo, defender regras estritas para elas. Spoz acredita que as meninas perto da puberdade não devem de maneira nenhuma parecer meninos, e que as mulheres definitivamente precisam andar bem cobertas no Afeganistão.

"Somos dois tipos de seres humanos", explica ela. "Somos diferentes demais. Mas somente no corpo. Em nada mais. Uma mulher é uma coisa muito bela. Para proteger algo belo, é preciso cobri-lo. Como um diamante. Não pode simplesmente pô-lo no rua, pois todo mundo viria e pegaria."

Ao mesmo tempo, ela tem certeza de que, se o Afeganistão se modernizasse mais, as roupas importariam menos. "Sou muçulmana, e detesto esse tipo de roupa", diz, apontando para as vestes pretas. Usaria o lenço de cabeça em qualquer lugar, por respeito e para mostrar sua fé, mas usa o traje completo somente porque é necessário em seu país conservador. "Estivemos em guerra por trinta anos. Não somos muito desenvolvidos aqui. Não é hora de fazer experiências com o modo de se vestir."

Estamos nas apertadas dependências da Comissão Independente de Direitos Humanos do Afeganistão, presidida pela dra. Sima Samar.[2]

Ex-ministra dos Assuntos da Mulher, a dra. Samar entra vestindo um *peran tonban* branco e sandálias baixas, emoldurada por brincos de pérola em pingente apontando sob a densa cabeleira grisalha. As cores suaves das roupas combinam com seu escritório. As poltronas de couro aveludado estão cobertas de tecido estampado indiano. Seu Blackberry de última geração soa no modo vibrador numa mesinha lateral.

Devido a seu longo trabalho como médica e advogada, Sima Samar percorreu o mundo inteiro recebendo prêmios e discursando como autoridade sobre alguns dos piores crimes contra os direitos humanos no Afeganistão: violência doméstica, automutilação, estupro, casamento infantil. Dra. Samar é, provavelmente, a defensora de crianças e mulheres mais respeitada do país, e estou ansiosa para conversar com ela sobre minha pesquisa.

Agora cheguei à conclusão de que ser criada como menino durante alguns anos pode, de fato, ser uma experiência de capacitação e fortalecimento pessoal, tendo vindo à tona mais outros exemplos de mulheres de sucesso, parecidos com as histórias de Azita, Sakina e Spoz. Na província de Balkh, no norte, uma alta funcionária pública diz que ter passado alguns anos como menino a ajudou na decisão de entrar na política. A diretora de um internato de Cabul conta que essa foi uma maneira de poder estudar sob o Talibã, e depois, após a queda do regime, permitiu que frequentasse a universidade. Para quem não precisa dedicar a vida exclusivamente à sobrevivência, caso em que o recurso a uma *bacha posh* é basicamente uma forma de aumentar a renda da família, parece claro que passar algum tempo do outro lado favorece a autoconfiança e a ambição própria.

No entanto, não se chega a nenhum acordo sobre o encerramento dos anos como menino, antes que a garota corra o risco de ficar "esquisita da cabeça", quando a encenação foi longe demais. Então há riscos, afinal? E há alguém cuidando dessas crianças, ou ficam sempre à mercê do julgamento arbitrário dos pais?

Existem poucos direitos infantis na questão de gênero reconhecidos universalmente. O termo em si não é mencionado na Convenção sobre os Direitos da Criança da ONU,[3] que arrola outros direitos como educação e liberdade de expressão. O conceito de "infância", e no que ela deveria consistir, é bastante recente, mesmo no mundo ocidental. E o gênero raramente é discutido no contexto do direito consuetudinário ou nas convenções internacionais; é uma daquelas questões aparentemente intocáveis, visto que as religiões e as culturas apresentam enormes diferenças entre os países, e o lobby dos conservadores luta muito contra qualquer coisa potencialmente capaz de questionar a heterossexualidade como norma. O direito de viver e se apresentar como pessoa de determinado sexo, a qualquer momento, não é especificado em passagem alguma. E talvez nem deva ser.

Ao sondar as pessoas que conheciam a área, inclusive vários afegãos que trabalham com mulheres e crianças para as Nações Unidas e ONGs internacionais, sobre a existência de *bacha posh* logo sob a superfície de Cabul, elas me disseram que jamais sonhariam em colocar a questão na pauta de suas organizações. Não só é um assunto particular dos afegãos, como poderia confundir bastante os cooperantes estrangeiros que adoram ajudar menininhas — que parecem meninas.

"Os estrangeiros gostam de ensinar questões de gênero *a nós*", disse uma antiga funcionária afegã da ONU, quando lhe perguntei por que ela nunca mencionara essa prática em seu trabalho, que se concentra em mulheres e crianças. A funcionária tinha até experiência pessoal: sua própria irmã pediu para usar calças e cabelo curto, para poder brincar mais na rua com outros meninos e *bacha posh* do bairro. Até o momento, a mãe não havia permitido.

Minha esperança na conversa com a dra. Samar é finalmente saber se as *bacha posh* do Afeganistão são de algum interesse para os defensores dos direitos humanos de mulheres e crianças. Ou se deveriam ser.

Mas, como a maioria dos outros afegãos a quem perguntei, Sima Samar tem certeza de uma coisa: não há nada de estranho em meninas fingindo ser meninos. E provavelmente nada de prejudicial. Sua própria amiga de infância, de Helmand, viveu muitos anos como menino antes de migrar para os Estados Unidos. A colega de Samar na comissão também teve uma *bacha posh* que voltou a ser menina aos dezesseis anos, e agora, passados mais alguns, está indo muito bem na Universidade de Cabul. Samar afirma, tal como Carol le Duc sugerira, que a *bacha posh* é algo lógico no Afeganistão. Para ela, não é de maneira nenhuma uma questão de direitos humanos. Em termos ideais, claro, as crianças deviam poder escolher o que vestem, diz, mas isso é raro no Afeganistão. Complementa o comentário acrescentando que, se usar roupas do outro gênero apresentasse algum risco de confundir a menina, ela desencorajaria a prática, visto que "as meninas já estão bastante confusas neste país", em suas palavras.

Mas, pelo que sabe, a *bacha posh* nunca fez parte dessa confusão.

"Você se interessa pelo assunto?", finalmente pergunto.

Sempre diplomática, a dra. Samar sorri. "Por que *você* está interessada?"

Faço uma pausa, pensando que a última coisa que quero é levantar uma nova questão de direitos humanos onde não existe ou chamar a atenção do governo para a *bacha posh*. Ou para qualquer um dos pais. Assim, em vez disso, uso um argumento recente de Azita e comento que o fato de meninas viverem disfarçadas talvez seja mais um sintoma de uma sociedade profundamente disfuncional. Talvez seja um pouco inquietante que ninguém saiba quais as consequências que pode acarretar para a psique das crianças. E a necessidade de esconder seu gênero de nascença não tem tudo a ver com os direitos da pessoa?

Quando acabo de falar, Sima Samar ergue levemente as sobrancelhas.

"Bem, isso é interessante. Para ser sincera, eu não tinha notado isso."

Ela sorri outra vez, como que indicando que não tem muito mais a dizer.

Quando saio, depois de algo que só pode ser descrito como uma visível falta de interesse por parte de uma das ativistas mais importantes do país, pergunto-me se as complexidades da *bacha posh* seriam simplesmente polêmicas demais para serem abordadas por uma afegã de grande traquejo político. Isso explicaria por que o fenômeno se manteve tanto tempo sob a superfície e ainda é negado até mesmo pelos afegãos expatriados que consultei. Aqui, tal como a sexualidade, o gênero determina tudo. Mas não se deve nunca falar sobre o assunto ou sequer supor que exista.

11. A futura noiva

ZAHRA

Foi apenas um breve piscar de olhos, e ela quis recuar.

Não podia deixar o mundo entrar. Em particular aquela sua parte feminina, sangrenta e invasiva. Zahra jazia imóvel no leito do hospital, respirando devagar, tentando adormecer outra vez. Talvez acordasse em outro lugar. Como outra pessoa.

Em qualquer lugar, menos aqui, na ala infantojuvenil branca e reluzente.

Quando aconteceu pela primeira vez, Zahra, quase com dezesseis anos, se escondia várias vezes por dia no banheiro, lavando freneticamente as roupas de baixo, rezando para que o sangramento parasse. Vinha lá de baixo, e assim ela não contou a ninguém. O mês de agosto tinha sido de um calor acachapante, e o Ramadã não ajudou naquela mixórdia que seu corpo andava aprontando. Passar o dia sem comer nem tomar líquidos — pelo menos não em público, para alguns afegãos — deixava as pessoas sonolentas e cansadas, em sua maioria, e eram frequentes os problemas gástricos.

No começo, a família não percebeu a presença cada vez mais constante de Zahra no banheiro. Mas então Asma encontrou uma calcinha manchada.

"Não há nada para se preocupar", disse à filha quando ela saiu do banheiro. "Já aconteceu com suas irmãs e é normal. Todas as mulheres têm isso."

Zahra olhou a mãe em silêncio. Então disse: "Não. Não. Não".

Asma tentou acalmá-la: "Não precisa ficar com medo. Com isso você é mulher de verdade. Significa que pode ter filhos".

A essas palavras, Zahra se virou e foi para a sala de estar. Asma foi atrás e Zahra caiu desmaiada no chão.

Recobrou-se depressa, mas a mãe a levou correndo para o hospital. Quando Asma, nervosíssima, chegou lá com Zahra, o médico inicialmente pensou que era um filho dela, levando alguns minutos até entender a razão da consulta. O médico disse a Asma e a Samir — que veio do trabalho o mais rápido que pôde — que a filha perdera muito sangue. Estava com uma leve anemia, explicou ele, pois devia estar perdendo sangue já havia alguns dias. Mas precisava apenas descansar, recomendou ele.

Zahra parecia mergulhada num torpor, recusando-se a falar com o pessoal do hospital e retraindo-se ao toque. O médico disse que, na verdade, ela devia ter sido encaminhada para o setor feminino, mas, devido à confusão inicial, fora colocada com as crianças mais novas. Agora que seu gênero de nascença e seu estado físico estavam esclarecidos, seria melhor encaminhá-la para uma "doutora mulher", para garantir que tudo ficasse em ordem no futuro, concluiu o médico.

Mas havia outra preocupação também. Ele achava que Zahra estava provavelmente em choque. Já tinha visto casos parecidos: depois que vem a puberdade para uma *bacha posh*, nem sempre ela aceita de imediato seu futuro como mulher. Zahra tinha sido outra coisa por muito tempo — e agora a natureza vinha dar o troco.

Asma e Samir se sentiram um pouco constrangidos ao ouvir a teoria do médico. Apressaram-se em lhe garantir que as coisas logo se acertariam com a filha.

Na volta para casa, Zahra não quis falar. Desde então, sua menstruação vinha apenas a cada dois ou três meses. Asma se pegou perguntando se a lei da natureza simplesmente cedera diante da obstinação de Zahra: "Ela não quer ser menina. E não quer a tal ponto que talvez Deus lhe tenha concedido esse seu desejo em alguma medida. Será por isso que não menstrua como deveria?".

A máquina de costura de Asma está no chão da sala. Ela precisa atender a três encomendas de vizinhas e amigas para vestidos novos de meninas. O salário de Samir nas Forças Aéreas não é alto, e alimentar onze pessoas sai por duzentos afeganes por dia, no mínimo. É o equivalente a quatro dólares americanos, que é o que pagamos a nosso motorista, como tarifa normal para os estrangeiros por uma corrida de quinze minutos até a casa de Zahra. E mais um dólar de gorjeta.

Volta e meia o tecido se enrola na máquina de costura movida a manivela, e Asma murmura enquanto desprende o pano. Ela espera que uma prima lhe traga logo uma máquina elétrica do Paquistão, e assim poderá fazer modelos em zigue-zague e talvez costurar alguma peça para si mesma. Olha pensativa para Setareh, cuja criação paquistanesa insinua as formas de seu corpo esguio, depois de tirado o casaco. "Quando eu era moça, também tinha um belo corpo. Estava sempre usando alguma coisa bonita."

Zahra traz suco e biscoitos da cozinha, mas Asma diz para trazer os outros biscoitos — "os melhores". A filha obedece, resmungando.

"Você é tão diferente de minhas outras filhas", Asma grita atrás dela. "Está sempre zangada, nunca de bom humor. Não sorri. Não fala comigo de maneira simpática."

Zahra não responde nada, coloca os biscoitos melhores em cima da mesa e se senta. Eles vêm embrulhados em pequenas embalagens de plástico branco, com o logotipo WFP. Os biscoitos fortificados com ferro, do Programa Mundial de Alimentos, são fabricados para crianças subnutridas e deveriam ser distribuídos gratuitamente para os famintos, mas de alguma maneira acabam chegando ao mercado. São petiscos muito apreciados por Setareh e muitos outros moradores de Cabul que têm condições de comprá-los. Zahra me serve cinco biscoitos num guardanapo. Abundância é sinal de hospitalidade. Então se senta numa das poltronas grandes, com as pernas abertas, as mãos nos braços da poltrona, o corpo ocupando na sala um espaço maior do que qualquer outra de nós.

Uma de suas irmãs mais novas entra, provando um dos novos modelos de Asma, um vestido roxo-vivo, de saia rodada e mangas curtas. Dá um giro à nossa frente, até que Asma a segura para colocar um alfinete apertando um pouco mais nas costas. É uma encomenda para uma adolescente que vai usá-lo num casamento. Com a boca cheia de alfinetes, Asma chama a atenção de Zahra.

"Sua irmã vai usar vestido. Olhe para ela — está linda. É uma menina. Você, em comparação, parece um macaco."

O rosto de Zahra se contorce numa careta. "Pare! Não diga isso!"

Ela retruca, desculpando-se a nós, suas convidadas: "Minha mãe tem inveja, só isso. Uma vez montei um cavalo e ela gritou comigo. Sei que é só porque ela nunca vai fazer isso na vida. Vejam só: ela vai ficar em casa durante toda a vida".

Talvez nem seja tanto uma questão de querer ser menino.

Talvez, como tantas outras *bacha posh*, ela queira simplesmente escapar ao destino das mulheres no Afeganistão. Nos últimos meses, as tensões entre Zahra e a mãe vêm aumentando e quase chegam ao ponto de uma explosão, à medida que Asma insiste com a filha para que aceite seu gênero de nascença e viva como mulher. Zahra, por sua vez, insiste que é impossível. Porque não é menina. Nem é mulher.

Realmente aqui não existe um período intermediário para uma jovem, que nunca pode ter uma vida própria antes de se casar, visto que, oficialmente, precisa estar sempre sob a guarda de um homem. Seus poucos direitos legais são socialmente tolhidos, e, na prática, não seria fácil alugar apartamento, conseguir emprego ou mesmo tirar passaporte sem a permissão explícita do pai ou do marido.

"Aqui temos um provérbio", diz Asma em tom muito prático. "Quando a sorte aparece, nada consegue detê-la. Não vou deixar que Zahra fique solteira pela vida toda."

Mal consegue acabar a frase antes que Zahra interrompa.

"Não! Não vou me casar. Enquanto estiver viva, não vou me casar."

"Então o que você vai fazer?", pergunta a mãe, balançando a cabeça para a frente e para trás, imitando a filha. "Você é menina e isso é um fato. Vai ter de se casar."

"A escolha é minha", devolve Zahra. "Você vai me obrigar?"

Asma só olha para a filha.

Enquanto Zahra lhe devolve o olhar em atitude de desafio, começam a correr lágrimas pelo seu rosto. Por fim, ela se levanta e sai da sala. Começa a gritar do outro aposento: "Sei de uma menina no Paquistão! Ela fez operação para se transformar. Vou conseguir dinheiro também e vou me transformar em homem. Sei que dá para fazer isso, e vou me livrar deste corpo".

Asma fita a parede que a separa da filha. Toda vez que Zahra traz a questão, é um sofrimento para ela. Por que sua filha não quer o corpo que lhe foi dado? Parece um gesto de desafio aos pais e também a Deus.

No outro aposento, Zahra lança mais uma de suas ameaças, que agora são frequentes. Vai fugir. Ou: "Quando nossos parentes dos Estados Unidos vierem nos visitar, vou obrigá-los a me convidar. Quero estudar e trabalhar".

"Você está sonhando", diz Asma baixinho, como se estivesse falando consigo mesma. "Ninguém vai te convidar."

As possibilidades de sair do Afeganistão parecem remotas para Zahra. Os portadores de passaportes afegãos têm pouca chance de conseguir visto para a maioria dos países. Há vistos para estudantes de determinadas áreas, mas é feroz a concorrência pelas bolsas de estudo Fulbright ou outras. Zahra faz parte da metade da turma com menor aproveitamento e evita ao máximo ler livros. Quanto a operações para mudança de gênero, a opção mais próxima é o Irã, onde elas se tornaram mais frequentes devido à proibição explícita da homossexualidade. Assim, para alguns, a mudança de gênero é a única maneira de ter um parceiro do mesmo gênero sem correr o risco de uma condenação à morte.

"Então o que você quer?", repete Asma a Zahra, quando ela reaparece na porta da sala. "Não pode viver aqui em casa comigo. Quer se casar com outra garota? Vou ter de encontrar uma esposa para você? Você precisa ter filhos."

Asma solta um número ao acaso, que lhe parece razoável: "Cinco".

Zahra se enfurece. "Não! *Você está louca*. Quero que me deixe em paz!"

E sai outra vez.

Asma parece cansada. Devagar, arma uma tábua de passar roupa para engomar os camisões brancos do marido. Quer terminar a tarefa antes que caia a energia elétrica. Sente um pouco de dor com o movimento rítmico, depois de ter carregado a caçula no quadril durante o dia todo.

A resistência de Zahra também começou a esgotá-la. Chegou ao ponto que raramente conseguem falar sem que a conversa desande num berreiro entre as duas, Zahra escarnecendo de Asma por ter tantos filhos e raramente sair de casa. Como se pudesse, retruca Asma. E desde quando uma mulher precisa se defender por ter muitos filhos?

Asma está preocupada com Zahra. Está vendo sinais de que o mundo exterior recairá sobre Zahra de uma maneira muito, muito mais pesada do que ela, tentando levá-la a adotar uma identidade feminina. A vizinhança também aumentou o assédio: "O pior são as garotas", comenta Asma. "Às vezes, elas lhe dizem para provar que é menina — dizem para tirar a roupa." Arrasada pela humilhação, Zahra corre para casa e se enfurna num dos quartos.

Asma também é muito questionada pelos vizinhos. "As pessoas me perguntam se ela é de um terceiro sexo, algo entre menino e menina. Digo a elas que não, de maneira nenhuma. É menina, totalmente. Digo a todo mundo: não tem nada de errado com ela! É normal e tem tudo que as meninas têm." Asma faz um gesto para o próprio corpo. "Mas gritam *izak* quando ela passa. Já ouvi."

Izak é um termo coloquial corrente entre a maioria dos afegãos, um pejorativo para alguém *sem* sexo definido. O significado efetivo é "hermafrodita", mas é usado para qualquer pessoa que pareça diferente.

Mesmo o irmãozinho de Zahra, com apenas seis anos, insiste com a irmã para que cubra a cabeça com um lenço, acusando-a de causar constrangimentos à família. Às vezes argumenta com ela — seus colegas de escola caçoam dele por ter uma irmã *izak*. Zahra costuma responder dando-lhe um tapa na cara.

Cabe aos pais afegãos a responsabilidade de avaliar o momento em que uma coisa que é tacitamente aceita em relação aos filhos se torna uma provocação explícita. Alguns dias antes, em outra casa, haviam me contado como uma *bacha posh* de treze anos foi descoberta por um de seus ex-vizinhos. Um de seus colegas do time de futebol ouviu um boato de que, na verdade, ela era menina. Pouco depois, os garotos do time se puseram em roda, fechando-a no círculo, e exigiram que ela desse provas de seu sexo. Quando ela tentou escapar, alguns circunstantes se juntaram. O pai veio correndo para defendê-la, derrubando alguns dos garotos que tinham chegado perto demais da menina. Os vizinhos ficaram furiosos — mas não com os molestadores. Estes não tinham feito nada de errado. Pelo contrário, a culpa foi vigorosamente atribuída ao pai da garota. Permitira que sua filha jogasse futebol com garotos adolescentes, e com isso ele era o único responsável pela briga de rua. Que tipo de homem era aquele?

O problema da sociedade afegã com a *bacha posh* que se aproxima da puberdade consiste não tanto na rejeição do gênero, mas nas regras, no controle social e nas expectativas que cercam uma garota afegã *respeitável*. A partir do momento em que pode engravidar, ela deve ser protegida contra todos os homens, até encontrar o marido pela primeira vez. Essa responsabilidade — manter a virgindade de uma jovem numa cultura de honra — cabe aos familiares do sexo masculino. Se falham, toda a família cairá em desgraça. Assim como uma mulher adulta e casada precisa evitar com todo cuidado, o tempo todo, a possibilidade de ser comparada a uma meretriz, uma moça mais jovem precisa demonstrar absoluta pureza. Sua virgindade é um capital que pertence ao pai, e cabe a ele negociar. Quanto mais recatada, protegida e calada é a filha que os pais podem apresentar, maior o valor de sua virgindade. Se uma garota é vista sozinha em algum lugar perto de um homem que não seja parente de sangue, podem começar a correr boatos. O julgamento está sempre nos olhos de quem vê. E, no Afeganistão, a imaginação de quem vê pode correr solta.

Visto que nem o noivo, nem os pais do noivo costumam falar com a noiva antes da celebração do acordo, tudo depende da reputação da moça. Essa reputação é perpetuada pela observação e opinião de todos os que têm contato com ela, e a informação geralmente é obtida por meio de rumores. Assim, a respeitabilidade de uma mulher depende muito pouco de sua própria castidade. Tem muito mais a ver com os "mexericos" e as conclusões dos vizinhos, baseados no que observam. Uma esposa ou uma filha que é autorizada a sair muito de casa traz o risco de transformar o marido ou o pai num *begherat*, um covarde, incapaz de proteger suas mulheres, aos olhos dos outros.

De maneira muito semelhante à cultura histórica da honra e das armas no Sul e no Sudoeste dos Estados Unidos, um afegão deve ser capaz de proteger e controlar seus bens e suas mulheres o tempo todo. Um afegão precisa demonstrar prontidão em utilizar a força contra qualquer ameaça. Os três pilares do Pashtunwali, o código de conduta pachto para a vida, são *vingança, refúgio* e *hospitalidade*.[1] (Uma frase cara aos americanos que usam armas também poderia ser empregada pelos afegãos sempre polidos e sempre armados: "Uma sociedade armada é uma sociedade educada".) Se um afegão falhar nisso, em sua mais fundamental tarefa de proteção, não pode mais operar em sociedade, visto que seu capital de honra terá se esgotado.

Uma jovem solteira, em outras palavras, está sob uma ameaça maior dentro da própria família do que no mundo exterior, caso haja a mais leve suspeita de não estar se conduzindo da maneira apropriada. É por isso que se fala em "morte por honra": justifica-se que a família mate uma filha jovem para preservar e proteger a reputação da casa.

Com quase dezesseis anos, Zahra não se sente mais como homem *e* mulher ao mesmo tempo, como havia dito em nosso primeiro contato. Agora, mais de um ano depois, ela descarta seu gênero de nascença e vê seu corpo de mulher como algo que deve ser transformado.

Os neurocientistas concordam com a observação da dra. Fareiba, segundo a qual a puberdade é "um período perigoso para a mente" — ou melhor, que a puberdade é aquele momento em que o cérebro humano se expande e dá um enorme salto à frente, impelido pelos hormônios, que ajudam a desenvolver uma personalidade e a formar uma identidade de gênero.

Como mostra a situação de Zahra, a experiência de uma *bacha posh* também começa a deixar marcas mais permanentes quando a menina entra na puberdade como menino. À medida que entro em contato com outras adultas que cresceram como *bacha posh*, noto que as mulheres que alardeiam seus anos como menino geralmente tiveram a experiência apenas na infância. Qualquer possível efeito de capacitação e fortalecimento por viver no outro lado só parece se preservar na mulher adulta se seu período como menino foi breve e se encerrou antes da puberdade. Depois disso, como no caso de Zahra, a questão fica muito mais complicada.

Em outro país, Zahra agora poderia ser diagnosticada como possível portadora do que a Organização Mundial da Saúde chama de *desordem de identidade de gênero*.[2] Define-se como "angústia intensa e constante por ser menina e o desejo expresso de ser menino". A resistência ao crescimento dos seios e à menstruação é mais um fator citado nessa definição.

Para que o adulto possa ser diagnosticado com tal distúrbio, também é preciso que apresente um distanciamento de seu próprio corpo. A definição do *transexualismo* adulto é "o desejo de viver e ser aceito como integrante do outro sexo, geralmente acompanhado por uma sensação de desconforto ou inadequação de seu sexo anatômico, e o desejo de passar por tratamento cirúrgico e hormonal para tornar o corpo o mais congruente possível com o sexo de sua preferência".

Mas o que Zahra é ou tem, ou o que poderia afligi-la, não pode ser comparado diretamente a qualquer versão ocidental de uma criança ou de um jovem adulto que se sente incomodado com seu gênero, questão que tem sido pesquisada.

Segundo a dra. Ivanka Savic Berglund, neurocientista no Centro de Medicina de Gênero do Instituto Karolinska em Estocolmo, que estuda a formação da identidade de gênero no cérebro, a dieta, as experiências pessoais e o ambiente dos indivíduos são fatores que afetam os níveis hormonais. Desse modo, mesmo que Zahra passasse por exames médicos, coletasse sangue e tivesse avaliações psicológicas, ainda assim não seria incluída entre a maioria de europeus ou americanos em tais estudos. Por ter crescido durante a guerra, vivendo como refugiada e se alimentando com uma dieta distinta, a constituição física e psicológica de Zahra talvez seja diferente demais para comparações.

O que também diferencia claramente Zahra de outras crianças ou jovens adultos do mundo ocidental com possível distúrbio de identidade de gênero é que ela foi escolhida *aleatoriamente* para ser menino. Como no caso de outras *bacha posh*, escolheram essa condição para ela. Por isso, é difícil sustentar que ela *nasceu* com um problema de identidade de gênero. Pelo contrário, parece tê-lo *desenvolvido*. Isso, por sua vez, pode significar que um problema de identidade de gênero pode ser *criado* numa pessoa.

Num contexto ocidental, é bastante claro o que pode constituir tal distúrbio.

As crianças levadas ao dr. Robert Garofalo, diretor do Centro de Gênero, Sexualidade e Prevenção da Aids, no Lurie Children's Hospital de Chicago, às vezes já expressam a sensação de terem nascido com o corpo errado desde os três ou quatro anos de idade. Um dos nomes mais destacados na área que se propõe a compreender a formação do gênero em crianças, dr. Garofalo recebe um ou dois encaminhamentos por semana, geralmente de pais que às vezes passam medo e vergonha porque os filhos não se encaixam nos papéis de gênero esperados.

Em 2013, a Associação Psiquiátrica Americana retirou a "desordem de identidade de gênero" de sua lista de doenças mentais. Dr. Garofalo prefere não utilizar nenhum termo específico para as crianças com quem trabalha, e também procura não se prender a uma concepção binária de gênero nem à ideia de que uma pessoa sempre precisa ser de um ou outro sexo, ou possua apenas traços femininos ou masculinos. A seu ver, o que se passa com essas crianças é "parte de um espectro natural do ser humano — não um ismo, uma coisa ou uma condição que precise ser consertada".

Hoje, ninguém sabe exatamente por que algumas crianças se identificam com um gênero que é diferente de seu sexo anatômico. Considera-se que há muitos fatores em jogo, como a genética, os hormônios e as estruturas sociais. Os tratamentos para desenvolver um gênero ou outro nas crianças que ocupam o meio do espectro de gêneros ainda são experimentais e controversos.

"Há plasticidade nas crianças", diz o dr. Garofalo, que julga ser possível criar ao longo do tempo uma identidade de gênero divergente na criança, como parece ser o caso de Zahra.

Mas também é preciso considerar qual parte do desejo de Zahra de ser menino está diretamente relacionada com a experiência de ser mulher no Afeganistão. Será que ela realmente desejaria ser homem num outro meio, onde a maioria das pessoas não se incomodasse com o fato de vestir ou não calças ou usar um lenço de cabeça e onde as mulheres tivessem mais oportunidades?

Talvez Zahra fosse considerada mais saudável do que muita gente. Ou o desejo de usar calças e não se casar realmente requer tratamento? Talvez seja outra coisa que deveria ser definida como doença. A situação de Zahra poderia até sugerir uma nova categoria no índice de distúrbios da OMS: "Desordem de identidade de gênero causada por severa e prolongada segregação".

Quando um sexo é tão indesejado, tão desprezado e tão anulado, num lugar onde as filhas são expressamente não desejadas, talvez seja de esperar que o corpo e a mente de um indivíduo em crescimento se revoltem contra a necessidade de se tornar mulher. E assim, talvez, alterem a pessoa definitivamente.

Zahra se senta de pernas cruzadas num tapete, os olhos cravados no pequeno aparelho de TV no chão. O título do drama indiano pode ser traduzido como "história de amor", e Zahra vem acompanhando há algum tempo. É uma versão bollywoodiana da série *Crepúsculo*: o personagem principal vem de uma família de vampiros, mas um dia se apaixona por uma garota não vampira. A partir daí, desenrola-se um romance complicado.

Pergunto se ela já se apaixonou. Zahra sorri levemente. "Não. Não quero. Não sou tão louca assim."

"O que você vai fazer se eles te obrigarem a se casar?"

"Vou me recusar. Meu *não* é não! Quando crescer, vou para o Ocidente, onde ninguém se mete na vida da gente. Minha vontade é muito forte, e vou me opor a meus pais. Ninguém pode me obrigar a fazer coisa nenhuma."

"Você se vestiria como 'uma mulher' no Ocidente?"

Ela balança a cabeça para mim, incrédula. "Você não entende? Não sou menina."

Entrego-lhe nosso presente de despedida, de uma das lojas de Cabul que vendem jeans e camisetas rasgadas, dando aquele ar *trash-rock* que os garotos adolescentes da cidade adoram. É um chapéu de feltro cinzento. Digo que vi homens e mulheres usando em Nova York. Zahra fica entusiasmada e dá um pulo para ir experimentar na frente do espelho, ajeitando a aba num ângulo perfeito, lançando uma sombra nos olhos.

"É lindo", ela diz.

12. A irmandade feminina

A noiva pode estar chorando porque tem apenas um ano a mais do que Zahra. Ou porque o marido escolhido por seus pais tem o dobro de sua idade. Ou porque nunca o viu na vida. Ela pode estar chorando porque o marido pediu a mão de sua irmã, que tem a fama de ser a mais bonita das duas. E porque seus pais então decidiram que a irmã provavelmente conseguiria algo melhor do que esse homem de mais idade e de posses medianas, e assim seria melhor reservá-la para uma oferta mais alta.

Nada disso interessa. Aqui, esperam-se e exigem-se lágrimas. Um ar feliz seria um desrespeito com os pais. Sempre é necessário algum histrionismo na hora de deixar o lar da família. É a esse evento que se destina uma garota respeitável, e é isso que Zahra receia. A noiva desempenha seu papel com precisão.

A noiva virgem passou cerca de cinco horas num dos vários salões de beleza de Cabul, para ficar com um penteado cheio de cachos duros de laquê, as unhas pintadas de vermelho, o rosto empoado de branco, parecendo uma máscara mortuária, e os lábios carmim. As sobrancelhas grossas e escuras foram totalmente depiladas e substituídas por dois traços muito finos. São a orgulhosa marca de uma mulher casada, indicando que agora não está mais disponível. A família do noivo gastou mais de cem dólares nesses importantes preparativos nupciais. Os salões de beleza foram fechados durante o regime talibã, e matérias sobre a reabertura deles encheram as páginas das revistas femininas americanas a partir de 2001, como prova de que finalmente a liberdade chegara às mulheres afegãs.

É uma parente de Setareh que está se casando essa noite, numa cerimônia bastante discreta para Cabul. Se fosse o casamento de alguma das famílias mais ricas da cidade, estariam ocupando um enorme salão ao estilo de Las Vegas, com milhares de convidados e comes e bebes durante um dia inteiro, por dezenas de milhares de dólares pagos pela família do marido. Um casamento é o acontecimento de toda uma vida, muitas vezes pago com empréstimos que serão devolvidos ao longo dessa mesma vida. É comum que os afegãos reclamem de dinheiro, mas todo mundo sabe que uma cerimônia suntuosa é, para a família, uma maneira importante de mostrar o maior poder e prestígio que consigam reunir.

Como explicou Carol le Duc, esse é o momento em que as filhas são visivelmente os trunfos jogados pelos pais afegãos. "Os homens fazem alianças, e não necessariamente em prol das filhas. Essas alianças estão relacionadas com a honra e o prestígio social da família. Mas também pode ser oportunismo. Querem se casar bem para ter mais segurança — financeira ou física — para a família em momentos de necessidade. A liberdade de escolha é uma coisa moderna, em termos comparativos. Nem sempre é prático nos termos em que as famílias afegãs calculam os recursos para a sobrevivência."

O casamento é um componente central do sistema patriarcal.[1]

Segundo a pesquisa de Gerda Lerner sobre as sociedades antigas, uma mulher poderia alcançar pelo menos algum status — e, com isso, um melhor tratamento e alguns privilégios — ao preservar seu único capital (a virgindade) e oferecê-lo apenas a um homem. Essa ideia evoluiu para o contrato matrimonial, em que uma mulher se comprometia a ser sexualmente exclusiva de um homem só, na expectativa de que isso trouxesse herdeiros a ele, para preservar a linha sucessória de terras e capital. Uma mulher suspeita de não ser mais virgem trazia o risco de carregar o filho de outro, o que a desqualificava como possível noiva.

Nenhum grupo pode ser realmente eliminado enquanto seus integrantes forem ensinados e convencidos a se eliminarem *mutuamente*. Para manter o sistema patriarcal, explica Lerner, uma mulher sempre pode se demonstrar casta e respeitável lançando vergonha sobre as que falham. Em outras palavras, lançando sobre outras mulheres a suspeita de serem vagabundas, como costumam fazer até hoje.

No Afeganistão, em larga medida, as jovens ficam à margem desse acontecimento principal de suas próprias vidas. Por meio do processo de *khastegari*, uma família corteja a outra, com vistas à filha. O processo gira basicamente em torno do dinheiro, quando se estabelece o montante do preço da noiva, o *toyana*. As negociações entre os pais levam em conta a quantidade de "ouro nupcial" que a noiva usará na cerimônia, como prova material da riqueza do casamento. A cerimônia em si, a *nekah*, muitas vezes é realizada num local pequeno, tendo apenas um mulá e duas testemunhas. Eles visitam a noiva e perguntam quem será seu porta-voz, pois ela mesma deve manter silêncio. Sentada ou em pé atrás de um tecido, por razões de discrição, ela indica um irmão ou o pai como intermediário. O noivo então aceita o casamento dizendo ao mulá as palavras "Aceito-o no presente e aceito-o no futuro", e então, depois que o representante da noiva concorda três vezes, sela-se o contrato verbal. É raro que se tenha um registro escrito do casamento. Por lei, a noiva também deve receber do marido um *mahr* como garantia, uma quantidade de dinheiro ou de bens para seu uso pessoal. Mas esse detalhe geralmente é ignorado.

Neste casamento, a *nekah* foi concluída e a noiva é colocada numa cadeira em cima de um estrado revestido com uma chapa metálica, como uma rainha retornando ao lar, para que as convidadas — todas do sexo feminino — possam examinar bem seu rosto impassível e o vestido verde-escuro, ricamente bordado.

Seu vestido tem um decote fundo sobre o peito liso, e seus braços finos à mostra trazem inúmeras pulseiras de ouro, enfileiradas a uma tal altura que ela nem consegue erguer o braço para pegar uma das latinhas de refrigerante amontoadas em várias pirâmides nas mesas. As convidadas se apertam uma ao lado da outra, sentadas no chão enquanto circulam os pratos de arroz e frango. Os homens estão na outra sala, comemorando num aposento mais espaçoso. As janelas estão fechadas e o ar está abafado, com pouco oxigênio. Se houvesse um incêndio, provavelmente não conseguiríamos sair todos nós, passando pela única porta estreita. Mas esse risco é praticamente insignificante em comparação ao risco de ter algum homem espiando de fora, que visse de relance o flutuar de uma cabeleira escura enquanto as convidadas dançam em círculos frenéticos, sempre com uma mulher no centro e as outras em volta. A maquiagem é pesada, e todo mundo veste suas melhores roupas. Mesmo as meninas pequenas estão enfeitadas com tules e lantejoulas. Uma a uma, vão adormecendo no chão. Uma adolescente está de salto alto e uma roupa verde-musgo, como um elfo, com o esmalte das unhas e a sombra dos olhos combinando. Também ostenta-se ouro ao máximo. As mulheres que estão com a carga mais pesada no peito e nos braços ficam sentadas com um ar um pouco mais majestoso, olhando as outras de cima, sabendo que se qualificam como as convidadas mais ricas e mais importantes, com um registro comprovado de fertilidade, como atestam os presentes que receberam dos maridos satisfeitos.

***

Formam-se grupinhos de meninas ao lado de uma parede. Estas são as garotas respeitáveis, que seguem o caminho do qual Zahra está se afastando. Hoje à noite, estão eufóricas.

Sabem que fofocar é feio, mas a música abafa suas vozes e elas não se incomodam. É uma rara oportunidade de escapar aos ouvidos das mães, que, tirando isso, vigiam cuidadosamente os movimentos das filhas para garantir que nunca fiquem a sós com garotos. E hoje é exatamente em torno disso que gira a conversa delas.

Os anos de adolescência que levam ao casamento podem ser os mais românticos que essas garotas terão em toda a vida — sem saber o que as aguarda e quem os pais escolherão para elas. Assim, há tempo de sobra para devaneios românticos. Todas elas mantêm diários, onde às vezes anotam fantasias alimentadas por poesias persas picantes, muitas vezes de um homoerotismo apenas levemente velado, com suas histórias de amores impossíveis e amantes mutuamente dispostos a sofrerem morte violenta pelo outro. E assim como os pistoleiros heróis dos faroestes americanos geralmente se apaixonam por damas puras e inocentes, os dramas de Bollywood favoritos das mocinhas mostram misteriosos desconhecidos, apaixonados e muitas vezes violentos, que raptam recatadas atrizes indianas. Numa história bastante comum, o desconhecido quase nem precisa abrir a boca para dizer uma palavra e a moça já se descobre loucamente apaixonada por ele, encantada em contrariar os desejos de sua família. O filme *Titanic* é o conto afegão ideal, em que o amor impossível termina em morte. Todas as garotas já viram e reviram versões piratas do filme.

É o conceito universalmente eficiente do amor não correspondido: o fato de nunca falarem de verdade com os meninos dá azo a elucubrações intermináveis sobre o jeito que eles são e como se aproximar mais deles. Aqui, na festa de casamento, elas compartilham dicas e artimanhas. Uma garota admite ter trocado olhares com um menino duas vezes, e agora estão unidos por esse laço. Outra é mais ousada: aceitou de um admirador um cartão-postal com a figura de um ator indiano. O cartão não traz nada escrito, mas o gesto da entrega, através de um muro entre a rua e a escola, selou o romance. As garotas que têm celulares ou laptops em casa ou na escola dispõem de uma vantagem, pois podem trocar mensagens usando perfis secretos no Facebook, enfeitados com imagens de flores e arco-íris em vez de fotos pessoais.

Como em qualquer país com alto índice de analfabetismo, os celulares vendidos no Afeganistão trazem diversos avatares de bichinhos e cartuns como opção para digitar um nome da função de discagem rápida. Apesar disso, as garotas costumam apagar sistematicamente as mensagens e a lista de chamadas, pois as mães tendem a fiscalizar os celulares pelo menos uma vez por dia. Encontrar realmente um garoto ao vivo é o que demanda maior coragem, pois acarreta os maiores riscos. Seus namorados imaginários são lindos, valentes, heroicos, dispostos a morrer por um amor impossível. Mas o maior crime que uma garota afegã pode cometer é se apaixonar de fato e agir com base nisso. Todas elas conhecem algum caso de alguma garota que enlouqueceu de amor e tentou se matar ou que foi morta de verdade pela família. O máximo a que elas se atrevem é fantasiar sobre os garotos. E, na cidade, pelo menos podem trocar alguns olhares — nas aldeias, qualquer trama romântica terá de ser tecida sob uma burca ou apenas olhando pela janela.

O futuro casamento dessas jovens consome grande energia psíquica, pois há muitas questões a ponderar. Quem é a mais bonita? Quem vai se casar primeiro? Que roupa vão usar? Todas concordam que a noiva que está ali no estrado é de beleza mediana — é por isso que foi entregue a um marido tão velho. Cada qual tem clara consciência de seu lugar na classificação. Neste grupo, as que têm dentes tortos ou cicatrizes de óleo quente de cozinha falam menos do que as garotas de encantos mais evidentes, que sabem que trarão um grande retorno aos pais. Mesmo assim, todas têm o sonho de se tornar o centro das atenções, de se sentar no estrado com revestimento metálico, pintada e arrumada como uma artista de cinema. Essa perspectiva de trocar o isolamento na casa dos pais e irmãos por uma nova família é tratada, por enquanto, como uma aventura romântica.

Algumas das garotas têm ambições de seguir uma carreira; outras, não. O que todas sabem é que, para se casar, não basta a aparência, e a reputação é fundamental. Sem isso, não aparecerá nenhum príncipe. Tomara que aquele futuro marido tenha pelo menos um resto de cabelo, gracejam elas, enquanto se alternam na pista de dança, gerando ainda mais calor na sala abafada.

A dança parece uma alegre celebração da feminilidade em cores vivas, mas sua finalidade é outra. Na verdade, uma festa de casamento não é um momento de descontração entre amigas: é um evento fundamental, e o desempenho deve ser impecável. Uma finalidade secundária de um casamento é produzir mais casamentos no futuro. As garotas chegam a ser filmadas no celular, para uma discreta distribuição das imagens a famílias que querem vê-las sem o lenço. As que ocupam a pista têm clara consciência de que estão dançando num palco perante um júri, num leilão muito sério, de lances muito altos.

Na parede oposta da sala lotada, as mulheres mais velhas se sentam em fila, uma ao lado da outra, usando trajes mais recatados de cores mais escuras. Algumas mantêm a cabeça coberta com o lenço. Observam as danças em silêncio, às vezes trocando algumas palavras com uma expressão séria no rosto. Vão começar as brincadeiras de telefone sem fio, em que uma mulher indica uma moça dançando e cochicha uma pergunta à vizinha, que passa para a outra e assim sucessivamente, até que a última responde e a resposta volta seguindo o mesmo percurso. Essas mulheres se dedicam a encontrar esposas para seus filhos, e de vez em quando soltam algum comentário sobre a apresentação diante delas.

"Não é muito bonita. A irmã é melhor."

"Aquela coitada ali vai ter dificuldade. A pele escura — já é velha. Vai ter de esperar."

Também trocam informações sobre a honra, a pureza e a posição social da família da garota.

"A mãe dela trabalha, sabia?"

"É mesmo?"

Tradução: avançada demais. A filha pode se tornar um problema.

Tudo se resume a saber se o objeto de suas observações é realmente uma garota *de respeito*: "Parece feita de fogo, aquela ali. Olhe só como dança".

"É. Melhor ter cuidado. E tem bolo demais naquela barriga!"

Outra discorda: "Mais carne nos ossos traz mais filhos para o marido".

De vez em quando, chamam alguma adolescente, sempre através de um intermediário, para uma entrevista mais detalhada.

"Você reza?"

"Com que frequência?"

"Que pratos você sabe cozinhar?"

Pode ser um diálogo de mudar a vida. Essa versão de concurso Miss Universo acontece diariamente no Afeganistão, onde a aparência, a personalidade e a porcentagem de gordura do corpo são avaliadas em frases curtas e decididas, enquanto as mulheres impõem e perpetuam sua própria subjugação.

Para Setareh, que, como qualquer outra jovem solteira, é constantemente examinada por outras mulheres, essa é uma rotina conhecida. "Elas nos espiam e veem como nos vestimos, como nos movimentamos. As outras mulheres contam todas as fofocas que sabem sobre você — se tem má reputação ou se é moça de respeito. Se não for uma parente, vão pedir nosso endereço a alguém. Então vão ficar rondando e espiando a casa, e talvez tragam o garoto para dar uma olhada na menina. Se gostar dela, os pais vão falar com o pai da menina. Mas o garoto não poderá escolher se seus pais já tiverem encontrado uma boa menina e tomado a decisão por ele."

Depois que essas jovens são escolhidas para se casar, as sogras vão controlá-las dentro de casa, como aconteceu com Azita. No Afeganistão, como em muitos outros lugares, violência gera violência, e as mulheres mais velhas transferem seus horrores pessoais às que vêm depois. Em todo o país, regularmente afloram casos de tortura ou de assassinato por honra; em geral, os perpetradores não são os homens da família, e sim as mulheres. As sogras não só aceitam, mas também cometem atos de violência contra as noras que não obedecem. As mulheres afegãs mostram pouquíssima tolerância com as transgressões de outras mulheres, em especial as mais jovens. Como em qualquer outro grupo oprimido, a tentativa de se libertar pode constituir grave afronta ao sofrimento das demais.

Mesmo assim, às vezes homens e mulheres cultivam a ideia de que existe uma fraternidade feminina — uma lealdade entre os seres do sexo mais frágil, mais bondoso e mais afetuoso. Que elas cuidam umas das outras numa espécie de solidariedade universal. Apesar disso, a promotora afegã Maria Bashir,[2] saudada por ONGS internacionais e pelo Departamento de Estado dos Estados Unidos como paladina dos direitos das mulheres, tem um longo histórico de processos implacáveis contra mulheres que fogem de maridos violentos ou de pais que querem forçá-las ao casamento.

Muitas vezes, elas são processadas por acusação de adultério, para estigmatizá-las claramente como meretrizes na sociedade.

O que ocorrerá mais tarde nesta noite em particular — depois de os noivos terem finalmente se conhecido na presença dos familiares e trocado suas primeiras palavras — está envolto em mistério para as convidadas adolescentes.

As mães, em sua maioria, não contam nada; não querem correr o risco de macular a mente de uma filha solteira. As garotas trocam entre si explicações criativas sobre as origens da vida. A uma foi dito que seus pais a compraram no mercado; a outra, que é um homem num burrico que distribui os bebês. Aquelas com irmãs casadas têm uma noção mais clara, uma vez que estas compartilham informações extremamente reservadas sobre o corpo masculino e o que pode acontecer na noite de núpcias. A ideia de tirar a roupa na frente de um homem, como disseram a uma garota que ela teria de fazer, é o primeiro horror a processar. Além disso, nenhuma garota quer correr o risco de começarem boatos de que está bem informada, e assim são pouquíssimos os detalhes que circulam — e muitas vezes falhos. Elas são alertadas de que saber demais pode ser prejudicial para a noite de núpcias. O marido pode achar que ela tem experiência. Um sinal revelador é também se ela expressa algo além de dor e desconforto na cama. Se isso acontecer — e idealmente nunca deveria acontecer —, a recém-casada deve ter todo o cuidado em não deixar transparecer.

Os casos de desastres circulam mais prodigamente — por exemplo, sobre as recém-casadas que acabam indo para o hospital no dia seguinte devido a procedimentos errados ao tentar consumar o casamento. Mas se o noivo tem uma esposa anterior, ou se foi visitar prostitutas no Tadjiquistão (programa concorrido de final de semana para homens mais ricos de Cabul), ou se teve acesso a pornografia on-line, a situação pode ser um pouco melhor, segundo ouviram algumas das garotas solteiras.

Pouco depois do casamento, se não vier a gravidez, não se requer mais a discrição. Os parentes podem começar a fazer perguntas detalhadas sobre a frequência e o tipo de relações sexuais entre o casal, e passam também a distribuir conselhos. Se mesmo assim não acontece nada, é possível recorrer às mágicas da dra. Fareiba e colegas para obter resultados. Do tipo certo, claro.

Quando volto à pensão onde aluguei um quarto, com as pernas entorpecidas depois de passar várias horas sentada sobre os calcanhares, encontro duas amigas de auxílio humanitário arrulhando na frente de um aparelho de televisão da era soviética. Na tela granulada, Kate Middleton aparece com um véu branco — símbolo da virgindade — que está sendo erguido enquanto seu pai a entrega a seu futuro marido, o príncipe da Inglaterra. Enquanto o coro canta, o casal é unido em matrimônio com as bênçãos do arcebispo.

A partir daquele momento, em que a futura duquesa de Cambridge se casa na abadia de Westminster, espera-se dela apenas uma coisa principal: que tenha um rebento. Passarão mais cinco meses após o casamento antes que a rainha Elizabeth II mude as regras de sucessão,[3] permitindo que um possível bebê do sexo feminino herde o trono. Mas a questão continuará indefinida durante todo o período do Commonwealth, que pode ou não reconhecer uma herdeira mulher. E a exigência de procriação é inegociável. A partir daí, o corpo de Kate Middleton deve tributo a instituições e a uma tradição mais importante do que ela e o marido.

O vestido, o véu virginal e a expressão recatada no rosto da futura rainha consorte deliciam milhões de espectadores em todo o mundo. Ela é tão esbelta, tão linda, tão idealmente perfeita... É um conto de fadas que se torna um sonho de inúmeras pessoas entre os 2 bilhões de telespectadores no mundo. A noiva passou por muitos níveis de avaliação, provando ser uma jovem muito, *muito* respeitável, cujo ventre garantirá a perpetuação do Império Britânico.

É muito romântico.

III. HOMENS

Toda opressão cria um estado de guerra. E esta não é exceção.
Simone de Beauvoir, *O segundo sexo*

13. A guarda-costas

SHUKRIA

No final, o ato em si não foi tão ruim como lhe disseram que seria. Sua colega no hospital, uma mulher casada, advertira que era algo tão dolorido e desumanizante que começou a gaguejar enquanto descrevia. Na noite de núpcias, disse ela a Shukria, a noiva não apenas sofre uma dor lancinante, como há também o risco de lesão permanente.

"Onde?", perguntou Shukria, que estava para se casar. "Onde vou ficar machucada?" A amiga franziu os lábios e fechou os olhos. Na área inominável. Claro.

A jovem Shukria, então com vinte anos, ficou constrangida. Ia se casar dali a uma semana e sabia como os bebês nasciam, mas não conhecia nenhum detalhe sobre a concepção. Na verdade, continuou a colega, teria sorte se não acabasse no hospital. O marido de Shukria também precisaria de assistência médica, se as coisas dessem errado.

"Aquilo me deixou muito preocupada", recorda Shukria.

"Perdi peso. O que fazer? Pensava naquilo o tempo todo. Ela me contou coisas muito estranhas que eu não entendia."

No entanto, quando finalmente ocorreu a consumação de seu casamento, Shukria escapou ilesa. Foi um pouco estranho, sem dúvida. Mas "mais o.k." do que lhe haviam dito. Foi a outra coisa que a deixou mais preocupada — que talvez ela devesse ter um pênis. Até um mês antes do casamento, Shukria tinha vivido como homem.

Dra. Fareiba ficara sabendo que sua antiga colega de classe afinal havia se casado, depois de se manter como homem por mais tempo do que a maioria. Fiquei me perguntando se haveria mulheres em Cabul capazes de lançar luz sobre o destino que aguardaria Zahra — o que poderia acontecer no outro lado de um casamento forçado para uma *bacha posh* quase adulta —, e acabei convencendo a arisca doutora a me apresentar sua antiga colega de escola. Como sempre, não há um número de telefone, mas, juntas e a pé, finalmente localizamos Shukria num dos movimentados hospitais de Cabul.

É num jardinzinho atrás do hospital que a história da antiga identidade de Shukria vem à tona pela primeira vez. Nunca ninguém lhe havia perguntado a respeito. Ela descreve um rapaz arrogante, de jeans e jaqueta de couro, que carregava sempre um canivete no bolso de trás, caso precisasse defender sua honra — ou a honra de uma garota. Shukria se refere a ele no passado. *Shukur*. Morreu, não existe mais.

Agora com 35 anos, ou talvez um pouco mais — como muitos afegãos, ela apenas estima a idade e diminui alguns anos em seu favor —, Shukria usa um manto marrom até o chão, a *abaya*, durante seis manhãs por semana, e anda com um pequeno par de óculos coloridos. Aplica cuidadosamente no rosto gasto uma grossa

camada de base bege e pinta os lábios com um batom vermelho-
-escuro, tentando não borrar muito. Isso a ajuda a se concentrar.
Até coloca com a ponta do dedo um pouco de perfume, de um
frasquinho que comprou no bazar. A fragrância, chamada Royal
After Shave, é "Fabricada no Reino da Arábia Saudita". O perfume
é forte e silvestre. Ela não suportaria nenhuma das opções mais
florais. Disse ao vendedor que era para o marido.

Seu cabelo escuro ondulado está inteiramente coberto por
um lenço de seda. Ela tem vários, todos de seda estampada, e
gosta de usá-los. O lenço mostra a que lado da sociedade ela pertence. Agora está com as mulheres. Ela precisa saber, *sentir* isso
pessoalmente.

Mãe de três crianças, Shukria pega o ônibus para o trabalho,
num dos hospitais mais movimentados de Cabul, onde troca de
roupa outra vez, vestindo seu uniforme azul-claro, bastante folga-
do, e uma touquinha. O uniforme é igual para todos; os colegas do
sexo masculino também usam. As enfermeiras normalmente
usam batas mais compridas, mas Shukria sempre escolhe o jaleco
masculino. Conserva nas orelhas os brincos de ouro, único indicador de feminilidade.

Com esses trajes, ela sustenta os filhos e o marido desempregado, trabalhando como enfermeira anestesista durante treze horas diárias. O horário é mais prolongado quando a ala cirúrgica,
pouco equipada, se enche com a chegada de feridos em alguma
explosão em Cabul.

Gostam de Shukria no hospital, onde trabalha há mais de dez
anos. Pelo menos é o que ela acha. Sabem que trabalha rápido e
não precisa de muitas instruções. Raramente se emociona, ao contrário de algumas outras enfermeiras. Isso é útil.

Mas Shukria ainda tem surtos de adrenalina. Sobretudo
quando sente a onda de choque de uma bomba nas proximidades.
Logo em seguida, porém, ela retoma a rotina costumeira de andar

atrás de um médico, fazendo a triagem, observando se o paciente está mais perto da vida ou da morte e para onde será conduzido — se diretamente para a sala de cirurgia ou para um dos leitos com forro plástico. Plástico, pois assim fica mais fácil lavar o sangue depois. Após uma explosão, os feridos chegam às dezenas, em macas ou carregados por outros. Às vezes pai e filho dividem a mesma maca.

Shukria nunca estudou traumatologia, mas já viu o corpo humano destruído das mais variadas maneiras, com cada imagem catalogada mentalmente. As mais marcantes são de corpinhos sem pernas ou braços, ou com grandes orifícios no tronco miúdo. Ainda relembra o ar de espanto das crianças olhando para ela. Há muitos gritos e prantos, mas depois somem os sons em seu *slide show*. Tudo fica silencioso, mas em cores. Na mesa de cirurgia, a função de Shukria é aquietá-las.

Nunca há um "interrogatório" ou muita conversa depois de um dia como esse. O pessoal do hospital simplesmente prossegue e ninguém para enquanto não diminui a chegada das vítimas. Então Shukria se lava e toma o ônibus de volta para casa. Em Cabul, todos já viveram seus horrores pessoais e, na maioria, já viram mortes violentas.

Ela guarda algumas fotos de si, quando era um rapaz de cabelo grande e ondulado, com expressão séria. Nunca sorrindo. Mas agora sorri ao olhar as fotos, lembrando o que considera "a melhor época" de sua vida. Às vezes fica irritada consigo mesma por não ter aproveitado melhor — pois nunca soube ou talvez nunca admitisse que ia terminar tão bruscamente.

Quando Shukria nasceu, seus pais não queriam mais se arriscar. Sua formação começou no dia em que chegou ao mundo. O ideal, claro, seria que ela tivesse nascido menino. Mas isso não fazia muita diferença para a tarefa que lhe seria designada: proteger o irmão mais velho.

Sua mãe se casara aos treze anos com um homem que tinha trinta anos a mais que ela. Era sua segunda esposa. A primeira nunca engravidou, mas a mãe de Shukria logo ficou grávida, para a alegria de todos, à exceção da primeira esposa sem filhos: sua vergonha se acentuava e piorava com a fertilidade da pequena adolescente recém-chegada. Mas o bebê da nova esposa morreu com alguns meses de vida. O próximo, no ano seguinte, também. Quando um terceiro bebê adoeceu, surgiram suspeitas de que a primeira esposa tentara envená-lo e matara os dois meninos anteriores, visto que havia ajudado a lhes dar a mamadeira com leite em pó.

A mãe adolescente de Shukria aos poucos concluiu que a esposa número um era a culpada. Um dia estourou uma briga entre as duas, e cada uma começou a atirar coisas de cozinha na cara da outra. Quando o marido entrou e puxou à força a primeira esposa ensanguentada, ela se jogou ao chão e começou a chorar descontrolada, suplicando que ele se divorciasse dela. "Nunca vou lhe dar o divórcio", respondeu ele. Então deu-lhe vários murros, até que ela ficou muda e inconsciente no chão.

Nunca mais se comentou o assunto na família, mas naquele dia ficou decidido que o próximo recém-nascido ficaria com a tarefa de proteger o filho restante, caso sobrevivesse. Se fora envenenado ou não, ninguém jamais saberia.

A próxima criança, que nasceu ainda naquele ano, era uma menina. Formalmente, recebeu o nome de Shukria, mas foi apresentada ao mundo como Shukur.

Ao crescer, Shukur sempre soube qual era seu papel especial e sentia orgulho em ser a companhia do irmão. Juntos, tornaram-se os dois príncipes da casa, destacando-se claramente das cinco irmãs que se seguiram. Shukur ocupava um dormitório separado com o irmão, enquanto o pai, a mãe e as irmãs dormiam todos juntos em outro quarto. Numa família afegã, é usual que os filhos mais velhos cuidem dos mais novos, mas a tarefa de Shukur era ainda mais específica.

Devia acompanhar o bem mais precioso da família — o filho — em todas as ocasiões, como guardiã. Faziam tudo juntos: dormiam na mesma cama, rezavam, iam à escola. Ela comia primeiro, e depois ele comia. Ela bebia primeiro, e depois ele bebia. Se surgisse alguma ameaça de outra criança, Shukur devia proteger o irmão com seu corpo. Nunca questionou; disseram-lhe que era uma honra para ela.

Além do mais, isso lhe dava a oportunidade de explorar a vida para além da reclusão imposta às irmãs. Não que ela fizesse muita ideia de como passavam os dias. Shukur e o irmão nunca ficavam dentro de casa um minuto além do necessário. Lá, sempre comiam primeiro, falavam primeiro e nunca se importavam com nenhuma daquelas trivialidades que se esperavam das irmãs, como lavar, limpar e cozinhar. Não era para meninos.

Juntos, eram donos do mundo lá fora, trepando em árvores e explorando as colinas que rodeavam Cabul. Os amigos de ambos os sexos de Shukur sempre souberam que nascera como menina. Todos os parentes e a maioria dos vizinhos também sabiam. Mas não era nada de mais — outra colega de classe também se fazia de menino. Era outra família, com suas razões próprias; ninguém se intrometia muito.

Quando os irmãos entraram na adolescência, passaram a ter ainda menos contato com meninas, pois aprenderam que misturar-se muito com o sexo mais frágil pareceria pouco viril e a fraqueza se insinuaria em seus corações. Os irmãos entraram numa turma de oito rapazes que vagueavam pela cidade usando jeans apertados e jaquetas curtas de couro, ao estilo Fonzie, penteando o cabelo com um ar ocidental.

Para causar impressão no bando e cultivar a honra, entravam em briga com gangues rivais. Shukur compensava o que lhe faltava de força bruta com a agilidade das pernas. Jamais lhe passou pela cabeça se apresentar como menina quando recebia algum desafio. Significaria derrota imediata — e vergonha.

Na hora das orações, ela rezava na seção da mesquita reservada aos homens, junto com os demais, pondo as mãos no estômago como eles, e não sobre o peito, como devem fazer as mulheres. Os amigos a aceitavam e a respeitavam como um rapaz honorário. Certa vez, num ônibus, Shukur puxou uma faca e apontou para um garoto que se sentara e tentava molestar uma estudante. Ela não precisou pensar; era um reflexo. Os homens deviam proteger as mulheres contra outros homens; ela sabia que era assim que funcionava a sociedade e assim era o melhor.

Às vezes, o bandinho de Shukur também praticava um assédio leve. Chegavam a uma proximidade perigosa das garotas, as quais suplicavam que mantivessem distância, para que os pais não se enfurecessem. O bando não se importava muito com elas; a questão era provocar os irmãos.

Os meninos conheciam algo sobre o amor, mas não gostavam de perder tempo pensando nesse tipo de coisa. Mas sabiam que as garotas pensavam e, às vezes, os meninos brincavam com isso, só para ver até que ponto as meninas iriam — o quanto estavam dispostas a se arriscar. Shukria logo aprendeu que o amor era algo que podia distorcer a cabeça da pessoa e devia ser deixado ao sexo mais frágil. A mente das mulheres era especialmente propensa a se distrair com livros e poesias. A mente dos homens, por outro lado, era mais concentrada e mais bem equipada para resolver problemas importantes e construir coisas. Pelo menos foi isso que lhe ensinaram.

Com os privilégios associados ao fato de ser o segundo filho, vinha também a responsabilidade. Ir ao mercado, comprar alimentos e suprimentos, carregar sacos pesados de farinha e latas de óleo de cozinha — tudo isso ficava a seu cargo. O filho mais velho era poupado — seu status na família era superior ao da *bacha posh* — e o trabalho pesado ficava para Shukur. Ficou especialmente puxado quando começou a menstruar. Contar ao pai era impensável: ficaria marcada como mulher e, pior, o sangramento indicaria que era impura e fraca. Então, aos quinze anos, entre o final do verão e início do outono, Shukur se debatia com cólicas enquanto enchia um carrinho de barro, num fosso próximo, correndo até a casa para preparar o telhado para o inverno. Durante o verão, o telhado de barro geralmente ressecava e rachava, e assim, nos meses que antecediam o cruel e gelado inverno, era preciso reformá-lo. Entre as viagens empurrando a carriola cheia de barro, Shukur se agachava e abraçava as pernas, tentando atenuar a dor e aquecer o ventre. Sua mãe nunca perguntou, e o pai jamais saberia. Shukur amava o pai e queria fazer tudo o que pudesse para agradá-lo, sendo um filho irrepreensível.

Ela dá graças por ter demorado a menstruar. A menstruação das irmãs mais novas começou muito antes, no início da puberdade. Mas quando Shukur chegou aos treze anos, tal como Zahra, seus quadris não se arredondaram. Seu peito continuou liso. E ela forçava a voz para manter um tom mais grave, como o dos outros garotos.

A mãe lhe contara que as crianças nascem do corpo da mulher. O nascimento em si lhe parecia assustador. A mãe, como muitas outras mães afegãs, contou que o bebê saía de repente de um orifício no estômago da mulher. Essa era mais uma razão para o alívio que sentia ao pensar que nunca se casaria, na certeza de que era mais necessária dentro da família. Shukur imaginava que substituiria o pai no sustento da casa. Ele era funcionário da segurança no aeroporto e se aposentou quando ela completou catorze anos. Assim, Shukur decidiu que estudaria enfermagem. Na verdade, queria fazer medicina, mas eram vários anos a mais de estudo e sairia mais caro. Precisava trabalhar e ter um salário para poder continuar sendo um filho para o pai e um irmão para as irmãs. Esse era o plano.

Logo começaram a surgir problemas. Assim como a vida de Azita mudou radicalmente naquela mesma época, no início dos anos 1990, a vida de Shukur também mudou. Mas a família continuou em Cabul durante toda a guerra civil que se sucedeu ao governo comunista. Shukur estava com dezessete anos no dia em que três *mujahidin* bateram à porta. Acabara de se instituir em Cabul um código mais rigoroso sobre a indumentária feminina, sendo obrigatório cobrir a cabeça. Os combatentes tinham ouvido falar de uma mulher que se vestia de homem e decidiram corrigir aquela abominação. Shukur estava em casa no bairro de Darulaman, onde crescera, de jeans, camiseta desleixada e o cabelo que cultivara em estilo afro. Os combatentes pararam na porta, exigindo a presença do criminoso travestido que souberam que morava na casa. No começo, o pai ficou imóvel. Mas Shukur se adiantou e disse com toda a franqueza que provavelmente era ela a quem eles estavam procurando. Os homens a estudaram e trocaram olhares, até que um deles falou em tom de autoridade: "Tudo bem. Você parece menino e é totalmente como um menino. Então vamos considerá-lo menino".

Com isso, Shukur adquiriu credibilidade como homem com a aprovação dos *mujahidin*. Os combatentes foram embora e nunca mais voltaram. Mas eram arautos de dias mais sombrios pela frente. Seus pais começaram a pensar que talvez fosse impossível que Shukur continuasse como homem, sobretudo porque os parentes reclamavam constantemente — eles também estavam ficando mais conservadores e atemorizados. Alguns argumentavam que era impróprio ter uma menina adolescente na família que se passava por garoto. Como sempre, a honra e a reputação estavam em jogo.

Assim, quando seu primo, três anos mais velho, chegou e disse "Você está noiva", Shukur reagiu como reagiria normalmente a um insulto: deu-lhe um soco na cara. Ele soltou um grito e pôs as mãos no nariz. Sabia que não podia revidar na prima.

E havia dito a verdade.

O tio de Shukur apresentara o argumento decisivo aos pais dela. Agora era perigoso demais que a filha continuasse a viver como homem. Com o avanço do Talibã, instituindo total segregação dos sexos, o travestimento foi oficialmente proibido. As regras determinavam que as mulheres não podiam sair de maneira nenhuma; caso saíssem, precisariam estar totalmente cobertas, para não despertar desejo nos homens, o que contribuiria para a decadência da sociedade. A família devia proteger Shukur — e a si mesma —, disse o tio. A melhor maneira era arranjar seu casamento. E, lembrou ele, havia também a questão do dote, claro, que a família do marido pagaria para ter Shukur como noiva. Por que recusar um bom preço por uma noiva nesses tempos incertos?

Como Shukur não podia comentar a questão diretamente com o pai — seria impróprio e desrespeitoso —, ela apresentou sua defesa à mãe: "Por favor, não estou causando nenhum problema a vocês. Não lhes peço nada, ao contrário das outras filhas. Nunca peço roupas novas, nem mesmo no Eid, o final do Ramadã. Não sou um fardo. Só tento ajudar".

A mãe ouviu cerca de metade do que Shukur tentava dizer. Então atalhou a filha. Ela mesma se casara aos treze anos. Sem dúvida Shukur daria conta, especialmente depois de passar tantos anos andando por aí como nenhuma outra mulher poderia fazer. E havia sido um período bem longo. Shukur devia se sentir agradecida. Era possível que o futuro marido a deixasse continuar trabalhando no hospital, mas suas obrigações como esposa teriam prioridade. Seu mandato de filho útil tinha acabado. Agora, ou obedecia ou perdia a família inteira. Não havia muita escolha.

Alguns dias depois, a tia de Shukria lhe trouxe uma saia comprida, até os pés, uma burca e um par de sapatos pequenos e incrivelmente pontudos. No começo, ela podia estranhar as roupas de mulher, mas logo se acostumaria, disse-lhe a tia. Ela achou que a tia estava mentindo.

Na festa de noivado — uma pequena reunião da era talibã, com 75 pessoas —, Shukria reconheceu o futuro marido, ao se encontrarem pela primeira vez. Ela o vira se esgueirando várias vezes pelo hospital, olhando diretamente para ela. Encarando, até. Na época, Shukria não deu muita atenção; o hospital vivia num estado de caos constante, abarrotado de pacientes e familiares. Mas ela se lembrava do rosto dele, observando-a enquanto ela corria de uma sala de cirurgia a outra, sempre à distância. Ele tinha ido até lá para vê-la, por insistência da família.

De suas observações, ele concluiu que Shukria daria uma boa esposa. Haviam lhe dito que, debaixo daquele jaleco, ela era uma mulher como todas as outras. Ainda melhor, ela já sustentava a família com seu emprego no hospital. Isso seria uma boa tábua de salvação para ele também, pensou o rapaz, caso sua firma de construção não desse certo. Mais tarde, Shukria entendeu como tudo aquilo acontecera: "Alguns colegas conheciam meu nome feminino, e a mãe dele descobriu que eu era mulher. Foi avisada que eu era uma *bacha posh* e que provavelmente eu o encheria de porrada, caso sua família se atrevesse a abordar a minha para falar em casamento. Mas ele gostou do meu estilo".

O homem que Shukria desposou viu que ela não tinha nenhuma experiência em ser mulher e disse que lhe daria tempo para se adaptar. Também havia uma *bacha posh* entre seus parentes. Nesse caso, ele apenas calhou ser o destino dela, aquele que a reconduziria à devida feminilidade.

Como concessão, no começo do casamento ele a incentivou a usar calças em casa. Sabia que isso levantaria o ânimo de Shukria.

Em sua nova vida doméstica, as súbitas restrições de movimento incomodaram Shukria — recém-casada, levou algum tempo até entender que não podia mais sair de casa quando quisesse. Diversas vezes, quando acabava de pôr o pé para fora, prontamente puxavam-na de volta e lhe passavam uma reprimenda. A família do marido lhe disse que era um pouco "tonta da cabeça", e ela concordou que tinha algo de errado. Prometeu várias vezes prestar mais atenção e se lembrar das coisas.

Ainda mais incômodo, para ela e para a família, era sua incapacidade de cumprir as tarefas femininas mais simples. Disseram-lhe que tais habilidades vinham naturalmente às mulheres. Mas parecia não ter nenhum talento feminino inato para criar ordem, beleza e paz em torno de si. Sim, estava claro que havia algo de errado com ela, concluiu Shukria. Quando servia a comida, estava crua ou queimada. As roupas lavadas não ficavam limpas, por mais que suas mãos coçassem de tantas horas enxaguando. Quando tentava consertar a lapela do paletó do marido, os dedos pareciam grandes demais e a agulha escapava. Quando a sogra tentou ensiná-la a limpar o chão, Shukria tropeçava nos baldes de água e fazia tamanha bagunça que a mandavam ir para o quarto.

Tentou cuidar da aparência, penteando o cabelo de um jeito que parecesse mais feminino. Depois de muito tempo e paciência na frente do espelho, descobriu que, pelo menos de vez em quando, conseguia domar e fazer com que o cabelo crespo se comportasse. Quando o cabelo cresceu, caía pelas costas, em vez de ficar espetado na cabeça, como sempre gostou de usar. Mas, quando encontrava outras mulheres, ainda diziam que ela parecia esquisita.

Todavia, eram estas as suas novas amigas, com quem passava a maior parte do tempo presa dentro da casa escura, com as cortinas fechadas e as janelas pintadas de preto. Quando enfrentava a densa poeira de Cabul lá fora, sempre com a escolta masculina obrigatória, nunca podia ir aonde queria. E mal conseguia enxergar qualquer coisa pela pequena tela da burca. O governo do Talibã foi talvez o pior momento para se tornar mulher, e a vida de Shukria veio a consistir num período ainda mais longo de reclusão silenciosa em aposentos mal iluminados. Apesar disso, os convites para tomar chá com outras mulheres do bairro ou mesmo com as parentes do marido sempre lhe causavam extremo nervosismo.

O problema começava na hora de se cumprimentarem.

Os três beijinhos no rosto que as mulheres trocavam pareciam íntimos demais. Shukria nunca ficara tão perto de outra mulher, e era esquisito sentir o contato da pele e o perfume delas. Ficava constrangida. A pele delas também era mais macia. Algumas lhe ofereciam o creme de rosto que usavam, mas Shukria concluiu que não conseguia suportar o cheiro adocicado.

As reuniões femininas apresentavam outros desafios. As mulheres de respeito se sentam sobre os calcanhares, com as pernas dobradas simetricamente sob o tronco, posição que aprenderam desde a infância. Shukria, acostumada a abrir bastante as pernas tão logo se sentava, esforçava-se ao máximo para aguentar a dor que invariavelmente se seguia na nova posição. Levou algum tempo até aprender também a maneira correta de falar: ela falava alto demais, e sua voz era muito grossa para um grupo exclusivamente feminino. Até hoje, às vezes ela ainda atende ao telefone usando por engano sua "voz da garganta", como diz, e então se corrige rapidamente.

O pior de tudo era o próprio convívio social. Shukria simplesmente não sabia o que falar. As mulheres usavam uma linguagem que ela não entendia, sobre comida, roupas, filhos, maridos. Trocavam dicas para conceber meninos. Shukria não tinha experiência em nenhuma dessas áreas e achava difícil falar dos acontecimentos de sua vida num tom igualmente dramático. Era como se simplesmente não conseguisse fazer amigas. As mulheres a aceitaram prontamente como esposa de alguém, mas não se davam ao trabalho de conversar muito com ela, pois era bastante desajeitada e ficava quieta quando lhe perguntavam alguma coisa.

Levou um tempo até Shukria perceber a maneira como as mulheres pareciam se relacionar: por meio dos mexericos. Depois de jurar que manteria segredo, uma delas arrancava algum segredinho de outra, talvez sobre uma fantasia romântica ou algo igualmente proibido. Depois passava adiante o segredo da amiga, muitas vezes acrescentando alguma observação depreciativa, como uma espécie de isca para se relacionar com uma terceira mulher. Shukria concluiu que estabelecer intimidade violando o segredo de outra mulher era uma forma de socialização feminina. A precisão não tinha muita importância: opiniões, comentários e suspeitas sobre as outras tinham o mesmo valor. Ao que parecia, as que detinham maior quantidade de segredos eram as que tinham o maior número de amigas.

Shukria então tentou imitar essa maneira que as mulheres usavam para jogar umas com as outras, a fim de aumentar suas próprias influências em grupos isolados, onde a informação só passa de boca em boca e pode ser facilmente distorcida. Mas, na maioria das vezes, ela misturava e confundia os segredos, e assim perdia as potenciais novas amizades. Depois de algum tempo, ela também percebeu — por ensaio e erro — que as mulheres raramente eram diretas entre si, e preferiam usar rodeios para manifestar suas opiniões e para perguntar o que queriam saber. Em seu grupo de irmãos, Shukria não estava acostumada com essa abordagem, mas depois aprendeu pelo menos a detectar alguma crítica gentil ou algum pedido tácito.

Mas a coisa que ela nunca conseguiu dominar inteiramente é o que chama de "flerte", quando as mulheres dão risadinhas e cortejam novas amigas durante algo que parece um ritual de acasalamento, cada qual elogiando e agradando a outra, manifestando sua alegria por uma ser melhor ou mais bonita do que a outra. Mesmo com a prática, esse costume de dar risadinhas e jogar charme nunca deu muito certo com Shukria. Agora, depois de quinze anos sendo mulher abaixo da cintura e tendo trazido ao mundo o número requerido de filhos, ela nem tenta mais. Às vezes, chega até a atalhar os mexericos, quando não aguenta mais ouvir.

Apesar de tudo, gostaria de ser mais parecida com as outras mulheres. Sente-se solitária. Acha difícil se expressar. Para Shukria, parece que as mulheres contam sempre a mesma meia dúzia de histórias repetitivas de suas vidas, muitas vezes repletas de queixas dramáticas sobre seus sofrimentos. Ela jamais conseguiria imaginar-se contando a qualquer uma delas os detalhes de sua jornada complicada e angustiante, passando de homem a mulher. Não quer que ninguém sinta pena — encolhe-se à simples ideia de ser vista como vítima. Pode não ser mais um rapaz, mas gosta de pensar que há dentro de si a alma de um homem valente. Ser objeto de piedade seria a pior coisa do mundo e arruinaria a honra da pessoa.

Aos poucos, com grande esforço, Shukria continuou a moldar sua nova personalidade feminina baseando-se nas mulheres ao seu redor, assim como, em sua vida de *bacha posh*, aproveitara as deixas do irmão mais velho. Por fim, pôde se orgulhar de conseguir pelo menos uma aparência quase certa. Andava na ponta dos pés em sua burca, num andar que lhe parecia ser devidamente feminino, substituindo seu jeito anterior de andar com os braços abanando ou de enfiar as mãos nos bolsos enquanto dava passadas largas e caminhava depressa. Quando a burca deixou de ser obrigatória, ela continuou a andar desse seu novo jeito, mais feminino. Muitas vezes esquecia a parte mais importante — manter a cabeça baixa, de modo submisso —, mas quem estava por perto logo lhe chamava a atenção. Aprendeu que nenhuma mulher devia andar com as costas retas e o pescoço erguido. Em vez disso, passou a praticar o movimento de se encolher na mesma hora em que se punha de pé, e tem muito cuidado em ocupar um espaço físico bem menor do que costumava, mantendo todas as extremidades do corpo juntas.

Observando e imitando o comportamento feminino, Shukria agora chegou a ideias muito claras sobre as diferenças de conduta dos homens e das mulheres.

"Tive de mudar meus pensamentos e tudo dentro de minha mente", ela diz.

Shukria explica como se tornou mulher de uma maneira muito similar às formulações de Judith Butler, filósofa e teórica de gêneros americana. O gênero de Shukria — tanto o masculino quanto o feminino — foi vivido como uma construção social e cultural, em que a repetição de certos atos formou sua identidade em cada lado. Segundo Butler, assim como uma criança pequena aprende a falar uma língua repetindo várias vezes as mesmas palavras e ações, os comportamentos de gênero também são aprendidos.[1] O *sexo* da pessoa é determinado no nascimento, mas o *gênero* não: ele é desenvolvido e adotado na prática.

Mas, assim como o aprendizado de uma nova língua, com suas sonoridades e melodias próprias, muitas vezes é mais difícil para um adulto, da mesma forma o aprendizado de ser mulher é, para Shukria, um processo em andamento e uma língua em que talvez nunca adquira plena fluência. Seu lado masculino "pegou" de uma maneira "natural", como diz ela. Foi sua primeira linguagem oral e sua primeira linguagem corporal, e os meninos foram seus primeiros amigos. Todas as outras coisas — todas as coisas femininas — ela tem de lembrar e se corrigir constantemente.

Mas o que formou Shukur? E quem é Shukria? Para onde segue Zahra, e quem ou o que Mehran se tornará, dependendo do tempo que continuar como menino? Seria difícil argumentar que nasceram assim, visto que foram escolhidas para serem criadas como meninos. Mas será que apenas a criação é totalmente responsável pela formação de uma identidade de gênero numa pessoa?

Muitos diriam que homens e mulheres são diferentes — que cada um tem talvez certos traços e comportamentos, e até certas preferências, que são próprios daquele gênero. Pelo menos gostaríamos que fosse assim, pois organizamos nossa sociedade inteira de acordo com duas versões distintas de gênero — um masculino, outro feminino.

Essa distinção nos ajuda a desempenhar nossos papéis, oferece conforto e segurança, orienta-nos em nossas interações mútuas. Em nosso cotidiano, muitas coisas giram em torno das diferenças percebidas entre homens e mulheres, e sem um uso constante do gênero como pedra de toque, podemos ficar totalmente desorientados. O gênero é apenas uma das maneiras pelas quais tentamos entender o mistério da vida. Meu irmão me descreveu uma vez sua alegria ao saber que sua companheira estava grávida de uma menina: "Em primeiro lugar, já é incrivelmente difícil entender que você criou outro ser humano. Quando você descobre que é menino ou menina... Bem, pelo menos aí você fica sabendo uma coisa sobre a criança".

O gênero encerra beleza, romantismo e encanto para nós. Homens e mulheres são "diferentes" porque geralmente *gostamos* dessas diferenças e porque gostamos de ressaltar e jogar com essas noções. O gênero é um desconhecido que podemos explorar —

embora demasiada experimentação com a definição binária de dois gêneros cause desconforto a muita gente.

Mas assim que a conversa passa para a maneira *como* nos tornamos diferentes — por nascimento ou por criação —, o gênero se torna menos um fato e mais um objeto de controvérsia.

A linha da "natureza" — cada um de nós nasce com um determinado conjunto de capacidades, e qualquer característica ou conduta específica de gênero vem programada em nosso DNA — defende a ideia de que cada gênero é biologicamente adequado para coisas diferentes desde o nascimento. Essa linha de pensamento tem sido historicamente utilizada para afirmar que as mulheres não têm certas características, são incapazes de algumas tarefas e, portanto, não devem ter certos direitos. As mulheres e meninas são tidas pela tradição como "naturalmente" mais gentis, mais suaves e, de modo geral, mais dotadas para a vida doméstica do que os homens. Nessa concepção histórica, era melhor deixar a lógica, a tomada de decisão ou mesmo grande parte do *pensamento* a cargo dos homens, de mente mais aguda e mais analítica.

Ao longo do tempo e com resultados variados, a ciência, a medicina e a psicologia tentaram demonstrar essas teorias, talvez mais notadamente em pesquisas sobre mulheres realizadas por doutores do sexo masculino. Por exemplo, um argumento central na Europa oitocentista era que o cérebro feminino está diretamente ligado ao útero.[2] O útero, sob o grande peso da menstruação e da gestação, governava o cérebro e causava o comportamento congênito e errático da mulher. Ainda hoje, esses mesmos argumentos são utilizados por muitos afegãos instruídos, de ambos os sexos, como maneira de justificar a inexistência de direitos das mulheres. Levou muito tempo para que esse tipo de pseudociência sobre o cérebro "naturalmente" fraco das mulheres fosse desbancado no mundo ocidental, embora ainda se ouçam resquícios dessa posição entre os políticos conservadores e religiosos que enaltecem o valor da família tradicional.

Todavia, se a tradição de determinar diferenças e características intrínsecas em seres humanos baseadas na cor da pele já foi totalmente descartada nesses tempos, a ideia de que meninos e meninas nascem com cérebros inteiramente diferentes, que determinam o comportamento durante o crescimento, vem se arrastando até os dias de hoje. No entanto, existem poucas validações científicas para a discriminação com base no gênero ou no sexo de nascença, na medida em que não existe nenhuma maneira simples de separar os indivíduos por gênero. Em muitas sociedades instruídas, não se considera mais válido ou aceitável classificar estritamente os indivíduos, desde o nascimento, por características, traços e comportamentos "masculinos" ou "femininos" tradicionais,[3] visto que as pesquisas mostraram que duas pessoas do *mesmo* sexo têm realmente maior probabilidade de serem *mais diferentes* entre si do que um homem e uma mulher escolhidos aleatoriamente e postos lado a lado.[4]

A resposta à questão natureza versus criação é menos controversa do que podem pretender alguns: o que forma uma pessoa e uma personalidade é, de fato, uma *combinação* entre natureza e criação, no desenvolvimento do cérebro no ventre e nas experiências de vida subsequentes.

Há também o giro completo: o que é "natural", no sentido de ser presumivelmente inato, não é o mesmo que se pode *sentir* como natural. Podemos sentir certos atos ou comportamentos como "naturais" para nós, depois de praticá-los por muitos anos, porque o cérebro se ajustou ou se desenvolveu fisicamente numa determinada direção.

Em outras palavras: com o tempo, a criação pode *se tornar* natureza.[5]

É nesse ponto que a ciência se cruza com a experiência de

Shukria. Para ela, o gênero masculino "pegou" em certa medida, conforme corpo e mente se desenvolveram e tais experiências formaram sua personalidade. Shukria não precisa que um neurologista ou um psicólogo lhe diga o que ela já sabe: "Virar homem é simples. O exterior é fácil de mudar. Voltar é difícil. Fica uma sensação por dentro que nunca muda".

Onde ela trabalha, os médicos existem para finalidades de sobrevivência imediata. Há poucos profissionais de saúde mental no país. Embora os afegãos admitam normalmente que sofrem de ansiedade por viver em estado de guerra quase constante, poucos procuraram ou tiveram acesso a ajuda profissional. Isso seria vergonhoso, e os poucos médicos especializados em assuntos mentais estão ocupados atendendo os que perderam totalmente o juízo. A psicologia é associada a manicômios decadentes onde ficam os *realmente* loucos, para não trazerem ameaças aos demais. Tal como outras mulheres adultas com histórico de *bacha posh* que podem ter ido longe demais, e que vivem silenciosamente como esposas em todo o Afeganistão, Shukria até agora contou apenas consigo mesma para examinar a própria psique.

Ela tem uma opinião muito clara: seus pais jamais deviam tê-la feito menino, já que, ao final, teve de se tornar mulher. Como mãe, Shukria toma muito cuidado em criar a filha como menina tradicional e os dois filhos como meninos. Nunca permitiria que a filha mudasse de gênero.

Shukria acredita que as regras precisas sobre o que constitui exatamente a masculinidade e a feminilidade no Afeganistão são as razões pelas quais lhe foi difícil, mas não impossível, aprender a se tornar mulher. Ela apresenta algumas de suas observações pessoais — nenhuma tem qualquer base científica, mas mesmo assim ajudaram-na no processo. O homem dá o primeiro passo com o pé direito; a mulher, com o esquerdo. O homem respira pelo abdômen; a mulher, pelo peito. A voz masculina vem da garganta: "Você precisa ir mais fundo para o som certo". A voz feminina sai logo sob o queixo, com um sopro mais leve.

Ela fica de pé, demonstrando seu andar masculino: ombros para trás, com passadas largas e os braços balançando do lado. Ela costumava andar com a mão dentro do bolso do casaco — um bolso à altura do peito, mais ou menos. Como Napoleão.

"Você pensa então que o gênero está totalmente em sua cabeça?", pergunto.

"Sei que está. É a maneira como crescemos."

"Mas não nascemos com algumas coisas que nos diferenciam? Além do corpo?"

"Não." Shukria abana várias vezes a cabeça e aponta para si mesma: "Vivi isso pessoalmente. Você aprende tudo. Está tudo na mente e no meio ambiente. Como você poderia me explicar de outra maneira?".

Setareh se vira para mim, esperando uma resposta para traduzir para Shukria. Abano a cabeça. Não tenho nenhuma.

Neste dia, estamos numa salinha sem janelas, de cheiro forte, nos fundos do restaurante onde agora já passamos dezenas de tardes com Shukria. Estamos separadas dos homens, que estão reclinados em tapetes grossos, fumando narguilé e comendo kebabs de frango do outro lado de uma parede fina.

Raramente vêm mulheres ao restaurante, explicou o dono, nervoso. Mais uma vez, ofereceram-nos uma despensa ao lado do banheiro masculino — não há para mulheres. Se flagrassem algumas clientes cobertas de preto perto demais dos homens, poderia ser a ruína de todo o estabelecimento. Mas fica no caminho de Shukria na volta do hospital para casa e, segundo ela, é de excelente "segurança". Mal sabe ela, e tampouco nós, que dali a alguns meses o ar estará cheio de morteiros e granadas propelidas por mísseis contra a embaixada dos Estados Unidos, logo ao lado.

O cardápio está escrito em dari e em inglês, talvez por causa da embaixada vizinha, e oferece várias opções de pizza: *cispy, spaisee, tike, teen, soft* ou simplesmente *amrican style*. Em geral ficamos com chá e bolo de cardamomo.

Ergo-me do chão e fico na frente de Shukria.

"Certo, então me transforme em homem", digo eu. "Se você acha que uma pessoa pode mudar. Me mostre como se faz. Me ensine."

Shukria me observa durante vários segundos. Então vira-se para Setareh. Sai uma enxurrada de palavras; Setareh mal consegue acompanhar a explicação de Shukria.

Ela explica que me observou diversas vezes no jardim do hospital. Mesmo que Setareh tenha me orientado sistematicamente nas roupas e num comportamento discreto, próprio de mulher, as pessoas ainda me encaram quando ando, dando passadas largas em meus trajes pretos. E me olham não só porque sou obviamente uma ocidental, comenta Shukria. Olham-me porque eu ando como se "fosse a dona de tudo". Vou a todas as partes sem marido ou pai. E quando falamos, observa Shukria, eu olho nos olhos dela, sem parecer tímida ou emotiva. Não dou risadinhas — minha risada é de tipo mais rouco. E, como uma criança, não uso maquiagem no rosto nem joias nas mãos e nos pulsos. Shukria me lança mais um olhar rápido e se vira para Setareh, num tom de desculpas. Ela lhe pede para não traduzir literalmente suas palavras, pois podem ser ofensivas demais.

Mas Setareh já estourou numa risada, transmitindo gentilmente a mensagem: "Ela diz que você já é homem. Não tem nada para lhe ensinar".

14. A romântica

SHUKRIA

Foi o momento mais penoso que Shukria consegue lembrar. Foi também quando sentiu amor pela primeira vez. Então soube que, pelo menos até certo ponto, era mulher.

O parto lhe assegurou que havia algo de feminino nela, uma confirmação de que realmente tinha o corpo — e oxalá algo mais — de mulher. Foi um alívio ver que talvez não tivesse destruído totalmente esse lado ao ser homem.

Com tudo o que tentara observar e aprender — como se vestir, como se comportar, como falar —, ela finalmente não precisava mais se preocupar com o fato de outras mulheres flagrarem seus lapsos.

Agora tinha a prova: era mãe. Era uma delas. Ao todo, teria dois filhos e uma filha.

Sobre a concepção dos filhos, não se discutia muito entre as amigas. Nenhuma mulher quer ficar conhecida por saber demais ou parecer ansiosa demais em comentar qualquer coisa sobre "as partes secretas", uma das várias expressões que as afegãs usam para se referir a seus órgãos reprodutores.

A relação sexual é, por definição, ilegal no Afeganistão: o contrato matrimonial é o que a converte num ato admissível entre marido e esposa. Às vezes, as amigas de Shukria brincavam sobre a infeliz "tarefa" de ir para a cama com o marido, e sobre como todo mundo sabe "como são os homens". Alguns maridos queriam relações com mais frequência; outros insistiam apenas na tradição conjugal afegã das quintas-feiras à noite, quando se encerra a semana de trabalho e homens e mulheres se lavam e se arrumam com especial cuidado, antes das orações das sextas-feiras. Mas Shukria não se atrevia a perguntar às amigas o que era normal e qual devia ser a sensação ou o funcionamento de qualquer coisa relacionada às partes secretas. Nenhuma delas jamais mencionou algum prazer com o sexo, embora todas tivessem ouvido falar que havia mulheres que gostavam: prostitutas, com desejos obscenos e desnaturados. E, claro, estrangeiras — mais ou menos da mesma categoria.

O problema pessoal de Shukria sempre lhe pareceu estranho demais para ser exposto. Nenhuma de suas amigas crescera como menino, e ela tampouco podia perguntar a seus antigos amigos homens por que o sexo lhe dava a sensação de ser "um nada". Ela ri com nervosismo ao tentar descrever: "Não consigo dar amor como mulher a meu marido. Tentei, mas acho que me saí muito mal nisso. Quando ele toca em mim, não me sinto à vontade. Simplesmente não sinto nada. Quero ignorá-lo. Quando ele fica excitado, não consigo reagir. Meu corpo inteiro reage negativamente".

O que de fato gera rejeição nela não é o contato físico, mas a vergonha: não lhe parece certo estar na cama com um homem, mesmo sendo a esposa dele. "Não tenho esses sentimentos que outras mulheres têm pelos homens. Não sei como lhe explicar..."

Ela nos olha e diz, hesitante: "Às vezes, para mim é muito difícil estar na cama com meu marido porque ele é um homem. Penso que também sou homem. Eu mesma me sinto um homem, por dentro. E então sinto que é errado dois homens estarem juntos".

Então será que ela é homossexual?

Shukria não se mostra minimamente ofendida ou constrangida quando, depois de rodear um pouco, finalmente faço a pergunta. Ela fica quase triste em admitir que também não sente atração por mulheres. O fato de tê-las evitado e alimentado a profunda convicção de que elas são o sexo frágil não cria nenhuma aura romântica para Shukria. A intimidade com uma mulher também seria errada.

Na verdade, ela tem certeza de que, em geral, prefere homens: "Homens são fortes, determinados. Mulheres são muito sensíveis. Entendo os homens. Tenho muita facilidade em senti-los".

Minha questão se Shukria ou outra *bacha posh* pode desenvolver automaticamente preferências homossexuais por terem vivido como garotos se revela totalmente equivocada.

Em primeiro lugar, como explica o dr. Robert Garofalo, o especialista de Chicago em desenvolvimento do gênero, crescer com um gênero diferente do sexo de nascimento *não* acarreta por padrão a homossexualidade na idade adulta. Mas talvez o mais importante é que, se a *bacha posh* se torna homossexual, isso pressuporia que as mulheres que vivem no Afeganistão têm oportunidade de adotar, desenvolver ou praticar *qualquer* espécie de sexualidade.

Não têm.

No Afeganistão, o sexo é um meio para um fim: o de trazer filhos à família. Mas em nenhum ponto dessa equação a orientação ou preferência sexual é um fator para as mulheres. Manter relações sexuais com o marido num casamento forçado é uma obrigação, a qual se cumpre a fim de procriar. Porém, quando ou como fazer sexo não é uma questão de desejo, de vontade ou sequer de escolha consciente. Identificar-se como *heterossexual* ou *homossexual*, bem como definir o que isso significa, pode ser muito difícil para uma afegã, que supostamente nem seria *sexual*.

É bastante recente a ideia de que qualquer mulher, em qualquer lugar do mundo, é capaz de ser sexual. Foi apenas a partir dos anos 1950, com o auxílio das pesquisas do dr. Alfred Kinsey e outros,[1] que começou a se estabelecer a ideia de que a sexualidade feminina é em muitos aspectos similar à masculina. Antes disso, uma mulher saudável, na ciência e na literatura ocidentais, era uma mulher *assexuada*.

Aquela que mostrasse alguma tendência a se interessar por sexo estaria muitas vezes sujeita a tratamentos para curar esse gosto incômodo e perigoso. Ensinava-se que os órgãos reprodutores femininos estavam na raiz do problema: na Europa oitocentista, a bibliografia da época documentava que o útero da mulher poderia ser removido por cirurgia, a fim de erradicar qualquer comportamento sexual desregrado e exagerado.[2] Esse sentimento ainda está presente no argumento contemporâneo em favor da mutilação genital feminina em vários lugares do mundo. Uma esposa assexuada é sempre preferível para se promover uma família estável.

Há uma contradição, claro, no argumento dos médicos especialistas da Europa oitocentista, bem como hoje no de muitos afegãos de ambos os sexos, sustentando que uma mulher não pode e não deve sentir nada sexualmente, visto que ela existe apenas para a reprodução. Ao mesmo tempo, há suspeitas e receios de que exista uma sexualidade feminina subjacente e explosiva, a qual deve ser refreada. Uma vez acesa, a sexualidade feminina poderia se mostrar incontrolável, e assim é melhor não a encorajar de maneira nenhuma. Boa parte das conversas discretas e tortuosas sobre sexo no Afeganistão costuma parar neste ponto: os homens são sexuais; as mulheres, nem tanto — a menos que tenham algum problema gravíssimo e pavoroso, o que dificulta ou até impede que muitas afegãs explorem sua sexualidade ou desenvolvam qualquer tipo de preferência.

Todavia, é evidente que a sexualidade feminina e as sensações sexuais existem no Afeganistão. Mas, tal como ocorre com o gênero, são retorcidas e muitas vezes não correspondem às descrições que aprendemos. Um aspecto interessante é que as sensações sexuais descritas por várias jovens solteiras de Cabul, que pressionei em conversas particulares sobre o tema proibido, tinham um enfoque ameno e abstrato. É o oposto da pornografia: suas fantasias não se dirigem a homens e não incluem a visualização de atos sexuais, mas são de tipo mais meditativo; uma fantasia durante uma masturbação pode incluir algo sobre o "paraíso", a "beleza" ou apenas uma sensação de calma e prazer. Porém, a masturbação é tolhida não só pelo medo e vergonha — em casas pequenas, onde é frequente que pais e filhos durmam no mesmo quarto, pode ser muito difícil conseguir um momento de privacidade. Ademais, as jovens ouvem alertas constantes de que tocar em si mesmas muito abaixo da cintura pode trazer algum dano à sua virgindade.

Para uma mulher casada, reconhecer alguma sexualidade própria e descobrir como tocar em si mesma não se traduz necessariamente em prazer sexual com o marido. Do lado masculino, um médico na casa dos trinta anos confirma, tal como acontece com a dra. Fareiba, que muitos homens procuram seus conselhos para ter filhos meninos, o que dá pretexto para conversarem sobre sexo. As conversas seguem um padrão semelhante: embora alguns homens se interessem em deixar a esposa "feliz", há o receio de que, se a mulher ficar "feliz demais", vai começar a fantasiar ou mesmo recorrer a outros homens que não o marido, podendo desenvolver interesse pelo sexo e se tornar incontrolável. Quanto a seu próprio casamento, o médico afirma confiante: "Em minha opinião, como posso dizer... Antes de eu chegar ao fim, minha esposa deve chegar ao fim. É melhor se ela vier ao fim duas vezes".

Mas a resposta de uma mulher de Cabul é típica da visão de muitas outras esposas sobre o sexo: "Se dependesse de mim, meu marido nunca encostaria em mim outra vez".

Onde a sexualidade em geral é suprimida e a ideia de que as mulheres podem ser sexuais é assunto de indiferença ou medo, a *homo*ssexualidade está num nível acima, como tabu. Se o sexo mal existe, a homossexualidade não existe — e certamente no caso das mulheres. As tentativas de falar de homossexualidade com afegãos costumam resultar numa risada nervosa ou na simples recusa de conversar.

Mesmo entre afegãos instruídos, a ideia de que as mulheres podem manter relações sexuais com outras mulheres é ao mesmo tempo ridícula e misteriosa, visto que, como me explicaram, é algo que contraria a própria definição do que é uma relação sexual. Como disse um homem: se não há pênis, o sexo simplesmente não tem sentido físico para nenhum dos lados.

O sociólogo comparativista Stephen O. Murray e o historiador e antropólogo Will Roscoe, que passaram em revista a história e a literatura para localizar as definições de homossexualidade nos mundos árabe e muçulmano, encontraram apenas referências "irrisórias" ao lesbianismo ao longo do tempo:

> Na maioria dos Estados islâmicos atuais, onde a representação até mesmo da conduta heterossexual entre marido e esposa é maciçamente censurada, a sexualidade mulher-mulher permanece inteiramente velada.[3]

Em seu livro *Islamic Homosexualities*, eles citam uma passagem do geógrafo e cartógrafo muçulmano Sharif al-Idrisi, do século XII. Esse texto raro reconhecia a existência inicial de mulheres que preferiam mulheres, e chegava a oferecer uma explicação interessante de suas razões — esclarecendo ao mesmo tempo por que constituíam um risco para a sociedade:

> Há também mulheres que são mais inteligentes do que as outras. Elas possuem muitas das maneiras dos homens, e se assemelham a eles até nos movimentos, no jeito como falam e na voz. Essas mulheres gostariam de ser o parceiro ativo, e gostariam de ficar por cima do homem que lhes torna isso possível. Tal mulher não se envergonha, tampouco, se seduz quem deseja. Se ela não tem vontade, ele não consegue obrigá-la a fazer amor. Isso lhe dificulta se submeter aos desejos dos homens e a leva ao amor lésbico. As mulheres com essas características se encontram, em sua maioria, entre as mulheres educadas e elegantes, as escribas, as estudiosas e as leitoras do Alcorão.

Note-se que ele frisa que tal ocorrência se deve exclusivamente à falta de parceiros masculinos adequados — a chamada homossexualidade situacional. Também sugere que uma mulher *educada* pode se tornar mais sexual e, assim, escolher as mulheres como parceiras sexuais, em detrimento dos homens. A conclusão implícita continua a ser uma preocupação entre muita gente no Afeganistão até hoje: a educação das mulheres pode ser prejudicial à sociedade e significar, em última análise, o fim da humanidade. É melhor manter o intelecto feminino na ignorância; do contrário, as mulheres podem ter ideias estranhas, como decidir trocar os homens por mulheres, com o resultado adicional de não nascerem mais bebês.

Passando para o outro gênero, as referências à homossexualidade *masculina* se concentram num leque entre a ridicularização e o asco entre a maioria dos homens afegãos. Tais relações são mantidas pelos indivíduos mais torpes. Da mesma forma, a homossexualidade masculina não existe oficialmente no Afeganistão, nem no vizinho Irã ou na maioria das demais sociedades islâmicas. Geralmente é vista como pecado ou crime, ou ambos.

No entanto, isso envolve algumas contradições agudas.

No Afeganistão, bem como no contexto histórico da homossexualidade masculina, um homem pode se envolver em *atividades* homossexuais. Isso, porém, não o converte automaticamente em *homossexual*. Faz-se uma distinção entre o papel ativo e o papel passivo na relação sexual, entre "tomar" prazer e se submeter a alguém. O homem viril é quem penetra, enquanto o penetrado é o lado mais fraco, como uma mulher que se submete a um homem. O penetrado também não precisa ser um homossexual, a menos que dê sinais de gostar demais do papel, caso em que pode realmente ser denunciado como homossexual ou *bedagh*, termo que designa o homossexual passivo.

O comportamento homossexual masculino, no papel ativo, é tradicionalmente explicado no Afeganistão pela falta de mulheres disponíveis. Ademais, as mulheres devem ser basicamente usadas para a procriação, e não necessariamente para o prazer.

A pederastia se justifica de modo semelhante. Como a sexualidade dos homens é uma força da natureza que precisa ser liberada, a maneira exata como isso se dá é de menor importância. Um garoto mais jovem e mais fraco é até preferível, visto que não fica desonrado como uma mulher ficaria. Há também menos risco de retaliação por parte de uma família furiosa: violentar um menino é uma ofensa menor do que violentar uma mulher. Como bônus, o perpetrador é considerado "macho", sem nada de "homossexual".

Quando as organizações de direitos das crianças tentam investigar a prática abusiva do *bacha bazi* — ou "menino joguete"

— no Afeganistão, em que os garotos são vendidos como dançarinos de entretenimento e também mantidos como escravos sexuais de comandantes militares e outros homens de poder, geralmente se deparam com um muro de silêncio. Muitos afegãos confirmam a existência de tal prática, mas poucos admitem que ela ocorre em suas comunidades.

Radhika Coomaraswamy, representante especial da ONU para crianças e conflitos armados, veio à frente e declarou em 2011: "Caudilhos e comandantes regionais muito poderosos de todas as forças de segurança, bem como das forças antigovernamentais, têm garotos que são ensinados a dançar".[4]

A Unicef também alertou em 2010 que o número de meninos que sofrem abusos sexuais com essa atividade tradicional é provavelmente reduzido, em comparação ao abuso sexual mais rotineiro de meninos "comuns" por homens "comuns".[5] Assim, apesar da censura religiosa e jurídica ao comportamento homossexual, as pesquisas indicam que as relações sexuais entre homens e meninos não são consideradas excepcionais nem criminosas nas culturas tradicionais ou modernas do Afeganistão.

Os homens afegãos também costumam ser muito cuidadosos com o linguajar; nunca falam na primeira pessoa, mas às vezes dizem que "conhecem alguém" que, quando menino, sofreu um ataque violento de um homem mais velho. Em seus estudos dos pachtos nos anos 1980, o antropólogo Charles Lindholm relatou:

> As primeiras experiências sexuais de muitos garotos, se não da maioria, se dão com um de seus companheiros de tendências passivas ou com um homem mais velho que é um *bedagh* comprovado. Os homens mais velhos ainda podem cultivar um jovem *protégé* bonito, que os acompanha por todas as partes, embora a prática não seja generalizada.[6]

Esses menores de idade, vítimas de violência sexual que foram atacados por outros homens e se sentem demasiado envergonhados para comentar o fato, também devem, segundo as expectativas, crescer e ter um desempenho sexual satisfatório com a esposa no casamento, a fim de gerar descendência.

A homossexualidade tal como podemos entendê-la, envolvendo duas partes com mútuo consentimento, não era muito documentada no Afeganistão até que um refugiado afegão no Canadá escreveu sobre suas experiências.

O autor Hamid Zaher conta que começou a se sentir atraído por outros garotos no oitavo ano do ensino fundamental. Ele afirma que o abuso sexual de meninos é amplamente aceito no Afeganistão, mas que é "absolutamente impossível" que dois homens adultos mantenham uma relação sexual consensual e igualitária no país. Por isso, foi dolorosa sua trajetória para descobrir e explorar sua orientação sexual, incluindo um diagnóstico de doença mental e culminando em sua fuga do país.[7]

Assim como a homossexualidade feminina levou muito mais tempo do que a masculina para ser reconhecida em grande parte do Ocidente, pode levar décadas até que uma mulher afegã tenha condições de definir sua orientação sexual como lésbica ou bissexual. Ou alguma outra coisa. Num futuro distante, talvez as pessoas não precisem ser definidas como heterossexual *ou* homossexual por toda a vida, com o reconhecimento de que a sexualidade do indivíduo pode ser mais fluida e situacional.

Porém, num lugar onde os casamentos são arranjados e o sexo se destina à reprodução, ainda persistem resquícios de romantismo, como demonstram as frívolas convidadas das festas de casamento, que se sentem atraídas pelo que há de mais proibido. Embora sejam raros os casamentos por amor no Afeganistão, proliferam histórias a respeito, e tanto as mulheres quanto os homens nutrem fantasias de uniões inspiradas pelas relações aventurosas da literatura e da poesia — muitas vezes supliciadas, mas imbuídas de grande paixão. Aqui, o ardor de uma paixão colegial pode durar por toda uma vida.

Como muitas afegãs, Shukria não usa aliança de casamento. Mas ela tem num dedo da mão direita um intrigante anel de prata bem grande, que de início não quer comentar. Até que me atrevo a sugerir que uma antiga paixão secreta lhe deu o anel. Ela nega: não, não, não é isso.

"Eu tinha um grande amigo que era muito próximo. O anel é dele. Mas nunca me apaixonei."

São dois anéis iguais. O amigo lhe deu um e ficou com o outro. Também o usa desde aquela época.

Parece muito romântico. Olho para Setareh em busca de apoio. Ela continua impassível. Para Setareh, sou eu que não entendo nada de amor. Tivemos uma discussão no carro. Ela me pediu para lhe dar cobertura nas vezes em que se encontra com "um amigo" da universidade. Se o pai dela ligar, é para eu dizer que ela está comigo. Respondo que é perigoso demais. E se houver uma explosão e eu não souber dizer a seus pais onde ela está? E insisto: quando sou responsável por ela, temos de estar juntas. Ela devolve dizendo que sou uma máquina sem coração.

Sei que, de qualquer forma, Setareh vai correr o risco e dizer ao pai que está comigo, e só posso rezar para que ela não seja apanhada e não fique muito perto de um homem-bomba. Sei que ela não tem esse medo.

Shukria não cede a respeito do anel. Não há nenhum romance. Apenas os oito homens que considera amigos. Da turma da infância. Ainda continuam ligados. Quando ela adoece, eles vêm visitá-la, e todos se contatam periodicamente. Shukria tem proximidade especial com um deles — iam à escola juntos e depois trabalharam no mesmo hospital. Os pais dele a amam como sua própria filha. Ele ainda a chama de Shukur. Para provar que a ligação entre eles já foi mal interpretada, Shukria conta que a mãe do rapaz pensou certa vez que ela estava apaixonada por ele e foi à casa dos pais de Shukria para fazer uma proposta de casamento em nome do filho.

"Fiquei tão irritada! Fui até a mãe dele e disse: 'Você entendeu tudo errado. Não estamos apaixonados. Sou homem, e, se eu ficasse com seu filho, brigaríamos o tempo inteiro — é isso que você quer?'. Fiquei muito brava. E ela disse: 'Mas achei que vocês estavam apaixonados.'"

Shukria ri. A ideia é ridícula demais. Eram irmãos! Não um belo casalzinho romântico. Depois, ele também se casou, como ela sabia que aconteceria.

Shukria não sabe definir muito bem o que é amor.

"Ele é meu melhor amigo, e às vezes penso que, se acontecesse alguma coisa com ele, como eu poderia viver? Talvez isso seja amor."

Ela tentou ter conversas educadas com Deus sobre o assunto. Mas costumavam se tornar monólogos mudos e unilaterais. Talvez deva se sentir grata; Deus a fez homem e mulher numa só pessoa. Apesar disso, ela se sente totalmente sozinha durante a maior parte do tempo. O ruído dentro de sua cabeça é doloroso, e somente vez por outra ela consegue abafá-lo. Funciona melhor quando está no trabalho, com seu jaleco. Também melhora quando ela se mostra protetora de outras mulheres, como Shukur sempre fazia. Toda vez que vê uma mulher sendo molestada por um homem, ela intervém sem pensar muito e logo esquece todas as suas maneiras femininas. Não puxa mais um canivete, mas não hesita em envergonhar qualquer homem, chegando bem perto dele, acenando os braços, ameaçando espancá-lo.

Shukria vê cenas dessa dinâmica em DVDs americanos pirateados. Há sempre um herói e a mocinha que ele salva. Mesmo quando a personagem principal é uma mulher, ela se apaixona por um homem, que sempre é mais forte. Shukria sente grande prazer ao ver os homens socorrerem as mulheres em perigo. E, como parecem fazer todas as outras mulheres que têm televisão em Cabul, Shukria acompanha as novelas da Índia e da Turquia.

"Quando você vê histórias de amor, consegue se relacionar com o sentimento?"

"Não. Mas sinto amor por meus filhos, meus pais, meus amigos e colegas de trabalho. Amor não é só por um companheiro, penso eu."

Talvez a noção de *amor* romântico seja outra construção social. Será que realmente aprendemos a nos apaixonar e esperar determinado comportamento daqueles por quem nos apaixonamos? Se o sentimento é recíproco, falamos em química. Assim como as frívolas adolescentes afegãs falam de casamento em termos sonhadores, como aparece nos filmes de Bollywood, talvez nós também leiamos livros e assistamos a muitos filmes para aprender como é o romance e que sensação ele traz. Realizamos alguns rituais que aprendemos que são românticos. Então vamos juntando e montando nosso próprio roteiro de comédia romântica da melhor maneira possível, com o material que já coletamos.

A bioantropóloga Helen Fisher, da Universidade Stanford, define três formas diferentes de amor.[8] O *desejo*, que é uma atração basicamente sexual. A *atração romântica*, definida por um intenso anelo por outra pessoa, não muito diferente de um vício, em que a parte afetada anseia por algo ou alguém. O sentimento principal é a falta, assim como um viciado em heroína precisa de uma dose da droga. Por fim, o *apego*, caracterizado por um sentimento sereno de união profunda com outra pessoa.

Shukria não sabe dizer por que o romantismo nunca exerceu

atração sobre ela. Mas sabe por que gosta tanto de televisão. Ainda que o conceito de romance entre os protagonistas seja estranho a ela, sente-se entusiasmada em acompanhar um casal apaixonado por uma razão muito específica: "Gosto de finais felizes".

Talvez seja isso o que é realmente universal.

15. A motorista

NADER

A lei no Afeganistão permite que as mulheres dirijam automóveis. Assim como permite formalmente que herdem propriedades e se divorciem dos maridos. Elas apenas não costumam fazê-lo.

Certa vez, Nader estava dirigindo com seu lenço de cabeça, só para agradar aos irmãos e atender ao que, segundo tanto insistem, Deus exige dela. Isso quase custou a vida de várias pessoas, inclusive a sua. À visão de uma cabeça coberta na direção, num dos muitos postos de controle de Cabul, seguiu-se um engarrafamento, os outros motoristas buzinando, gritando e acenando o punho no ar. Berravam pela janela e avançavam com seus carros para cima dela. Outros ultrapassaram, puxando o freio bem na frente dela, como uma espécie de armadilha para prender um ratinho.

"Sua mulher desgraçada, não devia dirigir!"
"Carro não é para você. Vai destruí-lo!"
"Seu marido devia lhe dar uma surra!"

"Pare o caro! Ou vamos te obrigar!"

Ela não se rendeu a nenhum dos avisos, o que deixou os motoristas ainda mais furiosos. Não foi tanto por desafio, e sim por medo. Tinha de se concentrar muito para não ouvir a gritaria e continuar olhando em frente, para não se perder na curva que estava fazendo com seu Toyota Corolla. Quando finalmente chegou à rodovia que liga Cabul a Jalalabad, a maioria dos carros já havia se espalhado em outras direções. Mas um parecia decidido a persegui-la, colado na traseira, acelerando o motor para dar mais efeito. Se os outros não tinham conseguido detê-la nem afastá-la da estrada, ele pelo menos ia lhe dar uma lição, mostrando que era mais rápido.

Pelo visto, é tão frágil o poder que os homens detêm nesse país, onde nascem com quase todos os privilégios conferidos pela sociedade, que este em particular sentiu necessidade de rechaçar imediatamente uma mulher e demonstrar força e superioridade diante dela. Ao dirigir um carro, Nader recorrera a um privilégio que não lhe cabia.

Ela não queria disputar corrida com ele, mas tampouco diminuiu a velocidade. Apenas manteve os olhos na estrada e dirigiu mais rápido do que de fato gostaria. Depois de algum tempo, quando o homem desistiu, ela arrancou o lenço da cabeça e jogou no banco do passageiro. *Nadia* não devia ser motorista.

Nader se olhou no espelho retrovisor. O cabelo curto e crespo estava achatado pelo lenço e ela passou os dedos entre ele. Então pôs os óculos escuros de volta e retornou para casa, sem maiores dramas. Seus irmãos podiam gritar com ela o quanto quisessem. O carro era dela. Afinal, ela mesma havia arrumado o motor. Passara todos os seus trinta anos de idade como homem.

Como muitas das outras meninas, Nader foi designada *bacha posh* pela família na hora em que nasceu, para assegurar a vinda de filhos homens. Seus dois irmãos mais velhos tinham acabado de entrar no Exército, e assim era aguda a necessidade de outros filhos, pois os pais temiam que os dois morressem durante suas perigosas atividades. Ficar apenas com meninas era um risco que os pais não queriam correr. Também precisavam de alguém que ajudasse em casa, para fazer os serviços de rua e escoltar os mais novos. Várias vizinhas tinham dito à mãe de Nader que a prática era infalível — vestir a recém-nascida de menino daria resultados mágicos.

A mágica veio quando nasceram mais dois meninos, além de outras quatro meninas. Os irmãos mais velhos logo argumentaram que Nader devia voltar a ser menina antes de se tornar mulher, para não constrangê-los perante amigos e parentes.

Mas a vida de Nader — que era uma Mehran e depois uma Zahra — nunca tomou os rumos da vida de Shukria. Nader não se casou. Não se tornou mulher. No ciclo de vida de uma *bacha posh*, Nader é uma das exceções. Sua vida seguiu outra direção.

O pai observara seu crescimento e viu que sua menina era mais feliz de calças e turbante. Pensou que deveria ser ela mesma a decidir o que queria vestir: "Faça da maneira como se sente bem e à vontade. É sua escolha nesta vida", continuou ele dizendo à filha durante sua adolescência e ao longo de seus vinte e poucos anos.

Havia outra razão para manter o status quo: sob o Talibã, as mulheres ficavam basicamente confinadas em casa. Mas Nader circulava pela cidade de bicicleta, evitando os postos de controle. O pai muitas vezes ria das histórias que ela trazia para casa — como enganara todo mundo ao entrar no mercado ou mesmo ao rezar com outros garotos. Como quase todos em Cabul, seu pai sentia apenas aversão pelo Talibã, e o jogo de gato e rato de Nader era o pequeno movimento de resistência particular da família. Às vezes ela exagerava o drama e dizia que chegara muito perto de ser descoberta, só para divertir o pai.

Toda a família ficou em êxtase quando o Talibã caiu. No entanto, quando os americanos entraram no Afeganistão, o pai de Nader, já idoso, adoeceu. Com a sua morte, o poder sobre a família e o futuro de Nader foram transferidos para os irmãos. Não a deram em casamento, mas ela passou perto disso algumas vezes: várias propostas matrimoniais de parentes para pô-la na linha foram recusadas.

Depois de algumas discussões acaloradas em família, Nader encontrou sua salvação: a família não precisava de dinheiro e a mãe não quis se casar outra vez. Como seus irmãos moravam em casas próprias, vizinhas à sua, Nader defendeu sua posição dizendo que podia ser útil como acompanhante da mãe idosa. Agora os irmãos não precisam se preocupar com ela, pois Nader está ali para proteger a honra da mãe e das duas irmãs mais novas. Ela também faz todo o trabalho externo e o serviço de rua para as famílias das outras irmãs.

Até o momento, esse papel lhe permite continuar de calças, camiseta e o volumoso paletó esporte listrado que gosta de usar. Aperfeiçoou o andar, com as pernas levemente arqueadas, e fala com voz grave. Quando sai do casarão atapetado da família, num dos melhores bairros de Cabul, onde as casas são cercadas por muros grossos, Nader mantém a cabeça baixa, com receio de ser vista pelos vizinhos. Há mexericos por todos os lados, e ela não quer despertar desnecessariamente mais boatos. Muitos a conhecem apenas como um homem que mora com a mãe e as irmãs.

Agora, chegando aos 35 anos, ela espera sair definitivamente do mercado matrimonial, por ser velha demais para ter algum pretendente. E estéril também, espera ela. Ao ver como os irmãos tratam suas esposas e as irmãs mais novas, ela não consegue se imaginar sob as ordens de um homem. Cursou a universidade como rapaz e tem um emprego de meio período numa empresa de software em Cabul, ganhando seu próprio dinheiro.

O poder da oração também funcionou. Enquanto suas quatro irmãs desenvolveram seios e quadris, as súplicas de Nader a Deus, no começo da adolescência, consistiam em continuar com o peito liso, os quadris retos e sem menstruar. Prometeu dar qualquer coisa em troca dessas dádivas. Deus ouviu, e embora tenha menstruado aos quinze anos, foi dois anos depois das primeiras menstruações das irmãs mais novas. Nunca deixou que ninguém encostasse em suas sobrancelhas grossas e aproveita todas as oportunidades de se queimar ao sol, para a pele ficar um pouco mais áspera e escura. Um sutiã esportivo de tamanho um número menor ajuda a reduzir os seios. Só para garantir, ela anda um pouco encurvada, com os ombros retraídos. O melhor elogio é quando seus irmãos lhe dizem que ela parece demais um homem. Também já ouviu eles comentarem entre si que talvez ela tenha se transformado definitivamente em homem. E é assim que devia ser, raciocina ela: "Agora sou livre. Não quero ir para a prisão".

Existe um termo que às vezes é utilizado para designar a *bacha posh* que saiu do mercado matrimonial devido à idade. É *mardan kheslat*: "como um homem". Pode ser uma crítica ou um elogio, expressão de admiração e respeito por uma mulher que tem a mente e a força de um homem.

Para uma mulher, viver como homem é uma questão especialmente controversa quando ela chega à idade de procriar e continua assim durante os anos férteis, tal como vem sendo o caso de Zahra. Porém, quando fica velha demais para ter filhos, ela deixa de ser uma ameaça sexual à sociedade, podendo conquistar um reconhecimento um tanto relutante ou, pelo menos, a tolerância de um círculo maior como homem honorário, tal como aquela mulher chamada "Tio" que Carol le Duc conheceu certa vez. Já não tem utilidade como mulher. Apenas aí, quando seu corpo não serve mais para ser apropriado pelos outros para a reprodução, é que ela pode se apoderar mais dele. Uma afegã estéril é considerada menos que mulher, e é exatamente este o cerne da questão: é uma mulher que renunciou ao feminino.

Nader não é a única *bacha posh* que recusou a condição feminina e agora vive como homem no Afeganistão. Amir Bibi, de 45 anos de idade, na violenta província de Khost que faz fronteira com o Waziristão, porta arma e tem assento na *shura* local, onde é vista como anciã da aldeia e suas opiniões têm influência. Ao conversar com a correspondente sueca Terese Cristiansson em 2010, ela explicou que foi o pai, o qual a criou como filho entre sete irmãos, que lhe deu autorização de não se casar.[1]

Outra mulher que ocupa o papel de homem honorário em sua comunidade é Hukmina, de cinquenta anos. Ela também mora em Khost, na pequena aldeia de Sharaf Kali, tendo como ameaças diárias o Talibã paquistanês e os aviões não tripulados. Lá, ela faz parte do conselho provincial local, monta a cavalo e anda sempre armada. Combateu os russos durante a guerra e certamente não teme o Talibã. Criada como companhia para seu irmão, ela nos conta: "Nunca tive os pensamentos de uma mulher. Se me sentisse como uma mulher, não seria capaz de fazer essas coisas".

Hukmina comenta que tem o apoio de um grupo inteiro de mulheres que também vive como homens na província. Eram dez, mas duas morreram.

Tanto a história ocidental quanto a história oriental estão repletas de Hukminas, Amir Bibis e Naders. Em quase todas as épocas, existiram mulheres que assumiram o papel de homem, quando ser mulher era impossível. Entre aquelas cuja existência foi preservada na memória, muitas eram guerreiras, visto que guerra é um assunto masculino considerado digno de registro.

No século I, Triaria de Roma se juntou ao marido imperador durante a guerra, usando armadura masculina. Zenóbia foi uma rainha síria do século III que cresceu como menino e foi combater o Império Romano montada a cavalo. Na mesma época, na China, Hua Mulan ocupou o lugar do pai em batalha, vestindo as roupas dele. Joana d'Arc teria dito que viu um arcanjo em 1424, o que a levou a adotar os trajes de um soldado e a ajudou a combater na guerra da França contra a Inglaterra.

A Igreja católica parecia não só aceitar as mulheres vestidas de homem, como também admirar e recompensar as que demonstravam bravura e apresentavam outros traços masculinos. Num estudo sobre a Europa medieval, a professora Valerie Hotchkiss, da Universidade de Illinois em Urbana-Champaign, afirma que o fenômeno das mulheres vestidas de homem tinha como eixo principal evitar o casamento, renunciar à sexualidade e permanecer virgens.[2] Tanto a *Scivias*, uma coletânea de textos religiosos do século XII, de Hildegard von Bingen, quanto a *Suma teológica*, de Tomás de Aquino, mencionam que é permissível que as mulheres usem roupas masculinas em casos de necessidade. Em outras palavras: na guerra.

Os historiadores holandeses Lotte C. van de Pol e Rudolf M. Dekker também documentaram mais de cem mulheres que viveram como homens entre os séculos XVI e XIX.[3] Só se descobriu o sexo de muitas delas quando seus cadáveres foram retirados do campo de batalha. Essas mulheres "existiram em toda a Europa", na maioria como soldados e marinheiros, e provavelmente existiram muitas mais que nunca serão conhecidas.

Elas assumiam uma identidade masculina por razões semelhantes às da *bacha posh* no Afeganistão atual. Algumas precisavam sustentar a si e suas famílias. Outras precisavam se disfarçar para viajar ou escapar a um casamento forçado. Outras ainda conseguiam se disfarçar para estudar, visto que o ensino superior era vetado às mulheres. Algumas que foram descobertas enfrentaram perseguições, mas há indícios de uma certa leniência em relação às que tinham combatido por seu país.

Nos anos 1600, a órfã Ulrika Eleonora Stålhammar sustentou a si e cinco irmãs na Suécia alistando-se no Exército, chegando ao posto de cabo e lutando contra os russos.[4] Ela era apenas uma das várias suecas que sabidamente combateram em uniformes masculinos, ao lado dos homens, para fugir de um casamento forçado. A britânica Hannah Snell notoriamente serviu com os fuzileiros na Índia em meados do século XVIII,[5] com o nome de James Gray, e há registros de muitas dezenas de inglesas que serviram como homens na Marinha Real Britânica, inicialmente sem o conhecimento de seus comandantes. Mulheres alemãs também foram encontradas em campo de batalha disfarçadas de homens,[6] bem como Geneviève Prémoy da França, que acabou sendo consagrada cavaleiro pelo rei Luís XIV. Havia mulheres vivendo como homens entre os conquistadores na América do Sul, e nos Estados Unidos houve a participação clandestina de mulheres na Guerra Civil.[7]

No século XIX, a frequência de mulheres vestidas de homens na Europa parece ter diminuído. Os historiadores atribuem o fato a uma sociedade cada vez mais organizada, em que aumentaram as dificuldades para que as mulheres se passassem por homens, devido a várias formas de registro civil, como controles de fronteira e exames médicos obrigatórios para os soldados. Uma sociedade mais primitiva e disfuncional opera em favor das mulheres que querem se disfarçar; quanto menos documentos ou checagens, melhor — circunstâncias ainda válidas para grande parte do Afeganistão nos dias atuais.

Mas até hoje existem mulheres vivendo como homens na Europa.

Em Montenegro e no norte da Albânia, a prática multissecular das "virgens juradas" tem sido documentada há pouco mais de um século. A antropóloga britânica Antonia Young localizou mulheres que ainda vivem como homens no começo dos anos 2000.[8] A exemplo do Afeganistão, a Albânia tem uma sociedade tribal que ainda preserva seus costumes antigos. A sociedade é tradicional e rigorosamente patriarcal e patrilinear, considerando que a progênie provém diretamente do sangue do pai e a mulher é considerada mera portadora.

A estrutura familiar se concentra na geração de filhos, e são marcas externas, como as roupas, que determinam os direitos da pessoa. As jovens, quando se casam, transferem-se para a família do marido. Os homens protegem a família, garantem seu status e cuidam dos pais idosos — até mantendo suas almas após a morte, segundo as crenças antigas. Um homem também pode herdar as propriedades e acertar ou vingar rixas de sangue.

Mas toda família precisa de um chefe, e na Albânia às vezes permite-se que a mulher assuma esse papel. Em alguns casos documentados, elas assumiram a função depois que todos os homens da família morreram, mas, com maior frequência, foram designadas para o papel de meninos desde cedo, ou até no nascimento, quando os pais tinham a infelicidade de contar apenas com filhas. No cerne da construção da virgem jurada havia a exigência absoluta de se manter virgem e nunca se casar. Vestiam-se como meninos, com seus nomes adaptados a versões masculinas, e aprendiam a atirar e a caçar. Quando entravam na puberdade, já apresentavam a maioria das características externas masculinas e usavam-nas para compensar qualquer coisa mais feminil em sua aparência física.

Tal como Zahra, Shukria e Nader, as virgens juradas albanesas, chamadas *burrneshas*, desenvolviam na adolescência e no começo da idade adulta uma identidade masculina plenamente consumada, tanto na mente quanto na conduta — e mesmo fisicamente. Com menstruações atrasadas e irregulares, seios pequenos e mirrados e vozes grossas, as virgens juradas apresentavam traços tradicionalmente masculinos, fumavam, praguejavam, lutavam e muitas vezes desqualificavam as mulheres como sexo mais frágil.

Com a modernização e a abertura da Albânia ao mundo exterior, a tradição das virgens juradas ainda existe, mas diminuiu bastante nos últimos anos.

Esse declínio talvez indique até que ponto o fenômeno das mulheres se passando por homens é, na verdade, um dos sintomas mais claros de uma sociedade segregada tão disfuncional que inevitavelmente precisa mudar. Como diminuiu a necessidade prática e financeira de ser homem na Albânia, com as mulheres agora podendo herdar bens e obtendo o direito de participar da vida cotidiana fora de casa, é menor a necessidade de se passarem por homens. A tradição albanesa multissecular de lidar com a repressão agora está quase extinta, e o ritmo de seu declínio indica como o Afeganistão também poderia mudar se lhe fosse permitida alguma folga da guerra e conseguisse sair da pobreza extrema.

Sobre a origem e as características iniciais da prática das virgens juradas na Albânia, há várias discussões entre os estudiosos. As leis albanesas a partir do século XV mencionam as virgens juradas,[9] o que indicaria que a tradição remonta pelo menos àquela época. Alguns sugerem que é ainda mais antiga, anterior à civilização islâmico-cristã.

O historiador e etnólogo sérvio Tatomir Vukanovic propôs que esse fenômeno das mulheres que viviam como homens — e presumivelmente de meninos que cresceram como meninas — pode ter ocorrido em todo o planeta. O fato de existir uma prática muito semelhante à da *bacha posh* na Albânia atual — que fica a muitos países de distância do Afeganistão —, com mulheres adultas vivendo como homens socializados, depõe em favor de uma necessidade histórica e universal nas sociedades patriarcais.

Também indica que a conversão das filhas em *bacha posh* pode ter sido praticada e cuidadosamente ocultada ao longo de toda a história das mulheres em outros lugares.

16. A guerreira

SHAHED

Setareh está me chamando. "Venha! Logo! Depressa!"
Saio de casa correndo, atravessando o pátio da pensão até o portão externo, e vejo Setareh bloqueando os guardas com seu corpo. Atrás dela está outra figura, muito mais alta, toda vestida de branco.

Os guardas olham espantados para Setareh, enquanto ela abana os braços de maneira muito pouco feminina e explica a eles: sim, ela sabe da regra de não portar armas no conjunto, e sim, ela sabe que todos os visitantes homens precisam ser revistados. Mas essa convidada é mulher e por isso não devem tocar nela. Precisa repetir?

Setareh estende os braços para impedir que eles avancem para a figura de branco. Os guardas me olham pedindo confirmação: é verdade o que Setareh está dizendo? Aquela figura ali não é mesmo um homem?

Indicam Shahed com um movimento de cabeça.

"Sim, deixem passar. É mulher. Garanto."

Shahed é amiga de Nader e, para os não iniciados, se parece com qualquer homem atlético, de ombros largos. Chegou cedo para nosso almoço.

Os guardas barbados não se afastam, mas trocam um olhar. Por fim, um deles, o mais baixo, se vira e entra na cabana ao lado da entrada. O outro vai atrás em silêncio. Antes que a porta se feche, dá para ouvir alguns risinhos abafados. Vão contar e recontar o episódio pelas próximas semanas.

Setareh registra o nome de Shahed no livro de visitas que fica na mesinha, para lhe poupar mais constrangimentos, pois ela não sabe ler nem escrever. Shahed parece inabalada, dando-me um breve aceno de cabeça como saudação. É nosso meio-termo entre um aperto de mão e a troca de beijinhos na face que aprendi a não tentar outra vez. Devolvo o aceno de cabeça e toco o lado esquerdo de meu peito, numa saudação respeitosa entre homens. Ela dispensa meus pedidos de desculpas por causa dos guardas; não preciso me preocupar, isso acontece. Como integrante de uma força de elite da polícia paramilitar, ela sabe que é melhor não se incomodar com pequenos atritos que podem levar a problemas maiores.

Shahed normalmente passa disfarçada de várias maneiras.

A identidade fornecida por sua unidade traz o nome completo: *Shaheda*. E a data de nascimento. Sua mãe não lembrava sequer sob qual governo Shahed tinha nascido, referência cronológica que aqui, em geral, é a mais confiável para determinar a idade. Não conseguindo definir qual era sua idade, Shahed decidiu que tinha 28 anos ao se alistar e que nascera no inverno. Mais de trinta pareceria velha demais, muito perto da morte. Talvez tivesse mais idade; os sulcos profundos em torno da boca indicam que pode ser este o caso. Por outro lado, nem sempre ela se alimentava muito bem.

Os americanos que vieram a Cabul para treiná-la nunca fizeram perguntas muito detalhadas sobre a idade ou o gênero. Era de fato um pessoal muito legal. Shahed notou isso ao ver as mulheres. As instrutoras eram muito parecidas com ela: de ombros largos, pele batida pelo tempo e bonés de beisebol — não eram nenhum absurdo. Nenhuma treinadora vinha de saia ou lenço de cabeça. Nunca vinham com aquelas conversas normais de mulher, sobre romances ou casamentos. Apenas ensinavam Shahed a atirar e a correr mais rápido e por mais tempo do que ela jamais se imaginara capaz.

Ela admirava os óculos escuros e as roupas de treino brilhantes das instrutoras, e gostava do jeito que elas às vezes brincavam, dizendo algumas palavras de incentivo em dari, dando-lhe tapinhas nas costas quando ia bem nos exercícios. Os homens se esquivavam aos tapinhas das treinadoras, mas Shahed se sentia bem. Uma vez, pegou emprestado um par de óculos Oakley de uma delas, e outra tirou uma foto sua com os óculos. Foi a vez que ficou parecendo mais descolada — até melhor do que quando sua equipe inteira ganhou uns blusões de moletom grossos e enormes com as letras "DEA", iguais aos que os americanos usavam. Shahed guarda o dela em casa, ao lado de uma caixa de fotos onde aparece com estrangeiros de uniforme, no almoço, cada qual com o braço no ombro do outro. Sempre com sorriso largo, sempre com os dedos em "V", de vitória.

Os americanos também não escarafuncharam por que ela preferiu entrar na unidade paramilitar, muito mais exigente do que a polícia regular. As oficiais mulheres normalmente ficavam como guardas de segurança nos ministérios para fazer a revista feminina. Havia demanda constante para essa tarefa, mas o trabalho parecia insípido demais para Shahed, sem muita oportunidade de avançar na carreira. E, acima de tudo, era uma questão de dinheiro.

Na primeira vez em que ela se alistou na força policial nacional afegã, foi escolhida para treinar no complexo estrangeiro para uma unidade de combate aos narcóticos. Isso significava setenta dólares a mais por mês, além do soldo normal de 250 dólares. Shahed ficou agradecida; parecia um serviço fácil e bem pago para sustentar a família de doze pessoas. Talvez até fosse suficiente para um piquenique em alguma sexta-feira, depois das orações — um luxo que sua família comentava muito, para um futuro quando as coisas estivessem melhores. Pão, frango e refrigerante para todos num parque. Há anos no serviço, ela ainda torce pelo piquenique. Simboliza a alegria máxima para ela — algo que os ricos fazem. Mas o dinheiro ainda não dá.

Ela imagina que ainda pode receber promoção e aumento de salário. Se Deus permitir que continue viva. Seu manejo das Glocks, das Makarovs e das Kalashnikovs lhe valeu o segundo lugar de melhor atiradora da unidade. Também sabe usar uma faca. Quando está em campo, anda com uma enfiada no cinto e outra presa à perna, logo acima da bota de cano curto, sobre a calça de camuflagem. O capacete e os óculos de proteção lhe cobrem quase todo o rosto e, quando a unidade está em marcha, não há como distingui-la dos homens. Quanto à altura, no momento em que se põem em fila, Shahed fica na média, e os contornos de seus músculos equivalem aos dos demais.

Com os olhos escondidos pelos óculos de proteção, as pessoas ouvem sua voz grave e sombria ao falar. Até se afastam para deixá-la passar. Alguns erguem as mãos em sinal de derrota. Quase nunca se põem a correr. A maioria simplesmente se ajoelha quando ela manda, as mãos atrás das costas, aceitando as algemas de plástico.

A unidade de Shahed chega sempre sem avisar, geralmente no escuro. Um homem, certa vez, chorou a seus pés, implorando que não o matasse. Ela ficou incomodada. Mandou que ele se levantasse e fosse homem.

Ela sabe como é a humilhação. Sabe pelos dias em que o salário já acabou e não tem como pegar o ônibus para casa, e precisa ir a pé — uma hora e meia de caminhada seguindo uma das montanhas que circundam Cabul, com casas de barro espalhadas pelas vertentes íngremes, que ameaçam desbarrancar a cada temporal. Aqui no alto não existe energia elétrica nem aquecimento, e há pouquíssimo sinal para celulares. Cada camada horizontal de terra traça uma divisão de classe. Quanto mais alta, mais estéril a terra e mais pobres os moradores. É onde caem as primeiras neves do inverno e onde mais se demora o calor implacável do verão.

Os que se instalam nessas alturas, tão longe da cidade, abrem suas próprias estradas, encontram sua própria água e — se têm condições — criam sua própria energia usando baterias recarregáveis da era soviética. A área fica a poucos passos de distância dos campos permanentes de refugiados nas periferias de Cabul, onde, mesmo depois de uma década de trabalho uma das maiores assistências internacionais de toda uma geração, as crianças ainda morrem congeladas no inverno.[1]

Para nosso almoço, ao saber que Nader só chegará muito mais tarde, abrimos três sacos grandes de kebabs embrulhados em papel-alumínio e *manto* recheados com picadinho de carne, vindos do restaurante ao lado da pensão. Shahed, sentada no sofá de chintz verde cintilante, fica um pouco lacônica. Só depois que passamos para o chão, onde sentamos de pernas cruzadas e Setareh me diz para eu ficar quieta pelo menos uma vez ("Com afegãos, você ou fala ou come"), é que aparece alguma brandura nos olhos de Shahed. Ela come em silêncio. Depois pede um cigarro. Serve de qualquer tipo, mas ela gosta daquelas marcas americanas que os vendedores chamam de "Fumar Mata", como anunciam as embalagens. Ela cheira o cigarro e, antes de acendê-lo, passa a língua pela lateral para demorar mais a queimar; depois de cada tragada, examina-o para ver quanto resta ainda. Forma-se cinza na ponta, que ela bate no espesso tapete paquistanês.

Para ela, seria mais complicado nos encontrarmos num restaurante do que no meu quartinho alugado. O incidente anterior com os guardas poderia chegar ao ponto de não conseguir manter a calma. Ela gosta de andar sempre com alguma coisa — geralmente uma faca — para se proteger. Há homens com armas por toda parte, mas mulheres armadas são uma provocação e um perigo público e social. Não importa se ela é policial — isso só piora a afronta. Se ela portasse armas, todo o conceito de honra se confundiria, visto que são as mulheres que precisam de proteção.

Mas Shahed sabe uma coisa que um dos diplomatas suecos já me ensinou: a melhor maneira de entrar armado em qualquer estabelecimento de Cabul é simplesmente passar pelo detector de metais. Quando soa o alarme, a pessoa manifesta a devida surpresa e, com ar de desculpas, apresenta imediatamente uma arma, uma faca ou um celular. Depois que o guarda faz um sinal com a cabeça, assentindo, a pessoa passa com uma segunda arma guardada em algum lugar do corpo. É muito raro que mandem o visitante voltar e passar outra vez pelo detector ou que o apalpem numa revista manual. Mesmo nesses casos, é fácil enfiar uma pequena faca dobrada na parte de trás da calça, dentro da roupa de baixo, pois os seguranças — sejam homens ou mulheres — geralmente não apalpam ali.

Quando Nader vem nos encontrar para o chá, Shahed tinha passado a sessão inteira usando o canivete que fica na minha nécessaire. Ela raramente tira suas próprias facas — uma nas costas, outra presa na perna cabeluda.

À diferença de Zahra e Shukria, ambas isoladas em seus respectivos ambientes como uma espécie de homem em corpo de mulher, Nader e Shahed têm passado juntas boa parte de sua vida adulta. Isso as ajudou a entenderem quem são. Muçulmanas devotas, cada qual procurou conselho com um chefe religioso, para saber como se relacionar com Deus, na preocupação de que Ele estaria zangado por viverem como homens. Mas o religioso disse a cada uma delas que Deus estava a seu lado e que não havia nada de incomum naquilo. Para provar o que dizia, apresentou uma à outra.

Antes daquilo, Nader e Shahed tinham sentido a fé abalada. Mas agora, juntas, decidiram que, pelo menos aos olhos de Deus, não são párias e sim criaturas dele. Nader, que acaba de chegar à nossa reunião, concorda quando Shahed explica a conclusão a que chegaram: "Foi Deus que decidiu nosso destino. Foi decisão dele sermos assim. Ele não nos criou como homens, mas nos deu todas as capacidades e força dos homens".

Faz sentido para elas: Deus é prático e generoso, e quer alguém que cuide da família. Quando não há homens apropriados para isso, Deus pode deixar a responsabilidade a cargo de uma mulher. Nader, que é formada em estudos islâmicos na Universidade de Cabul, conclui: "Podemos nunca nos tornar homens completos ou mulheres completas. Mas tentamos ao máximo ser bons seres humanos perante Deus".

A amizade das duas é improvável: Nader é de classe alta e Shahed, embora tenha emprego, está mais próxima da base social. Nenhuma escolheu inicialmente ser homem, mas agora é só o que conhecem. Quando criança, Shahed se prontificou a trabalhar com o pai, que fazia serviços avulsos como pintor de casas. O Talibã dominava o país, e era mais simples e certamente menos arriscado se acompanhasse o pai como filho. Mas ela quase não fez amizades. As crianças pobres não têm muitas oportunidades de brincar ao ar livre ou passear pelas ruas. Para Shahed, ser menino consistia basicamente em trabalhar. Quando chegou à adolescência, os meninos tinham medo dela e as meninas a evitavam. Ela passou a maior parte da vida adulta em casa com a mãe e as irmãs. Os irmãos abandonaram a família há muito tempo, sem conseguir trabalho nem pagar o dote de uma esposa. "A pobreza me fez assim", diz ela, passando as mãos pelo rosto e ao longo do corpo.

Como mulher, como homem, Shahed tem uma beleza andrógina que desafia um conceito tradicional de gênero, com surpreendentes olhos verdes e um sorriso ocasional. Quando franze ligeiramente o lábio superior, é como se ela lesse meus pensamentos: "Se minha família fosse rica, eu teria sido mulher", diz ela. "Com cinco ou seis crianças." Ela se interrompe e olha para Nader, que logo entra na brincadeira. "Ou talvez umas dez ou doze."

As duas riem da ideia. Prole não é para elas. Se a condição feminina culmina na maternidade, elas estão muito longe disso. Também indagavam constantemente a Nader quando retornaria ao gênero feminino. Sua resposta era sempre a mesma, uma palavra só: *nunca*.

As pessoas em seu entorno costumavam afirmar que um dia a biologia iria prevalecer, quando ela se casasse e tivesse filhos. Ela concordava, apenas para que parassem de falar, sabendo que isso nunca iria acontecer. Nader e Shahed também acreditam numa coisa que outros diziam: depois de passar os anos iniciais da adolescência como homem, não há retorno. Quando você vai contra a natureza, a natureza seguirá, ajustando o corpo à mente. Elas sentem uma leve insegurança sobre o que são, e não se consideram pertencentes a um gênero definitivo.

Foi uma estratégia de sobrevivência que, com o tempo, se converteu em identidade. Shahed dá uma ideia do que ela veio a ser, ecoando uma longa história anterior das mulheres: "Dizem que os homens são mais corajosos, mais fortes e mais poderosos do que as mulheres. Mas algumas mulheres são mais corajosas e mais fortes do que os homens. Sou uma *guerreira*".

Ela se compara a outros combatentes, tanto em força quanto

em resistência, durante todos os exercícios de corrida e levantamento de peso. Quando deixa que as ideias de cansaço lhe ocupem a mente, cede antes. Quando expulsa essas ideias, consegue continuar por mais tempo. Seus treinadores americanos disseram que um soldado precisa mais de uma boa mente do que de força física. Sua mãe às vezes se preocupa, dizendo-lhe que, para uma mulher, não é bom usar o corpo como ela faz. Mas Shahed não lhe dá ouvidos. Deve-se evitar dar mostras de cansaço. Uma guerreira precisa manter a concentração e, ademais, pouco importa se tem corpo de mulher. Shahed me olha pedindo confirmação: no Ocidente, todo mundo sabe disso, certo?

Talvez. A narrativa tradicional da guerra e dos gêneros também está presente em todas as sociedades ocidentais, embora a ideia de que as mulheres possuem algo intrinsecamente bondoso e pacífico tenha se demonstrado muitas vezes equivocada. E, apesar de todo um legado de guerreiras, as mulheres ainda são tradicionalmente vistas como objeto de proteção. Assim como o leque de condutas sexuais aceitáveis diminuiu nos séculos passados, a definição das capacidades das mulheres e de como elas devem agir também se estreitou. Se soldados mortos ou feridos sempre foram um problema político em potencial, mulheres mortas ou feridas — mães e filhas — constituem um problema ainda mais difícil de explicar e justificar. Nos últimos séculos, muitos chefes de Estado passaram a exigir que as mulheres ficassem para trás, enquanto os homens partiam em combate. A exclusão feminina das batalhas chegou a ser apresentada como medida do grau de civilização de um país — presumindo, evidentemente, que a guerra faz parte de uma sociedade civilizada.

Os homens precisam reservar a guerra para si também por outras razões.

Enquanto as mulheres têm ritos de passagem para a idade adulta, incluindo a menstruação e depois talvez a maternidade, os homens não atingem automaticamente o estado adulto de uma maneira tão nítida. O antropólogo David D. Gilmore, ao pesquisar conceitos de masculinidade para seu estudo *Manhood in the Making* [Masculinidade em formação], de 1990,[2] descobriu que, na maioria das sociedades, a pressão para demonstrar o gênero era muito maior sobre os homens do que sobre as mulheres. Ir para a guerra a fim de proteger a honra do país e de suas mulheres sempre foi uma maneira de autodefinição masculina. Assim, incluir as mulheres em assuntos de guerra é ameaçar uma das formas mais eficazes para os homens darem prova de si em sociedade. Ao cultivarmos desde cedo o que podemos imaginar como uma agressividade "natural" dos filhos, estamos criando futuros combatentes, ao que sugere o professor de relações internacionais Joshua Goldstein, em seu livro *War and Gender*.[3]

Apesar disso, hoje as mulheres correspondem a 15% do efetivo nas Forças Armadas americanas.[4] Foram mortas, abatidas e mutiladas às centenas no Iraque e no Afeganistão. Mesmo assim, elas não têm autorização oficial de ocupar "posições de combate". Um terço dos cargos do Corpo de Fuzileiros Navais dos Estados Unidos, bem como do Exército, está fechado para mulheres; apenas em data recente, em 2012, o Pentágono tomou a decisão de rever essa proibição. Ainda se prevê que a ideia do serviço feminino em determinadas unidades especializadas enfrentará grande resistência, com os argumentos de sempre: as mulheres em campo não têm a força física ou mental masculinas. Também podem ser um elemento de distração muito grande para os homens combater perto delas. Mas o principal motivo de hesitação para a presença de mulheres em batalha, tal como é explicitamente expresso por vários oficiais militares americanos, é que assim se altera o sentido de honra da guerra, em que os homens supostamente agiriam como os protetores da pátria e das mulheres. E esta pode ser a coisa mais perigosa de todas para os militares — se não puderem explicar por que temos de combater.

A apresentação de uma ameaça convincente aos entes queridos é um elemento vital para vender a ideia de qualquer guerra, com a noção subjacente de que a guerra é absolutamente necessária para preservar a paz. Na sociedade ocidental, em particular na história política americana, as mulheres ainda são as portadoras da honra da família e do país, a própria razão pela qual se há de *defender a liberdade*, a razão mais citada para empreender a guerra em nossos tempos.

Liberdade é um conceito interessante. Quando pedi aos afegãos que me descrevessem a diferença entre homens e mulheres, as respostas ao longo dos anos foram curiosas. Os homens, geralmente, começam descrevendo as mulheres como mais sensíveis, mais afetuosas e fisicamente menos capazes do que eles. Já as mulheres afegãs tendem a apresentar uma única diferença, que nunca me passara pela cabeça.

Quer parar um pouquinho e tentar adivinhar qual é esta única diferença?

Eis a resposta: independentemente do que sejam, ricas ou pobres, instruídas ou iletradas, as afegãs apontam a diferença entre homens e mulheres com uma só palavra: *liberdade*.

Assim: homens têm, mulheres não.

Quando pergunto, Shahed diz a mesma coisa. "Quando ninguém manda na sua vida", é como ela define.

"Então no Ocidente há menos diferença entre homens e mulheres?"

Shahed e Nader se entreolham mais uma vez e depois se voltam para mim. Não sabem. Não posso eu lhes dizer? Mas aí Nader muda de ideia, pedindo para eu nem me preocupar. Ela não quer saber. "Não somos nada. E não seríamos nada no Ocidente também."

Shahed é mais otimista, inspirada pelos fragmentos de informação de seus treinadores americanos: "Ouvi falar que as pessoas não se importam com o que você é ou como parece no Ocidente".

Não é bem verdade. Mas nossa definição de "liberdade" pode ser diferente e muda a cada geração. A guerra em curso no Afeganistão, por exemplo, se chama "Operação Liberdade Duradoura" para indicar algo que justificasse manter uma guerra ao longo de treze anos. Mas a liberdade, tal como a conhecemos hoje, é mais um luxo da evolução, segundo a autora americana Robin Morgan. Quando lhe conto mais tarde a respeito de Shahed e Nader, ela diz: "O sexo [de nascimento] é uma *realidade*; o gênero e a liberdade são *ideias*".

E tudo consiste na maneira como definimos tais ideias.

As afegãs que conheci, às vezes de pouca instrução, mas com toda uma vida de experiência de serem tratadas como seres não completamente humanos, têm uma outra concepção do que é a liberdade. Para elas, liberdade seria evitar um casamento indesejado e poder sair de casa. Seria ter algum controle sobre o próprio corpo e poder escolher como e quando engravidar. Ou estudar e ter uma profissão. É assim que elas definiriam a liberdade.

Quando chegamos à casa de Nader, num outro dia, três irmãs dela estão visitando. Sob as burcas, usam sáris de estilo indiano, com bordados dourados. Uma em vermelho, outra em amarelo e uma terceira em roxo, as irmãs se reúnem no chão à nossa volta, com seus onze filhos e filhas espalhados entre a cozinha e a sala de visitas. As crianças estão engatinhando ou começando a andar, e sobra-lhes pouco espaço por ali, em meio a nós, sentadas e descalças, nossas sandálias empilhadas num canto ao lado da porta.

"Eu não conseguiria aguentar", diz Nader, com aquela profusão de sobrinhos e sobrinhas ao redor. "Tenho sorte de não ficar grávida o tempo todo, tendo uma criança após a outra. Se eu fosse mulher aqui, minha vida toda seria só isso."

As irmãs de Nader têm o rosto cuidadosamente maquiado, emoldurado com longos cabelos negros cacheados. Uma delas se inclina para a frente tentando me explicar Nader: "Você entende que toda mulher afegã gostaria de ter nascido homem? De ser livre?".

As outras duas concordam. Se tivessem escolha, teriam nascido homem. Nader está vivendo esse sonho e é por isso que outras mulheres às vezes recorrem a ela. Não segue as regras a que todas estão submetidas. "Nader quer governar a si mesma", explica uma das irmãs. "Não como nós, com nossos maridos sempre nos governando."

Para me fazer entender por que algumas *bacha posh*, depois de alcançar a idade adulta, continuam a viver como homens no Afeganistão, outra irmã faz uma pergunta retórica cuja resposta é da mais excruciante simplicidade: "Se você pudesse sair agora pela porta como homem ou tivesse de ficar aqui dentro para sempre como mulher, o que você escolheria?".

Ela tem razão. Quem não sairia de casa sob disfarce, se a alternativa fosse viver como prisioneira ou escrava? Quem iria realmente se importar com cabelo curto ou comprido, calças ou saias, masculino ou feminino, se a renúncia ao gênero desse acesso ao mundo? Com essa percepção, tais são os mistérios do gênero ou o direito de escolher um gênero específico. Muita gente no mundo se disporia a abrir mão do gênero num piscar de olhos, em troca da liberdade.

A verdadeira história de Nader, Shahed e outras mulheres que vivem como homens no Afeganistão não consiste tanto em quebrarem as regras de gênero nem no que se convertem ao agirem assim. Trata-se antes do seguinte: entre o gênero e a liberdade, a ideia maior e mais importante é *liberdade*. No Afeganistão e no resto do mundo. A definição do próprio gênero se torna uma questão somente *depois* de se alcançar a liberdade. Então a pessoa pode começar a dar um novo sentido à palavra.

É também sobre a liberdade que as irmãs de Nader querem *me* interrogar.

O que uma mulher ocidental faz com toda aquela pretensa liberdade de que tanto ouvem falar? Depois de cochicharem um pouco, uma delas se vira para mim e pergunta: "Você pode fazer o que quiser e vem para o *Afeganistão*?".

"É pela poeira?", graceja ela. "Ou pela guerra? Sempre temos guerra."

É mais uma declaração do que uma pergunta, e as outras irmãs estão de acordo; é muito esquisito que uma mulher venha ao Afeganistão, supondo que ela pode escolher qualquer outro lugar do mundo. E é também muito esquisito que meu pai tenha deixado, segundo elas.

Sem saber bem por onde começar, não digo nada.

"É isso o que você faz com sua vida", continua a irmã, incrédula, diante de meu silêncio. "Não quer uma família? Não quer ter filhos?"

Ela parece um pouco preocupada.

"Você não deveria esperar muito tempo para se casar. Vai estar velha demais para ter filhos!"

É. Talvez eu já esteja velha demais, respondo.

Setareh fita o chão, mortificada. As três irmãs olham em torno, antes que uma delas retome a palavra, com a pergunta para a qual querem uma resposta.

"Então, qual é o propósito de sua vida como mulher? Qual o sentido dela?"

"Seria a mesma coisa se você tivesse nascido homem", completa a outra. "O que agora faz de você uma mulher?"

"Você tem sua liberdade", retoma a primeira irmã. "Pode sair quando quiser. Mas também sentimos tristeza por você."

Ela olha de relance para Nader.

"Sabemos que nossa irmã às vezes fica triste. É o ponto triste de ser homem."

Nader parece constrangida e talvez um pouco irritada. Uma garotinha com três brincos numa orelha e um macacãozinho de bolinhas veio tropeçando até ela e conseguiu subir em seu colo.

As feições de Nader mudam e ela se ajeita no chão para segurar a sobrinha com as duas mãos. Inclina a cabeça para sentir o perfume dos cabelos pretos finos da menina. Fecha os olhos por um instante.

"Eu disse a elas para guardarem uma para mim", me diz Nader, indicando as irmãs com um gesto de cabeça. "Elas têm tantas. Podemos fingir que uma delas é minha."

As irmãs assentem. Todas podem concordar com isso.

Seguimos tortuosamente pelos bairros periféricos de Cabul, indo para casa com Nader na direção — ela insiste que dirige melhor e com mais segurança do que qualquer homem que poderíamos contratar —, e de repente ela anuncia: "Vou levar vocês até minhas *bachas*".

Aperto a mão de Setareh, para que ela só concorde e não pergunte mais nada. Claro que queremos conhecer os meninos de Nader.

Setareh pega o celular que Nader lhe atira do banco da frente. Juntamos as cabeças para ver o que quer nos mostrar. Ali, no meio de uma foto minúscula de celular, está Nader com os braços nos ombros de duas adolescentes. Elas usam ternos, com o cabelo puxado para trás. Têm o rosto alegre, com traços suaves, e aqueles olhos confiantes e desafiadores. Não tentam fazer pose bonitinha nem olham para baixo. Todas abrem um largo sorriso, mostrando os dentes.

    Nader se vira para ver nossa reação. Controlo-me para não lhe dizer que olhe a estrada enquanto está dirigindo.

    Ela nos conta que são suas protegidas. Nader não tem filhos, mas já começou a construir seu legado. São suas *bachas*, em treinamento para ser a próxima geração de inconformadas.

17. As inconformadas

OS MENINOS DE NADER

Pede-se silêncio aos espectadores. A treinadora grita termos de luta coreana com sotaque afegão. Estende os braços, abaixa as mãos e aponta os dedos para o chão.
Comecem!
Os contendores, ao que consta, são uma menina e um menino. Usam calças largas e túnicas brancas iguais, com o capacete cobrindo a maior parte do rosto, ficando impossível reconhecer quem é o quê. Todos os olhos acompanham os dois adversários quando iniciam a dança em ritmo perfeito. *Hop, hop,* se afastar. *Hop, hop,* se aproximar. *Hop, hop, chutar.* Uma perna arremete, um torso bloqueia; uma cabeça gira e vai ao chão. Movidos por um jorro de adrenalina, juntam-se num impacto por um instante, engalfinhando-se e soltando sons guturais. Desvencilham-se outra vez.
A treinadora, com a cabeça coberta por um lenço, interrompe: "Não, não, não. Lutem com os pés. Não com as mãos!".

Abaixa a mão.
Intervalo.
Uma vênia rápida e respeitosa, e os dois contendores ofegantes arrancam os capacetes justos. Sob o capacete azul há uma lutadora com lábios um pouco mais cheios. É mais alta e talvez um ou dois anos mais velha do que o do capacete vermelho, um adolescente magricela. Os dois têm o cabelo preto curto colado na cabeça e a testa brilha de suor. Outros dois jovens alunos de calça e túnica se levantam do banco. Agora é a vez deles. Estão ansiosos para pôr os capacetes e os peitorais de proteção — há apenas um conjunto para os dezoito alunos.

Outra menina no banco estava segurando uma lata de Mountain Dew no olho esquerdo, onde tinha levado um pontapé. Afasta a lata e diz que está pronta para o segundo round. No primeiro, fez mais pontos do que o adversário, num sistema que ninguém aqui parece entender muito bem. Ela foi um pouco mais rápida, e esquivou de maneira um pouco mais suave.

Sahel se apoia contra um dos espelhos, rachado há algumas semanas pelo impacto de um corpo que voou. Com as mãos apoiadas nas coxas, ela inclina a cabeça, arfando. A arte marcial coreana, nomeada "a arte da mão e do pé", é o único exercício físico que ela faz durante a semana, além dos três andares de escada que sobe e desce diariamente para ir e voltar da escola. É muito mais do que a maioria das garotas afegãs. Nader se aproxima dela, dando-lhe um tapinha nas costas. Os lábios de Sahel se curvam num sorriso. Ela é pachto, de Kandahar, e tem três irmãs mais novas. Considera Nader mentora e irmão mais velho honorário. Em sua família efetiva, Sahel é o irmão mais velho. Aos dezessete anos, tem mais idade do que todas as suas amigas *bacha posh*, algumas das quais agora já se esvaneceram no casamento. Mas Sahel não pretende se acomodar. Disse várias vezes a Nader: "Nunca vou ser serviçal de ninguém. Nunca".

Ela tira uma bandana amarrotada do bolso e amarra em volta da testa, dando um nó atrás, ao estilo motoqueiro. A águia americana se destaca na cabeça, que ela abana enfatizando sua recusa. Vai lutar por sua liberdade, e Nader lhe prometeu apoio. Ao contrário de Zahra, Sahel não está sozinha, e diferentemente de Shukur em sua época, Sahel não é a única *bacha posh* num bando de adolescentes chegando à idade adulta.

Um porão no bairro Khair Khana, em Cabul, abriga as protegidas de Nader, que se reúnem aqui uma vez por semana para praticar tae kwon do. Depois que o Afeganistão conquistou uma medalha nas Olimpíadas de Pequim em 2008, ele se tornou um esporte de orgulho nacional, junto com o futebol e o críquete. Cinco *bacha posh* robustas se engajam numa luta ritualista intensa e explosiva, de contato físico muito próximo — e não como hobby, mas porque todas querem ser campeãs. E nesse pequeno espaço subterrâneo, Nader é a treinadora de tae kwon do e de sua modalidade pessoal de resistência organizada.

Todas as situações são discutidas durante o intervalo no banco. Como ser útil em casa. Como defender o estudo e renda futura para a família, em vez de casamento. Como montar planos de contingência para o dia em que os irmãos mais velhos decidirem dar um basta. Como ignorar o que comentam na escola.

É melhor viver fora da sociedade do que ser escravizada, prega Nader às aprendizes. E se *ela* pôde fazer isso, se ela pôde resistir a se tornar mulher durante esse tempo todo, elas poderão também. Já venceram os principais obstáculos e estão quase adultas. Logo, se tiverem sorte, ninguém mesmo vai querer se casar com elas, diz Nader. Enquanto isso, se conseguirem concluir os estudos e encontrar uma profissão, serão de muito mais valor para os pais do que seriam como noivas em outras famílias.

Para Nader, seu treino não é político nem faz parte de nenhuma filosofia que tenha estudado. Ela mantém a questão em termos práticos para suas *bachas*: se resistirem por tempo suficiente a se tornarem meninas, o corpo e a mente ficarão invencíveis. Chegarão a um ponto sem volta, quando os traços masculinos se consolidam. O treinamento físico também ajuda a criar firmeza mental, segundo as linhas prescritas por Shahed, a guerreira amiga de Nader.

"Por que você acha que os conservadores não permitem que as mulheres pratiquem esportes?", pergunta Nader a título de explicação.

"Porque vocês se tocam entre si?", arrisco eu.

Sim, isso também, concorda Nader. Esse tipo de atividade mista seria extremamente controvertido lá fora.

"Mas é também porque usamos nosso corpo, deixamos de nos sentir fracas. Quando uma garota sente a força de seu corpo, ela sabe que é capaz de outras coisas também."

Nader não é a primeira aqui a fazer essa conexão entre mente e corpo. Para a profunda irritação de muitos conservadores afegãos, um pequeno número de treinadores esportivos vem passando a última década pós-Talibã trabalhando com equipes femininas. Uma vez, acompanhei de perto uma equipe feminina de ciclismo do Afeganistão, com mulheres atléticas de lenço na cabeça e agasalhos esportivos percorrendo vielas enlameadas para praticar corrida, despertando a zombaria de homens e também de mulheres escondidas sob a burca. Moças de bicicleta são uma franca provocação e obscenidade nas ruas de Cabul, e costumam evitar treinos dentro da cidade. O treinador leva a equipe para uma montanha, onde podem pedalar em paz. Vários clubes de boxe também aceitam moças, às vezes na companhia de rapazes.

Nader também é treinadora de futebol. As jogadoras, na maioria, são garotas comuns de lenço na cabeça, mas em diversos times de Cabul há uma ou duas *bacha posh* em diferentes fases da puberdade, como nas fotos do Facebook e de celular que ela me mostra. A *bacha posh* do time costuma usar uma bandana ou simplesmente nada na cabeça, fitando a câmera com olhar de desafio, enquanto posa ao lado dos outros do time.

Existe um conflito clássico entre mulheres e esportes numa cultura de honra, semelhante ao da guerra. A questão central nos eventos atléticos era ter as mulheres admirando das bancadas os competidores do sexo masculino, para depois dar o prêmio ao vencedor. Quanto mais conservadora e segregada a sociedade, mais duras as restrições aos esportes femininos.

Depois de mais de cem anos do ressurgimento das Olimpíadas, em 2012 a Arábia Saudita enviou suas duas primeiras atletas para os jogos de Londres. O Afeganistão mandou uma atleta — uma corredora. Numa modesta concessão, o Brunei e o Qatar também permitiram pela primeira vez a participação de algumas mulheres. Nesses países, mulheres desportistas ainda constituem uma questão cultural sensível, muito criticada. Os detratores continuam a usar os mesmos argumentos históricos batidos, com frequentes referências à religião ou a uma pseudociência. O exercício físico em excesso pode ser perigoso para as mulheres. Os observadores masculinos podem ficar excitados demais vendo relances de corpos femininos em movimento. E os atletas masculinos (mais importantes) podem ficar distraídos demais para se empenhar num esporte competitivo se houver mulheres em campo. E qual o sentido de ganhar ou mesmo de jogar bem se não houver uma terna torcida feminina nas bancadas?

As verdadeiras razões da relutância desses governos em ter mulheres desportistas são, evidentemente, as que Nader apontou: uma mulher que sente sua força física pode começar a pensar que é capaz de fazer outras coisas. E quando uma sociedade inteira é fundada na segregação dos sexos, tais ideias podem trazer problemas para os que querem deter a riqueza e o poder.

Junta-se a nós Hangam, uma *bacha posh* tadjique de dezoito anos. Como Sahel, usa uma bandana. A sua é estampada de arabescos, e ela está ofegante depois de deixar a arena. Não foi seu melhor desempenho, diz ela a Nader, admitindo que estava perturbada. Ao estacionar lá fora, tinha batido de ré em outro carro. Um dos faróis traseiros quebrou, e está preocupada que o pai fique bravo. Ele tem o maior apreço pelo carro. Nader procura acalmá-la. O pai vai perdoar. Mesmo com todos os boatos sobre a aparência masculina de Hangam que a família tem de enfrentar, seu pai ainda não sucumbiu à pressão pública. Quando os vizinhos e outros questionam a maneira como dirige a família, ele diz para irem "cuidar da sua vida". Faz várias gerações que há muitas *bacha posh* na família de Hangam. A maioria acabou mudando de país, como pode fazer quem tem dinheiro.

Sua irmã mais nova usa um rabo de cavalo no alto da cabeça. Só coloca o lenço quando sai. Intervém na conversa sobre o pai. "Ele me propôs que eu virasse *bacha posh* também, mas eu não quis."

Quando conheci o pai de Hangam, alguns dias antes, ele me falou que o casamento não está inteiramente excluído para a filha se ela quiser e se continuar morando no Afeganistão. O marido em potencial, diz ele, tem de ser "alguém educado ou liberal; esclarecido". O marido terá de permitir que Hangam use roupas masculinas, se ela assim preferir, e deixar que trabalhe fora de casa, se quiser utilizar a educação que o pai lhe deu. Pois nunca permitiria que a filha se casasse com "um homem inútil", falou-me ele.

Pode ser difícil encontrar um homem assim em Cabul, mas ele acredita que não é impossível. Quando era jovem, os russos o ensinaram que as mulheres deviam fazer parte da sociedade, sem ficar reclusas entre quatro paredes. Quando levou a família para morar no Irã, durante os anos do Talibã, viu *bacha posh* de todas as idades no bairro em que viviam em Teerã. Segundo sua interpretação, os iranianos têm inteligência suficiente para entender que é possível ignorar as imposições religiosas e culturais quando um país é comandado por pessoas retrógradas. E que um pouco de resistência às vezes é bom. Se o Afeganistão degringolar depois que as tropas estrangeiras saírem e houver outra guerra civil, tentará voltar a Teerã. Na pior das hipóteses, enviará Hangam para morar sozinha no exterior. Ele dispõe de recursos: trabalha numa prisão e tem influência sobre quem fica ou não atrás das grades. E sempre há aqueles que pagam uma boa soma para ter seus processos "revistos".

Terminado o treino de tae kwon do, as meninas pedem uma foto em conjunto, enfileirando-se na parede forrada de espelhos. Disputam quem vai ficar ao lado de Nader. O grupo de rapazes finalmente se dispõe em leque em volta dela, que fica no meio com as pernas abertas e a mão no bolso do jeans, como líder do grupo. Todos endireitam os quadris para a frente e posam de queixo baixo e lábios espremidos. A puberdade ainda não lhes causou muitos problemas — seguem as instruções de Nader para rezar pedindo que os seios não se desenvolvam. Ela também ajuda a estabilizarem a voz em tom mais grave.

"Me mostre seu melhor movimento", peço a Sahel no estacionamento, quando estamos prestes a nos despedir.

Antes que eu entenda o que está fazendo, ela gira duas vezes para trás e me dá um leve pontapé na base das costas. As outras garotas assobiam em aprovação e todas trocam *high fives*.

"Tenha cuidado. Ela é só uma garota", grita Hangam.

* * *

As seis jovens — inclusive Nader — não sabem que o porão delas em Cabul é apenas um microcosmo de algo muito maior, que ultrapassa a capital e ultrapassa o Afeganistão.

Em comunidades de imigrantes em toda a Europa e nos Estados Unidos, há mulheres de muitas outras culturas conservadoras com suas histórias pessoais de terem crescido como meninos, por razões de sobrevivência ou desejo de liberdade. Com o tempo, e graças a notícias de amigos da Índia, do Irã e de outros locais do Oriente Médio, começo a entender aos poucos que a tentativa de resistência de Nader se encontra em muitos locais onde existe segregação e se dá preferência a meninos. E que este é um fenômeno mundial que se mantém essencialmente clandestino. Para sociedades que se consideram evoluídas, não é muito agradável que as mulheres em alguns lugares tomem a iniciativa radical de recusar seu gênero ou de mudar o de suas filhas. E tampouco os dirigentes políticos e religiosos veem com bons olhos.

Mas não é difícil encontrar provas da existência de variantes da *bacha posh* em outros países quando se fazem as perguntas certas. Do outro lado da fronteira com o Paquistão, Setareh tem primas e mais primas que vivem como rapazes, trabalhando ou frequentando a faculdade. Também são *bacha posh* — ou, em pachto, *alakaana*—, muitas vezes desde que nasceram.

Nas áreas de língua urdu no Paquistão e na Índia, são chamadas de *mahi munda*, "menino-menina". Na Índia, existe uma antiga tradição hinduísta das *sadhin*,[1] garotas que assumem o papel de homens honorários renunciando à sua sexualidade. A autora Anees Jung observou muitas garotas de cabelo curto se passando por meninos, descritas em *Beyond the Courtyard*, de 2003. "É normal por aqui", explica uma das mulheres entrevistadas no livro.[2]

No Egito, a famosa cantora de baladas Umm Kulthum, com

sua voz profunda, começou a se apresentar vestida de menino por insistência do pai, que queria evitar a vergonha de ter uma filha no palco. Andrea B. Rugh, estudiosa do Oriente Médio e especialista em desenvolvimento, conheceu inúmeros casos de mulheres vestidas de homem no campo por razões de trabalho e praticidade, durante suas pesquisas nos anos 1980.[3]

Em partes do Iraque, moradores locais descrevem garotas curdas da mesma maneira que Zahra: algo a meio caminho entre mulher e homem.

No Camboja e em Myanmar, onde a preferência também recai nos filhos em detrimento das filhas, às vezes vendidas no mercado de tráfico sexual mundial, as organizações de assistência confirmam casos conhecidos de moças que adotam identidade masculina para escapar à atividade criminosa.

Alguns países chegam a considerar a prática tão problemática — e, aparentemente, tão generalizada — que exige intervenção policial. No Irã, com sua religião oficial, as jovens que são *pesar posh* — equivalente a *bacha posh* em parse — são presas quando se passam por homem para trabalhar, fugir ao casamento ou apenas assistir a partidas de futebol.

E em 2008 as autoridades religiosas da Malásia lançaram uma *fatwa* contra garotas com cabelo curto demais que se vestem e se comportam como meninos, com a justificativa de que estão violando o islamismo e até potencialmente incentivando relações homossexuais.[4]

Os países do golfo Pérsico apresentam o paralelo mais direto e intrigante com as meninas de Cabul: nas ruas de Riad, nos shopping centers de Meca e por todo o Kuwait, Bahrein, Omã e Emirados Árabes Unidos, onde vigoram alguns dos códigos de indumentária mais rigorosos do mundo, as adolescentes de famílias tradicionais que se recusam a casar chamam a si mesmas de *boyah*,[5] usando calças e camisetas e rejeitando o lenço de cabeça e cobrir todo o corpo. Dirigem carros clandestinamente e se reúnem on-line para trocar imagens de modas andróginas e cortes curtos de cabelo, além de dicas para evitar as autoridades. Em toda a península Arábica considera-se tão séria a ameaça das *boyah* e das garotas que evitam o casamento que os médicos e psicólogos atribuem o fenômeno a infelizes influências do Ocidente, às vezes desconsiderando a questão como mera tendência ou fase passageira.

Como em todos os casos em que as mulheres se desviam dos papéis tradicionais de gênero, o que está em jogo é a economia do estrito patriarcado, sempre de grande preocupação para as autoridades masculinas. Em locais onde as mulheres são maciçamente impedidas de ter propriedade, receber herança e trabalhar fora de casa, considera-se um grande risco permitir que elas adotem aparência de homem, pois podem vir a reivindicar alguns dos direitos masculinos.

No Qatar, onde há poucos dados sobre violência doméstica — pois tal crime simplesmente não existe em termos oficiais para as autoridades — e onde as mulheres têm poucas possibilidades de se divorciar e manter a guarda dos filhos, o governo incentiva os pais a enviarem as filhas *boyat* para um "centro de reabilitação" dirigido pelo Estado, que oferece um programa chamado Minha Feminilidade É uma Dádiva do Meu Senhor. Lá, psicólogos diagnosticam e tratam casos de *boyat* adolescentes. Segundo o governo, a condição delas não só contraria o islamismo, mas também coloca uma grave ameaça ao próprio Estado, visto que os índices de natalidade podem sair prejudicados se as garotas adiarem ou rejeitarem o casamento e não procriarem. A recusa de se casar também desperta suspeitas de homossexualidade, e é preciso impedir a difusão dessa doença de alta periculosidade, que é tida como extremamente contagiosa. Apresenta-se essa doença, claro, como oriunda de um mundo externo degenerado e não muçulmano. O centro de reeducação aconselha as mães de filhas *boyat* a não reclamar de suas obrigações domésticas nem de seus direitos limitados, e a não influenciar as filhas a denunciarem o modo de vida natural das mulheres nem a negarem sua "constituição biológica". O programa do centro promete curar a renitência das garotas em seguir o ideal de feminilidade. Internada no centro, a garota será ensinada a usar um *hijab* e praticará tarefas femininas, como cuidar do lar e do marido.

Os paralelos entre *bacha posh* nos países que privam as mulheres de direitos não são ocidentais ou orientais, islâmicos ou não islâmicos. Trata-se de um fenômeno humano, que existe em toda a nossa história, em lugares muito diferentes, com diferentes religiões e em muitas línguas. Passar-se por outra pessoa ou outra coisa é a história de muitas mulheres e homens que conheceram a repressão e quiseram liberdade.

É a história de um fuzileiro naval americano gay que teve de fingir que era heterossexual. É a história de uma família judaica na Alemanha nazista fazendo-se de protestante. É a história de um sul-africano negro que tentou clarear a pele sob o apartheid. Disfarçar-se como integrante do grupo reconhecido e aprovado é, ao mesmo tempo, um ato subversivo de infiltração e uma concessão a um inaceitável sistema racista, sexista ou segregacionista de qualquer tipo.

Esse tipo de resistência, praticado discretamente por meninas, mulheres e genitores onde existe a segregação de gêneros, muitas vezes de maneira isolada e às vezes em grupo, não só é global, como pode remontar à formação do próprio sistema patriarcal. Quando a sujeição das mulheres foi codificada pela lei e pela religião, quando a única maneira de elevar a vida de uma mulher era o casamento e quando a necessidade de filhos homens se tornou um requisito absoluto em todas as famílias, provavelmente logo as primeiras *bacha posh* começaram a se infiltrar em território masculino.

Como a avó de Zahra aprendera desde criança, a *bacha posh* existia no Afeganistão "desde o tempo do arco e flecha".

18. A deusa

Encontram-se resquícios de uma antiga crença específica logo sob a superfície da República Islâmica do Afeganistão. Na década de 1970, Louis Duprée escreveu:

> O islamismo praticado nas aldeias afegãs, nos acampamentos nômades e na maioria das áreas urbanas seria praticamente irreconhecível para um estudioso muçulmano sofisticado. Afora a fé em Alá e em Maomé como seu profeta, a maior parte das crenças está relacionada com costumes localizados pré-muçulmanos. Alguns dos ideais da sociedade tribal afegã seguem em sentido contrário ao dos princípios islâmicos letrados.[1]

Isso ainda é válido.

Um professor de direito religioso na Universidade de Cabul forneceu, com alguma relutância, a primeira pista. A prática da *bacha posh*, segundo ele, pode ser rastreada pelo menos até "a era sassânida" no Afeganistão, associada à crença de que uma criança assim estimularia o nascimento de filhos efetivos por meio da "magia". É de conhecimento geral, diz o professor. Mas não apresenta nenhum livro e nenhuma referência adicional em prova disso. A maioria dos países tem seu conjunto de mitos e contos folclóricos, mas aqui seria um perigo e até potencialmente um crime discutir a existência de influências externas ao islamismo.

Na era sassânida, que foi do século III ao século VII, os persas governaram o Afeganistão num império que se estendia até os Bálcãs. A religião dominante era o zoroastrismo.

Cerca de 1400 anos antes do nascimento de Jesus Cristo e 2 mil anos antes de Maomé, acredita-se que um homem chamado Zoroastro tenha vivido no Afeganistão.[2] Foi o fundador e o profeta da doutrina segundo a qual a água, o fogo, a terra e o vento são elementos sagrados e o universo é objeto de uma luta constante entre o bem e o mal. No zoroastrismo, os seres humanos têm poder de escolher e, portanto, de se alinhar junto ao mal ou ao bem, por meio de "bons feitos, bons pensamentos, boas ações". Zoroastro pregava que todos deviam se responsabilizar por suas ações e não seguir cegamente as regras da sociedade — uma doutrina que, mais tarde, veio a inspirar Friedrich Nietzsche e outros filósofos. Os zoroastristas também eram astrônomos e foram pioneiros na astrologia, usando-a para prever eventos cíclicos.

Depois que sabemos onde procurar, é fácil localizar vários remanescentes das práticas e crenças zoroastristas na sociedade afegã atual. Uma cena frequente nas ruas de Cabul são os garotos (ou garotas se passando por meninos) que oferecem proteção contra maus-olhados. Por algumas moedas, eles sacodem uma caixinha de sementes torradas diante dos transeuntes, num ritual que reproduz os gestos outrora realizados pelos servidores dos templos zoroastristas. Vários elementos da cerimônia nupcial afegã tradicional seguem o ritual zoroastrista, em particular o *khastegari*, a corte que a família do noivo faz aos pais da noiva.

E a cada primavera os afegãos fazem uma grande festa para receber a estação.

O feriado mais exuberante do calendário afegão é o nada islâmico e totalmente zoroastrista *Nowruz*, que significa "novo dia". Geralmente cai em 21 de março, o primeiro dia da primavera e o primeiro dia do ano-novo no calendário persa, quando o ciclo da vida recomeça. Faz-se a limpeza geral da casa e servem-se os melhores alimentos. As crianças ganham roupas novas. Erguem-se mastros enfeitados de flores e acendem-se fogueiras. Os rapazes saltam por cima de fogueiras menores, para purificar o corpo e a mente. Os islâmicos conservadores no Afeganistão se referem a esse festejo em termos severos, denunciando-o como paganismo inaceitável.

No zoroastrismo, o casamento era uma obrigação, tendo como finalidade principal gerar filhos que dessem continuidade ao nome da família ou entrassem no sacerdócio, reservado apenas aos homens. Num paralelo direto com as tentativas afegãs atuais de gerar filhos, utilizava-se a "magia" de várias maneiras para alcançar tal fim. A própria palavra "magia" pode ser rastreada até o zoroastrismo, cujos sacerdotes, chamados *magi*, conduziam os rituais, coordenavam o culto ao fogo e se incumbiam de todas as coisas mágicas.

Na era sassânida, acreditava-se que a mulher durante a gravidez podia afetar o sexo do feto em seu ventre, realizando certos rituais e recorrendo a efeitos mágicos com preces, sacrifícios de animais e visitas a templos. No templo, podiam dirigir seus apelos, por exemplo, à deusa persa Anahita, que ainda hoje é um nome feminino muito comum no Afeganistão. Era a deusa da fertilidade e protetora da água vital, que podia curar os feridos e semear o ventre das mulheres. Recorrendo a ela, uma mulher poderia impelir a concepção para o rumo certo.

Hoje, os afegãos rezam em mesquitas para ter filhos, mas,

como Louis Duprée já descobrira durante seus estudos, "praticamente qualquer pedra que se atire no Afeganistão"[3] baterá num templo, ou *pir*, que é o nome zoroastrista para um local de culto. No vale de Paiminar, logo ao norte de Cabul, ele localizou pelo menos quarenta templos dedicados à fertilidade, onde as mulheres vão rezar e comprar amuletos mágicos para ter filhos do sexo masculino, muitas vezes montando pequenas camas simbólicas, feitas de palha, para lembrar à santa que ajude no leito conjugal.

Para os muçulmanos sunitas, santos são decididamente não islâmicos, pois o profeta Maomé proibiu explicitamente que se reverenciassem túmulos de seres humanos. Mas ainda hoje muitos afegãos vão rezar nos templos. Alguns templos foram convertidos em mesquitas, enquanto outros são locais de sepultura de algum religioso importante, segundo acreditam os seguidores da vertente xiita do islamismo — a qual se firmou no Irã e depois incorporou muitas tradições zoroastristas. Em templos mais modestos, às vezes nem se sabe muito bem qual é o santo — ou se há mesmo alguém — enterrado ali. Mas todos eles ainda são tidos como capazes de atender aos pedidos das orações, os quais, ao que se diz, costumam girar em torno da concepção de filhos.

Em Jalalabad, há um famoso santuário dedicado à fecundidade, recomendado para quem quer ter filhos do sexo masculino. Muitas mulheres também fazem a viagem até a Mesquita Azul, em Mazar-i-Sharif, para rezar pedindo filhos. Quando se conquista um território, não raro tudo o que existia antes é apagado dos livros de história e os locais de culto são erradicados ou destinados a outras coisas. Oficialmente, a Mesquita Azul conteria os restos mortais de um dos parentes do profeta Maomé, mas ela também está localizada bem no meio do antigo centro do zoroastrismo: a província afegã de Balkh, local onde Zoroastro teria vivido e morrido.

Em Cabul, é usual que as mulheres saibam citar pelo menos um ou dois templos especializados em promover a fertilidade. Elas dão notícias sobre os templos que produzem os melhores resultados, baseando-se no sucesso de irmãs, filhas e amigas. Os templos podem ser locais ornamentados ou meras cavidades empoeiradas, tendo guardiões do sexo masculino.

Esses locais de culto geralmente cobram uma pequena tarifa e alguns fornecem sugestões de preces específicas para apressar a vinda de filhos. Bandeiras verdes tremulantes, espalhadas por Cabul, indicam a localização desses templos: há um no caminho para o aeroporto, outro ao lado do Ministério das Comunicações e Tecnologia da Informação. No templo que fica junto ao rio Cabul, o público principal são mulheres pobres que se reúnem para orar, levando doces como oferenda, a fim de que seus desejos sejam atendidos. O templo de Hazrat Ali, a uma curta distância de Cabul, junto ao lago Kharga, é um dos locais favoritos para a excursão de recém-casados.

Em Pir Beland Shahib, perto de um hotel frequentado basicamente por estrangeiros, há uma escada de 78 degraus irregulares que leva a um templo ao ar livre, cercado por muros de tijolo. Para lá se dirigem casais jovens, que entram respeitosamente após tirar os sapatos: primeiro beijam o mastro três vezes, depois beijam várias tiras de pano e lenços amarrados, que se usam em todos os santuários como votos e promessas — tudo isso é típico de um local de culto zoroastrista. Então rezam em silêncio, com os olhos fechados e o rosto virado para o sol, e em seguida acendem velas ou fazem uma pequena oferenda de alimento ou dinheiro.

Fatima, uma mulher de quarenta anos e grávida de uma criança de sexo já confirmado como masculino, segundo ela, sai com ar triunfante. Num dia em que nos encontramos nos degraus, Fatima explica a Setareh que, para algumas coisas, os templos funcionam melhor do que as mesquitas.

Fatima é muçulmana — e devota, diz ela. Mas não ia correr riscos em sua tremenda necessidade de ter um filho menino. Sempre daria para recorrer a uma ajudinha extra dos deuses.

Outra tradição zoroastrista é dividir os alimentos pelos efeitos quentes ou frios sobre o corpo, bem como a crença de que certos alimentos podem curar as doenças se forem usados em combinações corretas. Essas classificações não se referem a alimentos que podem ser temperados ou esquentados, mas sim ao efeito que se julga terem sobre o sangue da pessoa. Também pensava-se que seria possível determinar o sexo do feto comendo certos tipos de comida, para tornar o sangue da mulher mais "quente" ou mais "frio". O antropólogo Charles Lindholm registrou essas mesmas crenças e classificações dos alimentos em suas pesquisas sobre a cultura pachto, nos anos 1980.[4]

Segundo a professora Nahid Pirnazar, docente de estudos iranianos na Universidade da Califórnia em Los Angeles, o *Avesta*, conjunto das escrituras sagradas do zoroastrismo, traz no capítulo 16 praticamente uma cartilha sobre a concepção de meninos e meninas.

É como um manual de instruções para a dra. Fareiba, detalhando os efeitos do quente e do frio no corpo para a concepção de uma criança do sexo masculino ou feminino:

> A semente feminina é fria e úmida, e vem dos quadris, e a cor é branca, vermelha e amarela; e a semente masculina é quente e seca, e vem do cérebro, da cabeça, e a cor é branca e pardacenta. Toda a semente das mulheres que sai antes ocupa um lugar dentro do úte-

ro, e a semente dos homens fica por cima dela e ocupará o espaço do útero; tudo o que se detém ali torna-se sangue outra vez, entra nas veias das mulheres, e no momento em que alguém nasce torna-se leite e o alimenta, pois todo leite nasce da semente dos homens e o sangue é o das mulheres. Estas quatro coisas, dizem eles, são masculinas, e aquelas femininas: céu, metal, vento e fogo são masculinos, e nunca de outra maneira; água, terra, plantas e peixes são femininos, e nunca de outra maneira; o restante da criação consiste de masculino e feminino.[5]

A crença em artifícios mágicos para conceber filhos também é ilustrada na lenda do arco-íris no Afeganistão. O arco-íris, elemento caro a todas as mitologias, dos noruegueses aos navajos, costuma simbolizar a realização dos desejos. No Afeganistão, encontrar um arco-íris é sinal de uma recompensa muito especial: ele tem o poder mágico de transformar a criança no ventre em menino quando a mulher grávida passa por baixo dele. As meninas afegãs também aprendem que podem se tornar meninos andando sob um arco-íris, e muitas tentam. Quando criança, Setareh também fez isso, confessa-me ela depois que a interrogo sobre o assunto. Todas as suas amigas tentavam encontrar o arco-íris para se tornarem meninos.

O nome do arco-íris, *Kaman-e-Rostam*, é uma referência ao herói mítico Rostam, do épico persa *Shahnameh*,[6] que conta a história da grande Pérsia na época em que o zoroastrismo era a religião dominante e o Afeganistão fazia parte do império. O épico persa tem inclusive sua própria *bacha posh*: a guerreira Gordafarid, uma amazona que se disfarça de homem para entrar em batalha e defender sua terra. É interessante notar que esse mesmo mito do arco-íris que muda o sexo existe em algumas partes da Europa Oriental, incluindo a Albânia e Montenegro.[7]

A cada novo conquistador — Alexandre, os partos e os sassânidas —, a religião zoroastrista se ramificava e se expandia no Afeganistão. Em seu auge, ela contava com cerca de 50 milhões de fiéis no império. O zoroastrismo e suas práticas se firmaram em muitos locais além do Afeganistão, incluindo o Paquistão, a Índia, o Irã, partes do Iraque e da Turquia, a Síria, o Líbano, Israel e Palestina, a Jordânia, a Tchetchênia, o Kuwait, o Egito, partes da Líbia e do Sudão e os atuais "istões" da antiga União Soviética. Algumas partes dos Bálcãs — onde se encontram as "virgens juradas" — também receberam influências do Império Sassânida, cuja religião dominante era o zoroastrismo.

Quando os árabes, mongóis e turcos chegaram e introduziram o islamismo, de início os zoroastristas foram tolerados, mas depois seus templos foram incendiados, os sacerdotes executados e os derrotados foram obrigados a se converter ao islamismo. Hoje, o zoroastrismo conta oficialmente com apenas alguns milhares de seguidores nos Estados Unidos, no Canadá, na Inglaterra e nas nações do golfo Pérsico. O número oficial de zoroastristas no Afeganistão, hoje, é zero.

Mas não é mera coincidência que se encontrem antigos mitos e remanescentes de uma outra religião em vários lugares do mundo, tanto em termos históricos quanto em ocorrências atuais de meninas vivendo como meninos. Louis Duprée citou o sítio arqueológico de Surkh Kotal, onde as escavações revelaram um templo zoroastrista gigantesco dedicado ao fogo, na província afegã de Balkh, confluência entre Oriente e Ocidente. Também foram encontradas ali pedras de calcário com inscrições gregas, indicando que os rituais zoroastristas podem ter se espalhado do Afeganistão nas duas direções. Mostram ainda que o zoroastrismo tem paralelos com outras crenças e culturas pré-históricas, inclusive com a mitologia nórdica medieval, que também é repleta de mulheres em papéis masculinos.[8]

Viktor Rydberg, um estudioso sueco de mitologia comparada, sugeriu que o zoroastrismo e as crenças nórdicas antigas podiam ter uma mesma origem indo-europeia.[9] A estudiosa zoroastrista Mary Boyce também observou que as orações de Zoroastro de registro mais antigo correspondem a práticas religiosas nórdicas, apontando para uma ligação milenar entre esses dois mundos.[10]

Para aqueles que querem exercer um controle absoluto por meio da religião, os resquícios de outros credos sempre constituíram um problema, e os fragmentos do zoroastrismo são uma provocação. Os chefes religiosos no Irã, por exemplo, tentaram abolir o *Nowruz*, mas reconsideraram quando os iranianos se ergueram em veemente protesto.

O Ministério para a Promoção da Virtude e Prevenção do Vício, do Talibã, não se limitou a impor códigos de indumentária. Durante seu governo no Afeganistão, houve grande empenho em destruir antigos sítios arqueológicos zoroastristas e outros, e proibiu-se a "feitiçaria", para garantir que não se utilizasse nenhuma "magia". Ficou vetada a visita a templos, e o feriado de *Nowruz* foi abolido. Tão logo o Talibã deixou o poder, voltou-se a comemorar o *Nowruz*.

Há um encontro anual da Assembleia Geral da ONU em Nova York que também mostra como é difícil matar uma fé antiga e suas práticas tradicionais. E talvez ainda mais quando elas apresentam elementos criativos para enfrentar sociedades patriarcais rígidas.

Na ONU, os embaixadores de países divididos por línguas, culturas, guerras, religiões e mesmo ameaças nucleares, ficam lado a lado, participando da comemoração do *Nowruz*, que vem desde a época em que todos faziam parte de um mesmo Império Persa. Nessa data, os embaixadores do Afeganistão, Azerbaidjão, Índia, Irã, Iraque, Cazaquistão, Quirguistão, Paquistão, Tadjiquistão, Turquia, Turcomenistão e Uzbequistão se alinham na plataforma da sede da ONU em Nova York. Todos trajam suas melhores roupas de primavera, reconhecendo por um breve momento que, no passado, todos tiveram algo em comum.

E ainda têm, visto que continuam a nascer meninas em muitos lugares que nem sempre são bem-vindas.

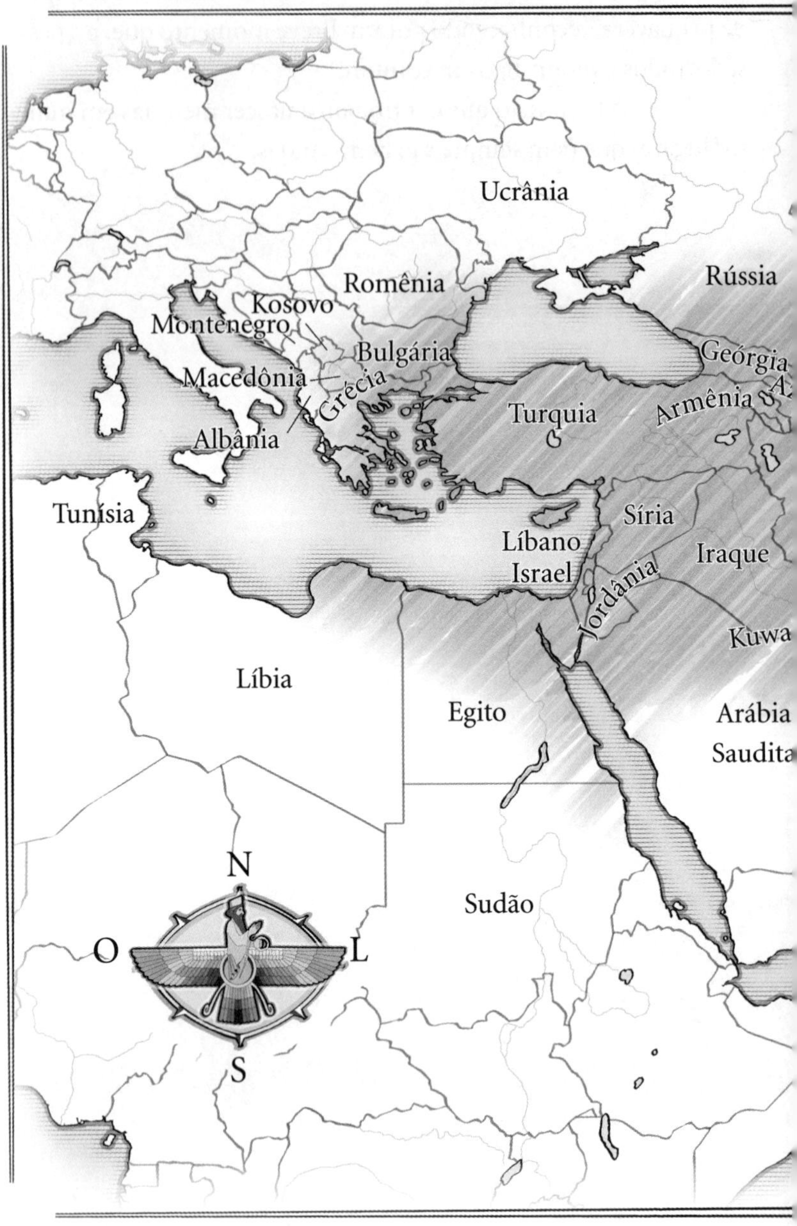
Ucrânia
Rússia
Romênia
Kosovo
Montenegro
Bulgária
Geórgia
Macedônia
Grécia
Armênia
Turquia
Albânia
Tunísia
Síria
Líbano
Israel
Iraque
Jordânia
Líbia
Egito
Arábia
Saudita
N
O
L
S
Sudão

O zoroastrismo no mundo

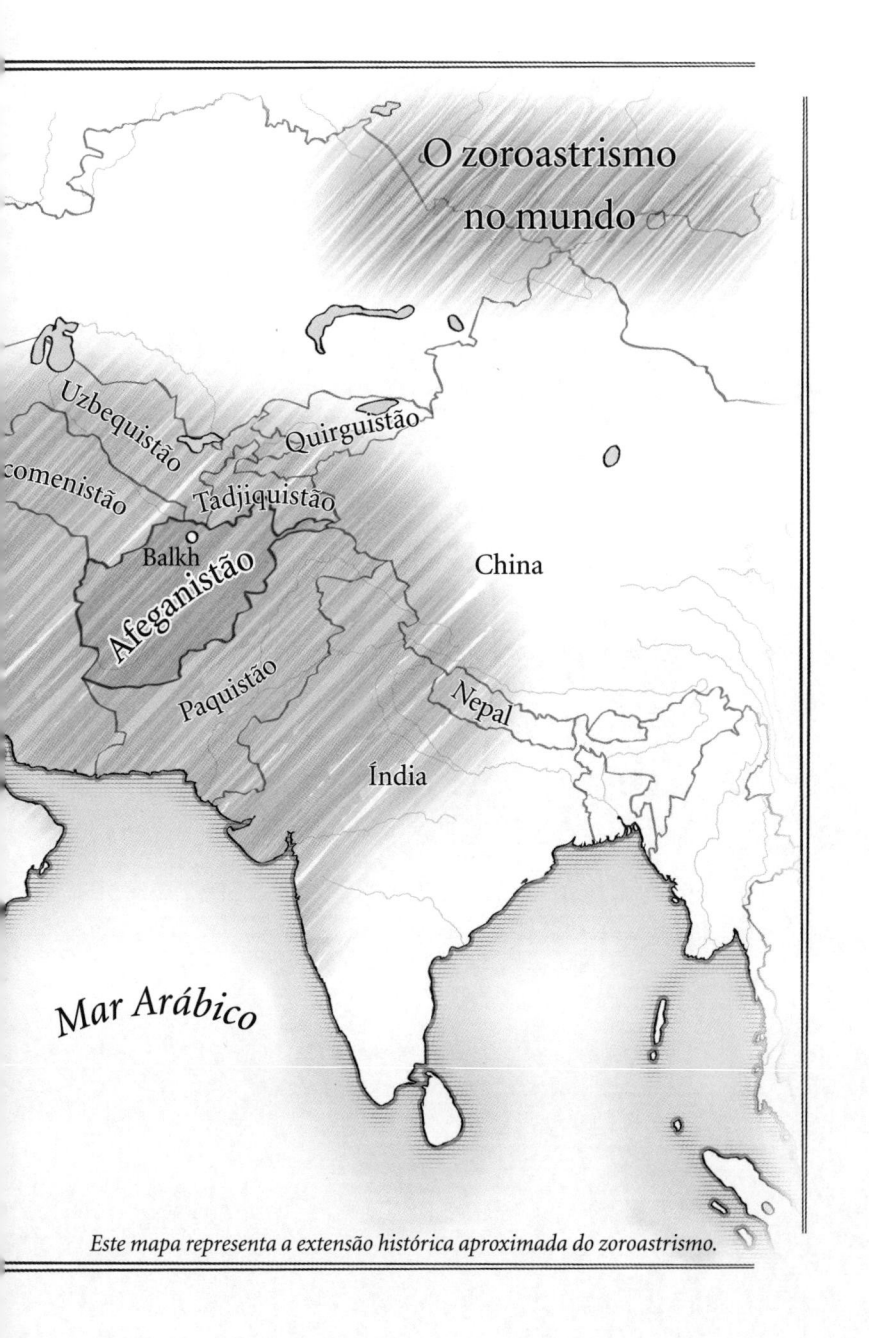

Este mapa representa a extensão histórica aproximada do zoroastrismo.

IV. PAIS

Se você quiser, você consegue.
Um pai para a filha
numa rampa de esqui na Suécia,
anos 1980

19. A derrotada

AZITA

Ela come.
Quando lhe dizem que várias urnas de sua província não são válidas, ela come. Quando o dono do apartamento onde mora a família lhe dá o prazo de uma semana para encontrar outro lugar e sair do imóvel, ela come. Quando o marido avisa que a primeira esposa e a filha vão vir para morar novamente com eles em Cabul — e que a decisão dele é irreversível —, ela come.
Azita parte o pão macio, o *naan*, pega o resto dos biscoitos de Mehran, raspa colheradas de arroz das panelas antes de lavar a louça.
É embaraçoso, e ela não consegue evitar.
Pois ficar gorda no Afeganistão também é visto como sinal de caráter fraco, de alguém que tem falta de controle. Mas não há outro remédio à mão e ela não pode desabar. Azita tenta diminuir a ansiedade como consegue e exagera no que está mais perto e mais fácil. Come freneticamente e come compulsivamente; só

para quando começa a se sentir mal, permitindo que a náusea vença a preocupação por alguns instantes, quando o sangue deixa o cérebro e vai para o estômago, quando o açúcar entra em todas as veias e obscurece a mente.

Azita não é mais aquela legisladora perante a qual, ao entrar numa sala, todos se põem de pé. Na primavera de 2011, quase um ano depois de ser derrotada na reeleição, não tem mais salário e não recebe mais convites de dignitários estrangeiros nem de participação em eventos no exterior. Não tem mais sequer a autorização de porte de arma. Ela nunca encontrou a arma que lhe deram, mas agora não faz diferença. Os diplomatas e os organismos internacionais, em sua maioria, esqueceram até sua existência.

Para eles, Azita não tem mais nenhuma importância, por menor que seja.

No começo ela ganhou. Ou pelo menos pensou que havia ganhado.

A campanha sugara todas as suas energias, com a incansável campanha de Ramadã pelas terras desérticas de Badghis, usando um xador até os pés, ficando de estômago vazio do amanhecer até o começo da noite, discursando e distribuindo suas fitas gravadas. Tal como em outras províncias, os grupos filiados ao Talibã tinham conseguido retomar alguns distritos, que então ficaram vetados a ela. Mesmo assim, Azita passou três meses batendo à porta das casas, conversando com os moradores e alimentando centenas de possíveis eleitores que apareciam diariamente em sua casa em Badghis, para ganhar uma refeição e dar uma olhada nela.

Alguns concorrentes também haviam oferecido presentes para que os simpatizantes aparecessem nos comícios, tais como roupas, gasolina para as motocicletas ou verbas a título de "despesas de viagem". Azita gostaria de poder distribuir mais, mas dispunha apenas das gravações e dos cartazes em que aparecia séria.

Depois do dia da eleição, numa das contagens primárias, ela teve maioria de votos, assegurando mais um mandato na "casa do povo". A contagem parecia correta e, assim, anunciou-se a vitória. Azita sentiu uma mescla de entusiasmo e alívio à ideia de voltar a Cabul para o segundo mandato. Deu uma grande festa em Badghis, aquecendo-se ao caloroso orgulho dos pais e parentes. Mas, uma semana depois, numa guinada política muito típica do Afeganistão, numa segunda contagem que foi anunciada como ainda mais válida do que a anterior, Azita de repente despencou misteriosamente. Ao que se viu, as eleições tinham sido fraudadas e quase 25% dos votos em todo o país acabaram sendo declarados inválidos, sem muito exame.

A vitória anunciada e depois anulada deixou Azita constrangida de início. Depois, sentiu-se entorpecida. Dera tudo de si na campanha e não tinha um plano B. O trabalho e o cargo constituíam sua identidade, seu respeito próprio, sua estabilidade emocional e sua fonte de renda. Isso lhe havia possibilitado uma relação razoável com o marido. E havia prometido um futuro às filhas. Agora não sabia como proceder. Ou se conseguiria se reconstituir. As pequenas mostras de respeito que o cargo lhe concedera, como ser cumprimentada pelos homens e às vezes chamada pelo nome, eram privilégios que deixariam de existir.

Envergonhada, ficou dentro de casa em Badghis.

Quando, mesmo relutante, voltou a ligar o celular, havia montes de mensagens de seus apoiadores, insistindo para que não desistisse. "Todo mundo" sabia que tinha sido jogo sujo, diziam eles. E sabiam que ela não era uma molenga que ia se curvar à corrupção da política afegã, e sim uma líder que tinha uma causa a defender — não era exatamente isso o que ela tanto repetira a seus eleitores? Tinham ido às urnas por sua causa e não aceitariam que ela esmorecesse diante de um sumiço de votos a pretexto de fraudes alheias. Claro que haviam roubado sua vaga; ela tinha mais votos válidos. Ao contrário dos outros, nem sequer fora acusada diretamente de fraude. Ou ela realmente pretendia dizer a seus apoiadores que, de repente, seus votos agora não valiam nada?

Aos poucos, Azita deu a volta por cima.

"As pessoas que votaram em mim têm o direito de me ver lutando por isso. É uma competição e eu ganhei limpo", disse a si mesma.

A imagem das filhas de volta a uma casa de barro em Badghis também fortaleceu sua determinação. Agora eram garotas de Cabul, que poderiam fazer algo com suas vidas. Não faria com elas o que lhe fora feito no passado: convidá-las para uma vida melhor e depois devolvê-las ao exílio de uma província, com poucas perspectivas de uma educação razoável ou poucas chances de escapar a um casamento precoce com um aldeão. Além disso, refletiu Azita, ela fizera uma campanha honesta. Então, qual seria a dificuldade em provar que aqueles votos adicionais em seu favor eram legítimos?

Junto com centenas de outros candidatos que contestavam os resultados das eleições, ela decidiu entrar na batalha.

Ao todo, ⅓ dos candidatos originais do país se envolveu num acirrado conflito nacional,[1] tanto os que ganharam de forma contestável quanto os que ficaram em segundo lugar, alegando que seus resultados deviam ter maior número de votos ou que os resultados dos outros deviam ter menor número. Enquanto isso, o Afeganistão ficou com um parlamento paralisado e inativo, em meio a uma crise para sua frágil e incipiente democracia.

No começo, entre as caóticas audiências oficiais e nas negociações de bastidores a que Azita compareceu, disseram-lhe que tinha boas chances de uma recontagem favorável. No entanto, as chances aumentariam se ela desembolsasse uma taxa de 60 mil dólares para certos funcionários que lidavam com o processo. Com isso, afirmaram-lhe que poderiam renovar seu mandato sem qualquer outra investigação. Vários colegas lhe confirmaram que, de fato, aquela era a tarifa vigente; alguns chegaram a lhe aconselhar que pensasse no assunto. Era até uma taxa pequena para conseguir o cargo de volta, sugeriu um dos funcionários quando Azita argumentou que, para começo de conversa, sua votação maior era realmente válida. Ela logo ganharia aquele montante todo — e ainda mais — em seu cargo remunerado no parlamento, e cobrando um pouco por fora daqueles dispostos a pagar pelas decisões corretas, disse-lhe o funcionário.

"Mesmo que eu tivesse esse dinheiro, daria às viúvas", retrucou Azita antes de sair furiosa do escritório.

Em visita a um outro funcionário, este lhe propôs que assinasse uma promissória sobre os bens ou os rendimentos futuros. Muitos outros já tinham feito isso, disse-lhe ele. Decerto ela ou o pai dela tinha algum imóvel para dar em garantia, não? Quando Azita recusou, ele lhe disse que era "uma mulher muito tola". Depois disso, vários funcionários a aconselharam a "simplesmente esquecer o assunto". Sem um "investimento" e algum penhor em dinheiro, informaram-na que seria muito difícil voltar ao parlamento.

Espicaçada pela resistência da burocracia e os funcionários procurando enriquecer durante o turbilhão político, Azita se empenhou ainda mais em rastrear seus votos e tentar provar a validade deles. Aquela promessa de um novo país, que aparecera no horizonte quando o Talibã caiu, ainda ressoava profundamente dentro dela, uma década depois. Não passara cinco anos no parlamento só para burlar os tribunais e o sistema judiciário oficial. E, à parte o respeito pela democracia, ela simplesmente nem tinha aquele dinheiro.

Mas agora estava sem renda e sem trabalho. Com poucas economias, a cada semana ficava mais difícil sustentar a família em Cabul. Por fim, o marido pressionou: essa luta para voltar ao parlamento não parecia muito promissora e estava demorando demais. Era hora de desistir, disse ele. Deviam retornar a Badghis ou pelo menos a Herat, onde poderiam voltar a viver como uma família normal.

Era algo impensável para Azita, que, apesar dos reveses, adquirira absoluta certeza de que poderia ser reempossada como representante de Badghis em Cabul.

Mais uma vez, recorreu ao pai e pediu para intermediar um acordo com o marido; ela só precisava de mais alguns meses para enfrentar a comissão eleitoral. O marido concordou em prolongar a estada em Cabul, aguardando a decisão final das autoridades sobre a composição do parlamento. Em troca, Azita disse que arranjaria um emprego temporário para sustentar a família, enquanto acompanhava a tramitação legal.

Mas continuou a passar quase todos os dias envolvida em encontros com os funcionários eleitorais, levando sua pasta surrada cheia de documentos a ministérios, tribunais e reuniões informais com colegas, dizendo à família e aos amigos: "Sou minha própria advogada. Mas tenho meus apoiadores. O primeiro é Alá. O segundo é meu povo".

Encontrar emprego também foi mais difícil do que Azita imaginara. Tornara-se uma questão de aparência. Um emprego público e bem remunerado podia levar as pessoas a pensarem que ela desistira de voltar ao parlamento. Um emprego de baixo salário daria a impressão de que era definitivamente uma perdedora, incapaz de conduzir bem sequer suas querelas judiciais. Apesar disso, ela dedicava grande parte de suas energias à batalha jurídica e, ademais, ninguém parecia estar fazendo muita questão de seus serviços.

Passados os primeiros meses de 2011, suas economias acabaram. Ela começou a pedir pequenos empréstimos a quem podia — ao pai, ao irmão e a alguns amigos da política. Fez com que prometessem que não comentariam nada com ninguém.

Suas últimas economias haviam custeado a mudança da família para a Cidade Dourada, uma nova área na periferia de Cabul dominada por pachtos. As casas inspiradas em Dubai foram construídas durante a febre de desenvolvimento urbano de Cabul, na esteira de um influxo financeiro maciço na década anterior. De início, as construções tinham sido pintadas num exuberante amarelo-ouro que refulgia para os lados da estrada principal que levava ao bairro. Entretanto, depois de alguns anos de poeira trazida pelos ventos do deserto, as paredes tinham ficado mais foscas e a tinta dos corredores internos estava descascando.

A Cidade Dourada não tem área recreativa nem campo de futebol. Não tem árvores e nem sequer um trecho de gramado. Não que seja uma grande necessidade: as crianças das famílias pachtos que moram aqui, na maioria conservadoras, não podem brincar muito ao ar livre. O marido de Azita decidiu que as filhas — inclusive Mehran — devem ficar dentro de casa depois da escola. Não é seguro sair, nem mesmo por uma hora. As crianças também nem têm muitos amigos no bairro, e os amigos de antes ficaram em Macroyan.

Agora, à exceção das sextas-feiras, todos os dias seguem a mesma rotina para elas: a escola começa às sete horas da manhã; voltam para casa ao meio-dia, para fazerem as tarefas de casa, tiram uma sesta, jantam e vão deitar. Qualquer brincadeira se restringe à pequena sacada do apartamento, mas, de modo geral, as crianças apenas assistem à TV a cabo ou a DVDs piratas, e agora as gêmeas sabem de cor a maioria das falas. As brigas são mais frequentes nos meses tórridos do verão, quando ficam dando voltas como animais enjaulados, entrando e saindo dos cômodos apertados.

Mas Azita tenta manter um espírito positivo e faz questão de me mostrar todas as coisas novas em minha primeira visita a seu novo apartamento, depois que passou meses em Badghis e eu estive fora do país.

Em todos os cômodos, há tapetes orientais de uma parede a outra e grossas cortinas amarelas. Na cozinha há uma máquina de lavar louça, um forno elétrico e um micro-ondas. As porcelanas de banheiro são cor-de-rosa. Na sala, há não um, mas dois aparelhos de televisão. Cada esposa ocupa um dormitório. As meninas, como antes, dividem o mesmo quarto. Azita instalou um aparelho moderno de ginástica no quarto das crianças. Quer começar a emagrecer logo.

Agora tem mais alguns anéis de ouro saudita reluzindo nos dedos de unhas bem cuidadas. Usa pulseiras douradas de metal retorcido e grandes brincos de pérolas. Devem-se também ao dinheiro que tomou emprestado. Todos esses enfeites e o apartamento, explica ela, constituem um investimento cuidadoso. Em Cabul, a aparência é tudo, e ninguém confiaria numa pessoa que parece estar desistindo. Ainda recebe visitas em casa, e elas precisam perceber que Azita ainda está no jogo. Precisa ter um ar confiante, sofisticado e experiente, como alguém com lugar legítimo no parlamento nacional. E, na verdade, ela descobriu que comprar coisas ajuda a diminuir a ansiedade.

Quando pergunto como a situação se sustenta sem ter salário, ela dá de ombros. Não se sustenta. O dinheiro vai ter de vir de alguma parte. Logo.

Ironicamente, entre os que parecem não ter notado plenamente seus reveses estão aqueles que praticam tráfico de influência. Querem garantir que ela *não* volte à política. Os telefonemas anônimos prosseguem, agora com a mensagem de que precisa parar de insistir em voltar ao parlamento. Os anônimos dizem que ela devia se comportar como uma mulher normal perante Deus, ficando em casa. No entanto, não é isso o que Azita pensa que Deus quer para as mulheres e tampouco é o que ela quer para si. Mas agora é mais difícil manter a confiança que construíra quando estava no poder, e sua aparência folheada a ouro é de auxílio apenas moderado. "Agora tomo táxi e as pessoas nem me cumprimentam mais", admite ela enquanto estamos sentadas em almofadas, tomando chá no chão de seu quarto. "Me sinto sem valor. Tento manter o moral alto, mas aí desanimo. Fico com ideias negativas na cabeça que não consigo afastar. Não consigo me concentrar."

Ela começa a se levantar para trocar de roupa e se vestir toda de preto, para uma reunião no Ministério da Defesa. Então os quatro celulares no chão, entre nós, soam ao mesmo tempo. A mensagem de texto no meu vem em maiúsculas:

"ALERTA: 12H15 EXPLOSÃO PERTO DO MD. EVITE A ÁREA."

Sempre que ocorre uma grande explosão em Cabul, mensagens de texto são incessantemente passadas pelos celulares, quando todos os que têm um aparelho tentam proteger a segurança de parentes, amigos e colegas. Azita e eu, cada uma com dois celulares, um em cada mão, seguimos a mesma rotina, avisando a cada remetente que não estamos perto do Ministério da Defesa, agora sob ataque. Chegam mensagens mais detalhadas e trocamos informações: um homem-bomba entrou no ministério disfarçado de militar afegão, de uniforme. Lá dentro, dirigiu-se a seu alvo no terceiro andar: o escritório do ministro. Então explodiu a si mesmo, de uma forma que conseguisse ferir e matar o maior número possível de pessoas em torno dele. O ministro, ao que parece, sobreviveu, mas ainda não se sabe o total de mortes.

Depois de alguns minutos de mensagens, pousamos nossos

celulares. A segunda reunião de Azita nesse dia foi cancelada. Foi por um triz, mas ela não comenta nada. Já aconteceu muitas vezes antes. Nós duas sabemos que não poderemos ir a lugar nenhum até liberarem as ruas e estradas. Também significa que temos mais tempo para o chá.

Azita baixa o olhar, em silêncio, pegando um pedaço de bolo. É o ano mais sangrento da guerra:[2] as baixas dos soldados americanos vão atingir novos picos, e a guerra vai arrebatar o maior número de civis desde que se iniciou a contagem. Na capital, atentados suicidas, sequestros cobrando resgate e assassinatos seletivos são ocorrências constantes.

"Isso é Cabul agora", diz ela.

Ainda nessa época, o corpo militar e diplomático em Cabul sustenta oficialmente uma visão bastante otimista da evolução dos fatos no Afeganistão. Mas em reservado, em 2011, muitos já perderam grande parte do entusiasmo inicial de que conseguiriam "ganhar" a guerra ou que o país alcançaria algum tipo de paz.

O "impulso" de dois anos do presidente Obama,[3] mandando mais 30 mil soldados para esmagar a insurreição, ao qual logo se seguiu o anúncio de uma retirada em 2014, acabou não impedindo a audaciosa expansão de vários militantes e caudilhos islâmicos, de setores do crime organizado e de grupos filiados ao Talibã em diversas províncias. Os dispendiosos programas americanos para treinar e equipar as Forças Armadas afegãs, para a defesa do país, ainda não impediram o êxito do Talibã em ampliar seus territórios, aliando-se aos moradores locais e às redes criminosas, alimentadas pelo tráfico de ópio em crescimento constante.

E dentro do enclave da capital, protegido por armas e tanques, os homens-bomba descobriram novas formas de se infiltrar e criar terror, às vezes explodindo em duplas, seguidos por combatentes capazes de resistir por horas, ocupando edifícios e fechando áreas inteiras da cidade. Havia disparos sistemáticos de mísseis contra edifícios do governo, chegando a atingir até a embaixada dos Estados Unidos, fortemente protegida.

Quem podia se proteger reagia erguendo muros cada vez mais altos em torno de si.

A velocidade com que o resto das mansões discretas e elegantes da Cabul dos anos 1950 estava se transformando numa série de fortalezas cinzentas indiscerníveis parecia aumentar exponencialmente a cada mês, com a diminuição do interesse do mundo ocidental. A fila de sacos de areia como proteção contra as explosões se transformou em duas; quem antes empregava dois guardas passou a contratar quatro; as portas passaram a ser de chapas grossas de aço. Do lado de fora das casas e hotéis, multiplicou-se a quantidade de guaritas com seguranças para revista corporal, e todas as árvores pareciam enroladas com arames cortantes, impedindo pessoas e gatos de escalarem os muros altos.

Mas o término oficial da guerra mais prolongada dos Estados Unidos, a um custo superior a 700 bilhões de dólares às expensas dos contribuintes americanos[4] e suas mais variadas interpretações — desde "erradicar" o terrorismo a simplesmente combater o Talibã em geral —, tornara-se uma necessidade política para o governo americano.

Cabul estava tomada pelo temor do que viria a seguir. Os porta-vozes dos militares estrangeiros trocaram a palavra "vitória" pela mais ambígua "saída", no tácito entendimento de que o mais provável seria o alastramento dos combates, desde um mergulho completo na guerra civil ou num Estado ilegal totalmente dominado pelo narcotráfico, até os chefes militares dividindo as províncias em batalhas regionais. Os Estados Unidos e seus aliados, porém, não podiam mais se dar ao luxo de um grande envolvimento.

O que Sherard Cowper-Coles, embaixador britânico no Afeganistão de 2007 a 2009, escreve em suas memórias faz lembrar os relatos russos sobre seus avanços pelo difícil relevo montanhoso do país que resistia a ser conquistado ou controlado:

> Desta vez, eram os Estados Unidos liderando a guerra no Afeganistão, sem ter ideia clara no que estava se metendo ou como sairia dali. Sem percebermos, havíamo-nos envolvido num conflito civil de muitos atores, muitas dimensões e muitas décadas, com origens remontando muitos anos no passado. É uma luta não resolvida em torno da natureza da ordem política afegã, entre o islamismo e o secularismo, a tradição e a modernidade, o campo e a cidade, os sunitas e os xiitas, os agricultores e os nômades, os pachtos e os tadjiques, os uzbeques e os hazaras.[5]

Com a espiral descendente da guerra pesando no espírito de todos em Cabul, a questão de encontrar uma "estratégia de saída" viável não se restringia mais a militares e especialistas em política internacional. Os afegãos já tinham ouvido essa história, quando 6 milhões deles fugiram da guerra afegão-soviética nos anos 1980. Depois da queda do Talibã em 2001, muitos retornaram do Paquistão e do Irã apenas para se verem compelidos, dez anos depois, a planejar nova saída, os mais abastados contratando contrabandistas para levá-los para a Europa ou o Canadá.

No entanto, para que os estrangeiros pudessem "sair com algum senso de honra ileso" e uma aparência de pelo menos uma "paz suja", como disse um diplomata europeu, o ideal seria estabelecer algum tipo de acordo com a oposição militante; uma profunda mudança de tom, em comparação à recusa de qualquer diálogo com o Talibã, dez anos antes. Pavimentar o caminho para "conversações de paz" com o Talibã se tornou um novo tema caro ao corpo diplomático em Cabul, e já em 2011 temas "brandos", como os direitos das mulheres, tinham sido retirados de qualquer agenda de alto nível, segundo diversos diplomatas. Praticamente todos os organismos de direitos humanos ignoraram em larga medida o fato de que qualquer tratativa política com os extremistas sacrificaria qualquer parcela dos direitos das mulheres conquistada na década anterior.[6]

Quando Setareh conseguiu falar com um porta-voz do Talibã na província de Kunar, com um celular descartável fornecido especificamente para aquele fim, ele confirmou que tão logo o Talibã reconquiste mais poder no Afeganistão — o que espera vivamente —, com a retirada da maior parte das forças americanas e aliadas, as *bacha posh* serão imediatamente proibidas, pois erra quem tenta mudar o gênero pois "toca na criação de Deus". O porta-voz também informou a Setareh que as mulheres serão retiradas de todas as universidades, tribunais, conselhos provinciais e parlamento, porque "Deus não quer mulheres em nenhum desses lugares".

O parque Jardins de Babur em Cabul, que permite uma vista acima da nuvem de poeira que paira sobre o centro da cidade, costuma ser um programa na maioria das sextas-feiras durante a primavera para as famílias que se arriscam a sair e fazer um piquenique com os filhos durante algumas horas. Garotos na adolescência se equilibram nas platibandas de pedra e trepam nos arbustos sob o sol a pino. Mulheres se mantêm rigorosamente cobertas, perto dos maridos. É raro ver meninas adolescentes. Não há realmente um piquenique nos gramados pardacentos, mas um sorveteiro solitário tem boas vendas com os picolés numa caixa velha de isopor, pendurada ao peito por uma tira no pescoço. À tarde, o parque fica quase bonito ao início do pôr do sol. Um homem na grama toca flauta e os torvelinhos de pó se acalmaram.

Mas Azita parece e se sente um pouco deslocada com seus

óculos escuros de enfeites dourados e as faixas de tecido preto, com os saltos finos dos sapatos aparecendo sob a roupa. Quando era parlamentar, nunca foi a locais públicos como este; agora, como pessoa normal, uma entre muitas, fica pouco à vontade. Receia que alguém a reconheça e pense que ela não deveria estar ali — que deveria confinar as filhas ao jardim da família, como faria uma mulher mais rica e mais respeitável. Não é muito apropriado que ela esteja numa multidão assim, à vista de tantos outros homens, mesmo estando em companhia do marido. Mais do que qualquer outra coisa, Azita torce para não encontrar nenhum amigo ou colega do parlamento. O melhor seria que ninguém a reconhecesse. Podem começar a perguntar sobre a família e desejar serem apresentados ao marido e à primeira esposa. Ela, a ex-parlamentar, ficaria constrangida por ser de uma família poligâmica em que é a segunda esposa.

Azita se senta numa cavidade de pedra enquanto suas quatro meninas apostam corrida até a outra árvore. Mehran, de calça e camiseta, solta um grito de triunfo enquanto se pendura de ponta-cabeça no galho. As gêmeas Beheshta e Benafsha careteiam e se entreolham, dizendo à caçula algo como "Aproveite enquanto pode". Ninguém se importa quando a camiseta de Mehran desce para a cabeça, expondo sua barriga enquanto ela acena aos circunstantes.

Agora com sete anos, ainda é a primeira a ser servida na família e ainda exige ser ouvida em tudo o que diz. É incentivada a ser esperta, forte, impositiva. As gêmeas nem tentam subir na árvore; não querem se sujar. Mehrangis, a irmã do meio, anuncia que gostaria de tentar, mas as gêmeas desaconselham. É gorducha e desajeitada demais, dizem-lhe. Poderia cair e se machucar.

Azita está agora enleada em problemas de dinheiro e na luta política, e o gênero de Mehran é a menor de suas preocupações no momento.

Mas que diferença Mehran faz agora, se Azita não está mais no parlamento e as crianças raramente saem de casa? "Por que eu transformaria minha filha em filho, se esta sociedade funcionasse?", devolve ela. "Nada mudou e nada vai mudar. Aqui só vai na direção errada."

Ainda não entendo. Não havia uma razão específica para Mehran ser menino?

Azita fecha os olhos por um instante, num raro pedido para parar com as perguntas. A vida da família sofreu muitas mudanças no último ano, mas agora não é um bom momento para falar disso.

Uma quinta menina, com o cabelo escuro preso num rabo de cavalo, observa cautelosamente Mehran na árvore, parada alguns passos atrás das gêmeas. É a meia-irmã delas, que se mudou com a mãe há alguns meses para o apartamento novo deles em Cabul. Com treze anos, é a filha mais velha, mas ao lado das gêmeas, que andam sempre juntas e sempre parecem ter algo a dizer, raramente consegue encontrar as palavras. Ensinaram-lhe a não fazer barulho nem se mexer muito — meninas não fazem isso.

Sua mãe se senta devagar ao lado de Azita, na recâmara de pedra. Com um lenço de cabeça branco, fica absolutamente imóvel, fitando as mãos. A jaqueta volumosa e o vestido azul-claro até os pés são roupas típicas das mulheres de aldeia, e formam um contraste marcado com o traje preto e os óculos escuros enfeitados de dourado de Azita.

"Quer tirar uma foto nossa, juntas?", pergunta-me Azita.

Aproxima-se e rodeia com o braço os ombros da outra, que prontamente vira a cabeça para o outro lado. Na terra dela, mulheres não devem tirar fotos. É uma situação incômoda, mas Azita insiste. Agora estão na capital — aqui é diferente e todos precisam se adaptar. Azita abre seu sorriso profissional, enquanto a mulher a seu lado levanta a cabeça com relutância, o suficiente apenas para mostrar os olhos sob o lenço.

O marido das duas está de bom humor, e dá dinheiro a Mehran, que nem precisou pedir muito, para ir comprar sorvete. Comenta que se sente bem. Agora é um marido normal, passeando com as duas esposas e as crianças. Na verdade, é um alívio e uma decepção que Azita não esteja mais no parlamento. Mas é principalmente um alívio: foi uma campanha demorada e sofrida, e ele sempre teve algumas dúvidas se gostaria de passar mais cinco anos como marido de uma parlamentar. Também ficou muito constrangido quando a vitória foi anunciada e depois anulada. Certamente não se incomoda com o apartamento novo, maior, e sabe que Azita quer voltar ao parlamento, mas, a seu ver, a vida ainda é melhor tal como está. Ele tem menos responsabilidades agora do que quando ela estava no poder. Naquele período, ele tinha de trabalhar com ela e receber os convidados ou acompanhar os eleitores vindos do interior. Era muito cansativo e às vezes precisava repousar à tarde. E o mais importante, nos cinco anos do mandato de Azita, foi que ele não conseguia eliminar o sentimento de culpa de estar morando em Cabul, enquanto sua primeira esposa continuava na aldeia.

Essa situação foi corrigida, para o bem de todos, diz ele. Está satisfeito com sua decisão. Antes, vivia ocupado demais, indo e vindo entre as duas esposas em províncias diferentes. Agora as duas podem dividir a responsabilidade pela casa, facilitando a vida de todos. E com um futuro incerto para o país depois de 2014, provavelmente é melhor que Azita não esteja mais no parlamento. Sua carreira política sempre trouxe mais riscos para as crianças. Por ora, ele concordou em ficar mais alguns meses em Cabul, mas não vê a hora de levar uma vida mais sossegada em Badghis. E para as crianças também vai ser melhor não ter uma mãe constantemente reconhecida e entrevistada. Como esposa e mãe dentro de casa, Azita será um exemplo melhor para elas, quando chegar a hora de se casarem.

* * *

O Afghan Fried Chicken tem apenas um estabelecimento em Cabul, e o anúncio na frente da casa apresenta a comida como "Limpa, Saudável e Saborosa". Todas as filhas de Azita já estiveram lá antes, em algumas ocasiões especiais. As quatro quase se atropelam enquanto entram no restaurante dando pulos de alegria, seguidas pela meia-irmã mais velha, vindo atrás.

As mais velhas são muito grandes e altas demais para caber direito dentro da atração principal — uma área de recreação em plástico, com um escorregador amarelo e uma casinha para se esconder — mas, mesmo assim, todas se espremem ali dentro. Mehran monta três vezes seguidas no cavalo mecânico de rodeio, pegando as moedas do bolso do pai. Para as irmãs, está excluída a possibilidade de subir no animal de brinquedo. Há mais duas famílias no restaurante. Poderiam desaprovar ou se sentir ofendidas.

Azita faz logo o pedido para a mesa. Para si, escolhe o frango frito; para as meninas, o marido e a primeira esposa, ela pede o hambúrguer especial de frango com batatas fritas. É um restaurante caro para Cabul — fast-food é um luxo ocidental. Mas Azita resolveu esbanjar, pois hoje em dia as meninas raramente saem de casa. A primeira vez que vieram ao restaurante foi para comemorar a mudança para Cabul e seu novo cargo. Na mesa comprida, o marido se senta numa das pontas e as esposas na outra, com os assentos vazios das crianças entre eles. Ninguém conversa.

Quando o hambúrguer num prato de papelão aterrissa na frente da esposa aldeã, ela olha em silêncio por vários segundos, com as mãos ainda no colo. Então tira o pão de cima e olha o pedaço de frango frito ali dentro. Fecha de novo o pão. Continua imóvel, enquanto as crianças são chamadas à mesa, até que Beheshta põe ketchup por cima de seu hambúrguer. Só depois que Beheshta dá a primeira mordida é que a madrasta pega seu sanduíche e imita seus gestos. Mastiga cuidadosamente um pedacinho e pousa o hambúrguer no prato.

O marido de Azita manifesta vivamente sua perplexidade. Por que não tem pão ao lado? Deviam servir pão em todas as refeições, mesmo com hambúrgueres. O restaurante deve ter se enganado. Chama o garçom e reclama.

Azita abaixa os olhos. "Não é fácil para ele", murmura. Todas as filhas agora sabem ler e escrever, em diferentes níveis. O pai delas deixou clara sua intenção de não aprender. E gracejou: para quê, se afinal é Azita que toma todas as decisões?

A primeira esposa impõe silêncio à meninada. Nunca pediu para vir à capital nem se sente muito à vontade aqui. Depois de morarem juntas e separarem as casas devido ao excesso de conflitos, as duas esposas tinham desenvolvido uma relação cortês, mas distante. Dava certo quando se viam de vez em quando em Badghis, quando Azita ia visitar os pais ou fazer campanha.

Agora é diferente.

A primeira esposa nunca fizera muitos comentários sobre as filhas de Azita, mas aqui em Cabul ela começou a se manifestar preocupada sobre a frivolidade da família, adotando costumes e comportamentos estranhos. A seu ver — e tem deixado isso bem claro —, as filhas de Azita ficaram mimadas e mostram uma vivacidade inapropriada. Respondem aos pais, não gostam de ajudar em casa e, de modo geral, parecem achar que tudo vem de bandeja, explica ela.

A primeira esposa, que também é iletrada, deixou claro a Azita que não permitirá que sua filha seja influenciada por nenhum desses comportamentos de Cabul, entre os quais se incluem, além das fantasias com estudos superiores, ficar dançando na sala e assistindo a filmes americanos. Também notou que Mehran tinha a atenção do pai, muito mais do que as outras meninas. Isso veio a incomodá-la um pouco. Não há por que conceder privilégios especiais à caçula, disse ela ao marido. Afinal, é apenas uma menina. Mas ele descartou as preocupações da primeira esposa sobre o comportamento de Mehran. Diante dessa falta de reação, ela disse a Mehran que usasse um lenço para ir à escola — ordem que Mehran ignorou por completo. A desobediência flagrante irritou ainda mais a madrasta. Começou a escarnecer de Mehran, para lhe inculcar a verdade: "Você não é um menino de verdade — sabe disso, não é? Nunca vai ser um menino de verdade".

E funciona, pois Azita leva quase meia hora para acalmar Mehran depois de cada choradeira que se segue.

Uma semana antes, a primeira esposa passou um sermão em Mehran, dizendo que nunca pensasse que era mais próxima do pai do que as outras filhas, nem que havia qualquer ligação especial entre os dois. Mehran reagiu com outro acesso, gritando com a madrasta. Quando Azita entrou, pretendendo pedir à primeira esposa que parasse com aquilo, o que aconteceu foi que acabou perdendo a paciência com Mehran, que respondeu berrando furiosamente. Azita lhe deu um tapa na cara para que ela sossegasse.

Era a primeira vez que batia na filha.

"Você nunca mais fale assim com sua outra mãe!", gritou à filha. Mehran calou imediatamente a boca. Azita ficou imóvel ao ver o ar de surpresa e as lágrimas correndo no rosto da filha. As marcas dos dedos na face de Mehran sumiram, mas ela ficou bastante quieta até o dia seguinte.

Azita insistiu com a primeira esposa de seu marido que reconhecesse a vantagem geral do arranjo da *bacha posh*. Ajuda a controlar a pressão para ter mais um nascimento na família. Ou uma terceira esposa. Mas esse argumento não tem o menor efeito sobre ela, que sustenta categoricamente que Mehran precisa ter a aparência e o comportamento de uma garota e receber o tratamento que lhe cabe, sendo menina como é. Enquanto Azita não entender isso, é necessário relembrar a Mehran, quando se comporta mal, que ela é, na verdade, uma garota — e, aliás, feia ao agir assim.

Por trás dessas conversas forçadas, mas em tom polido, as duas esposas sabem muito bem o que está em jogo: se Mehran deixar seu papel de filho, Azita também perderá sua frágil posição de esposa um pouco mais importante. Existe uma hierarquia tradicional entre as várias esposas de um mesmo marido, em que a mais antiga ocupa posição mais alta e tem mais influência na família. Mas essa classificação, por sua vez, também é calibrada de acordo com a quantidade de filhos homens. Mehran é a única coisa que separa a vida que Azita leva atualmente e um potencial retorno à posição tradicionalmente inferior de segunda esposa. Para dificultar ainda mais uma infância já bastante complicada, é assim que cabe a Mehran uma parte do equilíbrio de poder entre a mãe e a madrasta.

A primeira esposa também se pôs a lembrar ao marido que a caçula precisa ser trabalhada para se converter em material matrimonial aceitável. Para dizer o mínimo, sua atual atitude falante e espalhafatosa vai se transformar em problema. Já é difícil controlá-la. E ele não deve permitir que isso continue, insiste a primeira esposa. "Ela é uma menina e você precisa tratá-la como tal."

O marido de Azita não ficou muito satisfeito com o conflito crescente entre sua esposa mais velha e sua filha mais nova, exigindo que as duas mulheres se ponham de acordo e façam as crianças se comportarem direito. Ele mesmo chegou a dar alguns tapas em Mehran — algo que não costumava fazer. Devia ser uma época feliz para todos, insiste ele, agora que estão todos juntos outra vez.

Terminada a refeição no Afghan Fried Chicken, Azita paga a conta. Quer ir embora para pegar em tempo o seriado da televisão turca, que costuma acompanhar: no último episódio, uma moça enfrenta a ameaça de um casamento arranjado, e Azita quer ver como o drama vai se desenrolar. Apressa o marido e as filhas para passarem logo por uma porta lateral, até o carro deles, um SUV. Precisaram de um carro novo para a família de oito pessoas.

Nesta noite, Mehran ainda vai no banco da frente.

20. A rejeitada

SHUKRIA

Tudo o que ela havia feito para se tornar mulher perdeu o sentido em menos de trinta segundos. A irmã fora muito direta no telefone, repetindo o que o marido de Shukria acabara de lhe dizer: "Tenho outra esposa e um bebê". Relutando em dar a notícia pessoalmente, ele pediu à irmã de Shukria que transmitisse o recado.

Shukria, que acabava de chegar de seu turno no hospital, estava exausta, e de início achou que não tinha entendido direito o telefonema da irmã. Depois de desligar, porém, ela se perguntou há quanto tempo já sabia *realmente*. Sem dúvida, fazia algum tempo que tinha a sensação de algo estranho. E agora fazia o papel de boba, por não ter admitido a si mesma e ter negado aos outros.

Ela fita o ar com expressão vazia, no caro restaurante libanês que escolhi. Pelo menos é o que parece. Os óculos de armação pequena e lentes cinzentas ocultam bem seus olhos.

Passaram-se quase dois anos desde o nosso primeiro encontro no hospital. Hoje ela chegou com uma hora de atraso, dando tempo suficiente para que Setareh e eu pedíssemos metade do menu, tentando imaginar o que poderia agradar a Shukria. Nossa ideia era fazer uma pequena comemoração — basicamente por estarmos em algum outro lugar que não o nosso local de encontro habitual, escuro e abafadiço. Agora estamos sentadas à mesa, diante dos pratos de frango grelhado, homus, salada variada e sorvete semiderretido, que ficam ali desperdiçados. Shukria não come, e Setareh, por educação, também não toca na comida.

Entre todos os detalhes íntimos que Shukria contou desde a época em que nos conhecemos, ela evitava se deter sobre o marido. Mencionava-o apenas em tom neutro e respeitoso, quase sempre de passagem, sem comentar muito o casamento deles.

Até agora.

A primeira viagem que o marido fez ao Tadjiquistão, alguns anos atrás, tinha sido breve. Ele pedira a Shukria que lhe desse suas economias para investir lá, num novo negócio. Não havia mais oportunidades para ele em Cabul. O otimismo em investimentos dos primeiros anos de guerra desaparecera. O setor de construções não andava bem; os novos empreendimentos imobiliários ficavam parados ou eram abandonados pela metade. Os estrangeiros com dinheiro pareciam ter sumido e a maioria dos afegãos abonados preferia investir no exterior. O vizinho Tadjiquistão era maduro para novos investimentos, segundo ele ouvira falar. Podiam ficar ricos, disse a Shukria.

Ela não se convenceu muito, mas não queria parecer negativa demais. Então deu-lhe o dinheiro. Ele pediu mais para a segunda viagem e, dessa vez, demorou mais para voltar.

Nos seis meses seguintes, o marido apareceu em casa apenas duas vezes. Havia montado um comércio de frutas e legumes no Tadjiquistão que, segundo ele, demandava sua atenção constante. Tinha um carro com "visto de passagem" que lhe permitia cruzar a fronteira, comprando os produtos do lado afegão e revendendo numa cidadezinha tadjique na divisa. Ele parecia animado; as coisas estavam indo bem. Garantiu a ela que não precisava se preocupar. Também fizera alguns empréstimos em Cabul. Shukria que pagasse os credores quando viessem bater à porta. Mas claro que ela entendia que estavam juntos nisso, e que precisava contribuir com sua parte, pois ele já estava dando duro lá fora, certo? Shukria engoliu seus protestos, pois não queria estragar o bom humor dele. De onde ia tirar o dinheiro para quitar as dívidas dele era um problema para mais tarde.

Numa outra vez que veio para casa, durante o jantar, o marido de Shukria mencionou uma mulher. Contando uma série de pequenos acontecimentos em suas viagens, ele falou de uma mulher especialmente tola que conhecera no Tadjiquistão. Ela se apaixonara por ele e disse que queria desposá-lo. Shukria não achou muita graça e respondeu: "Se você quer se casar com outra e esquecer sua mulher e três crianças pequenas, acho que você deve ir em frente".

O marido riu — pelo visto, Shukria nunca conseguia entender uma piada. Ele não era esse tipo de homem. Era só um caso que estava contando. As mulheres se prendem com muita facilidade a ideias malucas, só isso. Shukria lembra que esboçou um débil sorriso e concordou: pois é, como as mulheres podem ser tolas.

Naquela noite ele não partilhou o leito com ela. Em vez disso, declarou abruptamente que precisava ir visitar alguns parentes. Ia passar a noite na casa deles. Ao reaparecer no dia seguinte, quando Shukria lavava a louça depois do desjejum, ele apenas disse: "*Talaq. Talaq. Talaq*".

Então ele repetiu isso três vezes e saiu sem falar mais nada. Shukria tinha escutado muito bem da primeira vez, mas não entendeu direito o sentido, até examinar melhor. Ao dizer *talaq* — que, literalmente, significa desfazer um nó —, o marido estava se divorciando dela. Proferir três vezes a palavra significava que era definitivo.

Mas ela continuou a não entender. Não fazia muito sentido. *Por que* ele queria se divorciar dela? Era impossível aceitar. Assim, Shukria manteve a rotina do dia, primeiro indo ao mercado para as compras, como já havia planejado. Fez o jantar e ajudou as crianças com as tarefas de casa. Não comentou com ninguém o comportamento estranho do marido naquele dia. Se ficasse quieta, talvez não tivesse acontecido.

Shukria passou os dez meses seguintes no mesmo processo de negação. De vez em quando, o marido vinha do Tadjiquistão e aparecia em visita, mas não comentavam o divórcio. E ela tentava não pensar no assunto. Até que a irmã telefonou, na noite anterior.

"Agora você precisa ouvir", disse a irmã a Shukria durante o telefonema, destacando lentamente cada palavra. "Não vou deixar que você sofra mais. Precisa pensar em sua vida e nas crianças."

Além disso, a família inteira já sabia, disse a irmã, e assim ela já podia parar de fingir. Sabiam até do novo bebê: "Você precisa encarar a realidade", falou a irmã.

O marido de Shukria a abandonara e era hora de aceitar o fato. Foi então que ela se deu conta pela primeira vez: falhara não só como esposa; falhara em ser mulher.

Se uma afegã quer se divorciar do marido, precisa da concordância explícita dele. Também pode precisar apresentar testemunhas para comprovar que o divórcio é justificado.[1]

O homem pode se divorciar por qualquer razão, ou mesmo por razão nenhuma. Dizer três vezes a mesma palavra dissolve o casamento para o homem. Muitas vezes fica por isso mesmo.

Mas, nesses casos, a mulher abandonada não foi propriamente liberada. A menos que o casamento seja dissolvido em tribunal ou num conselho de anciãos, a mulher abandonada ainda continua casada aos olhos da sociedade, apenas com o marido ausente. Esta é a situação kafkiana de Shukria: por lei, todo o poder sobre sua vida ainda pertence a uma pessoa ausente. Se quiser se deslocar, viajar ou assinar qualquer coisa em seu nome ou no das crianças, qualquer um pode requerer a aprovação explícita do marido, pois ele continua a ser o chefe da casa e dos assuntos da esposa.

Como a maioria das mulheres, Shukria desposou o marido em casa, cercada pela família, numa cerimônia conduzida por um mulá local. O casamento, como acontece com a maior parte dos casamentos afegãos, não foi registrado em lugar algum.

Shukria pode dar entrada ao pedido de divórcio no sistema judicial oficial do Afeganistão, onde a lei civil — a charia — e o costume local têm um papel a desempenhar. Na melhor das hipóteses, é um procedimento improvisado e imprevisível. Provavelmente ela será ouvida apenas por um intermediário do sexo masculino. Sem a presença do marido para atestar que a abandonou de fato, ela precisará chamar suas próprias testemunhas e, mesmo assim, corre o risco de deixar o tribunal sem receber o divórcio. O marido de Shukria foi muito claro com sua irmã: ele nunca ia ficar na frente de seus parentes, menos ainda num tribunal, e declarar que se divorciara da esposa. Seria constrangedor para ele.

Uma mulher que tenta formalizar um divórcio também corre o risco de frustração e humilhação. Passa uma mensagem condenatória, qualquer que seja o resultado: uma mulher assim não deve ter sido boa, pois falhou de maneira evidente em cuidar do marido e da família. Do contrário, por que teria sido abandonada?

Shukria iria enfrentar um ou vários juízes, que podem ter ou não ter formação jurídica, mas que terão suas próprias interpretações das diversas leis e podem operar dentro de um labirinto de boatos e "tradição". O tribunal deve formalmente tentar contato com o marido ausente, a fim de obter sua concordância com o divórcio. Se não conseguir, deve intimar os parentes dela para atestar que o marido está ausente. Somente então Shukria teria chance de dissolver o casamento e receber o divórcio que nunca pediu.

Como a lei quase não vigora no Afeganistão, a maioria das pessoas também contorna totalmente o sistema judiciário oficial do país, preferindo um sistema de justiça informal para dirimir os conflitos, em que as leis e julgamentos locais variam ainda mais, e raramente em favor das mulheres.

Shukria estremece à ideia de ser uma divorciada que trabalha: "Se eu fosse dona de casa, tudo bem, mas agora eu trabalho fora. Todo mundo vai saber que sou divorciada. Posso até cruzar com esses mesmos juízes no hospital!".

Homens e mulheres a olhariam com desconfiança e possivelmente com desprezo, como uma esposa fracassada e, por extensão, uma mulher fracassada. Mas a humilhação não é nem de longe a pior coisa. E tampouco o fato de que talvez precise voltar para a casa dos pais, onde viveria formalmente sob a guarda do pai doente. Uma mulher adulta não pode viver sozinha no Afeganistão sem um parente de sangue — ou *mahran*. Como divorciada e com crianças morando ainda com ela, Shukria também não poderia se casar outra vez, a não ser com um parente do ex-marido. Aqui costuma-se explicar essa profunda desigualdade nos divórcios com a ideia de que as mulheres têm menos capacidade intelectual e podem pedir divórcio à toa, sem nenhuma boa ou válida razão.

Agora, os filhos de Shukria estão sujeitos a ser retirados de sua guarda. Segundo o Código Civil afegão, baseado na charia, a progênie pertence ao pai, pois "toda criança é gerada pelo pai". A charia é considerada a palavra de Deus, e questioná-la é blasfêmia. Argumentos legais que contestem o Código Civil podem ser interpretados como insultos contra Deus, criando todo um novo crime, ainda mais grave. É um perigo questionar um argumento da charia no tribunal, visto que o sistema judiciário no país costuma ser ocupado por juízes e advogados pouco instruídos que, no entanto, denominam-se devotos piedosos.

Uma afegã que queira deixar o marido será obrigada a deixar também os filhos. E a intenção é exatamente tornar o divórcio quase impossível para a maioria das mulheres — do contrário, nesse raciocínio, as mulheres simplesmente se divorciariam a torto e a direito, levando os filhos junto com elas. As mulheres são emotivas, impulsivas e irrefletidas demais — principalmente durante a menstruação. Não se pode confiar nelas para tomarem decisões racionais. Assim, para o próprio bem-estar delas, segue o raciocínio: os filhos devem ficar sempre com o pai, a fim de não serem arrastados de um casamento a outro, numa série de novos maridos que as mães indecentes possam querer desposar por mero capricho.

O marido de Shukria ainda não reivindicou os filhos, mas ela crê que é apenas uma questão de tempo: "No momento, ele está sem dinheiro. Quer que eu os sustente por mais algum tempo. Vai deixar que eu os crie e arque com as despesas, e então, mais tarde, poderá reivindicá-los".

Se o pai concordar, o filho pode ficar com a mãe até os sete anos de idade, e a filha até os nove anos. Depois disso, todos os filhos e filhas se tornam propriedade dele. Quando atingem os dezoito anos, teoricamente podem decidir com quem querem morar. Mas, na prática, as garotas são encaminhadas para o casamento antes disso.

Shukria começa a se servir de um kebab de frango. Depois pega um prato com cogumelos refogados. "Nunca experimentei antes. Vou provar. Ando provando coisas novas."

Enquanto mastiga, desculpa-se por não ter comentado antes sua situação conjugal: "Achei que você talvez ficasse emotiva. Não quis perturbá-la".

"E como você está?", pergunto a ela, tocando de leve em seu braço.

Voltando a me olhar, ela sorri melancólica e inclina um pouco a cabeça. O anúncio de um novo bebê deu uma realidade penosa ao pesadelo que ela vinha mantendo à distância fazia dez meses. "No momento, não sinto nada. Não há nenhum sentimento dentro de mim. Estou como uma pedra por dentro. Minha cabeça ainda está tentando entender."

"É meu terceiro destino", continua. "Primeiro fui homem, depois mulher, e agora vou ser uma divorciada."

Tal como ela vê a situação, o casamento não conseguiu convertê-la em mulher completa, apesar da confirmação dada pelos partos que teve. Mas uma divorciada no Afeganistão é outra coisa — sem marido, a mulher é rebaixada a uma casta em que não é homem nem mulher, e nem uma cidadã respeitável. Com o divórcio, são frequentes as suspeitas de que a mulher não é islâmica, em vista das palavras do profeta Maomé, que teria declarado que o divórcio, salvo em alguma ocorrência francamente ilegal, é o que Deus mais abomina. Aqui, uma mulher pode ser filha ou esposa — ou viúva —, mas não há muita alternativa além dessas condições. Quando a mulher não pertence ao pai, tendo sua virgindade como capital, e nem a um marido, com sua condição vinculada a ele, não há outro papel para ela na cultura patriarcal. Uma divorciada é uma decaída, que perde todos os privilégios associados ao casamento e à sua condição mais elevada por meio do marido. E serão as outras mulheres que recairão com mais violência sobre ela.

Se o marido de Shukria vier a pegar as crianças, ela não terá muito o que fazer. Quando perdê-las, ficará reduzida a uma figura que ainda não sabe como nomear ou descrever.

"Será meu quarto destino. Uma divorciada sem os filhos."

Ela pensa em voz alta: será que isso aconteceu porque, em primeiro lugar, o casamento deles nunca foi respeitável? Nunca foi uma noiva de verdade, afinal. Era apenas Shukur, infeliz, naquele vestido de noiva idiota. Decerto o casamento fracassou porque ela nunca conseguiu eliminar totalmente aquele homem de dentro dela. Quando cobriu o corpo com um vestido, tentou fazer com que sua mente acompanhasse. E nem sequer recebeu um *mahr* — aquela soma que deveria ser paga, mas raramente o é, para assegurar o futuro da noiva.

"No momento não sou nada. Não era nada e não sou nada. Nunca fui homem e nunca fui mulher. Era uma esposa e agora não vou ser mais esposa. Quando ele me tirar as crianças, não serei mãe. Para quem tenho valor? Você sabe me dizer — para quem?"

Ela sacode a cabeça de um lado e outro, com indignação na voz.

"Para seus filhos, seus pais e seus pacientes", respondo eu. "Para nós. Você tem valor para nós."

Mas Shukria continua balançando a cabeça.

"Quantas vidas vou ter? Quantas pessoas precisarei ser?"

21. A esposa

AZITA

O produtor pediu cor, e por isso ela acrescentou o lenço turquesa para quebrar o preto. Ele ficou contente com essa pequena concessão, aprovando com a cabeça quando Azita voltou ao set de televisão. Mas então ele se vira para o assistente de produção logo atrás. Ainda tem alguma coisa que não está bem: Azita precisa de mais *olhos*. O assistente entra em ação e, paciente, Azita deixa que reforcem ainda mais os traços grossos de *kohl* preto nos olhos, enquanto a operadora de som prende um pequeno microfone na lapela de seu casaco preto. Azita se mantém imóvel. Sabe que será mais rápido se um profissional fizer. Todos estão à sua espera.
"Pronta?"
Azita assente para o produtor. Pronta. E a gravação recomeça.
O calor aumenta rapidamente ali no terraço, onde ela está num pequeno estrado diante de três câmeras e uma equipe de produção local, e hoje poucas coisas seriam capazes de desanimá-la. Seu discurso é impecável e comovente; ela conta como veio de

uma casa de chão batido da província e ocupou uma cadeira no parlamento por Badghis. É sua fala de sucesso, e Azita não perde o ritmo ao engatá-la com o futuro do Afeganistão: "Nossa nação está com problemas, mas nunca irá sozinha a lugar nenhum", exclama aos futuros espectadores. "A responsabilidade por seu futuro agora está em suas mãos. Ninguém vai cuidar dele por vocês."

Azita ainda aguarda, na esperança de ser reconduzida ao parlamento. Mas esse é um bom entretenimento, permitindo-lhe por algumas horas desempenhar o papel de política mais uma vez.

Ela faz parte de um júri de três pessoas num programa de televisão destinado a despertar o interesse político de jovens afegãos — a maioria da população tem menos de 25 anos. Nesse formato de *American Idol*, cada participante apresenta um discurso na frente do júri de políticos experientes, que dão dicas e conselhos ao vivo e depois votam no desempenho de cada candidato. Nenhuma moça se inscreveu, mas há dezenas de rapazes reunidos nesse programa financiado por uma das ONGs americanas, com vistas à "promoção da democracia" no exterior. Cada um deles está com sua melhor roupa de sexta-feira, desde um *shalwar* tradicional a uma jaqueta de camuflagem e botas de caubói.

A iluminação forte no set ofusca os olhos de Azita e lhe traz a agitação já conhecida. Vem-lhe a lembrança passageira da apresentação que costumava ler para suas irmãs em Badghis, quando brincavam de televisão: "*Bem-vindos, senhoras e senhores. Esta é a hora das notícias*". Hoje, ser âncora de telejornal seria uma atividade muito pouco respeitável. Uma mulher se expor na televisão significa ser vista por muitos homens ao mesmo tempo. Azita não poderia trabalhar na TV: isso liquidaria definitivamente suas aspirações políticas. Mesmo sua presença nesse programa pode parecer um pouco vulgar para uma mulher. Ela sabe disso. Mas é uma oportunidade de sair de casa. E enquanto a câmera estiver ligada, ela está ligada também. Para sua grande satisfação, a equipe de produção chegou a mandar um carro com motorista para pegá-la em casa de manhã, como se fosse uma pessoa importante.

As últimas semanas não lhe trouxeram muito alívio do confinamento na Cidade Dourada. Agora seu marido é a única pessoa que pode dirigir o carro e levá-la a algum lugar, coisa que ele faz somente quando está com vontade e de bom humor. Não deixa mais a esposa tomar táxi, e qualquer encontro fora de casa precisa ser negociado com ele com antecedência. Com a deterioração de Cabul, é para a segurança dela, disse o marido. Pois se preocupa com ela. Alguns dias, ele simplesmente decide que não sairão de casa.

Um por vez, os participantes do programa se apresentam aos jurados. Cada qual põe a mão direita no peito e cumprimenta a todos com a respeitosa saudação "*Salam aleikum*" antes de apresentar seu discurso político sobre o futuro do Afeganistão. O tom da maioria das apresentações está longe do otimismo dos discursos de Azita. Um tema dominante é a saída das tropas estrangeiras, de preferência logo. Tais declarações geralmente recebem a aclamação dos outros candidatos que esperam sua vez, apesar da recomendação de manterem silêncio.

Azita assume o papel de treinador, alternando entre críticas gentis — "Não entendo bem se você chega a ter uma ideia política" — e elogios, de repente exclamando "*afaim*" ou "*bravo*" ao ouvir algo bom. Quando um rapaz fica mudo ao olhar os jurados, Azita fala com calma, para romper sua paralisia: "Respire. Sinta a si mesmo. Somos seus amigos".

Ele usa seus três minutos de tempo despejando uma sucessão de palavras desconexas. Se estivesse no poder, sua primeira e mais urgente prioridade seria acabar com o roubo das verbas de assistência praticado pelos funcionários e garantir que tivessem melhor uso. É ele que recebe a melhor nota dos jurados. Tocou num tema que enfurece muitos afegãos, e continua na disputa para se tornar a "Esperança para o Futuro" do Afeganistão.

* * *

Os integrantes das equipes de assistência internacional, que muitas vezes são os que demonstram maior ceticismo sobre sua difícil área de atuação, ocasionalmente murmuram uma só frase para explicar por que o Afeganistão, depois de uma década de assistência, ainda ocupa um dos últimos lugares no Índice de Desenvolvimento Humano:[1] "Dinheiro demais". E fraude demais.

Historicamente, o Afeganistão recebeu a alcunha de "o Cemitério dos Impérios" nas memórias de guerra. Em nossa época, também pode ser chamado de "o Parquinho de Experiências do Auxílio Internacional".

O ambicioso projeto, muito semelhante ao que os russos tentaram fazer, de desenvolver um país onde ainda hoje muita gente executa tarefas cotidianas seguindo tradições seculares e onde praticamente não existe nenhuma infraestrutura, leva vários cooperantes desiludidos a trocar relatos rotineiros de um caos gigantesco que se instaura quando dezenas de "projetos" e milhões de dólares convergem para uma mesma província, enquanto cada nacionalidade e cada organismo tenta executar sua versão pessoal de democracia e desenvolvimento — geralmente sem sequer falarem entre si. Somem-se a isso os afegãos confusos e cada vez mais frustrados, apanhados ali no meio.

Após 2001, os países empenhados em manter boas relações diplomáticas com Washington contribuíram não só com tropas, mas também com ofertas generosas de assistência internacional. Entre 2006 e 2011, gastou-se mais de 30 bilhões de dólares em ajuda ao desenvolvimento no Afeganistão,[2] vindos de cerca de trinta países e de alguns grandes organismos multilaterais, como a União Europeia, as Nações Unidas e o Banco Mundial. A maior contribuição individual veio dos Estados Unidos, que também tinham a maior equipe e os projetos mais fantasiosos. Isso sem contar as mais de mil ONGs registradas para operar no Afeganistão, cada qual com sua própria agenda e suas próprias ideias sobre o que funcionaria melhor.

Um dilema fundamental para todas essas entidades é que elas precisam mostrar algum progresso para que os doadores continuem a fornecer dinheiro. Mas não progresso demais, pois muito otimismo também prejudicaria essa fonte de verbas. O fornecimento de assistência internacional a um país fraco, dilacerado pela guerra, com poucas instituições operantes, onde a guerra ainda ocorria em muitas áreas, aumenta ainda mais as expectativas. Nessas condições, o Afeganistão era simplesmente incapaz de absorver grande parte do dinheiro injetado no país. Essas verbas maciças, cheias de boas intenções, alimentaram a corrupção e a malversação.

Astri Suhrke, cientista política norueguesa, apresenta uma avaliação severa em seu livro *When More is Less: The International Project in Afghanistan* [Quando mais é menos: o projeto internacional no Afeganistão], de 2011.[3] Com 25 anos de experiência no Afeganistão, ela considera que os "resultados muito modestos" da assistência internacional no país são consequência direta de organismos excessivamente confiantes tentando reconstruir o Afeganistão de cima para baixo, auxiliados por um poderosíssimo lobby de assistência internacional que reage a qualquer fracasso previsível apelando para mais verbas a fim de corrigir tais malogros. Juntas, essas entidades não só falharam em ajudar o Afeganistão em larga medida, como causaram danos irremediáveis por criarem "um Estado rentista sem paralelo na história afegã e praticamente único no mundo da assistência internacional", como escreve ela, em dependência total da ajuda estrangeira e pouca responsabilidade e prestação de contas a seus cidadãos.

O Afeganistão ocupa um lugar de destaque na base do índice de corrupção da Transparência Internacional, e, à medida que a guerra se aproxima de um desfecho, os funcionários públicos afegãos estão abertamente tentando embolsar o máximo possível antes que a maior parte dos soldados — e do dinheiro — se retire definitivamente. Quanto às verbas provenientes dos contribuintes americanos, por exemplo, às vezes apenas 10% delas chegam aos devidos destinatários, segundo um auditor da Inspetoria Geral Especial para a Reconstrução do Afeganistão.[4] Grande parte do restante tem alimentado uma economia frágil e corrupta, na qual uma minoria muito reduzida — de afegãos e estrangeiros — ganhou fortunas extraordinárias.

A intensa pressão dos doadores ocidentais para ajudar especificamente as mulheres afegãs também se demonstrou repleta de falhas e estranhas prioridades.

Uma das realizações mais alardeadas — o ensino, em especial das meninas — anuncia números oficiais impressionantes: quase 10 milhões de alunos matriculados, contra os 50 mil da época do Talibã.[5] Mas metade das novas escolas afegãs não tem edifícios de fato; muitas carecem de professores; a maioria dos alunos nunca termina o curso e $1/5$ dos alunos matriculados é totalmente ausente.

Ademais, muitos estudantes descobrem que o interesse dos estrangeiros no ensino não se estende ao nível superior. Majoritariamente localizadas em áreas urbanas, as universidades têm um número de vagas limitado e cobram taxas altas demais para a grande maioria. Como 40% das garotas afegãs se casam antes dos dezoito anos, e como ter filhos e cuidar da casa é algo que tem precedência em relação à educação, é difícil entender por que não se oferecem mais vagas e bolsas de estudo para aquelas jovens com capacidade e permissão de seguir no ensino superior.

Num único ano, houve mais de setecentos "projetos" relacionados com a questão de gênero e a melhoria da vida de meninas e mulheres no Afeganistão, patrocinados por doadores estrangeiros.[6] Um relatório de Torunn Wimpelmann, cientista política norueguesa, explica que, apesar de alguns avanços, sobretudo nos centros urbanos, "as conquistas são, no geral, modestas e reversíveis".[7] E, mais notadamente, "o surgimento de uma elite de mulheres ativistas com domínio da língua inglesa" em Cabul, voltada em especial para um público internacional, veio a aumentar ainda mais a distância entre mulheres urbanas e mulheres rurais, bem como a aprofundar a separação por classe, riqueza e educação. Segundo Wimpelmann, uma das consequências disso é que muitos passaram a ver o tema dos direitos das mulheres no Afeganistão como uma questão de elite, com respaldo ocidental. Assim, a adoção de uma posição conservadora em relação aos direitos das mulheres passou agora a ser a norma necessária para muitos políticos ou lobistas de influência que querem mostrar suas credenciais nacionalistas e islâmicas. Infelizmente, será este o legado das "questões das mulheres" no Afeganistão por um bom tempo, a exemplo da experiência russa. Wimpelmann afirma, ecoando as palavras de Azita, que um investimento de longo prazo num sistema judiciário fortalecido e num parlamento efetivamente operante teria sido mais benéfico para meninas e mulheres.

Só depois que a energia elétrica cai pela terceira vez no set de filmagem é que Azita se levanta da cadeira e volta a entrar, pois a gravação do programa se interrompe ao meio-dia. O produtor providenciou um almoço com refogado de carne e refrigerante Mountain Dew. Azita dispensa o pão. Explica aos dois colegas do júri que está tentando emagrecer.

Eles também são políticos, com o dobro da idade dela. Azita quer aproveitar a ocasião para granjear o apoio deles para seu retorno ao parlamento. Os homens, educadamente, perguntam sobre a saúde de seu pai, que conhecem desde seus "dias na política". Como ele tem passado?

Azita é igualmente educada na resposta: ele está indo bem; não tão político hoje em dia; a idade avançada e tudo o mais.

Mas os dois insistem. Foi ele que a inspirou a seguir carreira na política?

Azita sorri. Foi tanto tempo atrás. Realmente não quer falar do pai. Agora está aposentado.

Um tema melhor, sugere ela, é o apoio que eles podem lhe dar na luta para reivindicar seu legítimo lugar no parlamento. "Ficar em casa não é repousante. É deprimente. Não sou assim. Sinto-me inútil lá. É quando estou fora de casa que me sinto útil", diz a eles.

Os dois parecem entender. Sabem que ela é mais do que uma dona de casa — tal pai, tal filha. Ela reluz de alegria com a afirmação deles.

Mas, voltando à casa de tarde, Azita encontra Mehran novamente em lágrimas, recusando-se a falar e a comer. A madrasta inventou sua linha de ataque mais eficiente até o momento, e ficou martelando o dia inteiro, enquanto Azita estava fora: "Você não é Mehran. Você é Mahnoush. Você é *Mahnoush-Mahnoush-Mahnoush*".

Na hora que se segue ao jantar, Azita terá de pagar ainda mais caro por sua saída, no momento em que o marido pergunta quando voltará a receber sua mesada. É uma conversa que já tiveram várias vezes, e, de início, Azita apenas ouve.

Na opinião dele, o fato de Azita não receber mais salário como parlamentar não é desculpa. O combinado entre eles, anos atrás, ainda vale: ele lhe dá permissão de trabalhar sob a condição de que ela lhe pague uma propina conjugal. E não pode mudar os termos do acordo só porque está temporariamente desempregada. O marido insiste: ele concordou em se mudar para Cabul quando ela entrou no parlamento, e concordou em ficar mais esses meses enquanto ela ainda tenta recuperar sua vaga — e ele deve ser devidamente remunerado por isso. Ficou ao lado dela e atuou como "marido de casa" como seu único emprego. E não foi fácil. Então ela não pode simplesmente parar de pagá-lo. O combinado é sempre o mesmo: ela deve entregar a ele, em dinheiro vivo, uma parte do que recebe. O que ela retém é para a alimentação, as despesas da escola e o aluguel.

Mesmo assim, argumenta ele, o dinheiro que recebeu raramente compensou o sacrifício que fez: sofrer interrogatórios e humilhações dos outros, perguntando como é que ele podia conceder à esposa tamanha liberdade — trabalhar fora de casa e se misturar com outros homens.

Agora ele está com seu dinheiro investido no negócio de frutas secas de um parente, e além disso o dinheiro é só dele e ela não tem nada de ficar perguntando a respeito. Ao longo dos anos, a remuneração dele aumentou gradualmente, e assim devia ser. De mais a mais, a mudança da família para Cabul é uma economia para Azita, ressalta ele. Suas idas ao interior, a cada dois meses, para ver a primeira esposa e a filha mais velha, saíam caro. Mas agora ela simplesmente resolve interromper esses pagamentos? É inaceitável, diz ele, e não vai mais aceitar nenhuma desculpa da parte dela.

Será que ela não está mentindo sobre a falta de dinheiro? Anda escondendo, não é mesmo? No começo é uma pergunta, mas logo ele diz que tem certeza. Ela tem dinheiro guardado em algum lugar. Todos os parlamentares têm — ele viu a vida que levam. A nova lavadora de roupas de Azita fica mixuruca ao lado dos carros, mansões e férias no estrangeiro deles. Deve ser então porque ela prefere ficar com seus rendimentos para si, em vez de cumprir o combinado. Ela pode negar o quanto quiser, mas não vai enganá-lo. Ele pode não ter instrução, mas sabe muito bem quem *ela é*.

Por fim, Azita protesta, ofendida com a insinuação de fraude. Declara que, se tivesse dinheiro, realmente entregaria a ele. Sua acusação — de que ela guarda dinheiro em algum lugar — é especialmente insultante. Ela não é um daqueles políticos corruptos que aceitam propinas e subornos para propor quem deve receber os contratos ou qual ministro deve receber um voto de confiança. Azita prossegue: se ela fosse assim, certamente eles também poderiam agora ter uma casa em Dubai ou até numa capital europeia, não é? Ou pelo menos teriam algo próprio em Cabul. Mas vivem em casa alugada. Ela trabalhou para uma das províncias mais pobres do país; então como é que ele ousa compará-la aos políticos que saqueiam e roubam?

Mas, quanto mais Azita fala, mais furioso fica o marido.

"Cale a boca ou vou eu te calar", adverte ele. Não vai ouvir mais uma palavra. Lembra-lhe como seria simples envergonhá-la, pondo fim definitivo a qualquer aspiração política sua. "Vou sair e dizer às pessoas que você não é uma boa esposa e que mantém relações com outros homens."

Azita já recebeu variantes da mesma ameaça.

Antes, a solução era simples: mais dinheiro. Dava ao marido uma parte ainda maior de seu salário. Se estava planejando alguma viagem ao estrangeiro, dava a ele um montante ainda maior para compensar o tempo que passaria fora.

Essas viagens eram sempre motivo de discussão — como na vez em que seu voo de Dubai atrasou e ela teve de passar a noite no aeroporto. Ele passou semanas voltando ao tema. Às vezes o marido somava as duas acusações: ela estava tendo um caso e estava escondendo dinheiro dele. Ou estava dando o dinheiro ao homem com quem estava tendo um caso. Azita geralmente conseguia apaziguá-lo com uma mescla de desculpas, lisonjas e, ao fim, mais dinheiro. Mas agora, sem um tostão para lhe dar, fica difícil encerrar as discussões. O pouco que Azita guardara já se foi. E repete a ele: não há dinheiro.

Ela fica mais nervosa do que o habitual com a acusação de que está tendo um caso. Depois de treze anos, como ele pode dizer uma coisa dessas? E de onde ela tiraria tempo para ter um caso? Quando não está discutindo com os funcionários eleitorais, está procurando emprego. Ou cozinhando. Ou cuidando das crianças.

E retruca ao marido: que tal se ele oferecesse algum apoio, em vez de ficar repetindo as mesmas acusações ofensivas? Como mãe das filhas dele, ela devia ser tratada pelo menos com um pouco de respeito. Usar maneiras veladas de dizer que é uma meretriz estaria abaixo da dignidade dele.

E não é que ele seja perfeito, desfere Azita, perdendo de repente a calma forçada. "Segundo o Alcorão, uma esposa pode deixar o marido se ele não a sustentar. Ainda sou eu que sustento você."

Olha para ele antes de passar para o que deveria ser o elemento final da discussão: "Não há nenhum marido aqui".

Ele parece surpreso com suas palavras. É um insulto mais grave do que a maioria das coisas que ela lhe disse antes: falar que ele não é homem e marido. Ao responder, ele destaca cada palavra: "Você não é nada. Eu é que *fiz* de você uma parlamentar".

"Então está bem", diz ela, ainda desafiante. "Pouco me importa. Destrua-me se quiser. Pois nunca foi você. Fui eu mesma."

É então que o rosto dela bate contra a parede.

Seus olhos se fecham e seus joelhos se dobram. Protegendo a cabeça com as mãos e os braços, ela fica agachada no chão, aos pés dele, virada para a parede, apenas com a nuca exposta. E é então que recaem as próximas pancadas.

Agora ela tem uma escolha: suplicar que ele pare ou ficar quieta até ele se cansar. Ela tenta imaginar onde estão as crianças e o quanto podem ouvir. Vão vê-la mais tarde; quanto a isso, não pode fazer nada. Mas é melhor que não vejam nem escutem este momento.

A voz do marido, vinda do alto, é quase reconfortante. "Vou sustentar minha família. Na aldeia. Em Badghis. Quando voltarmos para lá, vou sustentar todas vocês. Não teremos de nos preocupar com dinheiro."

Azita sabe o que o marido quer dizer. Ele já mencionou isso antes: o preço para as filhas serem dadas em casamento. Vai garantir o futuro da família por vários anos. Se a guerra voltar, as garotas terão de se casar mais cedo, de qualquer maneira. Não é bom ter cinco filhas em casa. E, como o marido gosta tanto de dizer, ela continua esquecendo que ele é um homem simples — os luxos dessa vida em Cabul não são para ele. Todos estariam melhor na província, onde um homem pode prover à família. E ter algum respeito dentro de casa.

"Talvez o melhor fosse eu acabar com esta vida idiota."

É uma coisa estranha, vinda de Azita, mesmo depois de passar mais uma noite com um pano úmido na testa.

Nesse aspecto, seu estilo sempre foi diferente dos afegãos de ambos os sexos — ela não conta suas histórias com uma aura dramática exagerada, com elementos de possível morte a cada instante.

Estamos num pequeno café de Cabul. Com o tumulto na casa de Azita, não recebo mais convites para visitá-la, mas conseguimos reservar uma horinha depois de mais uma reunião à qual o marido lhe deu permissão de ir. Somos os únicos clientes ali fora, num jardim poeirento cheio de cadeiras de plástico. Agora, para Azita, tornou-se habitual usar uma "grande maquiagem", como diz ela, para disfarçar os machucados.

Nos últimos dois anos, apesar dos reveses pessoais e do país, Azita sempre foi uma otimista. Mas hoje chora, devagar, quase em silêncio. Constrangida, desvia o rosto cada vez que seus olhos marejam de lágrimas, enxugando-as depressa.

Como sempre, quando não sei o que dizer, adoto um tom prosaico: "É só uma maneira de dizer, não é? 'Essa vida idiota'?".

Ela não diz nada, o que geralmente indica que há alguma coisa que não quer falar — algo contrário à imagem de confiança que quer projetar. É bastante difícil admitir que a violência doméstica se reinstaurou em sua família.

"Você já tentou se matar?", pergunto.

Seus olhos faíscam e fitam a mesa.

Foi no começo do casamento, em Badghis. Azita tinha acessos de pânico que se transformavam em surto, quando ficava catatônica. Costumavam durar apenas alguns minutos, mas às vezes se prolongavam. O primeiro episódio veio logo após o casamento. Começou com uma dor aguda no peito, seguida de falta de ar. Depois, as mãos e os pés ficavam gelados e ela não conseguia movê-los. Nem falar ou mexer a cabeça. Com o tempo, Azita descobriu que podia atenuar os acessos esfregando as extremidades. Um médico também lhe receitou fenobarbital, um anticonvulsivo. Estava no começo da gravidez das gêmeas e, seguindo as instruções, tomava dois comprimidos por dia.

Um dia, tomou doze.

Foi uma melancia que a levou a isso — ou, mais precisamente, o desejo por uma melancia. Ela estava trancada dentro de casa, pensando nas melancias no campo lá fora, no terreno da família. A maioria dos alimentos lhe revirava o estômago, mas aquela fruta fresca e viçosa lhe despertou um desejo forte. As melancias, porém, estavam do lado de fora da casa trancada, e ela não podia ir até lá. E, de qualquer maneira, não poderia comer nenhuma delas: destinavam-se ao mercado.

Com os doze comprimidos, Azita caiu num sono profundo durante duas horas.

Quando acordou, desculpou-se imediatamente com todos na casa, por ter se enganado na dosagem. Que bobagem a sua! Até hoje, ela não sabe bem por que tomou; talvez tivesse sido mesmo por engano. Mas não quer nunca mais voltar àquela depressão. Foi o momento em que seu ânimo mais esmoreceu. O maior motivo de vergonha de sua vida é ter chegado tão perto de abandonar as filhas, antes mesmo que nascessem.

Ela ergue o olhar e me fita, desculpando-se pelo comentário inicial — claro que não quer pôr fim à sua vida. Não quer mesmo. Mas é como se houvesse algo de errado em sua cabeça nesses dias. Se antes costumava pensar em soluções, agora se sente bloqueada. Tendo aumentado a insegurança em Cabul, com a saída dos estrangeiros, o parlamento continua um caos. Antes, ela sempre via alguma saída, mas agora parece mais difícil. Ou será que está ficando velha? A ideia de que o caos se instaure no Afeganistão após a saída das tropas estrangeiras é algo que nem consegue imaginar.

"Talvez eu devesse ter ido embora", diz Azita de repente.

Nunca dissera isso antes. E nem sequer pensara, de maneira concreta. O divórcio simplesmente nunca foi uma alternativa possível. Assim como Shukria, Azita sabe que um pedido de divórcio não seria favorável a ela — especialmente com as acusações de infidelidade, que poderiam jogá-la na prisão. E muito provavelmente perderia as filhas.

Mas o "ir embora" de Azita se refere a outra coisa. Ao contrário de muitos colegas de política, a ideia de viver no exterior após a retirada das tropas estrangeiras nunca exerceu muita atração sobre ela. Era quase inconcebível para uma idealista que sempre jurou que defenderia o país e o futuro.

"Quando eu era parlamentar, tinha montes de amigos e contatos. Os vistos nunca foram problema. Eu podia ter ido a qualquer lugar. As crianças poderiam viajar com meu passaporte. Agora tenho apenas um passaporte de turista. Vivia tão ocupada com meu trabalho. Me sinto tão culpada por elas, agora. Fui tão egoísta. Ficava pensando em meu país e seu futuro. E em meu trabalho. Devia ter cuidado apenas de minha família."

Querendo criar um futuro melhor para as filhas, ela sempre imaginara que seria num Afeganistão que teria ajudado a transformar. Tentando ensinar suas filhas a terem força, resistência e orgulho pelo país, também queria que sentissem orgulho *dela*. Assim, pensar numa cômoda partida para o estrangeiro, como vários colegas seus, parecia tão... hipócrita.

Quando foi fazer treinamento de campanha nos Estados Unidos, alguns anos atrás, ela, antes de partir, falou de brincadeira para as gêmeas dizendo que estava indo pedir asilo. Era um assunto corrente entre os colegas, já desde aquela época. Muitos outros parlamentares tinham enviado os filhos para estudar ou pedir asilo na Europa, e assim poderiam ir e vir, e ter uma formação melhor. Mas Azita assegurou às filhas que, claro, sempre voltaria para elas, para Cabul e a família. Além disso, não tinha nenhum sonho americano. Seus sonhos se referiam apenas ao Afeganistão. Sentira-se satisfeita consigo mesma depois de fazer tal discurso para as filhas, achando que lhes ensinara alguma coisa sobre o caráter e o orgulho nacional.

Mas, numa dessas últimas noites, Benafsha, a gêmea mais calada, de súbito se manifestou após a explosão de outro homem-bomba nas proximidades. Lembrou à mãe a conversa sobre o estrangeiro e que ela dissera que sempre ficariam no Afeganistão. "Você fez sua escolha, mãe", disse Benafsha. Agora, nenhuma delas jamais sairia.

Foi naquele instante que a imagem de Azita sobre si mesma, como uma patriota altruísta, começou a mudar e a ser substituída pela de uma carreirista egoísta. Sentiu-se tomada de vergonha. Era uma pessoa que escolhia o país em vez das filhas, e sempre souberam disso. Pessoalmente, só veio a enxergar aquilo quando já era tarde demais. Apostara no Afeganistão com os novos estrangeiros e acreditara que o país podia melhorar. Almejara algo impossível e fora uma tola. Talvez sempre tivesse sido irrealista pensar que haveria muitas mudanças no Afeganistão durante a sua vida, e ela havia jogado com as vidas das filhas nessa aposta.

"Você ainda pensa em ir embora?"

"Não. Nunca. Nunca poderia deixá-las", responde Azita. "Mas talvez eu tenha sido muito burra antes."

E também precisa seguir em frente por causa dos pais. A decisão paterna de dá-la em casamento persistirá na guerra ou na paz, esteja ou não no parlamento, qualquer que seja seu relacionamento com o marido.

"Gostaria de conhecê-lo", digo. "O homem que detém todo esse poder, sempre e desde o começo. Você acha que ele falaria comigo?"

"Provavelmente não."

22. O pai

AZITA

Não existe nenhuma linha aérea regular até a província natal de Azita, e as estradas sinuosas que vão até a região noroeste do Afeganistão vivem notoriamente infestadas de explosivos caseiros e bandos de criminosos.

Os estrangeiros, por outro lado, podem ir de graça a qualquer lugar em voos das Nações Unidas, que seguem um horário *ad hoc*, em função da necessidade de seus funcionários mais importantes. O bilhete ou "autorização de viagem" para Setareh, que tem passaporte afegão, veio ao preço de minha presença numa palestra sobre os sofrimentos das mulheres afegãs, com duração de meio dia, num escritório climatizado da ONU. Depois disso, passaremos o dia seguinte no terminal reservado da ONU no aeroporto de Cabul, um hangar cheio de cooperantes e diplomatas de onde os aviões decolam aleatoriamente.

Todas as mulheres à espera de algum voo parecem nascidas no estrangeiro, e todas têm aquele estilo étnico muito característico de férias chiques numa guerra, que raramente se vê fora dos conjuntos fortificados onde ficam os expatriados e jamais se vê em afegãs normais. Usam longas túnicas de seda flutuantes em cores leves, combinando com delicados lenços de cabeça bordados, que escorregam levemente para trás, ao estilo de Benazir Bhutto, deixando escapar algumas mechas com reflexos, penteadas cuidadosamente com secador. No pescoço e nos pulsos tilintam requintadas peças de prata antigas dos nômades kuchis, feitas outrora à mão para casamentos tribais nas províncias. A indumentária típica do diplomata do sexo masculino se compõe de vários tons de cáqui. Alguns usam sapato esporte sem meia e paletós ao estilo da marinha, com botões dourados, combinando com as calças. Em sua maioria, esses estrangeiros elegantes andam com pequenas câmeras automáticas para documentar seu trabalho de campo. Os "guarda-costas" têm o dobro do tamanho de qualquer diplomata e andam com armas automáticas alemãs a tiracolo.

Um cooperante estrangeiro de escalão médio pode receber um salário de 15 mil dólares por mês, livre de impostos, além de vários adicionais por "periculosidade", como se considera ser o caso de um destino como o Afeganistão. Mas a entusiástica caravana que se inscreveu para o Afeganistão na década passada não veio movida pelo dinheiro, ainda que seja o caso de alguns deles. Muitos são jovens idealistas em busca de aventura. Outros são burocratas calejados que viram todas as guerras dos últimos trinta anos e este é apenas mais um destino.

Existe o grupo dos Bálcãs e os que costumavam jantar juntos em Bagdá. Mostram seu status trocando casos de guerras passadas com os novos especialistas em Afeganistão vindos das universidades de elite da Costa Leste dos Estados Unidos. Como os antigos colonialistas europeus, esses exploradores atuais vivem bem e depois voltam para casa com histórias exóticas de terras estrangeiras.

A decoração nos edifícios diplomáticos, com ar-condicionado

fornecido por potentes geradores de capacidade militar, tem como objetivo expor o melhor da cultura e do design de cada país. Um dinamarquês se reclina em refinadas peças escandinavas dos meados do século XX, que vieram de Copenhague embrulhadas em plástico bolha e despachadas em contêineres de segurança. Os britânicos oferecem o bar mais bem abastecido da cidade no posto avançado da rainha em Cabul, chamado "The Inn Fidel". Eles também são conhecidos por algumas das festas à fantasia mais elaboradas, nas quais, seguindo uma tradição cara à aristocracia europeia histórica e contemporânea, a diversão dos convidados é se passar por outra pessoa durante uma noite. Os membros da embaixada dos Estados Unidos podem nadar numa bela piscina de raia com uma churrasqueira ao lado, onde um afegão de confiança, usando um chapéu de chef, prepara à perfeição qualquer coisa, como num clube de campo. Os americanos de lá às vezes proclamam com orgulho que, desde o momento em que foram apanhados no aeroporto de Cabul, nunca puseram o pé fora do conjunto diplomático e nem vão pôr, até a hora de irem embora. Não há a menor necessidade disso. A embaixada dos Estados Unidos parece estar em constante expansão, e a grama realmente é mais verde nessa área verde da cidade, onde nunca falta água. A poeira dentro do perímetro é varrida com tanto cuidado que o ar parece mais fácil de respirar do que no resto de Cabul, onde milhares de crianças morrem anualmente por doenças respiratórias, causadas pelas fogueiras para a queima de lixo, pelos carros usando gasolina barata e pelos micróbios proliferando nos esgotos a céu aberto.

As vantagens de ser estrangeiro no Afeganistão são evidentes para os que bebem juntos nas quintas-feiras à noite em Cabul. Não importa quem eram no mundo exterior, a que classe social pertenciam: em Cabul, um estrangeiro se converte instantaneamente em membro de uma elite dirigente. Como em qualquer zona de guerra, aqui é um lugar de reinvenção pessoal, onde se pode criar e aprimorar uma nova identidade, onde o passado pode ser temporariamente apagado, enquanto as exigências e os códigos sociais do mundo exterior ficam em suspenso. Ingressar no grupo de expatriados no Afeganistão é um disfarce eficiente, e que traz acesso e poder.

Depois de um dia e meio esperando nesse *karavan serai*, e como Setareh, irritada, denomina a área do hangar, experimentei de tudo no quiosque de iguarias afegãs e estrangeiras, e ela recusou a maioria delas. Chegamos à conclusão de que não estamos na lista de passageiros preferidos de ninguém e que, se quisermos encontrar o pai de Azita, temos de reconhecer a derrota e encontrar uma maneira própria de chegarmos a Badghis.

Assim, tomamos um avião de uma das linhas aéreas afegãs até Herat e lá, por fim, com a ajuda de parentes de Azita e de Setareh, encontramos um piloto de um helicóptero militar afegão disposto a nos levar mais adiante. Quando chegamos à base num táxi com assentos forrados com imitação de pele, encontramos um desjejum que apetece mais a Setareh: chá adoçado, pão tipo sírio borrachento e geleia de amora. O comandante local nos avisa que até pode nos levar a Badghis, mas não garante que depois consigamos sair, pois não está pensando em mandar ninguém até lá por algum tempo. Mas Setareh já planejou nossa saída por terra: comprou duas burcas azul-claras e guardou em sua mala preta de rodinha, mais uma vez dando um sorrisinho de troça à minha mochila. Para o período que pensamos passar em Badghis, que fica perto do Irã, também compramos mais algumas roupas pretas. Setareh usa o que acabamos traduzindo como "vestimenta *herati*", um pano escuro muito largo enrolado na cabeça e que desce até os pés, parecendo uma fantasminha camarada de rosto sério. Escolhi o *hijab* completo, "estilo iraniano". Com o manto preto da cabeça aos pés e um lenço preto preso firmemente, além de óculos escuros; não tenho corpo, apenas mente. Se tanto.

No helicóptero, vamos sentadas no chão da cabine de vidro ao lado dos pilotos, com a terra se movendo abaixo de nós.

O primeiro piloto, Azizi, teve seu treinamento na época dos russos. As letras em cirílico dentro da cabine são um problema para os jovens americanos em alta rotatividade, que chegam à base para aperfeiçoar as habilidades de Azizi. Depois de muitas conversas confusas pelo rádio, agora os americanos lhe permitem, já no ar, manter o silêncio a maior parte do tempo. Deram-lhe um GPS portátil, novo em folha, para a navegação; ele usa orgulhosamente o aparelho preso à perna. Enquanto sobrevoamos trigais de um amarelo-escuro e bosques de pistaches, ele faz questão de não olhar. Sabe para onde está indo.

Como o pai piloto de Zahra, Azizi também é fã dos americanos. São caras legais. E têm uns nomes que são fáceis de falar: Bill, Joe, Hank. Trocam histórias sobre os filhos e as famílias. São, na maioria, mais jovens do que Azizi, mas ele fez alguns novos amigos. E é de bons préstimos: traduz as letras cirílicas nos painéis dentro dos helicópteros robustos e razoavelmente confiáveis usados por sua divisão. Azizi tentou lhes ensinar os termos técnicos em russo que conhece. Os americanos, por sua vez, tentam lhe ensinar alguns em inglês. Mas muitas vezes descobrem que os sons e as letras não têm equivalentes na outra língua, e assim a parceria militar afegão-americana se dá usando basicamente o "ringlish" (russo via inglês persa) e o "pinglish" (as versões mais próximas em inglês de palavras persas do dialeto dari de Azizi).

Os americanos, descobriu Azizi, têm também uma maneira diferente de se expressar além das palavras. São diretos, detalhados e insistentes em suas ideias. Os afegãos preferem ser indiretos.

Raramente apresentam uma má notícia ou uma opinião divergente sem rodeios ou cautelas prévias — ou apenas deixam no ar, para que cada um conclua por conta própria. Agora, Azizi já aprendeu como fazer quando os americanos pedem algo impossível. Ele não quer dar a impressão de não estar colaborando e percebeu que os americanos, afinal, sempre acabam descobrindo o que é e o que não é possível. Então ele sempre diz "sim". E "sem problemas".

Desde que o deixem voar, Azizi realmente não se importa muito com quem são. Ele se dava bem com os russos, e a única coisa que o incomodava um pouco era que estavam sempre tentando lhe empurrar suas convicções políticas. Para ir adiante, você precisava ser membro do partido. Como muitos afegãos com os quais conversei, ele não responde se, na época, chegou a ingressar no Partido Comunista; foi muito tempo atrás. Mas acha que prefere os americanos; não tentam falar de política com ele. "São só soldados, como eu."

Quando os americanos forem embora, Azizi vai continuar a voar para os próximos que vierem. Quando os americanos chegaram, as tomadas de dois pinos no hangar foram trocadas por tomadas de três. Se elas forem trocadas outra vez, não faz muita diferença para ele. Pode se adaptar.

Se não fosse a paisagem em movimento lá embaixo, seria como se ele estivesse conversando num chá da tarde. Enquanto avançamos devagar, sem peso, sobre a terra ressequida que faz lembrar um calcanhar rachado, Azizi ruma direto para qualquer falda montanhosa que se ergue diante de nós, até as pás do rotor chegarem tão perto que quase encostariam na pedra. Só aí, com um movimento mínimo do pulso, ele impulsiona o helicóptero subindo na vertical e sobrevoando a montanha. A cada vez, premia a si mesmo com um largo sorriso quando chegamos ao céu aberto.

BIENVENIDO A QALA-E-NAW. A mensagem está pintada em spray nos sacos de areia, onde descemos devagar levantando um torvelinho de poeira. Aqui é o noroeste do Afeganistão, na fronteira com o Irã, com seu próprio governador afegão eleito. Mas foram os militares espanhóis que ajeitaram o modesto campo de pouso, quando lhes foi designada a província de Badghis. Instalaram sua "equipe de reconstrução" na pequena capital e hastearam as bandeiras azul-escuras da Otan ao lado das bandeiras amarelas e vermelhas da Espanha. Não restou nenhum mastro para a bandeira preta, vermelha e verde da República Islâmica do Afeganistão.

Finalmente, o helicóptero aterrissa com a elegância de um besouro gordo. Nossos companheiros de viagem, militares afegãos com uniformes de camuflagem do deserto e bigodes pretos muito bem cuidados, descem. Aqui é o deserto, com dunas de areia e alguns raros pinheiros em volta das casas de barro que levam até a cidade, tendo no centro uma mesquita turquesa de contorno arredondado.

Antes de 2001, o local não poderia nem mesmo ser chamado de cidade, diz o assistente do governador que nos recebe, trazendo debaixo do braço um caderno cor-de-rosa com personagens de cartum usando marias-chiquinhas. Aqui usa-se o que se consegue, em termos de material de escritório.

Não há hotéis, mas ele concordou em nos acolher na casa de hóspedes do governador, sob a condição de não andarmos muito por ali nem deixar que saibam da presença de mulheres no local. Entrando em Qala-e-Naw, ainda parece uma aldeia, com casas de barro espalhadas aqui e ali, cercadas por muros baixos. Tudo é pequeno e pardo, numa gradação de tons com as cores do deserto. A rua principal tem seis lojas de cada lado, em edifícios de um ou dois andares. Há um mercado feminino, onde as mulheres totalmente cobertas com um véu ou uma burca podem fazer compras apenas na companhia de outras mulheres, enquanto os homens esperam na outra calçada.

Do lado masculino, encontram-se à venda artigos como peças de automóvel, telefones celulares usados e tapetes. A área feminina consiste basicamente em bancas vendendo produtos secos, roupas infantis e itens para casamento. Do lado de fora, ao vento forte e carregado de poeira, esvoaçam guirlandas de papel e náilon em cores vivas. Embora o Irã fique mais perto, quase tudo é importado do Paquistão. As tropas sob o comando americano resistem à entrada de importações iranianas em qualquer parte da fronteira sob seu controle. Aqui, a língua que conheço como dari se chama "cabuli", e usam um dialeto persa diferente, mais próximo do parse e soando mais como o iraniano.

Várias agências da ONU e a Agência dos Estados Unidos para o Desenvolvimento Internacional ajudaram a construir uma praça que o governador qualifica de "muito moderna", em comparação ao que era dez anos atrás. A maioria das pessoas ainda usa água de poço para beber, mas pelo menos os poços não estão mais contaminados. E a maioria das mulheres ainda dá à luz em casa, mas pelo menos a cidade tem uma parteira em treinamento, disponível para quem quiser. A tuberculose, a malária e a difteria ainda grassam na província, apesar das importantes melhorias dos espanhóis no saneamento e destino do lixo. Agora existem algumas escolas pequenas, algumas clínicas e até um sistema de esgoto criado pelo equivalente espanhol do corpo de engenheiros militares, que cavam canais subterrâneos.

A casa de hóspedes do governador é cor-de-rosa. Com suas cortinas e tapetes macios cor de pêssego, é a acomodação mais luxuosa da cidade. Há energia elétrica instável durante algumas horas por dia, e a casa dispõe de banheiros internos, embora sem água encanada. Recebemos um quarto pequeno, com pertences espalhados de dois hóspedes do sexo masculino, os quais, por discriminação em nosso favor, recebem ordem de sair e ir dormir na laje do telhado. As camas improvisadas têm colchões ainda com o envoltório plástico do fabricante. Setareh se desembaraça de sua burca azul brilhante, estende-a na cama e se deita, mas logo se ergue de um salto ao sentir o cheiro que os hóspedes anteriores deixaram, dormindo ali a um calor de 38 graus.

Passaremos dias esperando nesse quartinho de paredes cor-de-rosa e uma luminosidade pêssego atravessando as cortinas.

Todo mundo parece conhecer o pai de Azita, pois ainda é um dos poucos moradores com nível universitário. Mas nos informam que ele está velho e cansado, e não tem nenhum interesse em falar do passado.

Enquanto isso, nosso empenho em manter a discrição e usar roupas adequadas — Setareh com seu pano e eu com meu manto preto, o cabelo totalmente coberto e os olhos pintados com tanto *kohl* que nem uma tonelada de lenço umedecido consegue remover à noite — rende alguns inesperados elogios de nossos colegas de casa. Depois de alguns dias, Setareh entreouve as palavras dos homens no quarto ao lado. Abstendo-nos de qualquer palavra de cortesia e baixando os olhos ao passar por eles, sempre em completo silêncio e com o rosto quase todo coberto, parecemos ganhar a aprovação deles. "A iraniana e a hazara são moças muito boas. Muito cobertas e muito recatadas", comentam.

Nossa modéstia impressiona tão bem um dos homens que ele conclui que gosta "muito mesmo" de nós duas. Avalia por um instante se nos pedirá para tirar uma foto com cada uma de nós em seu celular. Mas provavelmente seria ir longe demais, diz ele ao amigo, e jamais moças boas e respeitáveis concordariam com uma coisa dessas.

Depois de traduzir os murmúrios do outro lado da parede,

Setareh e eu chegamos à conclusão de que meus esforços para me tornar mulher foram coroados com sucesso. Depois de eliminar meu corpo, minha voz e grande parte de meu rosto, finalmente cheguei lá.

A aldeia onde a sogra de Azita ainda mora fica a dez minutos de carro do centro da cidade, numa estradinha onde um grupo de nômades kuchis se instalou — uma minoria basicamente pachto —, com suas tendas de tecido vermelho e verde se agitando ao vento e crianças pastoreando cabras esqueléticas. Do lado de um morro projeta-se uma ponte estreita, que foi reforçada pelos militares espanhóis graças à iniciativa de Azita em convencê-los à tarefa. Consta que a aldeia tem mil casas, mas contamos apenas algumas dezenas espalhadas pelo morro. Há alguns pequenos terrenos de área verde, cultivados por famílias que vivem em tendas ou sob lonas com o logotipo da Unicef, e onde as mulheres, quando passamos, desviam e encobrem o rosto com seus grandes xadores. Aquelas lonas estão à venda no mercado, bem como as sementes distribuídas às mulheres por outra ONG. Germinam berinjelas num dos campos, onde uma inesperada música pop afegã toca num rádio transistor. Dois meninos brincam nus num riacho.

Nosso motorista, usando uma água-de-colônia suficiente para matar toda a população do banco traseiro, leva-nos a um portão metálico. A onda de perfume do carro rivaliza com o fedor de um esgoto aberto, que nos chega às narinas logo que entramos no pequeno conjunto.

É assim que é a pobreza.

Garotinhas descalças com vestidos de tecido sintético se aglomeram em volta de nós. Duas adolescentes estão com bebês no colo, com o rostinho cheio de moscas preguiçosas. Estas são as crescidas. Uma pequena me olha sob a maçaroca de cabelo sujo e embaraçado e fica em silêncio. Deve ter uns seis anos, mas se comporta com as outras como uma irmã mais velha. Nas duas horas seguintes, continuará simplesmente nos olhando, o branco dos olhos em contraste com a pele bastante bronzeada.

A casa térrea da sogra é da cor de barro seco, sem uma única árvore para protegê-la do sol ofuscante. O barro e a palha, os materiais de construção mais baratos, fornecem um isolamento natural para todas as estações do ano; são orgânicos e práticos, em comparação às casas de bloco que os militares gostam de erguer em seus projetos de assitência humanitária. Os afegãos costumam rejeitar essas casas: parecem umas geladeiras no inverno e uns fornos no verão.

Uma cabra de ar exausto está amarrada a uma cavilha no muro de pedra, dentro de uma área cercada em torno da casa. Há mais um pequeno terreno, dedicado a uma horta doméstica. Está cercado por arame farpado, para impedir que animais e crianças saqueiem tomates, batatas e cebolas. Visto de cima, tudo parece morto. Cozinha-se ao ar livre, em fogo aberto. Há um pequeno forno, cavado numa parede. Não há energia elétrica. No inverno, usa-se lenha para aquecer a casa. Coleta-se a madeira durante o verão, no sopé do morro, a uma distância de uns vinte minutos a pé.

Sai da casa uma senhorinha miúda e encurvada. As meninas imediatamente lhe abrem passagem. Está vestida toda de branco, com um lenço branco e fino enrolado na cabeça como um turbante para protegê-la do sol. Seu rosto é muito parecido com o deserto que vimos do helicóptero — um marrom causticado de sol, cortado pelas antigas marcas dos leitos fluviais.

Ela me abraça e me beija nas duas faces, com uma enxurrada de saudações respeitosas. Setareh e eu retribuímos. Em seu ombro esquerdo, há um molho de chaves minúsculas, preso com um alfinete de gancho. Tilintam de leve quando ela se move. "Encontrei na estrada. Gosto de usar de enfeite. Como joia", explica ela quando lhe pergunto para que servem.

Seu outro filho, o cunhado de Azita, tem duas esposas. A primeira, praticamente desdentada, tem sete filhas. A segunda esposa está com catorze anos e acabou de conceber um filho, o primeiro neto da sogra de Azita.

Esse casamento recente se deu de acordo com a tradição tribal de trocas, e assim a família não precisou pagar pela noiva. Para conseguir uma nova esposa que pudesse gerar um filho, a família fez um escambo com o vizinho, oferecendo à sua família uma filha de treze anos. Agora ela está casada e grávida do filho do vizinho, de quinze anos, orgulhosamente apresentado como um estudante do Alcorão. Como outros estudiosos do Alcorão daqui, ele, não sabendo ler nem escrever, recebe aulas de um mulá iletrado, que o instrui sobre o que dizem os textos religiosos.

Dentro da casa, todos os armários da cozinha têm cadeados. Algumas caixas de armazenagem e um guarda-louça de vidro com pratos também estão trancados. Somos levadas à sala principal, um pequeno aposento pintado em turquesa vivo. Há uma foto de Azita na parede, circundada por uma guirlanda de papel fúcsia, quando ela comemorou sua eleição ao parlamento. É aqui que as filhas de Azita vão morar com a mãe, se voltarem para a casa paterna. Sentamos no chão sujo e trocamos mais saudações. A porta baixa e pesada está encostada, para impedir a entradas das crianças e mulheres da família. Estamos nesta que agora serve de sala de visitas, onde só podem entrar a sogra e o filho.

As mulheres ficam do outro lado da porta, ansiosas em dar uma espiada nas visitas. As crianças se amontoam umas nas outras para aproveitar ao máximo a visão permitida pela fresta da porta. De vez em quando, uma criança menor tenta empurrar a porta, mas é afastada pela avó. O cunhado de Azita traz um agrado especial: uma caixa quadrada com líquido dentro e um ventilador de mesa. Ele coloca a bateria na janela e pendura o ventilador num gancho. Momentos depois, Setareh e eu somos envolvidas num sopro denso de ar quente, batendo direto em nossos olhos, e precisamos erguer a voz para que nos ouçam, por causa do barulho do motor.

Com gestos vivazes e falando rápido, mostrando os poucos dentes da frente que lhe restam, a sogra de Azita conta como administra a casa: "Seria impossível para todos se eu não estivesse aqui. Não posso deixar a casa. Preciso ficar aqui e cuidar de meu filho e de meu neto. E meu filho precisa trabalhar na lavoura lá fora".

Sendo a integrante mais idosa da família, é ela que instrui como todos devem proceder. Que idade tem, exatamente?

"Setenta ou oitenta. Não sei bem." O filho apresenta outra estimativa: "Ela tem 85 ou noventa". Em todo caso, é de longe a mulher mais idosa da aldeia, creem eles. Como os homens trabalham com os animais, as mulheres cuidam da casa, sob sua direção. Algumas netas frequentam a escola algumas horas por dia, mas, tirando isso, nenhuma delas pode sair de casa.

Ela *ama* Azita.

Repete várias vezes, com muita ênfase. O filho mais velho confirma: Azita é o grande orgulho da família. Agora são conhecidos na aldeia como "a família do marido" da poderosa política de Cabul. São tratados com mais respeito e admiração. Claro que a família fica triste que Azita não more mais com eles, mas estão cientes de que ela tem coisas mais importantes a fazer. Sempre souberam que estava destinada a coisas maiores. Tomara que algum dia volte com as filhas para morar com eles. Para o marido, porém, é um fardo ter de levar a vida desgastante de Cabul, mas entendem que é um sacrifício que ele está fazendo. Essas mesmas declarações se repetem a quase todas as perguntas que fazemos, até sermos levadas a conhecer a humilde propriedade do cunhado de Azita, que acha que a mãe idosa não deve ser mais incomodada. Ambos concordam que o sucesso de Azita se deve ao marido.

Mais tarde, retomamos a estradinha de volta para o povoado e passamos por uma menina pequena, vagueando sozinha pelo caminho. Está descalça e parece não conseguir andar direito, o corpinho balançando instável, para a frente e para trás. As alças do vestido estão desamarradas, pendendo no torso nu. O motorista gira o dedo no ar: ela é doente da cabeça. Ninguém se importa com o que ela veste ou se está andando sozinha fora de casa. Nunca vai se casar com ninguém.

"Viram as chaves?", pergunta o irmão de Azita, quando o encontramos no trailer onde ele trabalha num projeto financiado pela Agência dos Estados Unidos para o Desenvolvimento Internacional (em inglês, US Agency for International Development, Usaid) para converter simpatizantes do Talibã na província oferecendo-lhes pagamento em dinheiro.

Ele solta uma risada vazia.

Foi precisamente em torno daquelas chaves que a vida de sua irmã girou durante muitos anos. Ela não podia sequer tomar um copo d'água, e muito menos comer, sem o acesso àquelas chaves, que só lhe era dado com a permissão da sogra. Ele se zanga ao falar sobre a família do marido dela. Era ele que vinha ver Azita todas as sextas-feiras. Era uma hora de caminhada a pé, ou 45 minutos montados num burrico. Aos dez anos, ele era o único que tentava desafiar o cunhado, negando-se a ir embora para evitar que a irmã fosse novamente maltratada. Aos doze anos, ele começou a passar a noite na aldeia, e assim podia visitá-la dois dias seguidos.

"E você pensa que são pobres?"

Ele estala a língua, depois de ouvir o que conto sobre a aldeia.

"Aquela família tem terra e dinheiro! Mas é assim que vivem os aldeões."

Quando sorri, mostrando todos os dentes, ele é muito parecido com Azita. Seus olhos brilham como os dela e a voz é apenas uma ou duas oitavas mais grave. E, assim como a irmã, ele aprendeu sozinho a falar inglês fluente. Tem 24 anos e é o único filho homem. Mas não conversa com os pais; casou-se com uma pachto contra a vontade deles. E não quer ter filhos. Para que ia querer, nesta sociedade, com suas regras de vida inaceitáveis tanto para os homens quanto para as mulheres, ele me pergunta.

Como filho, não conseguiu agradar aos pais tanto quanto as irmãs. Muito pelo contrário. Antes de se casar, recusou seguir a carreira profissional que o pai lhe ditara, mulá. Durante o período do Talibã, os garotos eram obrigados a estudar com líderes religiosos, e para o irmão de Azita, aqueles anos foram um desperdício completo. O pai ainda estava desapontado; o único caminho para um futuro com algum reconhecimento passava pelos estudos religiosos, disse ele ao filho, e argumentou que assim ajudaria não só a si, mas a toda a família. Foi o começo de um afastamento entre eles que só aumentou após a saída do Talibã.

Ele esperava mais de um homem instruído como o pai. Mas talvez as guerras o tivessem mudado definitivamente. Quando jovem, o pai era um idealista que queria transformar o mundo, mas foi vencido. Naquela época, era tido como "o mais liberal de todos". O irmão de Azita não vacila em dizer claramente aquilo de que venho suspeitando faz algum tempo: "Todo mundo aqui sabe que ele era comunista. Não é segredo. Hoje, ele diz apenas que foi uma coisa de juventude".

A filiação do pai de Azita ao partido naquela época explica como ele obteve o cargo na universidade e como a filha pôde frequentar escolas de elite. E, mais tarde, por que sua biblioteca foi incendiada e a família teve de fugir de Cabul. É também por isso que Azita não quer envolver demais o pai em sua atuação política — ele se alinhava com outros estrangeiros, que não são apreciados pelos novos estrangeiros com os quais ela agora se alinha. Nem por seus eleitores afegãos.

Seus itinerários, assim, tornam-se misteriosamente semelhantes, e talvez típicos de muitos afegãos dessas duas gerações de guerra.

Azita é uma "colaboradora", como tinha sido seu pai. Os "comunistas" eram vistos como aqueles que venderam o país aos russos, tal como agora Azita faz parte de um governo mantido por estrangeiros. O pai depositara sua confiança e lealdade naqueles que prometiam reformar o país; apostou tudo nisso. Quando essas ideias foram abafadas e os estrangeiros se retiraram, e depois que a vida de sua família desmoronou, ele se sentiu cheio de remorso e desconfiança.

"Ela é igualzinha a ele", diz o irmão de Azita, como que confirmando a linha de meu raciocínio. "É a filha do pai. Tudo o que podia fazer para lhe dar orgulho, ela fazia."

E como aconteceu com o pai, ela também vai se desapontar, prevê o irmão. Quando ele vai à capital, usa jeans e jaqueta de couro. Isso despertaria muitas censuras e poderia ser até perigoso aqui em Badghis, onde continua a usar o *peran tonban* branco esvoaçante que tanto detesta. A seu ver, o Afeganistão tem pela frente um futuro sombrio.

"Eu chorava quando a bandeira afegã era hasteada. Mas veja a situação de minha irmã — aquele jogo político. Os internacionais nos usam como joguetes também. Quando forem embora, haverá uma guerra civil, logo depois desse curto período de paz que estamos vivendo."

O irmão de Azita considera que ela, assim como o pai antes, acredita demais no processo político. A elite de Cabul sempre se alinhou com qualquer estrangeiro que se instalasse na cidade, e depois, quando esses estrangeiros vão embora, quem paga o preço são os afegãos que ficam. Os que podem, deixam o país e, mais uma vez, serão substituídos por outros de valores mais conservadores. E haverá consequências para a própria Azita — depois que os estrangeiros se retirarem, as ameaças contra ela apenas aumentarão. Provavelmente nunca tentará se separar do marido; é o que pensa o irmão. Ela não faria isso com os pais nem com as filhas.

Mas, diz ele: "Toda pessoa tem seus limites".

Uma das famílias mais importantes do povoado está para casar mais uma filha.

O preço de Azita foi mil dólares e uma área de terra. O preço para sua irmã, três anos mais nova, ficou em 4 mil dólares.

Agora, graças à posição de Azita, o valor da família subiu, e uma filha da casa alcança um dos preços mais altos de todo o mercado de noivas de Badghis. O preço pedido por Anita, a terceira irmã de Azita, de 14 mil dólares, foi aceito.

Faz alguns meses que se prolongam os preparativos nupciais na casa dos pais de Azita, com carros indo e vindo entre Herat e Qala-e-Naw. Um aposento inteiro da casa foi reservado para o enxoval da noiva: uma grande colcha cobre panelas, frigideiras e vasilhas de plástico, tudo novo em folha. As decorações vieram de Herat, e as grinaldas e os guardanapos de papel de cor pastel ficam acondicionados numa caixa espaçosa. No jardim estão cinco embalagens volumosas vindas do Paquistão, agora esvaziadas de seus conteúdos. Não se poupam despesas nos preparativos, e o futuro marido está pagando tudo. O pai de Azita também contribuiu com diversos presentes: uma cama de casal; uma lavadora de roupas; um lava-louça; um aquecedor elétrico; gás de cozinha.

Aos 26 anos, Anita não é uma noiva jovem, mas tem alguma instrução e dá aulas. Mora com os pais aqui em Qala-e-Naw, numa das melhores casas da cidade, numa rua larga, que parece uma avenida, com portões de ferro ornamentado que se abrem para um jardim bem cuidado, com roseiras brancas e vermelhas. À direita fica uma casa menor e mais simples, junto da casa principal, que é maior e pintada de branco com majestosas colunas na entrada. A sede é totalmente sombreada por altas palmeiras. Seu maior luxo, um banheiro interno, é tido como motivo de inveja de toda a vizinhança. Nem a mansão do governador tem isso. A privada ainda é do lado de fora, mas a casa dispõe de água encanada, com uma pia de porcelana branca e amarela. Tapetes grossos em cores suaves, cobrindo toda a extensão, abafam qualquer ruído, e as pesadas cortinas de brocado parecem vedar a entrada da poeira do deserto, deixando o ar dentro da casa mais fácil de respirar. Azita comentou, com uma ponta de amargura, que seus pais recebem uma vultosa renda do antigo apartamento deles no bairro de Macroyan, em Cabul. Sua mãe, além disso, dirige um jardim de infância.

A dona da casa é ela, Siddiqua, mãe de Azita.

Vem nos receber à entrada, com um lenço de cabeça branco e saia e túnica compridas de algodão castanho. Toda a família está atarefada com os preparativos do casamento, diz ela. Muito atarefada mesmo. Mas podem nos atender por alguns instantes, já que viemos de tão longe. A mãe de Azita tem uma aparência marcante, com nariz afilado e maçãs do rosto altas. Alguns fios brancos se misturam no cabelo escuro, da mesma cor das sobrancelhas grossas. Ao nos sentarmos para tomar o chá de cardamomo, acompanhado de chocolates embrulhados em papel brilhante, Siddiqua comenta que, claro, é uma honra, mas também um pouco curioso que alguém faça uma viagem tão longa só para vir conversar sobre sua filha mais velha.

Há alguma possibilidade de vermos também o pai de Azita?, pergunto.

Ela abana a cabeça. Ele é quem sabe, e nem sempre se dispõe a receber visitas.

Por quanto tempo ficaremos em Badghis? De maneira polida, Setareh explica que não temos pressa e ficaremos o tempo que for necessário. Com polidez ainda maior, Siddiqua nos assegura em resposta que terá prazer em nos receber todos os dias, sem nenhuma garantia de que possamos ver o patriarca ao vivo.

A filha Anita se reúne a nós. É jovem e um pouco tímida, mas satisfeita em ser o centro das atenções dos pais como noiva. As sobrancelhas espessas, que se juntam no meio, logo serão depiladas e ficarão bem finas para o casamento. Anita está noiva faz seis meses. Até agora, não teve nenhuma conversa direta com o futuro marido e não passou nenhum momento a sós com ele.

"As moças afegãs entram no casamento de olhos fechados", graceja ela.

A mãe não ri. "Ele é educado, de uma boa família, assim como você", diz ela à filha. "Tem bom caráter e todos ficaram felizes com ele. Então creio que fizemos um bom serviço para você."

Anita abaixa os olhos. É verdade. "Ninguém me obrigou. E recusei outros."

Siddiqua se vira para mim: "Vieram montes de pretendentes, vários numa mesma semana, de diversas províncias. Aqui somos uma família bastante conhecida e todo mundo sabe de nossas filhas. Todos os outros choraram quando anunciamos que ela estava comprometida. E Anita não disse nada quando perguntamos se ela aceitaria este".

Quando se pergunta sobre um marido, o silêncio significa concordância. Seria falta de educação uma filha se dirigir aos pais com qualquer objeção direta.

"O que fez você aceitar?", pergunto a Anita.

"Nós dois damos aulas num centro universitário. Temos familiaridade. Sei que sua família tem alta posição."

"Então vocês já se falaram?", pergunto. Setareh e eu trocamos um olhar. Isso parece interessante.

"Nós nos cumprimentamos. Mas ele parece um bom homem."

E ele nunca lhe falou que ia pedir sua mão. Nesse caso, ele se tornaria um homem de pouco respeito, que "brinca com as moças". Tais assuntos são tratados exclusivamente pelos pais. Ele é tadjique, e assim o casamento traria para Anita uma "ascensão" de sua linhagem mista, ao contrário de Azita, que se casou dentro de uma das minorias mais reduzidas do Afeganistão.

"Você se sente feliz?"

Sorriso embaraçado. "Sim."

"Você acha que ele vai deixá-la continuar no emprego?"

Anita fita as mãos. "Não sei. A decisão será de meu marido e vou respeitá-la."

Siddiqua estava se abanando com um pedaço de plástico enquanto ouvia Anita. Agora interrompe: "Formam um ótimo casal".

Ela mesma está casada há 37 anos.

"Diga-me", pergunto a Siddiqua, "qual o segredo para ficar casada durante tanto tempo?"

Ela me olha como se eu fosse uma palerma. "Aqui é muito difícil se divorciar", responde ela, jogando as mãos ao alto num gesto de "O que mais você imaginava?".

Mas o importante é a lealdade, acrescenta após uma pausa, numa tentativa de atenuar sua resposta. Mourtaza foi escolhido para ela, e é claro que os pais sempre tentam escolher o melhor marido para uma filha. Assim como ela está tentando fazer para Anita. A partir daí, explica ela, você trabalha com o que tem.

Movo a cabeça em sinal de assentimento, para mostrar que entendi. A conversa está indo exatamente para onde quero.

Siddiqua também entende isso, e se dispõe rapidamente a comentar sua posição sobre o casamento de Azita: "Não concordei. Tive uma reação muito ruim. Eu estava pensando que ela ia ser médica. Fiquei chocada quando meu marido levantou o tema. Foi muito duro para mim. No fim, senti que tinha de desistir. Fiquei insatisfeita, mas aceitei".

A barba branca como neve é a primeira coisa que surge. É quase uma entidade por si só, flutuando livremente em torno do rosto dele, chegando ao cabelo branco, úmido e recém-penteado.

O pai de Anita se posta olhando diretamente para mim, sobranceando todas nós sentadas no chão. É como se ele estivesse ouvindo e apenas aguardasse o momento de entrar na conversa. Senta-se antes que tenhamos ocasião de nos levantar, e cospe num pires seu *naswar*, um fumo de mascar verde e forte.

Setareh, sempre muito profissional, esboça uma apresentação, mas ele atalha. "Sei quem ela é. E sei sobre o que ela quer conversar."

Com os olhos ainda fitos em mim, ele começa a falar.

"Não sou um homem estreito ou atrasado que tranca as filhas em casa. Eu era professor antes. Gosto que minhas filha sejam instruídas e frequentem a escola. Trabalhei com consultores russos durante os tempos soviéticos."

Não é propriamente uma referência ao comunismo, mas a intenção é ressaltar que ele estava no topo da sociedade.

"Sinto muito orgulho de Azita", prossegue. "Poucas são como ela. As outras políticas mulheres estão com grupos diferentes e têm respaldos poderosos. Minha garota é independente. É muito inteligente, muito batalhadora e sabe o que está fazendo. Foi longe."

Parece satisfeito.

"Mas quase não aconteceu", digo. "Quando você decidiu que ela devia se casar, como ela ia saber que nem sequer ia conseguir trabalhar?"

"Fui obrigado a isso. Era a guerra civil no Afeganistão. Havia rebeldes aqui em Badghis. Nenhuma lei. Era guerra. Todo mundo queria pegar nossas meninas. Foi uma época terrível em minha vida. Vivia preocupado o tempo inteiro. 'Como posso proteger minha família?', eu pensava. Em Cabul, minhas meninas eram vítimas potenciais. Pensei no Paquistão e no Tadjiquistão. Por fim, eu me instalei em minha terra ancestral — Badghis. Vim para cá para minha família poder viver. A sociedade era muito insegura para as meninas, e a lei e a ordem tinham se esfacelado totalmente. Se alguém percebesse que você tinha uma bela menina ou uma moça instruída em casa, simplesmente viriam e pegariam, para 'ter relações' com ela. E isso arruinaria minha família. Não fico contente com isso, mas fui obrigado a dar minha filha para o filho de meu irmão. Era isso ou minhas filhas acabariam nas montanhas como noivas dos combatentes. Foi assim que eu dei minha filha para um homem inculto. Ele era a melhor alternativa numa época de guerra."

Siddiqua objeta: "Mas isso foi durante o Talibã. Não havia guerra".

Mourtaza vacila, um pouco espantado pela interrupção da esposa. "Isso foi quando o Talibã estava se formando. Algumas pessoas muito poderosas vieram falar comigo e pediram minha menina. Iriam pegá-la sem nenhuma hesitação. Casada, não poriam mais os olhos nela."

"E o fato de que ele já tinha esposa? Foi problema?", pergunto.

Siddiqua solta um silvo e a voz fica aguda. "Claro que foi problema que ele já tivesse esposa. Quer dizer, você ia gostar? Imagine só."

"Já chegou a pensar se cometeu um erro, ou foi mesmo a decisão certa?"

Mourtaza suspira.

"Não era minha vontade nem intenção casar minha menina com uma pessoa inculta. Mas, se você estivesse ali na época, diria que tomei a decisão certa. Era uma questão de vida ou morte. Eu queria que ela sobrevivesse. E não que morresse em alguma caverna numa montanha com rebeldes. Queria que minhas filhas fossem para as melhores escolas e universidades e se casassem com homens educados. Era essa a minha esperança para todas elas. Mas hoje tenho todas as minhas meninas. Vivas. Se eu pudesse seguir minha vontade, teria sido muito diferente. Totalmente diferente. Meu coração não queria."

Azita teve de ser entregue em casamento não só para sua própria proteção, continua ele a explicar, mas também para o bem de toda a família e sua reputação. Nesta sociedade aqui em que Mourtaza e todos os demais precisam viver, as necessidades e realizações individuais se subordinam às da família, porque assim deve ser. Um membro da família não pode sair por aí e planejar sua vida sozinho, sem consideração pelos demais. Não é assim que funciona — sempre é preciso levar em conta a família inteira e sua reputação.

Mourtaza diz que sempre pensou no melhor para Azita, mas também tinha que levar em conta seus interesses próprios, bem como os dos outros filhos e o legado de sua família. Talvez algum dia, depois de anos de paz e prosperidade, as regras sociais se afrouxem um pouco e permitam cultivar a escolha individual e a felicidade pessoal. Mas, por enquanto, a única constante possível entre guerras é a família, com sua posição, e ela precisa ser preservada cuidadosamente. Mourtaza chegou a romper com o filho por ter desobedecido a ele na questão do casamento.

Quando o pai de Azita menciona isso, lembro as palavras do irmão dela: "Qual a diferença entre a montanha e a aldeia para a qual ele a enviou? Somos uma tribo grande. Estaríamos protegidos. Ele podia ter escolhido alguém instruído".

Mas um homem instruído talvez não fosse necessariamente melhor, segundo Mourtaza: "Azita não está em má situação hoje em dia. O marido dela fará o que eu aconselhar. Sim, obriguei-a a se casar com ele. Sim, ele era um homem pobre e inculto. Mas não a impediu de trabalhar. Na época, não havia mais ninguém em quem eu confiasse. E se ela tivesse se casado com um homem rico e educado que não a deixasse sair de casa? Pelo menos ele não impediu que ela avançasse".

Na visão do pai de Azita, as realizações da filha se devem a ele. Certamente recuperará logo seu lugar no parlamento. E se não recuperar, ainda assim terá ido mais longe do que qualquer pessoa da família, graças a ele. Para a família e para a província, ela é um sucesso. Sim, a união com o marido podia ter sido melhor. Mas, segundo ele, também podia ter sido muito pior. Azita tem algumas liberdades vetadas à maioria das mulheres no Afeganistão, pois o marido lhe permite trabalhar fora. Mesmo que agora o casal esteja passando por uma fase difícil — e os pais têm certeza de que logo passará —, a vida dela ainda é melhor do que a de outras afegãs.

Mourtaza vacila outra vez quando menciono a violência.

Foi a violência contra a filha que o fez chorar à porta da casa dela, quando estava saindo, muitos anos atrás. Ainda lembra; sentiu-se como se tivesse espancado a própria filha, ao colocá-la dentro do lar de um homem que nem reconhecia a violência como um crime.

Sejam quais forem as circunstâncias e motivações efetivas que levaram Mourtaza à decisão de casar Azita com seu primo mais velho, ele fica claramente abalado com isso. Inspira fundo e desata num discurso em que podem transparecer as convicções políticas de sua juventude:

"O Afeganistão não é um país desenvolvido. Não é um país instruído. Mesmo em famílias instruídas, as pessoas são imaturas. Aqui não existem direitos para as mulheres, e a maioria dos homens acha que as mulheres simplesmente devem obedecer a eles. Isso torna a nossa sociedade uma desgraça. A violência... é tão comum aqui e nem é uma questão da vida de minha filha. Acontece com as esposas de ministros. Na família de Azita, a sogra e a cunhada... o nível de entendimento delas é baixo. Pensam que precisam disciplinar as meninas. Isso não é bom. Não dão nenhum direito às mulheres. A violência contra as mulheres está em todas as partes. Os homens querem falar e querem que as esposas fiquem quietas. Claro, eu me senti péssimo quando isso aconteceu. Falei com meu genro. Mas não é fácil."

Ele abana a cabeça.

Mourtaza e a filha fazem parte de um sistema que ele, sozinho, não pode mudar ou sequer se rebelar contra. O tempo lhe ensinou isso. Mas ainda é intolerável para ele pensar que alguém bateu em sua filha. Sentiu vontade de revidar, de literalmente esmurrar o genro para arrancar a promessa de que iria parar com a violência. Mas, depois que uma filha é dada em casamento, o marido deve ser respeitado. Mesmo pelo sogro. Mourtaza sabe disso.

"Os homens afegãos são inseguros", repete. "Eu mesmo sou um homem, mas é verdade. Só posso dar conselhos a meu genro. Não posso mudar a sociedade. Não podemos nos esconder em lugar nenhum. Nossa sociedade é doentia."

Estendendo o braço na direção de Siddiqua, que ainda usa lenço na cabeça dentro de casa, ele diz: "Sempre fui contra que as meninas e mulheres tivessem de usar lenços e ficar dentro de casa. Por mim, podiam usar minissaia".

Siddiqua fica um pouco surpresa. Foi muito tempo atrás que ela usou minissaia. Quando os dois eram jovens e moravam em Cabul.

"Defendo a liberdade e a consciência", diz Mourtaza. "Fui criado assim. Mas meus filhos foram criados com essas regras idiotas, *idiotas*, que a sociedade impôs a eles."

Siddiqua assente. Sociedade. O mal maior.

A sociedade leva a culpa e retira a responsabilidade do indivíduo. Mas, realisticamente, até que ponto pode ir a responsabilidade pessoal numa época de guerra, quando famílias inteiras tentam apenas sobreviver?

Siddiqua se mostra nervosa, não tanto com minhas perguntas, mas por falar sobre a violência contra a filha. "É o que temos hoje, então temos de aceitar", diz ela, virando-se para mim.

"Conheço meu genro agora e sei que não é um homem ruim. Embora seja minha menina que cuide da família. Isso é comum aqui — você tem de se adaptar à situação. Ela está se saindo bem. Ficamos muito felizes quando nasceu. Levamos quatro anos para ter filhos. Meu marido nunca teve uma irmã. Ela recebeu muita atenção durante três anos, até vir a segunda criança. Eu adorava arrumá-la, com roupas de todas as cores e todos os estilos. Era muito levada. Parecia um menino. Muito rápida. De mente ágil. E cresceu na melhor situação, na melhor época de todas. Havia paz, frequentou as melhores escolas com os melhores recursos. Tinham até laboratórios. Estava cantando…"

Siddiqua se interrompe. "Se não fosse a guerra, tudo teria sido muito diferente para ela. Mas Azita puxou ao pai. É forte. Somos quem temos de ser."

O fato de a netinha mais nova estar sendo criada como menino é apenas mais uma concessão à sociedade em que vivem. Ao longo dos anos, têm feito muitas.

Estamos empacadas aqui. Prometi à família de Setareh que logo voltaria com ela a Cabul, e meu próprio visto está para expirar. Mas, depois de nos despedirmos da família de Azita, logo percebemos que talvez não dê para ir muito longe.

Nossos amigos militares afegãos estão ocupados em outro

lugar, e de maneira nenhuma a ONU mandará um avião a essa província remota, por causa da atual "situação de segurança", cujos detalhes não nos são revelados. Ou é por terra ou ficaremos presas aqui, na esperança de que a ONU mude de ideia. Quando conto a Setareh, ela se mostra tão desalentada quanto eu, diante da perspectiva de passar mais várias semanas no calor de Badghis, agora batendo quase em quarenta graus.

Enquanto nos olhamos, me ocorre que, claro, existe um — e apenas um — serviço aéreo que funciona de maneira confiável no Afeganistão. O americano.

Não temos cacife suficiente para entrar na infraestrutura militar dos Estados Unidos, e na verdade nem queremos, conseguindo até agora evitar qualquer envolvimento com eles. Mas a Usaid utiliza com frequência pequenos aviões particulares fretados, tripulados por pilotos ocidentais, bronzeados e de camisas brancas de mangas curtas com dragonas nos ombros, que voam para qualquer canto inalcançável do país. Porém, tenho clareza de que, como tantas vezes me dizem os americanos, "a Suécia não tem importância". Nessa situação particular, meu humilde passaporte sueco, presumidamente neutro, não nos levará necessariamente a nenhum lugar.

Chegou o momento de reincorporar por completo meu estudado papel de imigrante americana, desenvolvido durante uma década entre nova-iorquinos de atitude incrivelmente peremptória. Dou um número trapaceando o funcionário solitário da Usaid, que controla a política agrícola e os manifestos de voo da província inteira.

E, seja porque esta foi minha melhor tentativa de adotar um tom bem categórico num forte sotaque americano ou porque houve um passe de mágica afegã, o generoso funcionário do Departamento de Estado ao telefone nos oferece duas poltronas de couro num dos voos marcados para sair de Badghis, cortesia dos contribuintes americanos — uma para mim, outra para minha "colega afegã", como acabei de apelidar Setareh num medíocre esforço de adotar uma linguagem burocrática. Não há nenhuma solicitação de qualquer tipo de exame por razões de segurança nem indagação nenhuma sobre sua etnicidade ou seu clã paterno: um pequeno milagre em si. Numa mímica, exclamo "Deus abençoe a América" para Setareh, que responde com um *high five* em silêncio.

Mais tarde, com nossa partida já organizada, em nossa última noite de Badghis, Setareh tem uma pergunta a fazer. "Você sabe *dançar a dois?*"

É quando um homem e uma mulher dançam juntos, me esclarece ela diante de meu ar perplexo. Ela viu imagens on-line — duas pessoas se seguram e vão se movendo pelo chão. Setareh só dançou sozinha ou com outras mulheres, encerrada na área restrita da noiva em casamentos. Será que, por favor, posso lhe ensinar esse outro jeito de dançar?

Depois de verificar que a escada está vazia e, pelo jeito, não está vindo ninguém, enlaço sua cintura com meu braço e ela põe a mão em meu ombro.

Nossa trilha sonora é uma valsa vienense, que cantarolo enquanto damos os passos. *Um-dois-três, um-dois-três.* Qualquer coisa mais moderna do que uma valsa exigiria de mim maior esforço mental, e a valsa parece adequada — foi como aprendi a dançar, para minha primeira festa formal em Estocolmo, aos dezesseis anos de idade.

Enquanto conduzo Setareh num rodopio descalço pelos tapetes da casa de hóspedes do governador no norte do Afeganistão, descrevemos uma à outra nossos vestidos longos com caudas flutuantes. Ou talvez eu esteja de fraque, com o cabelo bem alisado para trás e reluzentes sapatos de verniz.

Depois de algumas voltas vertiginosas, deslizamos pelo ar denso e escuro que passa pelos mosquiteiros esfarrapados. Setareh inclina as costas para trás, apoiada em meu braço, e seu cabelo comprido, que bate pela cintura, chega a tocar o chão.

Ela tem sido minha guarda-costas, minha negociadora, minha pesquisadora e minha camaradinha, a quem, em troca, tenho ensinado coisas que nenhuma mulher de respeito deveria comentar. Ela tem, o tempo todo, uma feminilidade de tipo seguro e muito confiante. Mas, como várias outras *bacha posh*, seu pai é progressista e confiante, que lhe permite trabalhar e me acompanhar ao desconhecido. Ela arriscou sua vida por mim, e eu guardarei seus segredos para sempre.

Se o Afeganistão retomar outra guinada fundamentalista, todas as Setarehs, todas as Mehrans, todas as Azitas e todas as opositoras inconformadas serão as primeiras a sumir. Vistam o que vestirem, ostentem o gênero que ostentarem, mais uma vez correrão o risco de ficar trancafiadas dentro de casa, no escuro — sua educação, sua sabedoria e sua coragem desperdiçadas. Essas mulheres que brotaram e se desenvolveram na última década desaparecerão de um lugar mágico, repleto de segredos, efervescente de energias e promessas, que elas poderiam ter ajudado a dirigir.

Enquanto valsamos em nossas túnicas e calças encharcadas de suor, com alguns jatos de um repelente de insetos sueco, muito provavelmente desdenhado pelos pernilongos afegãos, penso que eu devia dançar mais quando voltar a meu mundo.

Epílogo
Um dos garotos

Como vim a entender agora, a *bacha posh* é uma peça faltante na história das mulheres.

Temos uma ideia de como se formou o patriarcado. Mas, naquela época, também nasceu uma resistência. A *bacha posh* é uma rejeição tanto histórica quanto contemporânea do patriarcado, expressa por quem recusa a ordem dominante para si e para suas filhas. Em sua maioria, as *bacha posh*, entre elas Zahra, Shukria, Shahed, Nader e Mehran, pagaram caro por viverem como meninos, e raras vezes foi uma escolha pessoal. Mas, depois que se viram do outro lado, lutaram. E viu-se. Assim, como podem existir concessão e resistência, tragédia e esperança na mesma história?

Para as mulheres, sempre foi assim.

Embora o Afeganistão tenha conhecimento da prática, a *bacha posh* em termos individuais costuma ficar isolada e tem de refletir sozinha sobre suas noções de gênero. Mas as *bacha posh* mais velhas que vim a conhecer, todas elas, perguntaram-me em algum momento se havia outras como elas. Algumas ficaram espantadas ao saber que sim — e não só no Afeganistão. Como podemos falar com elas?, perguntaram. Como podemos nos encontrar? Ou, como Setareh perguntou uma vez, como poderiam criar uma aldeia onde todas morassem juntas?

É o que Nader está tentando fazer, em sua pequena escala, montando a resistência entre seu grupo de alunas de tae kwon do.

É um começo, e deveríamos fazer muito mais para ajudá-la a aumentar esse círculo. Pois ao longo de toda a história, quando europeias e americanas se disfarçavam de homens para combater nas guerras, para prosseguir nos estudos e, por exemplo, se formarem como médicas — atividades inicialmente vetadas a mulheres —, a isso seguia-se uma mudança maior, com a lenta e penosa abertura de outras áreas a elas. Não era o simples fato de se vestir como homem que levava a tal mudança, mas fazia parte de algo maior — uma rede subterrânea de mulheres vindo aos poucos descartar o que lhes haviam ensinado sobre a maior fragilidade de seu sexo, aprendendo a imitar e se disfarçar como o outro.

Alguns podem achar trágico que as mulheres "não possam ser mulheres", não possam usar saias rodadas e flores no cabelo, e que, em vez disso, adotem as aparências e as atitudes de homens. Mas é isso que *a maioria* das mulheres, *na maioria* dos países, tem de enfrentar para se infiltrar em território masculino. Perguntem a executivas, a advogadas, a todas as mulheres que trabalham em Wall Street, quanta feminilidade elas podem se permitir no cotidiano. E quem disse que são esses embelezamentos que fazem uma mulher?

O Afeganistão é uma versão do patriarcado, em forma bruta. Nisso, ele é também uma versão da história ocidental, com elementos da vida que nossos antepassados tiveram. Ao conhecer um sistema disfuncional no Afeganistão, também podemos começar a perceber como muitos de nós mesmos — homens e mulheres, de qualquer nacionalidade e etnicidade — às vezes perpetuamos uma cultura de honra problemática, na qual mulheres e homens ficam presos por causa de papéis de gênero tradicionais. Pois todos nós preferimos esses papéis — ou talvez porque foi assim que fomos criados e não conhecemos outra coisa.

A *bacha posh* também oferece elementos para uma questão mais abrangente: quando e como o rigoroso sistema patriarcal e patrilinear pode começar a se desintegrar no Afeganistão. Os ocidentais, vez por outra, têm tentado instruir as mulheres afegãs sobre questões como gênero, liberdade, direitos humanos, e como podem reunir autoconfiança para se manifestarem. Mas vestir uma filha como menino ou sair de casa como homem são apenas duas das várias maneiras criativas com que as afegãs enfrentam um sistema intolerável. A mensagem é a seguinte: nascer com poder, como menino, não incentiva necessariamente a inovação. Mas nascer totalmente desprovido de poder impõe a inovação às mulheres, que devem aprender a sobreviver praticamente desde o instante em que nascem. Nisso, as afegãs não precisam de muito treino cheio das boas intenções.

Mas, como diz Azita, as burcas e todas as outras formas de ocultamento desaparecerão somente quando houver segurança e imperar a lei no Afeganistão. Até lá, não acontecerão muitas coisas que atenuem a rigidez dos códigos sociais ou que abram oportunidades para as mulheres. Pois, acima de tudo e em primeiro lugar, é preciso reinar a paz.

Em tempos de guerra, é fácil defender o argumento de que as adolescentes devem deixar a escola — assim como é fácil defender seu casamento em idade precoce ou seu valor de troca para quitar uma dívida. Na guerra, há poucos sonhos; pode não existir futuro, e a perspectiva de chegar à velhice é abstrata. A guerra acaba com a vontade de mudança e mesmo com a fé. O medo criado pela extrema insegurança da guerra alimenta o conservadorismo e fecha as mentes, levando as famílias a se encerrarem em si mesmas e não confiarem em ninguém. As alianças por meio do casamento, em que as mulheres são usadas como moeda de negociação, tornam-se ainda mais importantes. Pretender uma mudança em escala política mais ampla — desafiar a sociedade ou a própria família em tempo de guerra —, para a grande maioria, é pedir demais.

Depois disso, é uma questão de seguir o dinheiro.

O valor das mulheres na sociedade só pode ser plenamente entendido e aceito — por homens, mulheres e governos — quando elas começam a alcançar alguma paridade econômica. O aumento do poder financeiro possibilita o poder político — e o poder político é indispensável para defender uma mudança efetiva no direito de família, banindo a poligamia masculina, permitindo às mulheres o divórcio e a guarda conjunta dos filhos, criminalizando a violência sexualizada e os maus-tratos domésticos. E somente mulheres instruídas, que possam alcançar poder econômico, serão capazes de contestar as interpretações falhas da religião e da cultura que prescrevem a segregação e um determinado comportamento de um gênero. Não é apenas um argumento referente aos direitos humanos; é o argumento de Warren Buffett e de Christine Lagarde: os países que querem desenvolver suas economias e seus padrões de vida não podem se dar ao luxo de excluir metade de sua população. E é o argumento de Virginia Woolf: para criar, uma mulher precisa de dinheiro e de um quarto todo seu.

Os conservadores e extremistas em qualquer sociedade têm plena consciência desse fato. Quem controla a vida e o corpo das mulheres é quem controla o dinheiro e detém o poder. Mulheres fechadas dentro de casa, seja por questões de religião, cultura ou honra, não podem ganhar dinheiro e não deterão nenhum poder.

Mulheres que são casadas pela família, trancafiadas e violentadas por maridos mais velhos a fim de gerar herdeiros do sexo masculino, nunca comandarão um país nem explorarão seus recursos naturais. E tampouco entrarão em guerra. Mulheres que nunca recebem instrução dificilmente reivindicarão a herança que lhes cabe por direito. Mulheres que não podem decidir sobre o aspecto reprodutivo do corpo nunca serão capazes de questionar os homens sobre o poder econômico. Quem detém o poder de criar a vida controla o universo.

Os homens são a chave para se infiltrar e subverter o patriarcado.

Quando terminar a guerra conduzida pelos Estados Unidos, muitos ainda dirão que o tratamento das mulheres no Afeganistão se deve à cultura e à religião do país. Que a defesa dos direitos das mulheres no Afeganistão é uma causa perdida. Que os afegãos são simplesmente conservadores demais, aferrados demais a suas práticas milenares. Mas não é verdade. Acredito que a maioria dos homens afegãos, em um nível individual, está longe de ser extremista ou fundamentalista.

A esperança reside nesses homens, que controlam o que acontece a suas filhas. Por trás de toda jovem afegã mesmo discretamente ambiciosa, com planos incipientes de ocupar seu lugar no mundo, há um pai interessante. E por trás de toda mulher adulta bem-sucedida, que conseguiu abrir um novo espaço e fazer alguma coisa que geralmente as mulheres não fazem, há um pai decidido, que está redefinindo a honra e a sociedade ao incentivar o avanço de sua filha. Sempre existirá um pequeno grupo de mulheres de elite, com pais abastados, que podem escolher ir para o estrangeiro ou ocupar posições elevadas na política. Certamente servirão de inspiração a outras, mas, para que um número significativo de mulheres tire proveito de uma educação superior e participe da economia em maior escala, será preciso que homens poderosos eduquem muitos outros homens.

Aquelas centenas de "projetos de gênero", financiadas por verbas de assistência internacional, provavelmente teriam sido mais eficientes se também incluíssem *homens*. O fato de que muitas vezes os ocidentais vinham pretendendo promover apenas o avanço das mulheres, num país com maioria de desempregados, também contribuiu para a ideia de que toda a questão dos direitos humanos e da igualdade de gênero era uma posição *contra os homens*.

É por isso que moças e mulheres com visibilidade, com apoio paterno, precisam ser cultivadas e apresentadas como exemplos autóctones de que a promoção das filhas leva a uma maior prosperidade econômica. Para todos. Pois a filha rende muito mais como jovem instruída do que como noiva, sem diminuir em nada a masculinidade do pai — pelo contrário, fazendo dele um homem com uma casa maior. Dessa maneira, os homens podem redefinir a ideia de honra para outros homens. Honroso não é espancar uma mulher, vender uma filha, tomar uma segunda esposa. Honroso é ter uma filha instruída. Os próprios homens também sofrem sob o atual sistema de honra, em que o ônus de sustentar e proteger a família recai exclusivamente sobre eles.

Assim como o movimento dos direitos civis se ampliou para incluir as questões de raça, e como os heterossexuais se uniram à luta dos homossexuais pelo casamento civil, da mesma forma é mais difícil que os conservadores resistam quando se instaura uma nova economia e as normas sociais em torno do gênero mudam pela ação de homens e mulheres.

Deveríamos aspirar vivamente a tal desenvolvimento no Afeganistão, não apenas porque somos bondosos ou idealistas, mas porque as pesquisas mostram claramente que os países com maior nível de igualdade são muito menos violentos e têm maior estabilidade econômica. Em termos de "segurança nacional" e relações internacionais, as mulheres afegãs, bem como as mulheres de todo o mundo, deveriam ser objeto de interesse de todos, inclusive dos militares.

Em *Sex and World Peace*,[1] estudo sobre a relação entre gênero e violência, cientistas políticos concluem que a violência em nível micro — por exemplo, entre marido e mulher — se reflete diretamente na violência da *sociedade*. Dentro de suas fronteiras e contra os estrangeiros. Os países que reprimem suas mulheres têm mais probabilidade de ameaçar os vizinhos e outros países mais distantes. Assim, quanto maior o progresso das mulheres no Afeganistão, menor a ameaça que ele impõe ao resto do mundo.

Por que, então, as mulheres são relegadas com tanta frequência à rubrica de "questão", em vez de ocupar lugar de destaque em todas as agendas de política externa?

As mulheres nunca foram uma "questão". A história do Afeganistão nas últimas décadas mostra como as mulheres — e o controle sobre elas — sempre estiveram no próprio centro do conflito. Os autores do estudo citado — que, junto com o trabalho de Gerda Lerner, deveria ser bibliografia obrigatória em todo o mundo — chegam a sugerir que o "choque de civilizações" do futuro se baseará não em diferenças etnopolíticas, mas em crenças de gênero. Desse ponto de vista, o que é equivocadamente chamado de "direitos das mulheres" tampouco se resume a direitos humanos. Trata-se da evolução e da construção de civilizações pacíficas.

Depois de pesquisar as origens do patriarcado, Gerda Lerner previu que essa construção social algum dia chegaria ao fim, pois é uma ideia criada pelos seres humanos. Talvez sempre exista o sexismo, tal como até hoje existe o racismo. Mas a escravidão está oficialmente abolida na maior parte do planeta. A jornada rumo à liberdade das mulheres afegãs ainda prosseguirá por longo tempo. Mas não precisa ser interminável.

* * *

Em algum dia de nosso futuro, talvez seja possível que nenhuma mulher do mundo fique restrita àqueles papéis tidos pela sociedade como naturais, criados por Deus ou adequadamente femininos. Nenhuma mulher precisará se vestir de homem para sair de casa, para subir numa árvore ou para ter um emprego. Não precisará se esforçar em parecer homem ou pensar como homem. Pelo contrário, poderá falar uma linguagem que os homens vão querer entender. Será livre para usar terno, vestido ou qualquer coisa totalmente diferente. Não será ¾ de um homem; seu testemunho não valerá metade do de um homem. Será reconhecida como irmã, mãe e filha de alguém. E talvez, algum dia, sua identidade não se restringirá à sua relação com um irmão, um filho ou um pai. Será reconhecida como indivíduo, cuja vida tem valor apenas por si só.

Não será o fim do mundo, do Estado nacional ou da sexualidade. Não resolverá todos os problemas do mundo. Mas é uma promessa empolgante de que podemos continuar a evoluir, com pequenas explosões de grandeza individual ao longo de um lento avanço de nossa civilização.

Esse futuro possível expandiria a experiência humana e seria libertador tanto para as mulheres quanto para os homens. E será interessante para todos. Pois talvez haja alguma verdade no que Azita disse certa vez sobre sua satisfação em ter nascido menina.

"Sabemos como é ser homem. Mas eles não sabem nada sobre nós."

Vierge moderne

Não sou mulher. Sou um neutro.
Sou criança, sou pajem, sou audaz decisão,
Sou risonho vislumbre de um sol ardente

Sou rede para todos os peixes vorazes,
Sou um brinde à honra de todas as mulheres,
Sou passo para a sorte e a desgraça,
Sou salto na liberdade e no ser

Sou sussurro do sangue no ouvido do homem,
Sou frêmito da alma, desejo e negação da carne,
Sou placa de entrada em novos paraísos

Sou chama, alegremente buscando,
Sou água, funda, mas ao joelho ousando,
Sou fogo e água, em contexto sincero, em termos livres.

Edith Södergran
Finlândia, 1916

Nota da autora

Chegando aos dez anos de idade, Mehran foi estudar numa escola feminina em Cabul, com as irmãs mais velhas. Usa uniforme feminino. De tarde, pode usar roupa de menino em casa e na vizinhança. Continua de cabelo curto e ainda é considerada a mais irrequieta da família.

Azita nunca voltou ao parlamento. No final de 2011, junto com dezenas de outros candidatos, a legitimidade de sua vitória foi reconhecida por um tribunal nomeado para solucionar o impasse político das eleições problemáticas do ano anterior. Mas, no final das contas, o presidente do Afeganistão, Hamid Karzai, concordou em reconduzir apenas dez parlamentares na Câmara dos Deputados, com a anuência da onu. Azita não estava entre eles. Em vez disso, ela ajudou a formar um novo partido político em oposição ao governo e finalmente conseguiu um emprego num organismo europeu de assistência internacional. O salário modesto lhe permitiu manter a família em Cabul e as filhas na escola. A família de oito pessoas se mudou para um apartamento menor e agora dividem três cômodos. No verão de 2013, ela procurou atendimento médico para tratar de severas concussões no pescoço e no peito, que foram fotografadas e enviadas para mim. Numa entrevista em Cabul, o marido confirmou que a violência voltara a se instalar no casamento deles. No começo de 2014, Azita perdeu o emprego, com o fim dos financiamentos ao organismo em que trabalhava.

Aos dezessete anos, Zahra adotou um novo corte de cabelo que, segundo ela, imita o de Justin Bieber. Ainda usa roupas masculinas. Largou a escola, pois não conseguia mais suportar a insistência de seu professor de pachto para se vestir como mulher. A mãe ainda insiste que ela se case. O pai diz que nunca irá obrigá-la. Zahra se recusa a ir a festas de casamento, com medo de atrair a atenção de alguma futura sogra. Mantém o sonho de imigrar para outro país, onde existem mais pessoas como ela.

Shukria mora em Cabul com seus três filhos. Continua a trabalhar como enfermeira em tempo integral e está estudando para se formar em medicina.

Nader continua a ser motorista de táxi em Cabul e dá aulas de tae kwon do num porão.

Numa tentativa fracassada de fugir do Afeganistão pelo Tadjiquistão, Shahed perdeu todas as suas economias, roubadas por um contrabandista.

* * *

Por fim, uma nota sobre Setareh: é a única personagem no livro que, na verdade, é uma montagem de várias pessoas. Trabalhei com diversas tradutoras que, por questão de maior segurança e atendendo a seus desejos, designei pelo mesmo nome. Para cada entrevistado e para as diferentes ocasiões, minha tradutora precisava ter diferentes habilidades e conhecimento das diferentes etnicidades, comunidades e cidades. Assim, "Setareh" é pachto, é tadjique e é hazara. Fala vários dialetos de dari, bem como pachto, urdu e inglês. É formada em literatura, direito e ciência política, e é moleque de rua muito inteligente. É poetisa, professora, aspirante a advogada, empresária em crescimento. É de classe alta, de classe média e refugiada. É estudante. Usa um *hijab* de corpo inteiro e um lenço de cabeça desajeitado; reza cinco vezes por dia, nunca reza. E dentro de cada jovem que assumiu o papel de Setareh para mim, há muitas outras que estão se metamorfoseando constantemente e se adaptando a todas as circunstâncias a que se veem lançadas. Como sempre fazem os afegãos.

Nova York, fevereiro de 2014
@nordbergj
bachaposh.com

Agradecimentos

Aos que me forneceram ajuda, esclarecimentos, questionamentos e correções, e que me mantiveram em segurança:

Stephen Farran-Lee. Lennie Goodings. Rachel Wareham. Carol le Duc. Terese Cristiansson. Helena Bengtsson. Ola Henriksson. Lisa Furugård. Robert Peszkowski. Torbjörn Pettersson. Magnus Forsberg. Naeemullah Sephahizada. Björn-Åke Törnblom. Afzal Nooristani. Kim Sundström. Susan Chira. Kirk Kraeutler. Adam Ferguson. Familjen Nordberg. Nuri Kino. Claire Potter. Vanessa Mobley. David Halpern. Louise Quayle. Rachelle Bergstein. Laura Minnear. Dana Roberson. Gennine Kelly. Naheed Bahram. Lee Mitchell. Laurie Gerber. Ted Achilles. Solmaz Sharif. Ashk Dahlén. Phoebe Eaton. Anders Fänge. Hanneke Kouwenberg. Doug Frantz. Sari Kuovo. Mujahid Jawad. Saeedullah Reshteen. Diana Saqeb. Obrigada.

Às generosas organizações que me prestaram inestimável apoio e informação:

The Swedish Committee for Afghanistan, <swedishcommittee.org>;
Women for Afghan Women, <womenforafghanwomen.org>;
SOLA — School of Leadership Afghanistan, <sola-afghanistan.org>;
Afghanistan Analysts Network, <afghanistan-analysts.org>;
Stiftelsen Natur & Kultur;
Publicistklubben;
Obrigada.

Aos corajosos amigos de ambos os sexos que pediram para não ser nomeados. Obrigada.

A Nils Horner. Obrigada.

#pressfreedom

Notas

PRÓLOGO [pp. 15-7]

1. Em "Remarks by the President in Adress to the Nation on the Way Forward in Afghanistan and Pakistan" (1º dez. 2009, <whitehouse.gov>), o presidente apresentou sua política para a retirada dos soldados americanos do Afeganistão após o pico do conflito: "E, como comandante-geral, determinei que é de nosso interesse nacional vital enviar mais 30 mil soldados americanos ao Afeganistão. Após dezoito meses, nossos soldados começarão a voltar para casa".

Em 2011, o presidente reiterou seu compromisso de retirada das tropas. Ver "Remarks by the President on the Way Forward in Afghanistan" (22 jun. 2011, <whitehouse.gov>), onde ele diz: "Em 2014, esse processo de transição estará completo, e o povo afegão será responsável por sua própria segurança". Em 2014, o presidente anunciou que a retirada das tropas americanas estaria concluída em 2016.

I. MENINOS

1. A MÃE REBELDE [pp. 21-31]

1. Para mais informações sobre a Wolesi Jirga, ver Martine van Bijlert e Sari Kouvo (Orgs.), *Snapshots of an Intervention: The Unlearned Lessons of Afghanis-*

tan's Decade of Assistance (2001-11) (Cabul: Afghanistan Analysts Network [AAN], 2012).

2. Ver Declan Walsh, "Warlords and Women Take Seats in Afghan Parliament". *The Guardian*, 18 dez. 2005. Disponível em: <theguardian.com>. Acesso em: 14 set. 2015.

3. O braço do Banco Mundial para ajudar os países mais pobres, a Associação Internacional de Desenvolvimento (<worldbank.org>), cita os seguintes números: "A matrícula da 1ª à 12ª séries passou de 3,9 milhões em 2004 para 6,2 milhões em 2008. A matrícula de meninas disparou de 839 mil para mais de 2,2 milhões, e a dos meninos de 2,6 milhões para 3,9 milhões — o maior número de matrículas na história do Afeganistão".

4. Unifem Afghanistan Mission, "Unifem Afghanistan Fact Sheet 2007", <unifem.org>. O relatório afirma: "De 70% a 80% das mulheres enfrentam casamentos forçados no Afeganistão".

5. Direitos Humanos, Missão de Assistência das Nações Unidas no Afeganistão, Cabul, Departamento do Alto Comissariado de Direitos Humanos das Nações Unidas, Genebra, *Harmful Traditional Practices and Implementation of the Law on Elimination of Violence against Women in Afghanistan*, 9 dez. 2010. Disponível em: <unama.unmissions.org>. O relatório cita uma entre várias práticas lesivas tradicionais: "As chamadas 'mortes por honra' reconhecem o direito de um homem matar uma mulher impunemente devido ao dano que as ações imorais dela causaram à honra da família. É a morte de um membro da família cometida por um ou mais parentes que acreditam que a vítima trouxe vergonha à família".

6. Direitos Humanos, Missão de Assistência das Nações Unidas no Afeganistão, Cabul, Departamento do Alto Comissariado de Direitos Humanos das Nações Unidas, Genebra, *Silence is Violence: End the Abuse of Women in Afghanistan*, Cabul, 8 jul. 2009. Esse relatório aborda a alta incidência de estupros no Afeganistão, além da relutância das vítimas em registrar a ocorrência ou buscar reparação. Cita, em particular: "A vergonha está associada mais às vítimas de estupro do que ao perpetrador. Muitas vezes, as vítimas são processadas pelo crime de *zina* (adultério) e o acesso à justiça lhes é negado".

7. Direitos Humanos, Missão de Assistência das Nações Unidas no Afeganistão, Cabul, Departamento do Alto Comissariado de Direitos Humanos das Nações Unidas, Genebra, *Harmful Traditional Practices and Implementation of the Law on Elimination of Violence against Women in Afghanistan*, 9 dez. 2010. Disponível em: <unama.unmissions.org>. "Entre as consequências mais trágicas de práticas lesivas tradicionais está a autoimolação — uma tendência em aparente crescimento em algumas partes do Afeganistão."

8. Direitos Humanos, Missão de Assistência das Nações Unidas no Afeganis-

tão, Cabul, Departamento do Alto Comissariado de Direitos Humanos das Nações Unidas, Genebra, *Silence is Violence: End the Abuse of Women in Afghanistan*, Cabul, 8 jul. 2009. O relatório afirma: "Muitas vezes, a remuneração financeira, ou *baad*, também faz parte de uma solução considerada aceitável por todas as partes".

9. Ibid.,: "O índice de alfabetização adulta dos afegãos com mais de quinze anos é de 28%, incluindo 12,6% para as mulheres. Nas áreas rurais, onde moram 74% dos afegãos, calcula-se que 90% das mulheres não sabem ler ou escrever".

2. A ESTRANGEIRA [pp. 32-43]

1. Para informações sobre o auxílio da Comissão Europeia ao Afeganistão e a inclusão do "gênero" em seus programas, ver Comissão Europeia, *Country Strategy Paper Islamic Republic of Afghanistan (2007-2013)*. Disponível em: <eeas.europa.eu>. Acesso em: 14 set. 2015.

2. Ver Nancy Hatch Duprée. *An Historical Guide to Afghanistan*. Cabul: Afghan Air Authority; Afghan Tourist Organization, 1977.

3. O último rei do Afeganistão governou durante quarenta anos, até sua deposição. Ver Barry Bearak, "Mohammad Zahir Shah, Last Afghan King, Dies at 92". *New York Times*, 24 jul. 2007. Disponível em: <nytimes.com>.

4. O cã Habibullah governou o Afeganistão de 1901 a 1919. Ver Encyclopaedia Britannica Online, disponível em: <www.britannica.com>.

5. Zarif Nazar e Farangis Najibullah. "Kabul Housing Shortage Leaves the Middle Class Behind", Radio Free Europe, 31 jan. 2011. Disponível em: <rferl.org>.

6. Andrew Pinney. "An Afghan Population Estimation". In: Martine van Bijlert; Sari Kouvo (Orgs.). *Snapshots of an Intervention*, op. cit.

7. Ver Louis Duprée, *Afghanistan* (Nova York: Oxford University Press, 1973, 6ª impr., 2010), pp. 74-5. Ele afirma que o Afeganistão "tem uma *cultura* letrada, mas uma *sociedade* iletrada". O livro de Duprée, escrito antes da invasão soviética, ainda é uma das fontes mais completas sobre o Afeganistão, tendo seu autor passado a vida pesquisando o país. A Louis and Nancy Hatch Duprée Foundation, na Universidade de Cabul, ajuda a preservar o patrimônio cultural do povo afegão e a apoiar estudos sobre o tema (<dupreefoundation.org>).

3. A ESCOLHIDA [pp. 44-57]

1. A Associação Revolucionária das Mulheres do Afeganistão, em "Some of the Restrictions Imposed by Taliban on Women in Afghanistan", observa: "18.

Proibição às mulheres de uso de roupas de cores vivas. Em termos do Talibã, são 'cores sexualmente atrativas'". Disponível em: <rawa.org/rules.htm>. Acesso em: 31 jan. 2014.

2. Ver Jon Boone. "Afghan Police Hit by High Death Rate and 'Quick Fix' Training, Says EU". *The Guardian*, 1º out. 2009. Disponível em: <theguardian.com>; e Susan G. Chesser. "Afghanistan Casualties: Military Forces and Civilians". Congressional Research Service, 6 dez. 2012. Disponível em: <fas.org>. Estatísticas desse relatório afirmam que, em 2008, as baixas das Forças Armadas afegãs foram de 259 mortos e 875 feridos; no mesmo ano, as baixas de policiais de fronteira, locais e nacionais, foram de 724 mortos e 1209 feridos.

3. Ibn Warraq. "Virgins? What Virgins?". *The Guardian*, 11 jan. 2002. Disponível em: <theguardian.com>.

4. 74% da produção ilegal de ópio em escala mundial provieram do Afeganistão, e o cultivo afegão de ópio atingiu um volume recorde em 2013. Ver Departamento de Drogas e Crimes das Nações Unidas (UNODC). *World Drug Report 2013*. Disponível em: <unodc.org>; e Departamento de Drogas e Crimes das Nações Unidas, República Islâmica do Afeganistão, Ministério de Combate aos Narcóticos. *Afghanistan Opium Survey 2013 Summary Findings*, nov. 2013. Disponível em: <unodc.org>.

5. A Revolução de Saur ocorreu em 27 de abril de 1978. Ver "Afghanistan: 20 Years of Bloodshed". BBC News, 26 abr. 1998. Disponível em: <news.bbc.co.uk/2/hi/south_asia/83854.stm>.

6. Orzala Ashraf Nemat. *Afghan Women at the Crossroads: Agents of Peace — Or Its Victims?*. The Century Foundation, 2011. Nemat escreve: "As reformas maciças do regime do PDPA foram, todas elas, diretamente apoiadas pela União Soviética e facilitadas por conselheiros soviéticos — o que levou a maioria da população afegã a ver o governo em Cabul mais como um agente de um poder externo do que como um movimento popular interno".

7. Para um quadro do Partido Democrático do Povo do Afeganistão (PDPA), suas ligações com Moscou, suas metas de secularização e reformas que muitos vieram a considerar "não islâmicas", ver Asta Olesen, *Islam and Politics in Afghanistan* (Instituto Nórdico de Estudos Asiáticos, Kindle Locations 8046-49), Taylor and Francis, e-book.

8. Valentine M. Hoghadam. "Revolution, Religion and Gender Politics: Iran and Afghanistan Compared". *Journal of Women's History*, Johns Hopkins University Press, v. 10, n. 4, inverno 1999. Hoghadam afirma: "O rei foi obrigado a abdicar por uma rebelião tribal que se opunha ao ensino para meninas, às restrições da poligamia e à proibição do preço da noiva".

9. Ver a introdução de Sunita Mehta e Homaira Mamoor em Sunita Mehta

(Org.), *Women for Afghan Women: Shattering Myths and Claiming the Future* (Nova York: Palgrave Macmillan, 2002), em que as autoras afirmam que "já em 1921, o xá Amanullah aboliu o uso obrigatório da burca, e sua esposa, a rainha Soraia, apareceu em público sem véu e usando saias que mostravam suas pernas".

10. Ver Arline Lederman, "The *Zan* of Afghanistan: A 35-Year Perspective on Women in Afghanistan". In: Sunita Mehta (Org.). *Women for Afghan Women*, op. cit. A autora menciona o papel das mulheres na elaboração da Constituição afegã de 1964.

11. Dra. Huma Ahmed-Ghosh aborda os vários programas de reforma social e econômica sob o governo do PDPA e como os chefes tribais "viam o ensino obrigatório, principalmente para as mulheres, como contrário à tradição, antirreligioso e contestador da autoridade masculina". Em "A History of Women in Afghanistan: Lessons Learnt for the Future or Yesterdays and Tomorrow — Women in Afghanistan" (*Journal of International Women's Studies*, v. 4, n. 3, maio 2003).

12. Ver Hoghadam, "Revolution, Religion and Gender Politics". A autora apresenta um dos decretos mais controvertidos do governo, o Decreto nº 7, que "fundamentalmente mudaria a instituição do casamento e a posição das mulheres". Com o decreto, "o governo proscreveu práticas culturais tradicionais amplamente tidas como 'islâmicas'. Assim, o PDPA estabeleceu um limite ao preço da noiva, baniu o casamento forçado e a prática do levirato, e proibiu o casamento por meio de subterfúgios ou coerção. Enquanto as meninas geralmente eram levadas ao casamento logo após atingir a puberdade, o novo governo estabeleceu para um casamento a idade mínima de dezesseis anos para as mulheres e dezoito anos para os homens".

13. A citação do presidente Carter consta em Elizabeth Gould e Paul Fitzgerald. "Excerpts from The Apostle's Diary". In: Sunita Mehta (Org.). *Women for Afghan Women*, op. cit. Os autores apresentam o quadro das metas semelhantes do governo americano (combatendo "o comunismo ímpio") e dos fundamentalistas islâmicos no Afeganistão, na luta contra a União Soviética, visto que partilhavam "uma mentalidade de cruzados".

14. O regime do presidente Mohammad Najibullah caiu em abril de 1992, e os *mujahidin* entraram em Cabul. Ver Alfred Aghajanian e Peter R. Blood (Orgs.). *Afghanistan: Past and Present* (composto de *Afghanistan, A Country Study* e *Country Profile: Afghanistan, A Report by the U.S. Government's Federal Research Division*), set. 2007.

15. Ahmed Rashid apresenta os horrores presenciados pelas crianças de Cabul nessa época em *Taliban: Militant Islam, Oil and Fundamentalism in Central Asia* (2. ed., New Haven: Yale University Press, 2010). O autor cita: "Um levantamento da Unicef sobre as crianças de Cabul, conduzido pela dra. Leila

Gupta, mostrou que a maioria das crianças havia presenciado extrema violência e não esperava sobreviver. Dois terços das crianças entrevistadas tinham visto alguma morte por míssil e cadáveres ou partes de corpos espalhados. Mais de 70% delas já haviam perdido um membro da família e não confiavam mais em adultos" (p. 109).

4. A FAZEDORA DE FILHOS [pp. 58-70]

1. Ver Stephanie Nebehay. "Afghanistan Is World's Worst Place to Be Born: UN". Reuters, 20 nov. 2009. Disponível em: <reuters.com>. Nebehay informa que "o Afeganistão tem o maior índice de mortalidade infantil do mundo — 257 mortes para mil nascituros, e 70% da população não tem acesso a água potável".
2. Ver Lisa Anderson. "Afghanistan Is Most Dangerous Country for Women". Thomson Reuters Foundation, 2011. Disponível em: <trust.org>. Anderson cita "violência, péssima saúde pública e miséria brutal" como as três razões principais.
3. Estatísticas disponíveis no Fundo de População das Nações Unidas (UNFPA), "The State of the World's Midwifery 2011", em: <unfpa.org>.
4. Ver UNFPA, "Trends in Maternal Mortality, 1990-2010".
5. Segundo o levantamento por países do Programa Mundial de Alimentos relativo ao Afeganistão (<wfp.org/countries/afghanistan/overview>, acesso em: 31 jan. 2014): "Embora a expectativa de vida tenha aumentado ligeiramente para 44,5 anos para os homens e 44 anos para as mulheres, muitos dos indicadores de saúde do país são alarmantes". No entanto, o anuário mundial da CIA calcula para 2014 uma expectativa de vida de 50,49 anos para a população total do Afeganistão, em que a expectativa de vida para os homens é de 49,17 anos e para as mulheres é de 51,88.
6. A historiadora Gerda Lerner (1920-2013) descobriu a falta maciça de registros históricos existentes sobre metade da população — a feminina. Os livros de história apresentavam basicamente a história dos homens ao longo do tempo. Lerner passou a coletar e analisar as pesquisas existentes sobre a civilização antiga, para entender como a humanidade começou a organizar sociedades desde seus primórdios. Em seu livro *The Creation of Patriarchy* (Nova York: Oxford University Press, 1986), ela explica que o patriarcado não é "natural" nem "determinado por Deus", mas sim "uma criação histórica formada por homens e mulheres num processo que levou quase 2500 anos até se completar" (p. 212), e oferece o contexto de várias coisas que acontecem no Afeganistão até os dias de hoje.

5. A POLÍTICA [pp. 71-86]

1. Badghis ocupa o penúltimo lugar entre as 32 províncias do Afeganistão em nível de desenvolvimento e é 61% pior do que os países mais subdesenvolvidos do mundo. Ver Unicef, "Best Estimates Provincial Fact Sheet". Disponível em: <unicef.org>. Acesso em: 31 jan. 2014.

2. A tabela de dados do programa de estudos sobre cultura e conflito da pós-graduação naval para a província de Badghis (disponível em: <nps.edu>, acesso em: 31 jan. 2014) afirma: "A província é habitada por tadjiques que se calcula corresponderem a 62% da população, com os pachtos correspondendo a cerca de 28%".

3. Ver Ahmed Rashid, "A Vanished Gender". In: *Taliban*, op. cit., pp. 105-16.

4. Dos 130 930 soldados da ISAF, 90 mil eram americanos. Ver International Security Assistance Force (ISAF), "Key Facts and Figures", 15 nov. 2010. Disponível em: <isaf.nato.int>.

5. Thomas Ruttig. "The Failure of Airborne Democracy". In: Martine van Bijlert; Sari Kouvo (Orgs.). *Snapshots of an Intervention*, op. cit. O analista do Afeganistão expõe como a conferência de Bonn de 2001 "já tinha déficits democráticos substanciais" quando o Talibã foi excluído em favor de caudilhos e grupos financiados pelo Irã e pelo Paquistão. Em decorrência disso, afirma ele, "os caudilhos [...] puderam se apoderar não só das 'novas' instituições democráticas, mas praticamente de todo o resto que importa no país. Hoje, eles constituem o círculo interno de conselheiros de um sistema presidencialista ultracentralizado e, devido à sua autolegitimação religiosa, é difícil contestá-los politicamente. Simplesmente puseram-se acima da lei".

6. Em 17 de novembro de 2001, a então primeira-dama Laura Bush apresentou o discurso presidencial semanal pela rádio, cuja transcrição pode ser consultada em <presidency.ucsb.edu>. Ela disse: "Devido a nossas recentes conquistas militares em grande parte do Afeganistão, as mulheres não ficam mais aprisionadas em casa. [...] O combate ao terrorismo é também um combate pelos direitos e pela dignidade das mulheres".

7. As várias restrições do Talibã às mulheres, entre as quais se incluía a pintura obrigatória de todas as janelas, estão listadas em "Some of the Restrictions Imposed by Taliban on Women in Afghanistan", Revolutionary Association of the Women of Afghanistan. Disponível em: <rawa.org/rules.htm>.

8. O artigo 83(6) da Constituição afegã, de janeiro de 2004, determina que cada província deve eleger duas representantes do sexo feminino. Disponível em: <servat.unibe.ch>. A legislação eleitoral do Afeganistão, de 2005, apresenta deta-

lhes sobre as cotas de cada província. Disponível em: <ecoi.net/file... upload/1504_1215701180_electoral-law.pdf>.

9. Acredita-se que o Alcorão contém as palavras de Deus, proferidas diretamente ao profeta Maomé e depois registradas por escribas. As traduções para outras línguas variam e às vezes despertam controvérsias. Na versão em inglês da tradutora muçulmana irano-americana Laleh Bakhtiar, *The Sublime Quran* (Kazi Publications, 2007, <sublimequran.org>), que conta com o apoio da Sociedade Islâmica da América do Norte, vários versículos afirmam a igualdade entre homens e mulheres. Por exemplo, ver versículos 3:195 ("cada um de vós é do outro") e 33:35 (que apresenta como Deus pede o mesmo a homens e mulheres). Quanto ao versículo 4:34, muitas vezes o texto original é citado em outras traduções mencionando os homens como "protetores" das mulheres e, portanto, interpretados como se devessem ter algum poder de decisão sobre as mulheres; Laleh Bakhtiar traduz os homens como "apoiadores" das mulheres.

10. A Constituição do Afeganistão, ratificada em 26 de janeiro de 2004, em seu capítulo 2, "Direitos e Deveres Fundamentais dos Cidadãos", artigo 22, estabelece: "É proibido qualquer tipo de discriminação e distinção entre cidadãos do Afeganistão. Os cidadãos do Afeganistão, homem e mulher, têm direitos e deveres iguais perante a lei".

11. Orzala Ashraf Nemat. *Afghan Women at the Crossroads: Agents of Peace — Or Its Victims?*, op. cit. Nemat aborda as realidades dos papéis das congressistas no parlamento: "Nem todas elas, porém, estavam lá para representar a voz das mulheres. Na verdade, as mulheres no parlamento estão, em sua maioria, ligadas de várias maneiras a poderosos caudilhos e outros traficantes de influência política, e não têm nenhuma agenda para mudar ou melhorar a legislação em favor das mulheres e dos direitos humanos. Foram apenas poucas vozes que se manifestaram no parlamento defendendo as necessidades das mulheres, enquanto, de modo geral, o registro das realizações parlamentares é muito reduzido — quase um fracasso total — em termos de reformas legais em defesa das mulheres".

12. Segundo o Observatório dos Direitos Humanos, "A lei [aprovada no governo de Karzai] confere ao marido o direito de retirar o sustento básico da esposa, inclusive a alimentação, se ela se recusar a obedecer a suas exigências sexuais. [...] Também permite efetivamente que um estuprador escape a processo pagando 'indenização' a uma garota machucada durante o estupro". Ver "Afghanistan: Law Curbing Women's Rights Takes Effect: President Karzai Makes Shia Women Second-Class Citizens for Electoral Gain", 14 ago. 2009. Disponível em: <hrw.org>.

13. Nemat, *Afghan Women at the Crossroads*, diz o seguinte sobre a lei da anistia: "Apesar de ter 27% de suas cadeiras ocupadas por mulheres, o parlamen-

to aprovou uma lei de anistia controversa, com a imunidade para todos os envolvidos em violações de direitos humanos e direitos das mulheres em época de guerra; aprovou a Lei do Estatuto Pessoal Xiitas, sujeitando as mulheres xiitas a controles religiosos tradicionais, que depois recebeu algumas revisões e emendas; e especificamente *não* aprovou as indicações presidenciais para o cargo de ministro dos Assuntos das Mulheres".

14. "The Ulama Council: Paid to Win Public Minds — But Do They?", por Borhan Osman para a Afghan Analysts Network (5 nov. 2012, disponível em: <afghanistan-analysts.org>), explica o papel complexo do Conselho dos ulemás na política e na sociedade afegãs.

15. Ver Louis Duprée, *Afghanistan*, op. cit., p. 104.

6. AS MENINAS OCULTAS [pp. 87-99]

1. Orzala Ashraf Nemat apresenta uma análise sobre o divórcio num contexto islâmico sob o Código Civil afegão em "Roundtable Conference: Comparative Analysis of Family Law in the Context of Islam" (Cabul, 15-17 ago. 2006, disponível em: <af.boell.org>). O Código Civil afegão garante ao marido o direito unilateral de se divorciar da esposa por qualquer razão, ou razão nenhuma, a qualquer momento (artigo 135). Além disso, o Código Civil afegão (artigos 236 a 255) trata das questões da guarda dos filhos e filhas.

2. Para informações sobre as estatísticas de violência doméstica no Afeganistão, ver "Living with Violence: A National Report on Domestic Abuse in Afghanistan", Global Rights: Partners for Justice, mar. 2008. Disponível em: <globalrights.org>. Esse relatório aponta "uma maioria esmagadora de mulheres (87,2%) com experiência de pelo menos uma forma de violência física, sexual ou psicológica ou de casamento forçado, e uma maioria (62%) sofreu múltiplas formas de violência".

3. Mara Hvistendahl, *Unnatural Selection: Choosing Boys over Girls, and the Consequences of a World Full of Men* (Public Affairs, 2011), informa sobre o aborto seletivo de fetos femininos em toda a Ásia.

7. A DESOBEDIENTE [pp. 100-21]

1. A pesquisa foi apresentada em Eleanor Galenson e Herman Roiphe, *Infantile Origins of Sexual Identity* (Nova York: International Universities Press, 1981).

2. Ver os sites: RAINN — Rape, Abuse and Incest National Network, <rainn.org>; e Rape Crisis, <rapecrisis.org.uk/maritalrape2.php> (acesso em: 31 jan. 2014).

3. Em 7 de outubro de 2001, um domingo, a edição on-line do jornal *The Guardian* trouxe um acompanhamento do ataque ao Afeganistão. Disponível em: <theguardian.com>.

4. A estrutura da Loya Jirga se encontra em notas da ONU para a imprensa. Disponível em: <un.org/News/dh/latest/afghan/concept.pdf>. Acesso em: 24 set. 2015.

5. Ver Tim Golden, "In U.S. Report, Brutal Details of 2 Afghan Inmates' Deaths", *New York Times*, 20 maio 2005, disponível em: <nytimes.com>.

II. JUVENTUDE

8. A MOLECA [pp. 125-49]

1. Ver Anastasia S. Bierman, *In Counterfeit Passion: Cross-Dressing, Transgression, and Fraud in Shakespeare and Middleton*. Universidade de Nebraska-Lincoln, tese do departamento de inglês, 2013. Disponível em: <digitalcommons.unl.edu>.

2. Lizzy Duffy, "Parisian Women Now (Officially) Allowed to Wear Pants". National Public Radio, 4 fev. 2013. Disponível em: <npr.org>.

3. Por exemplo, Timóteo 2:9 diz: "Da mesma sorte que as mulheres, em traje decente, se ataviem com modéstia e discrição, não com cabeleira frisada e com ouro, ou pérolas, ou vestuário dispendioso, porém com boas obras, como é próprio às mulheres que professam ser piedosas".

4. Ver Leila Ahmed, *Women and Gender in Islam: Historical Roots of a Modern Debate*. New Haven: Yale University Press, 1992. pp. 5, 11-2 e 55. Ahmed escreve que, ao que tudo indica, o uso do véu foi introduzido na Arábia por Maomé, mas já existia entre as elites gregas, romanas, judaicas e assírias. Seu uso não vem prescrito de maneira explícita em nenhum lugar do Alcorão.

5. Everett K. Rowson, "The Effeminates of Early Medina". *Journal of the American Oriental Society*, v. 111, n. 4, pp. 671-93, out./dez. 1991. Rowson nota que o Profeta não parecia ter nenhuma objeção ao travestimento, comum em sua época, mas pode ter vindo a crer que tal prática ameaçava as normas sociais estabelecidas. O *hadith* aqui é traduzido como: "O Profeta amaldiçoou os homens efeminados e as mulheres masculinizadas".

6. Sadakat Kadri, *Heaven on Earth: A Journey Through Shari'a Law from the*

Deserts of Ancient Arabia to the Streets of the Modern Muslim World. Nova York: Farrar, Straus and Giroux, 2012. O autor oferece um panorama fascinante do desenvolvimento da lei islâmica e suas múltiplas interpretações ao longo dos séculos.

7. Louis Duprée descreve o papel dos mulás em seu livro *Afghanistan*: "Os que estão na parte mais baixa da hierarquia, os mulás de aldeia, muitas vezes campônios iletrados, amiúde operam uma parte do tempo como líderes religiosos. Em termos técnicos, o islã não tem clero organizado e qualquer homem pode ser um mulá. Qualquer um pode conduzir a oração" (p. 107).

8. Os dados sobre o uso de cores para identificação de gêneros foram extraídos de Jeanne Maglaty, "When Did Girls Start Wearing Pink?", 8 abr. 2011. Disponível em: <smithsonianmag.com>.

9. Abdullah Qazi, "The Plight of the Afghan Woman: Afghan Women's History", 2 jan. 2009, Afghanistan Online. Disponível em: <afghan-web.com>.

10. Ver Biblioteca do Congresso: Divisão Federal de Pesquisa, "Country Profile of Afghanistan, August 2008" (disponível em: <loc.gov>), em que se afirma: "Depois de derrotar os sassânidas na Batalha de Qadisiya em 637, os muçulmanos árabes iniciaram um processo de cem anos para conquistar as tribos afegãs e introduzir o islamismo".

9. A CANDIDATA [pp. 150-65]

1. Ver Farangis Najibullah, "What If Ahmad Shah Masud, Afghanistan's 'Lion of Panjshir', Hadn't Been Killed?", Radio Free Europe, 9 set. 2011, disponível em: <rferl.org>.

2. Ver Rafael Reuveny e Aseem Prakash, "The Afghanistan War and the Breakdown of the Soviet Union", *Review of International Studies*, 1999. Disponível em: <faculty.washington.edu>.

3. Em seu artigo 86, o Código Civil afegão (<asianlii.org>) determina:

A poligamia pode ocorrer depois de preenchidas as seguintes condições:
1. Quando não há receio de injustiça entre as esposas.
2. Quando o marido tem capacidade financeira para sustentar as esposas. Isto é, quando ele pode fornecer alimento, roupas, moradia adequada e tratamento médico.
3. Quando há conveniência legal, isto é, quando a primeira esposa não tem progênie ou quando sofre de doenças de difícil tratamento.

Poligamia, porém, significa que as duas partes podem se casar com várias pessoas, de forma que o que a lei autoriza no Afeganistão é, na verdade, a *poliginia*.

10. A FESTA PACHTO [pp. 166-77]

1. De acordo com o estudo *Higher Education in Afghanistan: An Emerging Mountainscape*, do Banco Mundial (ago. 2013, disponível em: <www-wds.worldbank.org>), "O nível de ensino que as mulheres atingem no Afeganistão é especialmente baixo. Entre os 3% matriculados no ensino superior, há uma maioria desproporcional de estudantes do sexo masculino. As mulheres correspondiam a apenas 19% de todos os estudantes matriculados em universidades públicas e instituições de ensino superior em 2012 [MoHE (2013)]".
2. Encontram-se informações detalhadas sobre a missão da organização em seu site, com um perfil da dra. Samar; disponível em: <www.aihrc.org.af>.
3. Ver o texto completo da Convenção sobre os Direitos da Criança no Departamento do Alto Comissariado dos Direitos Humanos das Nações Unidas, disponível em: <ohchr.org>.

11. A FUTURA NOIVA [pp. 178-91]

1. Os três pilares são apresentados em detalhes em Charles Lindholm, *Generosity and Jealousy: The Swat Pukhtun of Northern Pakistan* (Nova York: Columbia University Press, 1982).
2. A Classificação Internacional de Doenças, ICD-10, Classificação de Distúrbios Mentais e Comportamentais, Organização Mundial da Saúde, Genebra, 1993 (disponível em: <who.int>), arrola os critérios detalhados para os distúrbios de identidade de gênero na seção F64.

12. A IRMANDADE FEMININA [pp. 192-203]

1. Gerda Lerner explica como o casamento sempre foi parte essencial do sistema patriarcal em *The Creation of Patriarchy* (Nova York: Oxford University Press, 1986). Ela afirma: "Para as mulheres, a classe passa pela mediação de seus vínculos com um homem. É por meio do homem que as mulheres têm ou não acesso aos meios de produção e aos recursos. É por meio de sua conduta sexual que elas ganham acesso à classe. 'Mulheres respeitáveis' ganham acesso à classe

através de pais e maridos, mas a transgressão das regras sexuais pode rebaixá-las imediatamente".

2. Ver Jeremy Kelly, "Afghan 'Defender of Women's Rights' Maria Bashir Puts 100 in Jail for Adultery", 22 out. 2012. Disponível em: <thetimes.co.uk>.

3. Ver Max Fisher, "Last Vestiges of the British Empire Complicate Royal Baby's Succession to the Throne", 22 jul. 2013. Disponível em: <washingtonpost.com>.

III. HOMENS

13. A GUARDA-COSTAS [pp. 207-28]

1. Ver vídeo de Butler explicando seu trabalho em <http://bigthink.com/videos/your-behavior-creates-your-gender>. "Ninguém é realmente um gênero desde o início", afirma Butler nesse vídeo. Ver também Judith Butler, *Gender Trouble: Feminism and the Subversion of Identity* (Nova York: Routledge, 1990), em que afirma: "Em quais sentidos, então, um gênero é um ato? Como em outros dramas sociais rituais, a ação de gênero exige um desempenho que é *repetido*. Essa repetição é, ao mesmo tempo, uma reencenação e uma reexperimentação de um conjunto de significados já estabelecidos socialmente, e é a forma mundana e ritualizada de sua legitimação" (p. 191).

2. Barbara Ehrenreich e Deirdre English, no livro *For Her Own Good: Two Centuries of the Experts' Advice to Women*, publicado inicialmente em 1978 pela Anchor Books e depois pela Random House em 2005, expõem as tentativas da medicina e da ciência em excluir as mulheres da vida pública e do pensamento intelectual durante grande parte da história.

3. A cientista sociomédica Rebecca M. Jordan-Young critica os estudos do cérebro em *Brain Storm: The Flaws in the Science of Sex Differences* (Cambridge, MA: Harvard University Press, 2011). Ela passou treze anos revendo os estudos sobre o cérebro desde 1967. A maioria concluía que o cérebro masculino e o cérebro feminino eram muito diferentes desde o nascimento, fornecendo um sólido argumento para as diferenças intrínsecas entre os gêneros. Mas Jordan-Young descobriu que os estudos eram problemáticos desde sua concepção, sobretudo porque, em muitos casos, as experiências tinham sido feitas em ratos e os resultados foram transferidos para suposições sobre os seres humanos. Os estudos realmente mostravam grandes diferenças entre os cérebros dos recém-nascidos em geral, assim como o corpo e a cor da pele também variavam muito. Mas as

diferenças entre os cérebros de meninos e meninas não constituíam duas categorias distintas e separáveis.

4. Janet Shibley Hyde, "The Gender Similarities Hypothesis", *American Psychologist* (2005). Nesse artigo, a psicóloga Shibley Hyde, da Universidade de Wisconsin-Madison, traz a seguinte conclusão: "A hipótese das similaridades entre os gêneros apresenta agudo contraste com o modelo das diferenças, que sustenta que homens e mulheres, meninos e meninas, têm enormes diferenças psicológicas. A hipótese de similaridades entre os gêneros, pelo contrário, sustenta que homens e mulheres são semelhantes na maioria das variáveis psicológicas — mas não na totalidade. Um extenso conjunto de provas e indicações derivado de meta-análises das pesquisas sobre as diferenças entre os gêneros dá sustentação à hipótese de similaridades entre eles".

5. Lise Eliot, neurocientista na Escola de Medicina de Chicago, explica as diferenças com base no cérebro em *Pink Brain, Blue Brain: How Small Differences Grow into Troublesome Gaps — and What We Can Do About It* (Nova York: First Mariner, 2010). Segundo Eliot, realmente existem diferenças físicas entre os cérebros de meninos e meninas, mas não são responsáveis pelas dessemelhanças de gênero. Pelo contrário, desde idade muito precoce esperam-se habilidades e comportamentos distintos de cada sexo. A linguagem usada por cada gênero é diferente, e cada criança, dependendo se é menino ou menina, é incentivada a desenvolver o que consideramos traços e comportamentos típicos — por exemplo, que as meninas são mais sossegadas e os meninos mais ativos. Ao longo desse processo de aprendizagem e formação de hábitos, o cérebro se desenvolverá fisicamente seguindo as mesmas linhas. O cérebro — especialmente em fase de crescimento — é tão maleável que crescerá, se formará e se ajustará aos padrões repetitivos a que é exposto. O comportamento se entranha no cérebro durante seu desenvolvimento e passa a ser sentido como "natural".

14. A ROMÂNTICA [pp. 229-42]

1. Ver Theodore M. Brown e Elizabeth Fee, "Alfred C. Kinsey: A Pioneer of Sex Research". *American Journal of Public Health*, jun. 2003. Disponível em: <ncbi.nlm.nih.gov>.

2. Ver Ehrenreich e English, *For Her Own Good*, op. cit.

3. Cap. 5, p. 97, "Woman-Woman Love in Islamic Societies", de Stephen O. Murray (em Stephen O. Murray e Will Roscoe [Orgs.], *Islamic Homosexualities: Culture, History, and Literature*, Nova York: New York University Press, 1997). Na

página 99, Murray também cita a passagem a partir do geógrafo e cartógrafo muçulmano Sharif al-Idrisi, que viveu no século XII.

4. Para o contexto do comentário de Coomaraswamy, ver "New UN-Afghan Pact Will Help Curb Recruitment, Sexual Abuse of Children", UN News Centre, 3 fev. 2011. Ver também "An Unwanted Truth? Focusing the G8: Shining a Spotlight on Sexual Violence Against Children in Conflict", Warchild UK, abr. 2013. Disponível em: <cdn.warchild.org.uk>. Nesse relatório, a ONG britânica Warchild UK, que se concentra em fornecer assistência a crianças em áreas de conflito, disse sobre os *bacha bazi*: "A questão, porém, continua cercada de silêncio e inércia, devido à natureza de grande tabu do tema e à cumplicidade de altas figuras de autoridade".

5. John Frederick, pela Unicef, "Sexual Abuse and Exploitation of Boys in South Asia and a Review of Research Findings, Legislation, Policy and Programme Responses", abr. 2010, disponível em: <unicef-irc.org>. Ver também um relatório da ONG Save the Children, de 2003, "Mapping of Psychosocial Support for Girls and Boys Affected by Child Sexual Abuse in Four Countries in South and Central Asia" (disponível em: <sca.savethechildren.se>), em que se afirma: "Considera-se que os homens precisam de 'vazão sexual', cuja falta poderia até acarretar problemas de saúde. Por outro lado, a construção ideal da mulher é assexual antes do casamento e sexualmente passiva depois. Há precedentes tradicionais para a 'aceitação' do abuso infantil. São bastante conhecidos e comentados os relatos de homens que usam garotos para o prazer sexual. Tradicionalmente, 'manter' garotos de boa aparência aumenta o prestígio e o status do homem, e contribui para sua imagem (pessoal ou imposta) de virilidade. Sob o Talibã, a proibição rigorosa da homossexualidade levou ao ocultamento de aspectos mais explícitos dessa prática. No entanto, há notícias de que, em algumas áreas rurais e também dentro de Kandahar e cercanias, ainda persiste a prática de levar garotos menores de dezoito anos a festas para servirem de entretenimento".

6. Charles Lindholm, *Generosity and Jealousy*, op. cit., p. 225.

7. Hamid Zaher, *It Is Your Enemy Who Is Dock-Tailed: A Memoir* (iUniverse, 2012), originalmente escrito em parse, em 2009 (Kindle Edition).

8. Helen Fisher, "The Nature of Romantic Love", comentário em *Journal of NIH Research*, abr. 1994. Disponível em: <helenfisher.com>.

15. A MOTORISTA [pp. 243-53]

1. Para a entrevista de Bibi, ver Terese Christiansson, *De är kvinnorna med makt i Afghanistan*, Expressen, 4 dez. 2010. Disponível em: <expressen.se>.

2. Valerie R. Hotchkiss, *Clothes Make the Man: Female Cross Dressing in Medieval Europe*. Nova York: Garland, 1996, p. 13.

3. Rudolf M. Dekker e Lotte C. van de Pol, *The Tradition of Female Transvestism in Early Modern Europe*. Londres: Macmillan, 1989.

4. A informação sobre Stålhammar está no site do Museu das Forças Armadas Nacionais da Suécia. Disponível em: <sfhm.se>.

5. Ver Julie Wheelwright, *Amazons and Military Maids: Women Who Dressed as Men in Pursuit of Life, Liberty and Happiness*. San Francisco: Pandora/Harper Collins, 1989.

6. Ver Dekker e Van de Pol, *The Tradition of Female Transvestism*, op. cit., p. 96.

7. Ibid. Ver também Wheelwright, *Amazons and Military Maids*, op. cit.

8. Antonia Young, *Women Who Become Men: Albanian Sworn Virgins*. Oxford; Nova York: Berg, 2000. Boa parte do livro pode se aplicar ao Afeganistão atual, embora os dois países estejam separados por mais de 4 mil quilômetros e pela península Arábica. As informações sobre as virgens albanesas citadas nesta seção foram extraídas do livro de Young e de uma entrevista. Ver também René Gremaux, "Mannish Women of the Balkan Mountains", de 1989. Disponível em: <theol.eldoc.ub.rug.nl>. Gremaux também contribuiu com o capítulo "Woman Becomes Man in the Balkans", em Gilbert Herdt (Org.), *Third Sex, Third Gender: Beyond Sexual Dimorphism in Culture and History* (Zone, 1993). Ele escreve a respeito de tais mulheres que "Essa pertença a uma categoria intermediária de gênero pode ter causado grandes inconveniências à psique do indivíduo, mas estar a meio caminho e entre dois gêneros também abria novas perspectivas e trazia novas oportunidades". Para documentação recente sobre as virgens albanesas, ver Pepa Hristova, *Sworn Virgins* (Heidelberg: Kehrer Verlag, 2013).

9. Ver Antonia Young, *Women Who Become Men: Albanian Sworn Virgins*, op. cit.

16. A GUERREIRA [pp. 254-69]

1. Ver Rod Nordland, "Driven Away by a War, Now Stalked by Winter's Cold", *New York Times*, 3 fev. 2012. Disponível em: <nytimes.com>.

2. David D. Gilmore, *Manhood in the Making: Cultural Concepts of Masculinity*. New Haven: Yale University Press, 1990.

3. Joshua S. Goldstein, *War and Gender: How Gender Shapes the War System and Vice Versa*. Nova York: Cambridge University Press, 2001.

4. O comunicado de imprensa da União Americana pelas Liberdades Civis, "ACLU Challenges Ongoing Exclusion of Women from Combat Positions" (31

out. 2013, disponível em: <www.aclu.org>), diz: "As mulheres correspondem a mais de 14% do 1,4 milhão de militares na ativa, mas ainda continuam excluídas de mais de 200 mil cargos, apesar da revogação em janeiro da política de exclusão em combate de 1994".

17. AS INCONFORMADAS [pp. 270-81]

1. Ver Serena Nanda, *Gender Diversity*. Long Grove, IL: Waveland, 2000, p. 40.
2. Ver Anees Jung, *Beyond the Courtyard*. Nova York: Viking by Penguin Books India, 2003, p. 125.
3. Ver Andrea B. Rugh, *Reveal and Conceal: Dress in Contemporary Egypt, Contemporary Issues in the Middle East*. Syracuse, NY: Syracuse University Press, 1986.
4. "Malaysia Bans Tomboys Saying Girls with Short Hair Who Act Like Boys 'Violate Islam'", *Daily Mail*, 24 out. 2008. Disponível em: <dailymail.co.uk>.
5. Lorenz Nigst e José Sánchez García, "Boyat in the Gulf: Identity, Contestation and Social Control", *Middle East Critique*, primavera 2010. Ver também Shereen El Feki, *Sex and the Citadel: Intimate Life in a Changing Arab World* (Nova York: Pantheon, 2013). El Feki visita um centro de reabilitação, onde uma psicóloga lhe diz algo parecido com o que ocorre no Afeganistão, no sentido de que a maioria das adolescentes que tinham sido criadas como meninas, e para quem ela deu aconselhamento, não se consideravam problemáticas nem que necessitavam de tratamento. "Elas sentem que é a liberdade delas; não sentem como algo errado", declarou uma psicóloga citada no estudo.

18. A DEUSA [pp. 282-91]

1. Ver Louis Duprée, *Afghanistan*, op. cit., p. 104.
2. Ver Mary Boyce, *Zoroastrians: Their Religious Beliefs and Practices*, inicialmente publicado pela Routledge em 1979. Ver também Jenny Rose, *Zoroastrianism: An Introduction* (Londres: IB Tauris, 2011).
3. Ver Louis Duprée, *Afghanistan*, op. cit., p. 104.
4. Em seu livro *Generosity and Jealousy*, Lindholm escreve: "Os swatis compartilham com outros paquistaneses e sul-asiáticos a firme convicção de que os alimentos, os líquidos e mesmo as pessoas são 'quentes' ou 'frios'. A lógica com que se criam essas divisões não é nada clara, e às vezes as pessoas discordam se um determinado alimento pouco usual é 'quente' ou 'frio', mas há ampla concordância sobre os parâmetros principais do sistema" (p. 166).

5. *Avesta*, cap. 16, "The Bundahishn ('Creation'), or Knowledge from the Zand". Tradução para o inglês disponível em: <avesta.org>.

6. Ver Djalal Khaleghi Motlagh, *Women in the Shahnameh: Their History and Social Status Within the Framework of Ancient and Medieval Sources*, Nahid Pirnazar (Org.), trad. do alemão de Brigitte Neuenschwander. Santa Ana, CA: Mazda Publishers, 2012, p. 42.

7. Ver Raymond L. Lee e Alistair B. Fraser, *The Rainbow Bridge: Rainbowns in Art, Myth and Science*. Pennsylvania State University Press, 2001.

8. Ver Helga Kress, "Taming the Shrew: The Rise of Patriarchy and the Subordination of the Feminine in Old Norse Literature", em Sarah M. Anderson e Karen Swenson (Orgs.), *Cold Counsel: Women in Old Norse Literature and Mythology: A Collection of Essays*. Nova York: Routledge, 2002, p. 90.

9. Viktor Rydberg escreveu a respeito em "Fädernas Gudasaga", de 1923.

10. Mary Boyce, *Zoroastrians: Their Religious Beliefs and Practices*, op. cit., p. 17.

IV. PAIS

19. A DERROTADA [pp. 297-317]

1. Rod Nordland, "Candidates for Parliament Protest Afghan Elections", *New York Times*, 7 nov. 2010, noticia os procedimentos das eleições suspeitas: "Em toda a nação, a comissão eleitoral invalidou 1,33 milhão, quase ¼ do total de 5,74 milhões de votos registrados, segundo um relatório oficial".

2. Encontram-se números comparativos em Susan G. Chesser, "Afghanistan Casualties: Military Forces and Civilians", Congressional Research Service, 6 dez. 2012. Disponível em: <www.fas.org>. Baixas americanas em 2002: 49; feridos: 74. Baixas americanas em 2011: 404; feridos: 5204. O relatório também menciona que "11 864 civis foram mortos no Afeganistão desde 2007, quando as Nações Unidas começaram a registrar estatísticas, até o fim de 2011". Em 2011, as baixas de civis foram de 3021 mortos e 4507 feridos — os números mais elevados desde o início dos registros da ONU em 2007.

3. Peter Baker, em "How Obama Came to Plan for 'Surge' in Afghanistan" (*New York Times*, 5 dez. 2009), descreve o raciocínio por trás da decisão de Obama de enviar temporariamente mais soldados para o Afeganistão.

4. Anthony H. Cordesman, "The US Cost of the Afghan War: FY2002-FY2013, Cost in Military Operating Expenditures and Aid, and Prospects for 'Transition'", 15 maio 2012. Disponível em: <csis.org>.

5. A citação comparando o envolvimento americano ao envolvimento soviético está na página 290 de Sherard Cowper-Coles, *Cables from Kabul: The Inside Story of the West's Afghanistan Campaing* (Harper, 2011).

6. Vários grupos alertaram sobre os perigos que qualquer negociação política com os extremistas acarretaria para as mulheres, inclusive a Organização pela Democracia e Direitos Humanos do Afeganistão, coordenada por afegãos, em seu relatório de 2012, "Afghan Women After the Taliban: Will History Repeat Itself?" (disponível em: <ahrdo.org>). Escrevem o seguinte: "O atual processo de negociação endossado pelo governo americano e pelo governo afegão com grupos extremistas, em especial o Talibã, promete aumentar a vulnerabilidade das mulheres no Afeganistão a médio e longo prazo. Qualquer acordo político com essas forças significa a liquidação das árduas conquistas das mulheres nos últimos dez anos, muito provavelmente acarretando um custo insustentável para as mulheres afegãs".

20. A REJEITADA [pp. 318-26]

1. Ver: "I Had to Run Away, The Imprisonment of Women and Girls for 'Moral Crimes' in Afghanistan", Relatório do Observatório dos Direitos Humanos, 2012 (<hrw.org>), que explica: "As leis que regem o divórcio no Afeganistão são discriminatórias contra as mulheres. O Código Civil afegão de 1977, fonte essencial do direito de família no Afeganistão, permite que os homens se divorciem das esposas com grande facilidade. O artigo 139 do Código Civil afegão estabelece que: 1. O marido pode se divorciar da esposa oralmente ou por escrito. Quando o marido não dispõe de nenhum desses dois meios, o divórcio pode se realizar com gestos usuais que implicam claramente o divórcio. 2. O divórcio ocorre com palavras claras que, segundo o costume, transmitem o sentido de divórcio sem intenção. As mulheres, porém, enfrentam obstáculos muito maiores para obter o divórcio. À ausência do consentimento do marido, a mulher só pode obter o divórcio em tribunal e precisa provar justa causa por razões de 1. defeito, por exemplo doença; 2. dano; 3. não pagamento de pensão; 4. ausência. Conseguir um divórcio 'por justa causa' no Afeganistão não é fácil para as mulheres, seja em termos práticos ou jurídicos. [...] Somando-se a esses problemas, muitos juízes nem sequer aplicam os dispositivos do Código Civil, mas, em vez disso, invocam sua interpretação pessoal da lei islâmica, alguns deles nem sequer admitindo que as mulheres têm o direito de pedir divórcio".

21. A ESPOSA [pp. 327-42]

1. Um relatório anual do Programa de Desenvolvimento das Nações Unidas, o UNPD, mede "o desenvolvimento combinando indicadores de expectativa de vida, nível educacional e renda para formar um índice de desenvolvimento humano, o IDH". Disponível em: <undp.org>. Ver também *The Forgotten Front: Water Security and the Crisis in Sanitation*, Relatório de Desenvolvimento Humano no Afeganistão, 2011, Centro de Diretrizes e Desenvolvimento Humano, Universidade de Cabul. Disponível em: <cphd.af>. O relatório analisa o Afeganistão depois de quase dez anos de assistência internacional: "Houve progressos em anos recentes, mas têm sido desiguais e demasiado lentos. Segundo o Índice de Desenvolvimento Humano de 2010, o Afeganistão ocupa o 155º lugar entre 169 países-membros das Nações Unidas. [...] 84% das famílias afegãs são multidimensionalmente pobres".

2. As cifras referentes ao auxílio ao Afeganistão foram extraídas de "Investments to End Poverty: Real Money, Real Choices, Real Lives", relatório do grupo de pesquisas britânico Development Initiatives (Londres, 2013), que reúne dados mundiais sobre as verbas de auxílio internacional para o desenvolvimento, referentes tanto aos países doadores quanto aos países destinatários. Disponível em: <devinit.org>.

3. Astri Suhrke, *When More Is Less: The International Project in Afghanistan*. Nova York: Columbia University Press, 2011. A dra. Astri Suhrke é pesquisadora sênior no Chr. Michelsen Institute na Noruega. Seu trabalho se concentra nas "consequências sociais, políticas e humanitárias de conflitos violentos e nas estratégias de resposta". Ela faz parte de um comitê de especialistas que assessora o Comitê Norueguês do Nobel. Disponível em: <http://www.cmi.no/staff/?astri-suhrke>. O que dra. Suhrke chama em seu livro de "o projeto liberal" no Afeganistão teve início já em 2002, com sessenta governos doadores no país. Ela descreve detalhadamente as etapas de planejamento e implementação da comunidade de assistência e malversações subsequentes. Por exemplo, escreve ela: "Havia estruturas paralelas de administração em praticamente todos os níveis de governo. Consultores, empreiteiros e ONGs internacionais eram ubíquos. Cerca de ⅔ de todas as verbas de auxílio eram canalizados por um 'orçamento externo' administrado diretamente por doadores estrangeiros".

O livro de Suhrke é apenas uma das várias avaliações não só sobre a questionável eficácia da assistência internacional ao Afeganistão, como também sobre as possíveis consequências negativas de longo prazo para o país e a economia nacional. Ver também: "Evaluating U.S. Foreign Assistance to Afghanistan: A Majority Staff Report Prepared for the Use of the Senate Foreign Relations Committee", 8 jun. 2011, U.S. Government Printing Office. O relatório alerta que o Afeganistão pode sofrer uma grave depressão econômica após a saída das tropas em 2014, devido à sua dependência quase total da assistência estrangeira: "O auxílio internacional, quando malversado, pode alimentar a corrupção, distorcer os mercados de trabalho e produtos, prejudicar a capacidade do governo em exercer controle sobre os recursos e contribuir para a insegurança. Segundo o Banco Mundial, estima-se que 97% do Produto Interno Bruto (PIB) do Afeganistão deriva de gastos relacionados à presença da comunidade doadora e das forças militares internacionais".

4. James R. Petersen foi auditor sênior da Inspetoria Geral Especial para a Reconstrução do Afeganistão. Em seu artigo "Was $73B of Afghan Aid Wasted?", publicado em *Politico* (11 jan. 2012, disponível em: <politico.com>), ele dá uma ideia do montante dos fundos de assistência internacional que é efetivamente utilizado em algum tipo de ajuda a alguém, devido ao custo elevado das despesas gerais e ao alto grau de corrupção: "Mas apenas trinta centavos de cada dólar para o Afeganistão vão para a assistência. E só piora. Desses trinta centavos, frequentemente apenas metade chega ao destinatário pretendido. O restante se perde, por roubo ou apropriação indébita de funcionários e trabalhadores afegãos. Muitos projetos nem sequer alcançam suas metas internas, segundo relatórios de inspetores gerais e da Comissão de Contratações em Tempo de Guerra. O relatório do Comitê de Relações Externas do Senado, de junho de 2011, concluiu que pouquíssimos (se tanto) desses programas de assistência se sustentam a longo prazo. Some-se a isso o custo da superestrutura burocrática da Agência dos Estados Unidos para o Desenvolvimento Internacional (Usaid) — incluindo 500 mil dólares anuais para cada funcionário americano em Cabul e as equipes de apoio em Washington —, e às vezes nem dez centavos de cada dólar são realmente usados para ajudar os afegãos". Para mais detalhes, ver <sigar.mil>, com relatórios trimestrais sobre a reconstrução do Afeganistão.

5. Rod Nordland, em "Despite Education Advances, a Host of Afghan School Woes" (*The New York Times*, 20 jul. 2013), examina os números para mostrar que apenas cerca de 10% dos alunos chegam até a graduação, e que os índices na graduação são ainda piores para as meninas.

6. Aqui, mais uma vez, as informações sobre os projetos de assistência internacional e os números relativos ao "gênero", para o ano de 2011, foram fornecidos para este livro pelo grupo de pesquisas britânico Development Initiatives. Disponível em: <devinit.org>.

7. O relatório de Torunn Wimpelmann de 2012 para o Centro Norueguês para a Construção da Paz (NOREF, na sigla em norueguês) se chama "Promoting Women's Rights in Afghanistan: A Call for Less Air and More Politics" (disponí-

vel em: <cmi.no>). A Noruega é um grande contribuinte de ajuda internacional em nível mundial e um dos maiores para o Afeganistão. A pesquisa de Wimpelmann, baseada em extenso trabalho de campo no país, explica a discrepância entre Cabul, como bolha de assistência internacional, e as efetivas necessidades das mulheres afegãs: "A situação polarizada e politizada quanto às questões das mulheres no Afeganistão demonstra claramente que nunca será possível assegurar os direitos das mulheres, pelo menos não de maneira sustentável, isolando-os dos desenvolvimentos políticos mais abrangentes. No entanto, é exatamente isso que os governos ocidentais muitas vezes tentam fazer. Sonoras declarações de compromisso e financiamento de causas referentes aos direitos das mulheres vêm ocorrendo em paralelo com outras políticas que corroem as próprias instituições e condições de que dependem tais conquistas, como um sistema judiciário formal, um parlamento operante e um panorama político não militarizado".

EPÍLOGO [pp. 373-80]

1. Valerie M. Hudson, Bonnie Ballif-Spanvill, Mary Caprioli e Chad F. Emmett, *Sex and World Peace*. Nova York: Columbia University Press, 2012. A pesquisa desses autores mostra claramente o que o Afeganistão já presenciou várias vezes: que o tratamento das meninas e mulheres está no centro da guerra e do conflito, e jamais é uma "questão" à parte. Na verdade, essa é a melhor medida do nível do conflito, tanto interno quanto externo, pois "o tratamento às mulheres — que acontece nos relacionamentos interpessoais íntimos entre homens e mulheres — cria um contexto em que a violência e a exploração parecem naturais" (p. 15).

O livro citado também propõe um maior envolvimento dos homens, redefinindo a honra e defendendo as mulheres, ao afirmar que "as sociedades com maior igualdade de gênero são as menos propensas a entrar em guerra" (p. 3). Vale lembrar esta conclusão importante: "Descobrimos com testes empíricos convencionais de agrupamento de dados que o melhor indicador de previsão do caráter pacífico de um Estado não é o nível de riqueza, o nível de democracia ou se é islâmico ou não. O melhor indicador de previsão do caráter pacífico de um Estado é seu nível de violência contra as mulheres. [...] E quanto menos um país se dispõe a instituir leis protegendo as mulheres dentro de suas fronteiras, tanto menos provável é que ele cumpra as obrigações dos tratados internacionais. Essas descobertas empíricas, a nosso ver, são apenas a ponta do iceberg" (p. 205).

Índice remissivo

Afeganistão: anos comunistas, 50-1, 55, 393n; apoio ocidental ao governo do, 48, 78; assistência internacional *ver* assistência internacional; ataque liderado pelos Estados Unidos no, 114, 265, 377, 398n; casamento *ver* casamento; casas particulares no, 22; celulares no, 197; Conselho dos Ulemás, 82, 397n; Constituição (1964), 51, 393n; Constituição (2001), 78; Constituição (2004), 396n; corrupção no, 155, 330, 331, 333; costumes tribais no, 41, 149, 158, 282, 392n; crimes contra os direitos humanos no, 174; cultura da honra no, 45, 374, 378, 410n; cultura do, 40, 45, 54, 66-7, 185, 374-9, 391n; Decreto nº 7, 393n; doenças no, 350; domínio persa no, 283; edifícios diplomáticos no, 344; eleições no, 298-301, 406n; equipes esportivas femininas, 273; era sassânida, 282, 284, 289; Estados Unidos como "novos ocupantes" do, 156; êxodo do, 16-7; governo de transição no, 116; grupos étnicos no, 41; guerra civil no, 56-7, 358; guerras no, 55, 71, 149, 174, 248, 252, 265, 306-7, 332, 345, 375-6; homens *ver* homens; homens-bomba no, 47, 305-6, 341; hospitais no, 58-62, 64, 209; índice de alfabetismo, 29, 82, 391n; insurgentes no, 47, 59, 306-7, 309; legislatura do, 24, 77; lenda do arco-íris no, 288; línguas do, 347, 349-50; mulheres *ver* mulheres; nacionalismo no, 333; ocupação soviética do, 50, 55, 78, 156, 202, 308, 363, 392n; Olimpíadas e, 272, 274; patriarcado *ver* patriarcado; poder econômico no, 376-7; polícia afegã, 47, 392n; população do, 41, 63; produção de ópio no, 48,

392n; refugiados no, 56, 258; regras sociais no, 45, 67, 139, 149, 173, 185, 226, 367; religião no, 139, 148, 260, 282-4; República Islâmica do, 77, 82, 282, 349, 392n; reputação no, 45, 82, 96, 186; retirada das tropas americanas do, 16, 306, 340, 359, 389n; santuários dedicados à fertilidade no, 284-5; sexo como ilegal, 230; sistema judiciário no, 26, 50, 79, 322-3, 333, 390n, 407n; tentativas de reformas no, 53, 392n; tropas estrangeiras no, 77, 306, 332; viagens no, 343-5; zoroastrismo no, 286-9

Afghan Women's Writing Project (AWWP), 13

Afghanistan (Louis Duprée), 391n, 397n, 399n

Agência dos Estados Unidos para o Desenvolvimento Internacional (USAID), 356, 369, 409n

Ahmed-Ghosh, Huma, 393n

aimaq, linhagem, 151

alakaana (garota vestida como menino), 92, 277; *ver também bacha posh*

Albânia, 251-2, 288; "virgens juradas" na, 251-2

Alcorão: igualdade de gêneros no, 78, 396n; interpretações do, 140, 398n; sobre o recato nas roupas, 133

Alemanha, 78, 280

Alexandre, o Grande, 289

Aliança do Norte, 78, 150

Amanullah, cã, rei do Afeganistão, 51, 393n

amor, formas de, 241

Anahita (deusa persa), 284

Anita (irmã de Azita), 359-60, 362

Arábia Saudita, 209; e Olimpíadas, 274

arco-íris, lenda do (no Afeganistão), 288

Asma (mãe de Zahra), 141-7, 179-2, 184

assistência internacional: anticomunista, 55; campos de refugiados, 258; construção de casas, 353; corrupção e, 155, 330-1, 333; direitos das mulheres como foco, 33, 175, 332; enorme desigualdade de riquezas, 333; ineficácia da, 408-9n; para meninas pequenas, 176; salários dos funcionários, 344

Associação Internacional de Desenvolvimento, 390n

Austrália, 114

automutilação, 174

Avesta (escrituras sagradas do zoroastrismo), 287, 406n

Azerbaidjão, 290

Azita: adolescência de, 52-6, 71-4; ameaças sofridas, 48, 155, 305, 335-6; aparições na imprensa, 16, 81, 327-9; assistente de saúde do Crescente Vermelho, 114-6; campanha política de, 116, 150-7, 333; casamento de, 74-6, 105-9, 119, 156-9; como *bacha posh*, 160-2, 165, 174; como política, 16, 45, 82-3, 85, 111, 116, 150-1, 177, 357-8; como professora, 114-5; como segunda esposa, 105, 107, 119; como tradutora, 115-6; e a primeira esposa de seu marido, 159, 312-6, 334; filhos de, 21-3, 25, 27-30, 43-4, 84, 102, 105, 108-11, 151, 158, 310, 314, 338; infância de, 50, 52, 161; irmão de, 356-8; linhagem, 152; marido de, 30, 117, 119, 151, 156, 159, 303, 316; membro do parlamento, 23-4, 45-6, 48, 77-81, 102, 153, 158, 311; menina de nascença, 380; mudança para a Cidade Dourada, 303-4; piquenique da família, 117-20; planos de partir de Cabul, 338-41; preço de noivado, 77, 359; preocupações financeiras de, 302-3, 310, 334-6, 383-4; provedora do lar, 24, 115-6, 156-7, 368, 383; reputação de, 115-6, 302, 304, 309-12; sogra de, 106, 352, 354-5; tentativa de reeleição negada a, 297-301, 383; violências sofridas, 107-8, 157, 336-7, 365-7, 383-4; visitantes convidados por, 24, 83, 152

Azizi (piloto), 347

bacha posh: chegada à puberdade, 179-87, 214-5; como prática aceita no Afeganistão, 95, 98, 140, 245-6, 281; como resistência ao patriarcado, 373-5; em comunidades de imigrantes, 276-9; formação para a vida, 166, 173-4; homossexualidade e, 231; ignoradas pelo funcionalismo público, 33, 91, 176; maridos de, 147; nascimentos de filhos e, 98, 146, 161, 166, 244, 282; necessidade familiar de filhos homens, 146-7, 260; números, 95-6, 175, 248; origem do termo, 92; pais de, 167, 173, 185, 245, 248, 275-6, 377; proteção às irmãs, 133-5; religião e, 139, 260; restrições, 371; retorno ao sexo feminino, 31, 95, 126-7; sociedade afegã e, 165, 176, 280, 282; solteiras, 246, 266; vantagens e desvantagens, 373, 404n

Badghis: linhagem em, 152, 154; mudança da família de Azita para, 56, 71-4, 106; província rural subdesenvolvida, 395n; Qala-e-Naw como capital da província, 115; saída de, 369-71; viagem da autora a, 346-51

Bagram, base aérea de, 117
Bakhtiar, Laleh, 396n
Bálcãs, 283, 289, 344
Banco Mundial, 330, 390n, 400n, 409n
Bashir, Maria, 200, 401n
Beauvoir, Simone de, 205
bebês: abortos, 98, 397n; amamentação ao peito, 95; do sexo masculino, 68-9, 233, 282, 288; esperma masculino, 29, 68-9; gênero de, 29, 60, 64, 68, 98; meninas anunciadas como meninos, 70, 93, 95; mortalidade infantil, 394n; mortalidade materna, 63; nascimentos, 58-60, 167, 229, 394n; produção "mágica" de filhos, 98; sobrevivência, 63

Beheshta (filha de Azita), 22, 28, 111-2, 115, 310, 313
Benafsha (filha de Azita), 22-3, 28, 111-3, 115, 310, 341
Berglund, Ivanka Savic, 188
Beyond the Courtyard (Anees Jung), 277
Bhutto, Benazir, 344
Bibi, Amir, 248, 403n
Boyce, Mary, 290, 405-6n
Brunei, 274
budismo, 148
Buffett, Warren, 376
Bush, Laura, 395n
Butler, Judith, 222, 401n

Camboja: e o tráfico sexual mundial, 278
Canadá, 238, 289, 308
Carter, Jimmy, 55, 393*n*
casamento: arranjado, 174, 194, 196, 200, 216-7, 284, 375; contrato matrimonial, 194, 230; de crianças, 54, 174; Decreto nº 7 no Afeganistão, 393*n*; divórcio, 36, 54, 89, 211, 321-5, 340, 376, 397*n*, 407*n*; entre primos, 74; estupro e, 108, 174; evitando o, 246-50; forçado, 208, 231, 249-50, 393*n*, 397*n*; gravidez, 58-9, 62-3, 97, 108, 143, 146, 159, 167, 202, 211, 223, 266, 284, 286, 288, 339, 354; lágrimas da noiva, 192; mitos e casos sobre, 201; no Código Civil afegão, 399*n*; noite de núpcias, 201, 207; patriarcado e, 193-4, 400*n*; poliginia, 400*n*; preço da noiva, 77, 194, 392-3*n*; preparativos nupciais, 193, 359; reprodução como função do, 231, 238, 279, 284; rituais/cerimônias nupciais, 194; sexo e, 230-1, 233; sogras, 200; sonhos românticos, 196, 241; status e, 193; tradição conjugal das quintas-feiras, 230; tradição tribal de troca, 354, 375; venda de meninas para, 54, 376; violência doméstica, 26, 89, 97, 107-8, 158, 174, 200, 279, 339, 397*n*
Cazaquistão, 290
charia (legislação civil), 322-4
China, 249
Comissão de Contratações em Tempo de Guerra, 409*n*
Comissão Independente de Direitos Humanos do Afeganistão, 174

contrato matrimonial, 194, 230
Coomaraswamy, Radhika, 237, 403*n*
Cowper-Coles, Sherard, 308, 407*n*
Crescente Vermelho, 114
crianças: abuso sexual de, 236-7, 403*n*; casamentos de, 54, 174; como propriedade do pai, 66, 324; direitos das, 70, 175, 236, 400*n*; doenças, 345; educação de, 390*n*; guerra e, 56, 236, 393*n*, 403*n*; ideias ocidentais sobre, 41, 175; identidade de gênero, 104; invisíveis, 92; papéis de gênero, 41, 70, 175; pertencentes ao pai, 89, 323, 397*n*; "plasticidade" das, 189; trabalho forçado, 92; *ver também* bebês
cristianismo, 99, 148
Cristiansson, Terese, 248

Dekker, Rudolf M., 249, 404*n*
desenvolvimento, iniciativas de, 408-9*n*
diferenças de gênero, 136, 222-3, 224, 401*n*; cérebro, 224, 401*n*; linhas indistintas, 104
direitos civis, movimento dos, 378
direitos das mulheres *ver* mulheres
divórcio, 36, 54, 89, 211, 321-5, 340, 376, 397*n*, 407*n*
Duprée, Louis: *Afghanistan*, 391*n*, 397*n*, 399*n*
Duprée, Nancy Hatch, 39, 147

Egito, 289; uso de roupas do outro sexo no, 277
Ehrenreich, Barbara, 401-2*n*
Elizabeth II, rainha da Inglaterra, 202
Emirados Árabes Unidos: *boyah* nos, 278
English, Deirdre, 401*n*

escravidão, 379
Esmaeel (menino afegão), 93-4
Espanha, 349
especialistas em questões de gênero: foco equivocado, 34, 153, 378, 391*n*; ignorância do sistema menina/menino, 34
Estados Unidos: liberdade nos, 265, 267; mulheres nas Forças Armadas, 263
estupro, 26, 108, 133, 174, 390*n*, 396*n*

famílias: casamentos, 192-5; mortes por honra, 26, 186, 200, 390*n*; necessidade de filhos homens, 28-30, 42, 60, 63, 90, 96, 120, 145-6, 164, 233, 251, 260, 281, 377; reputação, 45, 67, 96, 186, 198, 216, 365; sogras, 200; valores tradicionais (ocidentais), 225
Fareiba, dra.: cultura afegã e, 67, 85, 149; filhos da, 64-5; filhos que "fez", 68-9, 94, 98, 202, 233; Shukria e, 208; sobre a necessidade de filhos homens, 61, 64-7, 95; sobre os elementos frios e quentes, 287; sobre puberdade, 127; trabalho hospitalar, 61-2, 64, 94-5
Fatima (mulher afegã): visita a templos, 286
Finlândia, 381
Fisher, Helen, 241, 403*n*
França, 114, 249-50; códigos de indumentária na, 129
Freud, Sigmund, 104

Galenson, Eleanor, 104, 397*n*
Garofalo, Robert, 188-9, 231
garotas *ver* meninas
gênero: categoria intermediária de, 404*n*; como tema proibido, 175; comportamentos aprendidos, 222, 401*n*; construção cultural, 222; dominante, 33; e "magia", 98, 283-4; e poder, 128; guerra e, 262; hipótese das similaridades entre gêneros, 402*n*; igualdade de, 51; na infância, 41, 70, 175; natureza *versus* criação, 224, 402*n*; oficinas sobre o tema, 33, 34; papéis tradicionais de, 54, 65, 189, 374; segregação por, 34, 41, 73, 96, 127, 190, 252, 275, 280; violência e, 410*n*; visão binária, 189; *ver também* diferenças de gênero; especialistas em questões de gênero; identidade de gênero
Gilmore, David D.: *Manhood in the Making*, 263
Goldstein, Joshua: *War and Gender*, 263
golfo Pérsico, países do: e *boyah*, 278
gravidez, 58-9, 62-3, 97, 108, 143, 146, 159, 167, 202, 211, 223, 266, 284, 286, 288, 339, 354
Gray, James (Hannah Snell), 250
Gupta, Leila, 393-4*n*

Habibullah, cã, emir do Afeganistão, 147, 391*n*
Hamilton, Masha, 13
Hangam (*bacha posh*), 275-6
hazaras, 96, 308
Hildegard von Bingen: *Scivias*, 249
hinduísmo, 148
hipótese das similaridades entre gêneros, 402*n*
homens: aceitando casamento, 194, *ver também* casamento; anistia por crimes de guerra, 80, 396*n*; aparência de estrangeiros, 132; como não

confiáveis, 135; como selvagens brutais, 133; divórcio, 36, 54, 89, 211, 321-5, 340, 376, 397n, 407n; filhos como propriedade dos, 89, 324; guerra e, 262; história como relato masculino, 394n; homossexualidade, 235-7, 403n; liberdade e, 264; linguagem dos, 164; papéis tradicionais dos, 64-5, 374; pederastia, 236-7, 403n; poliginia, 400n; proteção da propriedade pelos, 186; sem filhos homens, 30; sociedade dominada por, 164

homossexualidade, 85, 183, 231-2, 234-8, 278, 403n; *bedagh*, 236-7; e pederastia, 236-7, 403n; movimento dos direitos homossexuais, 378; situacional, 235, 238; suspeita de, 279

Hotchkiss, Valerie, 249, 404n

Hua Mulan, 249

Hukmina (homem honorário), 248

Hvistendahl, Mara: *Unnatural Selection*, 97, 397n

identidade de gênero: como ideia *versus* realidade, 265; criação da, 223-4, 226; desenvolvimento da, 104, 188; distúrbio de, 187, 189-90; estratégia de sobrevivência, 261; liberdade e, 266, 380

Idrisi, Sharif al-, 235, 403n

Igreja católica: e mulheres vivendo como homens, 249-50

Império Persa, 283, 290

Império Romano, 249

Império Sassânida, 289

Índia, 241, 250, 289-90; aparelhos de ultrassom na, 97; garotas vestidas como meninos na, 277

Índice de Desenvolvimento Humano, 330, 408n

Inglaterra, 36, 249, 289; códigos de indumentária no séc. XVII, 129; mulheres como homens na Marinha Real, 250; sucessão monárquica na, 202

Inspetoria Geral Especial para a Reconstrução do Afeganistão, 332, 409n

Irã: *pesar posh*, 278; refugiados do Afeganistão no, 276, 308

Iraque, 263, 289-90; garotas vestidas como meninos no, 278

Islã: Afeganistão antes do islamismo, 148; domínio do, 148, 156; e Decreto nº 7 no Afeganistão, 393n; interpretações do, 83, 107, 139-40, 279, 282, 407n; introdução no Afeganistão, 289

Jaime I, rei da Inglaterra, 129

Jesus Cristo, 283

Joana d'Arc, 147, 249

Jordânia, 289

judaísmo, 148

Jung, Anees: *Beyond the Courtyard*, 277

Kaman-e-Rostam (arco-íris), 288

Karzai, Hamid, 383, 396n

Khan, Salman, 110

Kinsey, Alfred, 232

kuchis, nômades, 41, 344, 352

Kuwait, 278, 289

Lagarde, Christine, 376

Le Duc, Carol, 35, 45, 70, 81, 85, 92, 176, 193, 247

Lederman, Arline, 51, 393n

lei islâmica: interpretações da, 140, 407*n*
Lerner, Gerda, 66, 193-4, 379, 394*n*, 400*n*
lesbianismo, 234, 238
Líbano, 289
Líbia, 289
Lindholm, Charles, 237, 287, 400*n*, 403*n*, 405*n*
Luís XIV, rei da França, 250

Mahnoush (filha de Azita), 30, 103, 334; no jardim de infância, 102; *ver também* Mehran
Malalai de Maiwand, 147
Malásia: garotas vestidas de meninos na, 278
Manhood in the Making (David D. Gilmore), 263
Maomé, profeta, 139-40, 159, 282-3, 285, 325, 396*n*, 398*n*
maridos: aparência da esposa, 46; como pais, 97, 377; negociação de, 168, 194; para *bacha posh*, 147; violentos, 89, 97, 107-8, 200
"Mas não uma afegã" (Roya), 11-3
Massoud, Ahmad Shah, o "Leão de Panjshir", 150
masturbação, 233
mau-olhado, proteção contra, 64
Mazar-i-Sharif: Mesquita Azul em, 285
Meca, 49, 278; peregrinação a, 166
Mehran (filha/"filho" de Azita): como *bacha posh*, 110-3, 119-20, 151, 157-9, 163-5, 223, 373; como uma entre muitas, 34, 70, 90; e a primeira esposa de seu pai, 315-6, 334; em piquenique familiar, 117-20; escolha de gênero, 30, 84-6; honra da família, 92; na escola, 100-4, 383; voltando ao sexo feminino, 113, 120, 160, 163-4, 383
Mehrangis (filha de Azita), 28, 44, 112-3, 116, 151, 310
meninas: analfabetas, 115; como nascimento humilhante, 60, 64, 98; como propriedade, 26, 54, 65, 324, 376; educação de, 409*n*; escondidas, 70, 176; meninos voltando a ser garotas, 31, 95, 126-7, 162, 170, 175-6, 222; negociação de maridos para, 168, 194-5; pais de, 97, 323, 377; projetos de carreira, 198; puberdade de, 179-82, 184-7, 251; reputação de, 186, 198, 200, 216; restrições impostas a, 31, 85, 95, 161, 370; roupas de, 168, 176; sonhos românticos de, 196, 241; tornando-se meninos, 30, 70, 91, 93, 95, 146, 148, 276-9, 373, vendidas no mercado de tráfico sexual mundial, 278; vendidas para casamento, 54, 376; virgindade como capital, 185, 194, 325; *ver também bacha posh*
meninos: garotas se tornando, 29, 70, 92-3, 95, 146-7, 277-9, 373; liberdades concedidas aos, 30, 161, 174-5, 212-3, 264; nascimento de filhos homens, 68-9, 233, 282, 288; nascimentos bem-sucedidos, 60, 167; necessidade familiar de filhos homens, 28-30, 42, 60, 63, 90, 96, 120, 145-6, 164, 233, 251, 260, 281, 377; papéis tradicionais, 64-5; pederastia, 236-7, 403*n*; primeiras experiências sexuais, 237; volta ao

sexo feminino, 31, 95, 126-7, 162, 170, 175-6, 222
Mesquita Azul, 285
Mianmar: e o tráfico mundial de sexo, 278; e o tráfico mundial de sexo, 278
Middleton, Kate, 202, 398n
Ministério dos Assuntos da Mulher (Afeganistão), 78, 154
Mobasher (irmão de Zahra), 184
Moisés (patriarca hebreu), 139
Momand, srta. (professora), 102-3
Montenegro, 251, 288
Morgan, Robin, 265
mortalidade infantil, 394n
Mourtaza (pai de Azita): e Azita como *bacha posh*, 161; e carreira política de Azita, 155, 334, 357, 365; e casamento de Azita, 73-6, 109, 156-8, 302, 363-7; e mudança da família, 56; e Partido Comunista, 357, 363; filho de, 357, 365; Siddiqua e, 362, 364, 367; visita da autora, 362-7
mujahidin: Conselho dos Ulemás, 82; e mudança do regime, 393n; lutas internas, 156; oposição aos soviéticos, 54
mulás, 38, 72, 139-40, 194, 322, 354, 357, 399n; e casamentos, 194; oposição à reforma, 54; questões sociais e regras, 139; título de, 140, 399n
mulheres: autoimolação de, 390n; automutilação de, 174; *bacha posh* aprendendo a se tornar mulheres, 226-8; casamento *ver* casamento; cérebro feminino, 224; códigos de indumentária para, 45, 128-31, 133, 290, 346, 392n; como escravas, 26, 271; como motoristas, 243-4, 384; como propriedade, 26, 54-5, 66, 376; como soldados, 249, 262; condenadas por acusações de adultério, 201; construção de uma aldeia por, 374; contracepção e, 62; controle masculino sobre as, 55, 73, 128-9, 376, 379; dança e, 111, 198, 370; direitos das, 55, 80-1, 173, 200, 224, 309, 333, 377, 379, 397n, 410n; divórcio, 36, 54, 89, 211, 321-5, 340, 376, 397n, 407n; educação das, 26, 52, 73, 235, 332, 377, 391n, 393n, 400n; esportes e, 274; estilo chique de férias na guerra, 343-4; estratégias de sobrevivência, 375; expectativa de vida de, 63, 394n; fantasias sexuais de, 233; fofocas/boataria e, 67, 199, 220; guerra e, 55, 248, 250, 262-4, 410n; idade estimada de, 208, 255; invisibilidade de, 85, 375; liberdade e, 264-5, 267, 379; mortalidade de mães ao dar à luz, 63; mutilação genital feminina, 232; na história, 66, 394n, 401n; necessidade de filhos homens, 28-30, 42, 60, 63; no parlamento, 45, 79-81, 155, 396n; ódio do Talibã às, 33-4, 45, 72, 219, 308-9, 395n, 407n; papel na criação dos filhos e filhas, 28, 66, 220, 233, 247, 261-2, 279, 377; parto e feminilidade, 229; parto em casa, 350; prostitutas, 45, 111, 185, 201, 230, 337; proteção das, 262-3, 396n; remoção do útero, 232; responsabilidades sociais das, 133; ritos de passagem para a idade adulta, 263; sexualidade das, 231-3, 235, 238, 403n; socialização feminina, 220;

sogras, 200; solteiras, 89, 110, 169, 182, 186, 199, 201-2, 233; submissão por meio da lei e da religião, 280; trabalho de, 52, 54, 209, 279, 374; uso de roupas masculinas, 39, 129, 139, 176, 215, 249, 374, 398n; valor na sociedade, 376; véus e lenços de cabeça, 133, 174, 209, 243, 398n; violência contra, 26, 89, 97, 107-8, 158, 174, 200, 279, 339, 397n; "virgens juradas", 251-2, 289; visões ocidentais de igualdade para, 33, 374-7, 410n; vivendo como homens, 39, 246-50, 261, 266, 279

Murray, Stephen O., 234, 402-3n

mutilação genital feminina, 232

Nações Unidas: comemoração de *Nowruz* na ONU, 290; Convenção sobre os Direitos da Criança, 175, 400n; especialistas em gênero, 34, 153; governo de transição no Afeganistão, 116; Índice de Desenvolvimento Humano, 330, 408n; levantamentos sobre os direitos humanos, 97; Unicef, 237

Nader (Nadia), 243-7; artes marciais e, 270-3, 374, 384; como *bacha posh*, 244-6, 373; como motorista, 243-4, 268, 384; liberdade e, 264-5; protegidas de, 269, 271-3, 276; Shahed e, 255, 258-60; solteira, 245-7; trabalho de, 246; visitas da autora, 264-8

Nahid (mãe de Shubnum), 89

Najibullah (*bacha posh*) *ver* Sakina

Najibullah, Mohammad (presidente), 393n

natureza *versus* criação, 224, 402n

Nemat, Orzala Ashraf, 392n, 396-7n

Nietzsche, Friedrich, 283

Niima (Abdul Mateen), 87-8, 90

NOREF (Centro Norueguês para a Construção da Paz), 409n

Noruega, 408n, 410n

Nowruz (comemoração da primavera; Ano-Novo persa), 28, 284, 290

Obama, Barack, 16, 306, 406n

Omar (tradutor), 91

ONU *ver* Nações Unidas

Operação Liberdade Duradoura, 265

Organização Mundial da Saúde (OMS), 187, 190, 400n

Osama (filme), 35

pachtos, tribos, 42, 54, 61, 78, 96, 152, 237, 303, 308, 395n

Palestina, 289

Paquistão, 36, 56, 72, 84, 131, 133, 142-3, 168, 180, 182, 277, 289-90, 308, 350, 359, 364, 395n; *bacha posh/ alakaana*, 277; fronteira afegã, 41; pachtos no, 54

Partido Democrático do Povo do Afeganistão (PDPA), 392-3n

Pashtunwali (código de conduta), 186

patriarcado: casamento e, 193-4, 400n; controle reprodutivo no, 66; e herança, 30, 54, 279; economia patriarcal, 52; linhagem paterna no, 66, 151; mulheres como propriedade no, 26, 54-5, 65-6; na história, 65-6, 379; resistência ao, 373-5; restrições às mulheres, 52, 279, 325

PDPA *ver* Partido Democrático do Povo do Afeganistão

pederastia, 236-7, 403n

419

Pérsia, 283, 288, 290
pesar posh, 278
Peshawar, 36, 42, 125, 143
Petersen, James R., 409*n*
Pirnazar, Nahid, 287, 406*n*
poliginia, 400*n*
Prémoy, Geneviève, 250
procriação como objetivo da vida, 41
Programa Mundial de Alimentos, 142, 181, 394*n*
prostitutas, 45, 111, 185, 201, 230, 337

Qadisiya, Batalha de, 399*n*
Qala-e-Naw: família de Azita em, 115; viagem da autora a, 349-50
Qatar, 274; vida das mulheres no, 279
Quirguistão, 290
quirguizes, 41

Rashid, Ahmed, 72, 393*n*, 395*n*; *Taliban*, 72, 393*n*
reprodução, controle da, 66
Revolução de Saur (1978), 50, 392*n*
Roiphe, Herman, 104, 397*n*
Roscoe, Will, 234, 402*n*
Roya: "Mas não uma afegã", 11-3
Rugh, Andrea B., 278, 405*n*
Rumi, 123
Ruttig, Thomas, 395*n*
Rydberg, Viktor, 290, 406*n*

Sahel (protegida de Nader), 271-2, 275-6
Sakina (Najibullah): como *bacha posh*, 166-7, 174; filhas de, 168-70; tornando-se mulher, 167-8
Samar, Sima, dra., 174, 176-7, 400*n*
Samir (pai de Zahra), 141-5, 147, 179-80
sassânida, era, 282-4, 289

Scivias (Hildegard von Bingen), 249
Setareh (tradutora), 91, 385; aparência de, 133; boatos e, 199; e o comportamento público da autora, 171, 227, 258, 267; Nader e, 268; Sakina e, 168-9; Shahed e, 254-5; Shukria e, 228, 239, 319; Talibã e, 309; trato na aparência da autora, 130-1, 133; viagens com a autora, 343-7, 351, 355, 361, 363, 368, 370-1; Zahra e, 128-9, 135
Sex and World Peace (Hudson et al.), 379, 410*n*
Shahed (*bacha posh*), 254-60, 262, 373, 384; e liberdade, 264-5; Nader e, 255, 257-60; treinamento paramilitar de, 255-7, 261-2, 273
Shahnameh (épico persa), 288, 406*n*
Shibley Hyde, Janet, 402*n*
Shubnum (*bacha posh*), 89-90; voltando a ser menina, 89
Shukria (*bacha posh*), 207-28; como mãe, 229; como Shukur (nome de *bacha posh*), 208, 211, 213, 215, 223, 240, 272, 326; desconhecimento das tarefas femininas, 217- -9, 221-2; divórcio do marido, 320- -6, 340; marido de, 217, 318-21; perguntas da autora a, 239, 241; progênie de, 217, 226, 322-3; proteção do irmão, 210, 213; trabalho no hospital, 209, 217, 226
Siddiqua (mãe de Azita), 28, 50; e o casamento de Azita, 75, 362, 364, 367; visita da autora, 360, 362, 367
Síria, 289
Snell, Hannah (James Gray), 250

Södergran, Edith: "Vierge Moderne", 381
Soraia, rainha do Afeganistão (anos 1920), 51, 393n
Spoz (*bacha posh*), 172-4
Stålhammar, Ulrika Eleonora, 250, 404n
Sudão, 289
Suécia, 91, 104, 250, 295, 369, 404n
Suhrke, Astri: *When More Is Less*, 331, 408n
Suma teológica (Tomás de Aquino), 249
sunitas, muçulmanos, 285, 308

tadjiques, tribos, 41, 72, 96, 152, 308, 395n
Tadjiquistão, 201, 290, 319-21, 364, 384
Talibã: abstinência sexual defendida pelo, 72-3; código de indumentária, 45-6, 128, 216, 290, 392n; "conversações de paz" com o, 308; cultura de guerra do, 72, 306; estação de combate (primavera), 47; influência do, 58, 93, 115, 155, 175, 193; Ministério para a Promoção da Virtude e Prevenção do Vício, 290; ódio às mulheres, 33-4, 45, 72, 219, 308-9, 395n, 407n; opositores do, 78, 150, 156, 245; queda do, 33, 78, 114, 308; refugiados do, 168; tomada do poder pelo, 72-3, 128, 216, 245, 260, 306, 309
Taliban (Ahmed Rashid), 72, 393n
Tchetchênia, 289
Tio ("figura intermediária"), 37, 247
Titanic (filme), 196

Tomás de Aquino, São: *Suma teológica*, 249
Transparência Internacional, 331
Triaria de Roma, 249
turcomanas, linhagens, 96
Turcomenistão, 71, 290
Turquia, 241, 289-90

Umm Kulthum (cantora egípcia), 277
União Europeia, 330
União Soviética: ocupação do Afeganistão, 50, 55, 78, 156, 202, 308, 363, 392n; oposição dos *mujahid* à ocupação soviética, 54; retirada das tropas no Afeganistão, 56
Unicef, 237
Universidade de Cabul, 27, 51, 89, 172, 176, 260, 282, 391n, 408n
Unnatural Selection (Mara Hvistendahl), 97, 397n
USAID (US Agency for International Development) *ver* Agência dos Estados Unidos para o Desenvolvimento Internacional
Uzbequistão, 290; tribos uzbeques, 41, 308

Van de Pol, Lotte C., 249, 404n
"Vierge Moderne" (Edith Södergran), 381
violência doméstica, 26, 89, 97, 107-8, 158, 174, 200, 279, 339, 397n
Vukanovic, Tatomir, 252

War and Gender (Joshua Goldstein), 263
When More Is Less (Astri Suhrke), 331, 408n

Wimpelmann, Torunn, 333, 409-10*n*
Wolesi Jirga (uma das casas legislativas do Afeganistão), 24, 389*n*
Woolf, Virginia, 376

xiitas, muçulmanos, 41, 285, 308, 397*n*

Young, Antonia, 251, 404*n*

Zaher, Hamid, 238, 403*n*
Zahir, xá Mohammad, rei do Afeganistão, 51
Zahra: como *bacha posh*, 125-9, 134-7, 140, 143-4, 146-7, 160, 169, 188-90, 259, 272, 373, 384; e diferenças de gênero, 135-6; pais de, 141-7; proteção às irmãs, 134-5; puberdade de, 178-84, 187, 247; tornando-se garota, 138, 144, 178, 208, 223; visitas da autora, 128-9, 134-6, 140-1, 190
Zenóbia, rainha da Síria (séc. III), 249
zoroastrismo, 283-4, 287-90; *Avesta*, 287, 406*n*; comemoração de Nowruz, 284, 290; concepção de meninos segundo o, 287; magia e, 284; mapa da extensão histórica do, 292-3; no Afeganistão, 286-9; santuários dedicados à fertilidade, 284; sítio arqueológico de Surkh Kotal, 289
Zoroastro, 283, 286, 290

ESTA OBRA FOI COMPOSTA PELA SPRESS EM MINION E IMPRESSA EM OFSETE PELA RR DONNELLEY SOBRE PAPEL PÓLEN SOFT DA SUZANO PAPEL E CELULOSE PARA A EDITORA SCHWARCZ EM MARÇO DE 2016